论阅读和诠释学

沈迪飞 著

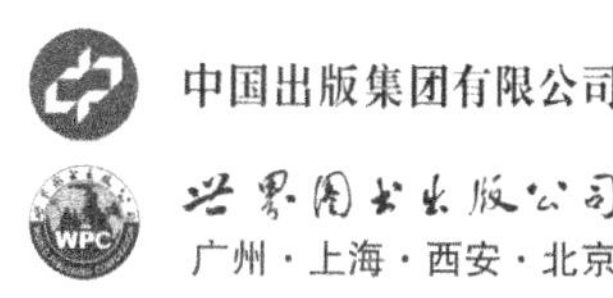

图书在版编目（CIP）数据

论阅读和诠释学 / 沈迪飞著. -- 广州：世界图书出版广东有限公司，2024. 9. -- ISBN 978-7-5232-1710-8

Ⅰ. B089.2

中国国家版本馆CIP数据核字第2024PT3225号

书　　名　论阅读和诠释学
　　　　　LUN YUEDU HE QUANSHIXUE
著　　者　沈迪飞
责任编辑　华　进
装帧设计　王　勇
出版发行　世界图书出版有限公司　世界图书出版广东有限公司
地　　址　广州市海珠区新港西路大江冲25号
邮　　编　510300
电　　话　020-34203432
网　　址　http://www.gdst.com.cn
邮　　箱　wpc_gdst@163.com
经　　销　新华书店
印　　刷　广东虎彩云印刷有限公司
开　　本　787 mm × 1 092 mm　1/16
印　　张　20.5
字　　数　360千字
版　　次　2024年9月第1版　2024年9月第1次印刷
国际书号　ISBN 978-7-5232-1710-8
定　　价　80.00元

前言

PREFACE

“21世纪最重要的技能是什么？”美国某机构曾以此为题进行全国性大调查，结果名列前茅的是阅读。有79%的美国人认为阅读是21世纪最重要的能力，也是全世界在经济不景气时，政府最应该大力投资的一项。

谈到阅读的意义，从人类来讲，没有阅读便没有人类历史的传承和文明的发展；从个人来讲，阅读孕育和滋养人的精神生命。这两点是不言而喻的。人所感知的外界信息95%来自文字和图像；与图像相比，更多是来自于文字，来自于阅读。

全世界各个国家都极为看重阅读，1995年联合国教科文组织正式确定每年4月23日为“世界图书与版权日”，即“世界读书日”，目的是推动更多的人致力于阅读和写作。我国于2012年十八大提出“开展全民阅读活动”，这是人类阅读史上的一大进步和创举。全民阅读的崇高目的，是涵养全民的精神气质，弘扬社会主义核心价值观，铸就国家的文化根基。正如阅读史专家费希尔名言，阅读“永远是文明之声”。

我国读书月的开展，可谓一届比一届辉煌。以深圳2015年的读书月为例，作为“全球全民阅读典范城市”，可谓发动热情、参与广泛、轰轰烈烈。但是冷静下来也发现了问题：以举办各种阅读活动的次数作为评价读书月成绩的主要指标；活动过多，却忽略了个人安静阅读的时间。更令人费解的是，深圳出现了“代读”现象：2022年8月11日深圳特区报《人文天地》栏目有一篇记者报导《阅读可以被“代读”吗?》，还真有一些响应者，此类现象不胜枚举。这些现象集中反映了全民阅读活动的一个主要问题，从组织领导者到广大参与者，普遍缺乏阅读知识，更不用讲阅读理论了。“指导我们事业的理论基础是马克思主义”，那么，指导全国性全民阅读的理论又是什么呢?

历经多年苦苦寻觅，我在报纸上偶然发现了“诠释学”，顺藤摸瓜，找到了一些国内外诠释学著作。阅读之后，脑洞大开，如获至宝，破解了我诸多阅读理论的困惑。

这种阅读模式，从读者的角度看来，是带着自身的“前理解”进入阅读的。一般的阅读规则认为,“前理解”是读者的“偏见”或“有色眼镜”，影响正确的理解，因此，阅读前必须清除。但诠释学认为,“前理解”是读者在其存在的历史过程中由历史的文化烙印积淀而成，包含着个人在历史中所形成的全部存在状态，从降生在某一特定文化中便逐步形成，并再也无法割断。阅读的时候，读者进入文本，形成读者“前理解”，与文本内容碰撞、交流，实现了视域融合。读者“前理解”决定了理解的角度、广度和深度，这是当前视域；文本内容决定了理解的主题、境界，这是文本产生时代的历史视域。读者的“前理解”如同人的外貌一样，千人千样，这就决定了阅读结果的千差万别，形成了“百花齐放，百家争鸣”。阅读史上的一条规律，一千个读者读《王子复仇记》，就会产生一千个哈姆雷特。这就是阅读的创造性。阅读结果没有最好，只有不同；如果哪位“大师”认为他的理解是最正确的，这是永远不可能的，因为隔一段时间他再读同一本书，理解又变化了。阅读所处时代和人文环境的不同，影响读者的“前理解”，会形成鲁迅所说的阅读《红楼梦》,“经学家看见《易》，道学家看见淫，才子看见缠绵”的结果。多年阅读路上的困惑，总算有了初步答案，多年的“寻寻觅觅”喜获成果：终于找到了指导阅读的理论——诠释学。

为此特建议，应该将诠释学融入全民阅读中，开展一场全民学习诠释学的活动：第一，大学信息管理系开设详尽的“阅读和诠释学”课程；第二，各图书馆开设“阅读和诠释学”课程；第三，为全民阅读所有参与者开设普及版“阅读和诠释学”课程。

本书是个人对阅读和诠释学的研究成果，是对阅读理论的阐述，是全民阅读所需要的。全书共二十章，包括第一篇阅读总论五章（阅读的意义、作用、概念、历史和阅读文化）；第二篇阅读四要素四章（作者、文本、读者和语境）；第三篇是从阅读到诠释学的过渡，有三章（寻觅阅读理论、什么是诠释学和诠释学历史）；第四篇诠释学理论五章（前理解、共通感、视域融合、效果历史意识和阅读的创造性）；第五篇诠释学指导下的阅读实践三章（阅读奇葩现象的理论诠释、阅读方法和全民阅读），最后一章“指导全民阅读的理论是诠释学”，道出了本书的宗旨和目的。

阅读对于国家、对于每一位公民，是强国健智的重大事项。作为一位阅读了七十六年的老读者，当了近十年的专职指导阅读的图书馆馆长，退休后又潜心笃行于阅读二十五年，发现诠释学后又学习研究了七年。这样的与阅读为伍的经历，不能私藏，而应该将心得奉献给祖国，奉献给人民，奉献给全国轰轰烈烈开展的全民阅读，以聊表寸心。

此外还须说明，本书的第十四章共通感，是孙洵女士的研究所得，她表示可以奉献给本书。在这里对孙洵女士表示衷心地感谢，并祝她在诠释学研究方面取得更多的成果。

沈迪飞

2023年9月24日

目录

CONTENTS

第一篇　阅读总论

第二篇 阅读四要素理论

第三篇 寻觅指导阅读的理论

第四篇 阅读的理论

第五篇　诠释学理论指导下的阅读实践

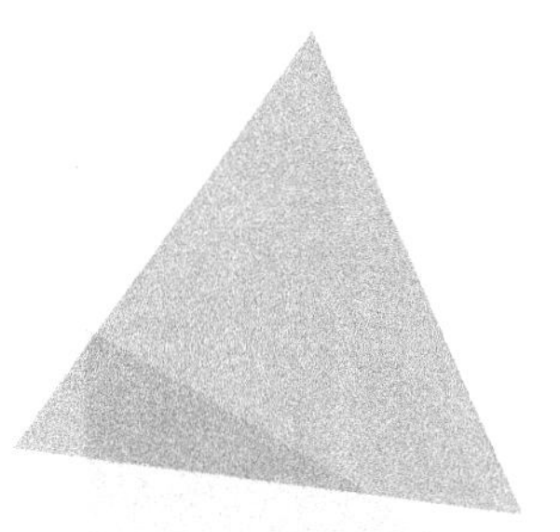

第一篇

阅读总论

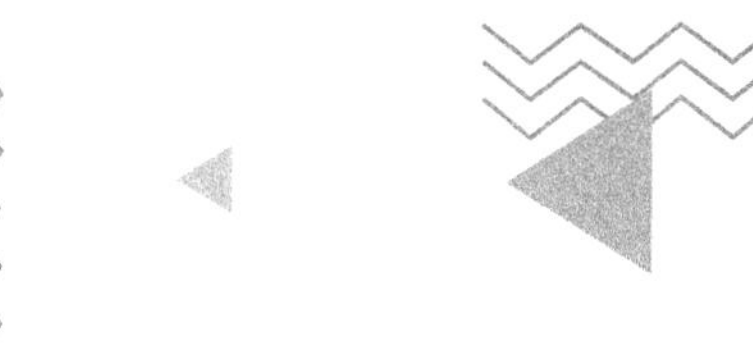

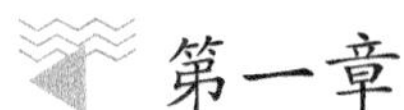

第一章

阅读使人类文明得以传承和发展

一、阅读意义的概括

阅读的重要性、意义、价值、功能或作用到底是什么呢？网上一查，不一而足，会举出一二三四五等好多条，都正确，但又都缺少点什么，难得要领。能不能提纲絜领地用一两句话概括那一二三四五等多条？思虑来考虑去，最后归结为，从两个方面来说明阅读的意义：一是从人类社会的总体角度，得出的结论是“阅读使人类文明得以传承和发展”；二是从人类社会中每个个体的角度，得出的结论是“阅读孕育和滋养人的第二生命——精神生命”。得出这两条结论后，发现网上和所读过的书中，没有看到这样的说法，是不是这种提法有误？又反复思虑，觉得这两条结论基本上全面概括了阅读的意义。这是对阅读的一种真实地感受和认识，既然认真又认真了，就应该大胆提出，有错任人评说，这样才能提高认识。

历史上也不是完全没有从总体角度对阅读的重要性进行评论的，美国某机构曾进行过以“21世纪最重要的技能是什么？”为题的全国性大调查，结果名列前茅的是阅读。有79%的美国人认为阅读是21世纪最重要的能力，也是全世界在经济不景气时，政府最应该大力投资的一项。李光耀在本世纪初说，新加坡是小国小民，没有自然资源，最大的财富是在于他们人民的脑力。因此，新加坡大力推广阅读，使“小国小民”的新加坡快速跃上亚洲的排行榜。

周有光先生有句名言：“语言使人类别于禽兽，文字使文明别于野蛮，教育使先进别于落后。”我以此为准绳，探讨语言、文字和阅读对人类文明发展的巨大而关键性的作用。

【知识拓展】

语言文字学家周有光先生和《汉语拼音方案》

2017年1月14日，中国语言文字学家周有光先生与世长辞，享年112岁。他原本是学金融和经济的，中华人民共和国建立之初，他写了一本小书叫《字母的故事》，开始把字母学从国外引到国内。那时，中央办公厅派人到他家要《字母的故事》这本书，说毛主席要看。所以后来主席同意汉语拼音改用拉丁字母，这跟周先生研究字母学，把西方的拉丁字母的情况介绍到国内，甚至影响到高层的决策，恐怕有重要关系。因国家的需要，他毅然改行从事语言文字工作。1957年10月1日，周有光和同事们捧出了三年辛苦的成果：《汉语拼音方案草案》。1958年起，全国就开始了学习汉语拼音，因此称他为“汉语拼音之父”是名副其实的。

轶事： 民国时期闻名遐迩的张氏四姊妹之二女儿张允和嫁给了周有光，三女儿张兆和嫁给了赫赫有名的大作家沈从文。

二、语言使人类别于禽兽

语言使人类别于禽兽，
文字使文明别于野蛮，
教育使先进别于落后。

周有光
2005-02-26
时年100岁

人是不是天生就会说话和阅读？说话同走路一样，是天生的。试想想，一个小孩子生活在人群中，即使没有人特意教他说话，小孩子是可以逐步模仿、自然而然学会说话的。而且，置于说哪种语言的人群中，小孩子就能够学会那种语言。但阅读呢？把一个孩子放在摆满书的环境中，如果没有人专门教他识读文字，他仍然学不会阅读，并且未来会成为文盲。

世界科学界认为，口头语言约起源于5万年前，而文字约起源于6000年前，比口头语言的起源要晚4万多年。口头语言已经形成了遗传基因，但文字语言还没有足够的进化时间形成遗传基因。世界现有的研究机构，在脑成像技术的协助下，已经发现了口头语言的遗传基因——FOXP2，但至今仍然没有发现人类识别文字的遗传基因。

动物之间的交流依靠极为简单的叫声，鹦鹉学舌那是动物界中出现的奇迹。人类超越DNA的遗传性质，产生了语言，成为人类交流沟通的第一个信息工具。它的产生是人和动物的分水岭。在这个意义上，可以说，是语言创造了人！如果一个人生下来，不教他说话（包括哑语），只教他劳动，可以想象他和动物没有区别，狼孩就是典型的例子！如果一个人生下来，不教他劳动，只教他说话，可以想象他将学会劳动，不失为人！

语言是人类信息传播活动的第一个发展阶段，这一阶段大致从人类摆脱“与狼共舞”的野蛮状态、组成原始社会开始，一直到文字的出现。语言的产生无疑大大加速了人类社会进化和发展的进程，口语依然是人类最基本、最常用和最灵活的信息传播手段。

苏联著名心理学家巴甫洛夫说：“没有东西可以比语言更能使我们成为人类。”德国哲学家莱布尼茨也说：“语言是人类最古老的纪念碑。”语言的产生，是人类信息传播的第一种直接推动力，也是猿与人的分界线。其意义远远大于我们的远祖第一次直立行走和离开森林。因为有了语言，人类个体的经验才能得以交流，为社会成员所共享；上一代的知识才能传授给下一代，成为子孙万代的精神财富。更重要的是，语言还从行为到心理对人类进行了全面“武装”，使人类在与其他物种的竞争中立于不败之地，成为人类加速进化的“核能”。

三、文字使文明别于野蛮

周有光先生的第二句名言是“文字使文明别于野蛮”，英国诗人约翰·杜恩说：“文字与音乐乃人类演化过程的轨迹。”文字是对语言的记载，是语言的书写符号和视觉形式。文字对人类文化的保留和传播起了革命性的作用，文字是人类文化传播发展史上第二座里程碑。中国古代的第一部字典《说文解字》，以字说经，以经解字。文字承载着古老的文化信息，像一群舞动着的文化精灵，让人心灵为之震撼。

被誉为英国小说界最优雅独特的声音之一的佩内洛普·菲茨杰拉德曾经讲：

"在人的一生中，会有两次知道自己受到每个人认可的时刻，第一次是学会走路时，另一次是学会识字时。"是的，第一次他真正成为了一个人，第二次他真正迈入了文明世界。如果说语言的产生使人类彻底摆脱了动物状态，那么文字的出现就使人类进入了一个更高的文明发展阶段。第一，文字克服了音声语言的转瞬即逝性，能够把信息长久地保存下来，使人类的知识、经验的积累和储存不再单纯地依赖人类的有限记忆力。第二，文字能够把信息传递到遥远的地方，打破了音声语言的距离限制，扩展了人类的交流空间。第三，文字的出现使人类文化的传承有了确切可靠的资料和文献依据，而不再依赖易变易失的神话或传说，这是人类文明得以传承的基础。第四，尤其重要的是，口语转换成文字，字还可以组成词，词可以组成句，句再组成文章和书；字本身就一字多义，那么多的字所组成的词、句、文章和书，隐含（或称为蕴含更加确切）着众多的意义，这些意义则是人类文明得以发展的基础。

前已介绍，文字约起源于6千年前。世界上的古文字也有许多种，论及文字的产生，有一点是共同的：它们都是从古老的石壁图画或洞穴图画经过长期演变而产生的，简言之，文字源于图画。大约在公元前4000年至公元前3500年，两河流域-美索不达米亚平原的苏美尔文、埃及的象形文字、印度河流域的古印度文以及中国的甲骨文，都是独立地从原始社会最简单的图画和花纹产生出来的。"图画文字"和"象形文字"，它们一画一"字"，一"字"一意，几字合在一起则构成一个故事或事件。

在公元前3500年后两河流域的古巴比伦，"发展了一种永远改变了人类沟通本质的艺术：写作的艺术"。将符号刻写在泥板上，作为计数的记忆装置，这一创造性发明胜过大脑的记忆，成为了可以跨越时空的人类永久性记忆。公元前3300年至3200年间由苏美尔人创造，因其笔画形状像钉子而得名为楔形文字，又称"钉头文字"或"箭头字"，是源于底格里斯河和幼发拉底河流域的古老文字，是现今发现的人类历史上最早出现的文字。在其历史发展中，楔形文字由最初的象形文字系统，字形结构逐渐简化和抽象化，文字数目由青铜时代早期的约1000个，减至青铜时代后期约400个。

中国最初的文字就属于象形文字，"月"字像一弯月亮的形状，"艹"（草的本字）是两束草，"门"（繁体的"门"更像）字就是左右两扇门的形状，而"日"字就像一个圆形，中间有一点，很像人们在直视太阳时，所看到的形态。商代统治者迷信鬼神，其行事之前往往用龟甲兽骨占卜吉凶，以后又在甲骨上刻记所占事项及事后应验的卜辞或有关记事，其文字称甲骨文。自清末在河南安阳殷墟发现刻有文字之甲骨，整整100多年了，目前出土甲骨文约15万片。汉字虽然还保留象形文字的特征，但经过数千年的演变，已跟原来的形象相去甚远，更接近于表意体系的语素文字。我国云南丽江的纳西族，现在的文字就还属于象形文字。以甲骨文起始，汉字的演变历经甲骨文、金文、小篆、隶书、楷书、行书和草书等阶段。

许慎《说文解字·叙》曰："文字者，经艺之本，王政之始，前人所以垂后，后人所以识古。"文字的发明及其文献记录，可谓是人类传播史上的一大创举，是人类文明的重要标志。它一方面引导人类由"野蛮时代"迈步进入"文明时代"，另一方面从时间的久远和空间的广阔上实现了对语言传播的真正超越，从而形成了人类永久性的记忆，形成了人类的历史。什么是历史？广义地讲，"历史"可以指过去发生的一切事件，不一定同人类社会发生联系，如宇宙历史、地球历史、鸟类历史等。而狭义的历史则必须以文字记录为基础，即文字出现之后的历史才算历史，在此之前的历史被称为史前史。与人类社会相关的历史，又可以称为人类史或社会史。一般来说，历史学仅仅研究人类史或社会史。

四、阅读使人类文明得以传承和发展

对人类历史和文明而言，阅读既是传承更是创新和发展。对于这一命题，通过回忆西汉太史公司马迁写《史记》的事迹，可以得到清楚而有力的证据。

【知识拓展】

司马迁写《史记》的事迹

司马迁写《史记》最早要追溯到公元前104年，这时司马迁就开始写《太史公书》了，《太史公书》后来被称为《史记》。司马迁早年间就在全国各地游历，收集各地的风土人情的材料，从当地百姓口中了解古事旧闻，之后又受学于孔安国和董仲舒。司马迁具备写作能力，又有写作的素材，因此早早地就开始了写作。

但是，公元前98年，李陵自请五千兵马出击匈奴，战败被俘，投降匈奴。汉武帝问司马迁对这件事怎么看，司马迁说李陵孝敬父母，又忠君爱国，投降是无奈之举。汉武帝就把司马迁给打入天牢，处以宫刑。

受此大辱的司马迁并没有一蹶不振，而是更加奋发图强，将自己的全部精力投入到《史记》的创作中。以当时流传的《世本》《国语》《秦记》诸子百家著作和国家的文书档案，以及自己去各地调查的一些资料为素材，认真摘选，去掉传言，对无法证实的事情附上多种说法。前后总共经历了十四年，司马迁呕心沥血最终完成了这部史学巨著《史记》，也给后世留下了一份无价的文化瑰宝。

《史记》是中国历史上第一部纪传体通史，记载了上至黄帝时代，下至汉武帝太初四年间共3000多年的历史。《史记》被列为“二十四史”之首，对后世史学和文学的发展都产生了深远影响。其首创的纪传体编史方法为后来历代“正史”所传承。纪传体以人物传记为中心，用“本纪”叙述帝王事迹；用“世家”记述王侯封国；用“表”排比大事；用“书”记载典章制度的原委；用“列传”记人物。后历代所修正史，基本上采用这一体例。《史记》还被认为是一部优秀的文学著作，在中国文学史上有重要地位，被鲁迅誉为“史家之绝唱，无韵之《离骚》”，有很高的文学价值。

从这个事迹可以看出阅读的巨大作用：第一，司马迁是在阅读了众多典籍之后，才能够写出《史记》，这就是对中华文明的传承，没有阅读就不可能有这样的传承；第二，在对这些典籍的阅读和写《史记》的过程中，司马迁必然对其内容进行整理、思考、去伪存真，再按自己的思路重新写出录入《史记》中每个人的事迹和对他的评价，这一切，既是对历史和文明的传承，更是一种创新和发展；第三，司马迁在阅读的基础上，考虑如何对素材进行汇总、编排和加工，考虑采取什么样的写作体例，最后他在孔子《春秋》等编年体史书基础上创造出了“纪传体”，这是对中华历史典籍的创新和发展。

这个例子很具有普遍性和代表性，可以讲：没有阅读便没有人类历史的传承，没有阅读便没有人类文明的发展。当然，对文明传承和发展起影响作用的，并非只有阅读这一个因素，尤其在当今的互联网时代。携带着文明的文字、语音、图像这些信息载体，在报纸、广播、电视、互联网等传播媒介的共同作用和影响下，错综复杂地交织在一起，人们很难区分。但有一点是公认的，人所感知的外界信息95%来自文字和图像；与图像相比，更多是来自于文字，来自于对文字的阅读。人类文明发展的历史，主要是记载在历史文献上，因此，人类文明的传承，主要依靠的是对历史文献的阅读，这样才能够传承下去。人类的历史和文明就这样依靠书写和记载的文献，一代代传承下去，形成了有文字记录的历史。

阅读，经过了数千年漫长的演化，已经具有了极其深奥的创造性特质。一字多义、一词一句再多义，千百个句子构成文章，无数文章再形成书籍，那么，书籍蕴涵的意义之多简直不可想象！书本同意义之间一对多的关系，是产生创造性的基础；但是，仅仅是基础而已。作为一种物质的书籍，再蕴涵多少意义也显现不出来。唯阅读，唯有读者阅读，才能使书籍蕴涵的意义显现出来；而且不同的读者，因为他们之间存在的不可能一致的、千人千样的差异，通过阅读从书籍中发掘出来的意义也必然是千人千样。据此，通过阅读，人类文明不仅得以传承，而且一个问题会读出来多种解释，一本书会读出来多种意义，这是多么宏伟的发扬光大啊！

当然，书本上写的东西，都是人类在社会实践中的认识，是从实践中来的；但根据实践和认识的辩证关系，认识也是有反作用的，认识还可以到实践中去。人类从书本中获得的多种解释和多种意义，可以反过来检验和取舍实践中的所得，帮助实践得出正确的解释和意义。这样，在实践和认识的辩证关系中，阅读也必将对实践起到巨大的反作用。

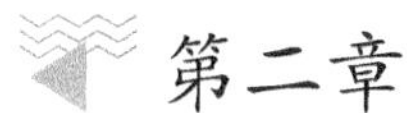

第二章

阅读孕育和滋养人的第二生命——精神生命

一、物质生命和精神生命

第一章提及阅读的意义，一是从人类社会的总体角度，阅读“使人类文明得以传承和发展”；二是从社会中每个人的个体角度，阅读“孕育和滋养人的第二生命——精神生命”。这样，阅读的意义就全面覆盖了人类社会的总体和社会中每个个体的人。

唯物主义认为，物质是第一性的，精神是第二性的。如果将这个意义延伸到人的生命上，则可以说：物质即肉体是人的第一生命，精神是人的第二生命。

上海《新民晚报》介绍了一种说法，生命有三重属性：自然生命、社会生命和精神生命。其“社会生命”是指“强调个体对社会的影响力以及影响范围的大小，而制约社会影响的因素，则有个体的社会角色、社会关系、社会贡献等”。人的生命是“集自然生命之长、社会生命之宽、精神生命之高于一体的立体构筑”[①]。这种说法考虑到了动物天生的群体生活的社会性，延续到人类社会，因此提出社会生命是有道理的。但本文主题是讲阅读和精神生命的关系问题，两种说法与之并没有什么矛盾。

上述内容中的一个关键概念是“精神”，什么是精神?《黄帝内经·灵枢·本神》指出：“生之来谓之精，两精相搏谓之神，随神往来者谓之魂，并精而出入者谓之魄。”《吕氏春秋·尽数》曰：“精神即灵魂。心神魂魄的俗称。”《辞海》的解释：精神是人对物质世界的观念把握，是人的意识、思维活动和自觉的心理状态，包括情感、意识和良心等。

①尚恺达：“有质量地活”,《新民晚报》，2018年2月15日。

这些定义中反映出值得特别注意的三点内容：（1）语言是遗传的，社会生命的标志是语言；（2）精神生命的标志是文字，是不能遗传的；（3）精神生命是人类特有的，是人类区别于动物之根本。如果说，一个人寿命的长短，取决于物质生命，那么，一个人生命质量的高低优劣，则主要取决于精神生命。精神生命是人类区别于动物之根本，用诗人臧克家的一句诗来描述再恰当不过："有些人活着，他已经死了；有些人死了，他还活着。"这句诗准确地概括了人的精神生命的内涵及其意义。

人们吃的食物，是滋养人第一生命的，当然也为第二生命提供了物质基础，它们是人类的物质食粮；而社会环境、家庭环境、教育、读书等，则是孕育人的第二生命即精神生命的，它们是人类的精神食粮。食物即物质食粮的好坏多少，能决定一个人的身体能否健康成长；那么，精神食粮的好坏多少，则将决定一个人是否能够成才，是否有光明前程，是否能够对社会做出贡献。美国散文作家、思想家、诗人爱默生曾说："读书之于精神，恰如运动之于身体。"讲的是这个意思。

二、阅读孕育和滋养人的精神生命

上海《新民晚报》文章对精神生命的解释："精神生命是人的思想和精神的存在，是人类区别于其他物种的独有特征；作为生命的三个维度中最难把握、似有似无的存在，却坚定地撑起了生命，使人成为超越一切其他物种，甚至超越天地、横亘古今的生灵。"

精神生命是由精神食粮孕育和滋养着的。在诸多的精神食粮中，书籍是唯一能够超越时间和空间的存在，通过读书则能遍知古今中外的事情，因此，书籍可说是最为重要和关键的精神食粮。正如《阅读的历史》一书所讲："在整个欧洲，书籍成为人们的精神食粮——思维与精神的美食。""阅读是一种强大的国际性工具，它可以灌输思想、异化心灵，从而模糊甚至抹去人们的民族身份。阅读之于大脑正如食物之于身体，它能决定我们可以成为什么样的人。"在这里，阅读占据着决定性的地位，起着关键性的作用，因为正如第一章所论及的，阅读使人类文明得以传承和发展。这已经是顶天立地的大作用了，还有比它的作用更大的吗？没有啦！精神食粮的获得，是要靠环境和个人努力的，如果一个人的精神食粮得到满足，精神上能够健康成长，他将会成为传承和发展人类文明伟大事业中的一员；如果一个人的精神食粮丰富，个人极为努力，成为世人中的大才，就可以成为传承和发展人类文明的“天使”，光荣而伟大。

深圳东部华侨城茶溪谷戏台的楹联写道：“奉茗一杯且看世上成败兴亡事，留君片刻历经人间悲欢离合情。”看戏，能够“历经”千百年前的成败兴亡事，能够“看到”千百里外的悲欢离合情。人生就是一种“经历”，一个人如果单单靠几十年的亲历亲为，即使经历再多，同人类活动地域之广和历史之久比起来，也确确实实如坐井观天，可怜而又可叹！如果通过阅读（要知道许多戏也是源之于书籍），世界七大洲的事，千百年前的事，尽收眼底，而且能够知道当前世界上千万里之外正在发生的事。从这个意义上讲，多读书就意味着多“经历”，也就意味着多活着。阅读，就是极大地丰富人生经历的长度和厚度，意味着生命的延长和拓展。马克思说：“求知能改变一个人乃至整个人类的命运，没有人是贫穷的，除非他没有接受过教育。”不读书就是文盲，文盲对许许多多事都不知道，没有发挥出人的潜质，没有能够体会到人类社会之广之大之美。我国现代著名学者、翻译家、语言学家，曾两度获得诺贝尔文学奖提名的林语堂教授也说：“一个没有读书习惯的人是被拘束在他的身边世界中的，在时间与空间上说来，他的生活只能陷在一些日常琐事中，他的见识只限于身边的环境，这一个小监狱，他是无法脱身的。但是他一旦能读了书，他便立刻走进了一个不同的天地，如果他读的是一本好书，也便立刻可以和一个世界上的最好谈话者接触了。这个谈话者引着他到一个不同的地区或不同的历史时期中去，或为他解脱一些个人的忧烦，或对他讨论一些这个读者所不知道的生活的特殊方面。”

我国“全民阅读形象代言人”朱永新教授著的一本书《书香，也醉人》中有一段精彩的话：“通过阅读，一定可以拓宽我们生命的宽度，增加我们生命的厚度，阅读可以让我们的精神世界更加宽阔而充实。”“一个人的精神发育史就是他的阅读史，一个民族的精神境界取决于这个民族的阅读水平，一个没有阅读的学校永远不可能有真正的教育，一个书香充盈的城市才能成为美丽的家园。”

这里还需要说明一点，阅读也确确实实能够在生理上起作用，促进人的长寿。一个非常明显的例子是，北京大学哲学系是一个读书人非常集中的地方，也是名声在外的“长寿系”。要知道，那些研究哲学的老先生们整天所做的事情就是读书、思考和写作，久而久之，“精神反作用于物质”，促进了长寿，这是一个千真万确的事实。

三、因阅读而成为“经典”的哈佛大学

可以说，读书就意味着教育，甚至意味着学校，苏联著名教育理论和实践家苏霍姆林斯基曾说：“学校里可能什么都足够多，但如果没有为人的全面发展及其丰富的精神生活需要的书，或如果不热爱书和冷淡地对待书，这还不算是学校；想反，学校里面可能是不足的、简陋的，但如果有永远为我们打开世界之窗的书，这就是学校了。”

人人都知道哈佛大学这一名字，却不一定知道哈佛大学同书籍特别是经典著作的渊源。哈佛大学是全美第一所大学，被誉为美国的思想库。这里先后诞生了8位美国总统、40位诺贝尔奖得主和30位普利策奖获得者，在全美500家最大的财团中有三分之二的决策经理毕业于哈佛商学院。这是一个高不可攀的纪录，在美国最好的大学排行榜中常年位居榜首。哈佛大学获有“先有哈佛，后有美国”的美誉，哈佛已经取得人类教育史上的“经典”地位。

那么，哈佛的魅力到底从何而来？哈佛的校训：“与柏拉图为友，与亚里士多德为友，更与真理为友。”哈佛办校宗旨，就是追求真理。它永久地激励着一代又一代年轻学子，这就是哈佛的魅力。而这些都应该归功于《哈佛百年经典》。

《哈佛百年经典》(又名“五呎丛书”）是一套反映人类认识和探索世界的思想性读物，旨在囊括人类有史以来至19世纪最优秀的社会科学和自然科学文献，以展现人类观察、记录、发明和思想演变的进程。《哈佛百年经典》是哈佛大学所有学生必修的课程，是哈佛学子如此优秀的基础，在这个基础上才能升华出来所谓的奇迹与魅力。

《哈佛百年经典》是由哈佛大学第二任校长查尔斯·爱略特任主编，联合全美100多位享誉全球的教授历时4年完成，共50卷，精选400多位人类史上最伟大思想家的136部专著。自1901年问世至今，畅销100多年，也成为西方家庭的必备藏书，是西方学生接受古代和近代文明教育的最权威读物。查尔斯·爱略特于1869年被任命为哈佛大学校长时，年仅35岁，担任校长达40年（1869—1909）之久。在此期间，哈佛大学增设了三所学院，教职员工增加十倍，学生增加四倍，成为世界顶尖的大学之一。1890年，他还被任命为美国国家教育委员会主席。

也是在此期间，作为哈佛的第二任校长，百事待举，但查尔斯·爱略特却牵头编纂《哈佛百年经典》，此举不能不令人赞佩他的远见卓识。为什么要亲自领导编纂《哈佛百年经典》？因为近三十年成功的教育生涯使爱略特深知，一个现代的文明人、一个哈佛学生，“他不仅理所当然的要有开明的理念或思维方法，而且还必须拥有一座人类从蛮荒发展到文明的进程中所积累起来的、有文字记载的关于发现、经历以及思索的宝藏。”于是，他领导对这座宝藏进行认真地挖掘、筛选和编辑，因而成就《哈佛百年经典》。哈佛大学的成功已经证明了《哈佛百年经典》的价值，并且未来还必将继续证明它的价值。

四、犹太人因阅读而出类拔萃

新西兰学者费希尔在《阅读的历史》中写道：“人类总是一个由相互矛盾、不断变化的无数印象组成的混沌体。要理解这些现象，要生存并发展下去，就要寻求意义，探询秩序。在过去的几个世纪里，这一使命一直是通过阅读来完成的。”《阅读史》作者、加拿大学者曼古埃尔讲：“在文字社会中，学习阅读算是一道入会仪式，一个告别依赖与不成熟沟通的通关仪式。……例如，在中世纪的犹太社会中，学习阅读是以公开的仪式来加以庆祝。”在世界历史上，犹太人因阅读而出类拔萃。

【知识拓展】

犹太人祖先、犹太教、《旧约全书》《新约全书》《圣经》和耶稣

犹太人的远祖是亚伯拉罕，其嫡幼子以撒，孙子雅各，这祖孙三代就成为了犹太人的先祖。后来的大卫王和其儿子所罗门王是国际公认的犹太人的祖先。犹太教（Judaism）是犹太人的特有宗教，崇拜单一的主神雅赫维（基督教中称耶和华）。犹太教派生出了两个世界最大的宗教——基督教和伊斯兰教。公元前3世纪，希腊化的埃及托勒密王朝君主托勒密二世，召集70多位懂希腊语的犹太人，集中整理犹太教文献并译成希腊语，这就成为了后来基督教使用的希腊语圣经中的《旧约全书》；相应，基督教的圣经就称为《新约全书》。《塔木德》是仅次于《圣

经》的犹太经典。耶稣本人及其弟子圣保罗等都是犹太人。

犹太文化传统历来重视教育，爱护书籍，看重学识，推崇智慧。在《犹太教法典》盛行的时代，学问被视为非常重要的东西。学者们纷纷出人头地，成为犹太社会的精英。在社会组织系统和公共活动中，学者和教师往往比王子和武士更有权威。上层家庭的年轻女子，大多愿意嫁给学者，而不是商人或金融家。假若父亲和教师双双入狱，孩子就会决定首先救出教师。因为在犹太社会中，传播知识的教师地位非常之高。

犹太人从不焚书，哪怕是攻击犹太人的书亦不例外。按照犹太教规，在每周的“安息日”(从周五日落到周六日落）里，都得停止工作和活动，但各种书店却可继续营业，且不管是在“安息日”的白天还是夜晚，这一天，书店里时常挤满了人。据联合国教科文组织调查，犹太人平均每人的读书量高居世界各国之首。以色列各村镇大多建有环境高雅、布置到位、藏书丰富的图书馆或阅览室。在这个仅有五百多万人口的国家，有各类杂志九百多种。热爱学习、崇尚读书的气氛，在犹太民族中蔚然成风。犹太家庭的孩子几乎都被问过这样一个问题：“假如有一天家里着火了，你将带什么东西逃跑呢?”要是孩子回答不出来，家长就会告诉他：“你要带走的不是金钱，也不是财物，而是智慧！因为智慧是任何人也抢不走的，你只要活着，智慧就永远跟着你。”而智慧的培养又岂能离开教育和书籍?

【知识拓展】

《塔木德》

《塔木德》是成书于2世纪末至6世纪初的图书，作者是塔木德。《塔木德》原是流传三千三百多年的羊皮卷，一本犹太人至死研读的书籍。《塔木德》是犹太教律法条例、传统习俗、祭祀礼仪的论著和注疏的汇编，是仅次于《圣经》的典籍。《塔木德》大约被译成十几种语言，在全世界广泛流传。《塔木德》是犹太人的处世智慧和赚钱哲学（现出有（经典珍藏版)》。有人说，控制世界的是美国，而控制美国的是犹太人。《塔木德》给犹太人指明了方向，几乎人手一本，从生到死一直研读，是犹太人生命的一部分，是他们的精神支柱。犹太人把它当作生活的慰藉和心灵的避难所，在遭受杀戮与迫害时，唯有《塔木德》是他们不灭的灵魂，使他们能够战胜厄运，得以生存发展，是受益一生的精神财富。

在世界历史上犹太人创造了很多前所未有的奇迹，曾经没有祖国，没有资源，经历了战乱和沦陷，在彼此离散几千年后再次复国，且能够不断涌现出优秀的思想家、科学家、艺术家和一流的经营者。看看照片中的世界级名人会令人大吃一惊，比如，犹太三伟人（伟大的社会学家马克思、伟大的物理学家爱因斯坦、伟大的心理学家弗洛伊德）；进化论的奠基人达尔文；“原子弹之父”奥本海默；艺术方面，如大音乐家贝多芬、门德尔松；大画家毕加索；世界级表演艺术家卓别林；大诗人海涅；世界语创造者柴门霍夫等。在全球只有1500万的犹太人，在世界总人口中只占0.3%，全美100多名诺贝尔奖得主，犹太人占一半；全美名牌大学教授，犹太人占三分之一；美国的百万富翁中，犹太人占三分之一；福布斯美国富豪榜前40名中，犹太人占18名；可以说他们支撑了美国的财富和科学。还有经济界的巴菲特、索罗斯、格林斯潘（美联储主席）等；政治方面除基辛格外还有国务卿奥尔布莱特、国防部长科恩、财政部长鲁宾，等等。犹太人成功的因素很多，但是与他们自小培养读书学习的习惯是一定密不可分的。

很多人鼓励孩子好好学习的功利性很强，读书是为了出人头地，为了升学考试，为了升官发财，为了将来有份好工作。正因为把读书学习当作手段、当作敲门砖来使用，一旦达不到目的，孩子就会走向反面，变成读书无用论。把读书学习当作工具和手段来使用的另一个坏处是，难以培养孩子从学习中得到快乐。

犹太人的教育理念认为，学习不但是有用的，而且是能给人生带来甜蜜和快乐的。他们把学习当作目的，而不只是手段。因此，犹太人具有为学习而学习的精神。这种教育理念培养了犹太人普遍并保持终身的阅读习惯。联合国教科文组织调查，全世界每年阅读书籍排名第一的是犹太人，年人均64本，上海的年人均书籍阅读数在中国排名第一，也只有8本。

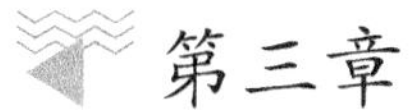 第三章

阅读及其进程

一、阅读概念的发展

1. 人类阅读发展的三个阶段和两次飞跃

著名新西兰阅读史专家史蒂文·费希尔在他的《阅读的历史》一书开篇中指出："世间最神奇的事莫过于阅读。"他说："古往今来，不论长幼，谁都无法否认它的重要性……对于我们大多数人来说，它永远是文明之声……"因而，探讨阅读的历史，无疑也就是探讨这件最神奇的事情在人类不同历史时期发展变化的进程和它所具有的社会意义。

人类的阅读发展，总结起来历经了三大阶段和两次飞跃。三大阶段是：广义阅读、书本阅读和电子阅读。两次飞跃是从广义阅读到书本阅读和从书本阅读到电子阅读。

2. 广义阅读

为了同书本阅读相区别，将下面曼古埃尔讲的阅读称之为"广义阅读"。

（1）什么是"广义阅读"：广义阅读是人类最早期的认知，是人类有文字之前的认知，是原始人类最重要的获取信息和知识的手段。广义阅读把人类不分时空地联系起来——无论是上下数千年还是纵横几万里乃至浩瀚的星空——广义阅读在这当中发挥着不可或缺的作用。有人说自从有了文字就有了阅读，这种说法有误；其实，自从有了人类就有了广义阅读。

加拿大作家、小说家、阅读史专家阿尔维托·曼古埃尔在其《阅读史》著作的封底上就印着非常醒目的两段话：第一段话是"阅读书页上的字母只是它的诸

多面相之一。天文学家阅读一张不复存在的星星图；动物学家阅读森林中动物的臭迹；舞者阅读编舞者的记号法，而观众则阅读舞者在舞台上的动作；双亲阅读婴儿的表情，以察觉喜悦或惊骇或好奇的讯息；中国的算命师阅读古代龟壳上的标记；情人在晚上盲目地阅读爱人的身体，在被窝底下；夏威夷渔夫将手插入海中以阅读海流；农夫阅读天空以测天气；这一切阅读都和书本的读者共享辨读与翻译符号的技巧。”这段话清楚地告诉我们，人类有文字之前的认知是什么样的，这也就是对广义阅读的具体解释，也告诉我们：广义阅读是先于书本阅读的。

曼古埃尔的第二段话是：“我们每个人都阅读自身及周边的世界，俾以稍得了解自身与所处。我们阅读以求了解或是开窍。我们不得不阅读。阅读，几乎就如呼吸一般，是我们的基本功能。”这段话同前一段话一起，说明虽然后来有了文字，但广义阅读至今仍然存在着。

（2）广义阅读亦在逐步发展：继之，穴居人记忆看图示，如刻痕、骨头凹痕、树皮和兽皮上的图画信息，以及结绳、烽烟，这是一些有了一定进步的原始的阅读，其特点是都涉及事先规定的代码（刻痕、图画、结绳等），这当然没有达到完全意义上的书写标准。

今天所知的阅读产生的时间并不长。阅读的原始意义，源于对记忆之物和图示的解码。尤如穴居人读懂龟甲、骨头上表述猎物、时间以及月亮周期的记数；原始部落用树皮或兽皮对图画信息进行记录并阅读；印加人通过结绳文字，了解复杂的商品交易过程以及古波利尼亚人通过阅读绳结和刻痕，传承对先人、族人的颂扬。

3. 书本阅读

（1）书本阅读是对物化语言的间接阅读：人类社会对于文字的阅读，迄今为止，寻找到最早的实证是公元前3300—公元前3200年的古巴比伦苏美尔人的楔形文字。仅就近100多年来考古发现而言，中华民族早在公元前1700年前后就有了基本完善的文字——甲骨文。而根据先秦许多史书上的记载，中华文字出现的年代还应当更早。譬如相传造字的仓颉，就是古代整理文字的一个代表人物。《说文解字》记载：仓颉是黄帝时期造字的史官。他所处的年代约为公元前26世纪。据此推测，四五千年前，我国的文字就已经比较成熟了。在中华文献中，关于“河图洛书”的传说，显然是与文字和阅读直接相关。

【知识拓展】

中国古代文明图案——河图洛书

河图洛书，是中国古代流传下来的两幅神秘图案，蕴含了深奥的宇宙星象之理，被誉为“宇宙魔方”，是中华文化、阴阳五行术数之源。语出易经《系辞上》:“河出图，洛出书”，河，黄河。洛，洛水。河图洛书是远古时代人民按照星象排布出时间、方向和季节的辨别系统。河图1-10数是天地生成数，洛书1-9数是天地变化数，万物有气即有形，有形即有质，有质即有数，有数即有象，气形质数象五要素用河洛八卦图式来模拟表达，它们之间巧妙组合，融于一体，以次建构一个宇宙时空合一，万物生成演化运行模式。河图上，排列成数阵的黑点和白点，蕴藏着无穷的奥秘；洛书上，纵、横、斜三条线上的三个数字，其和皆等于15。河图洛书和二十八星宿、黄道十二宫对照，它们有着密切联系。河图洛书的来由，是中华文明史上的千古之谜。“河图洛书”最早收录在《尚书》之中，其次在《易传》之中，诸子百家多有记述。但从实证的角度确定，河图洛书出在某个具体地点，很难找出严格的科学依据。2014年11月11日，河图洛书传说经国务院批准列入第四批国家级非物质文化遗产名录。

按曼古埃尔《阅读史》所说：“书本的读者——我正不知不觉地加入其家庭，将一个我们普遍具有的功能加以扩充或集中。阅读书页上的字母只是它的诸多面相之一。”其中的家庭指的就是广义阅读，这也说明了广义阅读的进一步发展，阅读书页上的字母只是广义阅读的“诸多面相之一”。

阅读先于文字。注意到这一事实，将有助于人类对阅读文化的正确理解。人类的阅读首先是为了认识事物、趋利避害，而不是为了读书本身。在文字产生之前，阅读只关乎意义，阅读是直接的；文字产生之后，阅读首先看到的是物质上的线条，从线条追寻意义，阅读是间接的。这些线条就是文字的字形、图画乃至文辞等逐步成为阅读的对象，现在更是扩大到了视频、音频，超越了文字。然而，还是要守住阅读的本源，即阅读首先在于寻求阅读对象的意义。清末光绪年间，金石学家王懿荣从那些散落在药铺里的“龙骨”上的刻纹阅读出意义，解读出这是一种锲刻文字，即甲骨文，这就是追寻意义的阅读获得的意想不到的成果。紧随其后，人们找到了河南的安阳小屯，在那里以及后来在其他地方先后发掘搜集到15万片甲骨，在众多的龟甲与牛胛骨上发现的文字总字数达到3500个左右。从甲骨文字结构来说，除了象形以外，形声、会意、假借等比较进步的造字方法已普遍被应用，中华文字已达到了相当完备的程度。这就是阅读史上超越文字而又恩惠于文字的一次次的阅读成果。

（2）书本阅读提升阅读：我们所要讨论的阅读主要是基于物化语言——文字的阅读。创造文字，阅读文字，乃是人类走出蛮荒、结成社会、迈向文明的一大步。《淮南子·本经训》中记载："昔者仓颉作书，而天雨粟，鬼夜哭。"足见这是多么重大的一件事，可谓惊天地、泣鬼神。自文字产生，从根本上提升了人类阅读的作用和价值。

土耳其著名作家帕慕克在《白色城堡》一书里这样说："人生犹如单趟车旅，一旦结束，你就不能重来一次了。"而阅读弥补了人生的这一缺陷，可以使得我们对生命有往复很多次的体验和领悟。古人认为一个成功的人士一定要"读万卷书，行万里路"。古人还将家族的传承寄托在阅读之上，因而有"耕读传家久，诗书继世长"。在世人看来，无论是居庙堂之高，还是处江湖之远，阅读均不可或缺。文字对于阅读的提升一度达到登峰造极的地步，曾出现偏执的阅读行为，如有些文字被视为宫廷或者帮派的秘笈而受到誓死保护，有些宗教甚至把经卷看成是宗教属性中不可更改的一部分。

阿尔维托·曼古埃尔在其《阅读史》里指出，对大部分文字社会而言，阅读是社会形成契约的初始，学会阅读便是一个人在社会上的通关仪式。自有文字之后，所谓阅读就大都指对书写文本的阅读而非指广义阅读，本书后面的用语也将如此。人们一旦获得文字的阅读能力，就主要通过文字来理解事物，获取人生经验。对于绝大多数的阅读者来说，阅读文字往往先于（阅读）实践，再通过阅读后的实践来印证或者纠正文字所给予的信息和知识。这种倒逆式的学习成为人类加快进步的主要路径。

4. 电子阅读或数字阅读

电子革命首先是一场阅读领域的革命。如今人类传递信息早已超越了发音语言本身，超越了时空，而这一切都要归功于从书本阅读到电子阅读的人类阅读的第二次飞跃。

电子阅读或数字阅读指的是阅读的数字化，主要有两层含义：一是阅读对象的数字化，也就是阅读的内容是以数字化的方式呈现的；二是阅读方式的数字化，就是阅读的载体、终端不是平面的纸张，而是带屏幕显示的电子仪器、电脑、手机等。与传统的纸质出版物相比，数字化电子出版物具有存储量大、检索便捷、便于保存、成本低廉等优点。五百多年前，活字印刷术问世，拼音文字从此获得了巨大的优势，技术与文字此次完美的联姻最终改变了整个世界。在当代，个人计算机以拉丁字母为基石构建了整个电子社会，并同时编织着每一个人的未来。新的千年早已来临，人类社会正置身于新一轮的技术革命，那就是以数字技术为代表的信息技术革命，首先就是一场阅读领域的革命。人类的阅读生活又一次面临着重大的甚至是根本性的改变。数字技术和移动互联网使得人类的知识存取几乎有心想事成的高效、信手拈来之便捷，传统媒体与新兴媒体融合将以从未有过的快节奏和精准度为人们提供阅读的即时文本，人类的阅读历史正在续写新的华章。2021年4月16日，第七届中国数字阅读大会发布了《2020年度中国数字阅读报告》。《报告》分政策、产业、用户、趋势4个篇章，呈现了中国数字阅读的现状及趋势。

二、阅读的定义和概念内涵

1. 阅读的定义

前面讲了阅读的概念，现在再进一步探讨阅读的定义。

古往今来，不论长幼，谁都无法否认它的重要性。对于古埃及的官员来说，它是“水上之舟”；对于心怀志向的尼日利亚小学生来说，它是“投射到幽暗深井里的一缕光”；对于我们大多数人来说，它永远是文明之声……什么能够担当起此等重要责任？唯有阅读。被誉为“世界发明大王”的爱迪生说：“书籍是伟大的天才留给人类的遗产”，是的，过去一切时代的精华尽在书中。毫无疑问，世间最神奇的事莫过于阅读。电脑和网络又如何呢？电脑和网络是革命性的阅读手段。阅读之于思想，正如音乐之于心灵。阅读给人以激励，给人以力量，使人陶醉，使人充实。白纸上、电脑屏幕上的那些小小的黑色符号，让我们感动而泣，让我们开启新生活，感受新观念、新见解，让我们的心灵得到启迪，让我们的生存井然有序，把我们与世间的万物相连，让我们踏上人生的康庄大道。

什么是阅读？阅读是人和书的结合，即看（书、报、文件等），并领会其内容。360百科进一步的解释是：阅读是运用语言文字来获取信息、认识世界、发展思维，并获得审美体验与知识的活动。它是从视觉材料中获取信息的过程。视觉材料主要是文字和图片，也包括符号、公式、图表等。法国当代最为重要的史学大师之一罗杰·夏蒂埃在其所著《书籍的秩序》中指出："'文本世界'与'读者世界'相交的方式，就成为关注的重点。"[①]这句话的意思，即指文本同读者相互交流的方式，即意味着阅读。现代最宽泛的阅读定义指"理解书写或印刷符号的能力"，读者"使用符号引导自己激活记忆中的信息，然后运用被激活的信息构建对作者所传达信息的合理解释。"为此，教育心理学家对"读者"的涵义做了相应的诠释："读者是通过文字转换和创造性来再现文本的意义。"这是一个多么简要明了的定义啊！读者是"再现"文本的意义，但不是原样，而是"创造性"地再现。上面若干个有关阅读定义中有四个重要的概念应该注意："接受""理解""吸纳""创造"，也就是说，读者接受、理解和吸纳文本中蕴含的意义并创造新意义，这就是阅读概念的含义。

据此，可否将阅读定义为："阅读指大脑接受外界包括文字、符号、图表、公式、原始图痕等各种信息，同大脑已有的知识相互融合，通过消化（理解）、吸收这些信息所蕴含的意义，以及创造新意义的过程和方式。"

阅读离不开书籍或文本，有关书籍的名言有许多许多，极具代表性的是俄罗斯大文豪高尔基的一句名言："书籍是人类进步的阶梯。"这是一个比喻句，把书籍比喻成人类进步的阶梯，也就是说人类的进步离不开书籍，书籍为人类提供了知识和经验。高尔基讲的书籍自然是包含对书的阅读的，因为书籍本身是物质的，是不会动的，它必须通过一种神奇的力量，将载体上的物质性的文字，魔幻般地变化成为人类精神上的内容和意义；这种神奇的力量就是阅读，阅读能够识别文字，再通过人的思维开发出文字的内容，再进一步转换成为意义。这就是阅读，只有阅读才能有这样的力量。没有阅读，书籍放置一万年，如果没有烂掉的话，还是那本书籍。我国宋代大文学家苏轼深明这个道理，他著名的诗篇《琴诗》："若言琴上有琴声，放在匣中何不鸣？若言声在指头上，何不于君指上听？"琴必须有人弹奏，才能够发出美妙的音乐声；书必须有人阅读，才能够产生作用。至于对这种力量的解释，那涉及语言文字学、生理学、诠释学等诸多方面，后文将逐步讲解。

① 罗杰·夏蒂埃：《书籍的秩序》，北京，商务印书馆2013年版，第88页。

2. 阅读概念的内涵

“内涵”一词含义广而雅，是一种可给人美感的含蓄的概念。一是指一个概念所反映事物本质属性的总和，也即概念的内在蕴含；二是指概念内在的涵养，如一个内涵很深厚的人。内涵不是指表面，而是指隐藏在事物深处的东西，故需要探索、挖掘才可以看到。

阅读概念的内涵，从古至今都在发展变化着，因此阅读对于不同时期、不同地区、不同文化的人，意味着不同的蕴含。“最初，阅读只是一种简单能力，即从任何编码系统中获取视觉信息并理解其相应含义，后来才专指对书写在物体表面上的连续文本符号的理解。”现在的阅读概念包括从电子屏幕上获取编码信息的能力。无疑，阅读的内涵将继续演变，阅读是对人类自身进步的一种考量。进一步将阅读概念的内涵划分为下面一些层次：

（1）最初的阅读是给原始图痕、结绳等赋予含义，以供人们交流，这是最低层次的。

（2）继而，阅读只是一种对符号或字母含义的简单识别，即从编码系统中识别视觉信息并了解其表面含义。如：指“对记忆之物和图示的解码”，仅限于解码并识别。上两种是阅读的原始意义，源于对记忆之物和图示的解码。数千年来，人类的阅读就这样从五颗鹅卵石代表五只羊的指示性数量记录，到古代美索不达米亚人用特制陶土“信封”装上代币图案以此识别物品类别和数量，再到苏美尔人对楔形文字的表音性探索，书写了阅读的进化行程。

（3）后来才专指对书写在物体表面上的连续文字符号的理解，即“理解书写或印刷符号的能力”。从识别晋升到理解是相当大的进步。理解，简单意思指了解、明白；更深层的意思指顺着脉理进行剖析，从道理上了解、认识，达到真正理解。《实践论》告诉我们：“感觉到了的东西，我们不能立刻理解它，只有理解了的东西才更深刻地感觉它。”

（4）从根本上来讲，阅读关乎意义。从较高的认知层面来看，阅读所传达的唯有意义。这正是阅读的神奇之处。正如英国语言学家罗伊·哈里斯所言，阅读的多重过程“肯定不可避免地与特定的文化目的相关联，并且取决于某一特定文化独有的或已制度化的口述方式”。

（5）再扩大了讲，直接理解意义还不够，还需要更深刻地领会“弦外之音，

言外之意”。例如，演员李雪健因扮演焦裕禄而获得两项大奖，在颁奖仪式上，他致答谢词诚挚地说：“苦和累都让一个大好人焦裕禄受了，名和利都让一个傻小子得了。”李雪健的言外之意是：苦和累都让一个大好人焦裕禄受了，现在他自己却站在领奖台上，万众瞩目，让他因为焦裕禄而得到了名利。他没有提到焦裕禄的奉献和伟大，更没有提及自己获奖应该谦虚和感恩；但这短短的两句话，却让听众感受到了焦裕禄的伟大以及李雪健发自内心的谦虚和感恩。这就是“弦外之音，言外之意”的力量，听众不是“听到”，而是深切地“感受到”。

（6）“弦外之音，言外之意”还只是从语言层面上的领会，更上一层楼是文章或诗词的意境，那只能靠个人的意会才能获得。俗语讲“只可意会不能言传”，是告诉我们：只能自己用心意去领会，而不能由别人来讲解；就是说必须要自己悟透，不能靠别人来说明。“书中横卧着整个过去的灵魂”，所以，“经验丰富的人读书用两只眼睛，一只眼睛看到纸面上的话，另一只眼睛看到纸的背面。”南宋朱熹是中国理学集大成者、继孔孟之后的第三圣人，他讲：“读书要有感受，要有审美感，对他人的金玉良言，要能融会贯通，并使之付诸实现。举一而反三，闻一而知十，及学者用功之深，穷理之熟，然后能融会贯通，以至于此。”这就是说，读书要“感”、要“悟”、要“穷理”，这就上升到了阅读的最高境界——意境。唯感悟、穷理才能领会，才能“举一而反三”，最后达到“融会贯通”的境界。

意境是属于主观范畴的“意”与属于客观范畴的“境”二者结合的一种艺术境界。这一艺术辨证法范畴，内容极为丰富，“意”是情与理的统一，“境”是形与神的统一。在两个统一过程中，情理、形神相互渗透，相互制约，情景交融、虚实相生、既生于意外，又蕴于象内，形成活跃着生命律动的韵味无穷的诗意空间和形象系统，或其所诱发和开拓的审美想象空间，是抒情性作品中呈现的那种文学形象的高级形态之一，这就是“意境”。

三、阅读的特点

有了文字以后，阅读的主要活动就是读书，因此阅读和读书虽有别却常常是通用的。

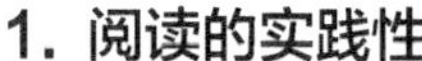

1. 阅读的实践性

阅读活动离不开动作、空间和习惯，是一个人真实的阅读实践。这一实践活动需要注意几个方面的差异：首先，识不识字是一个基本区别，但不管阅读能力强弱，必须亲身实践，必须能够读下去。其次，阅读具有探究性，读物提供的信息除了字面显示之外，常常还有更深层的信息，这些隐含的潜在信息密码需要读者去发现、去破解。第三，阅读过程的调控性，从心理学角度看，阅读是一种从书面符号中获取意义的复杂的心理过程，它具有感知（看到文字或读出字音）—理解（把单词转化为意义）—反应（领会作者说的是什么）—综合（并与实际联系的应用）四个阶段，要经历多个进程，需要随时调控。第四，在读者的“期待视野”上，在阅读规范和习惯上，阅读方法以及诠释的工具和步骤上，均具有差异性。这在社会上自然就形成了不同的阅读群体，博学雅士与庶民百姓，不可同日而语。总之，上述因素决定了阅读的具体方式，不能够用所谓的普遍作法来定义阅读行为。

2. 阅读的个人性

语言是个人接触历史文化的方式，如第二章所述，食物是人类的物质食粮，读书是人类的精神食粮；吃饭要吃到个人的肚子里，那么，读书也必须读到个人的头脑里。读书的世界，是最平等的世界，无论贫富，不分贵贱，不管男女老少，一律平等，不能代替，无法走后门。读什么书，能不能够读进去读懂，全在个人；外人无法插手帮助，钱再多也无济于事。《360百科》对阅读的解释是：“阅读是一种理解、领悟、吸收、鉴赏、评价和探究文章的思维过程。阅读可以改变思想、获取知识，从而可能改变命运。”这一解释说明，阅读在视觉吸收文字之后，主要是大脑的行为，是个人行为。阅读不是朗读，而是默读，无须倾听，个人直接领悟概念，使思维在个人的头脑里驰进，在意识的更高层次骋行，交相参考，比较对照，思考评判，不一而足。阅读所产生的效果成为一个人业已内化的存在的一部分。所以，可以说，它是个人性的，任何人都无法越俎代庖，更是与轰轰烈烈的阅读活动背道而驰。

阅读的个人性，相生相伴的就是阅读的私密性。早期的阅读是朗读，那时在广场或家庭，都有人在朗朗读书，众人听，这是一种公众行为；后来发展到默读，无论在何地进行，阅读都是缄默无声，并且一直持续至今。阅读从公众行为演变成为了个人行为。有人讲，读书是最私密的人生体会。“深切的阅读，最终指向自我唯一的心性，以我的生命体验去撞击我眼前的文字，迸发着激情，沉淀为智慧。”这样的过程宜于安静独处的环境，是独一无二的，当然是唯我独属的和个人私密性的。正如美国著名诗人惠特曼所说：“在19世纪，对于大多数人而言，阅读完全是个人的事，是私密的事，它令人意动神摇，而这一魅力从前只有圣人和饱学之士才有机会领略。”真正有效的读书，必须依靠读者自己全部的心智和情感，主动地去读，专注地去思考，才能感知和理解书面符号，进而把握其所反映的客观事物及其意义，达到读书的目的。这种具有很强的个性化的活动，决定了读书的成败。

阅读个人性和私密性，自然就催生了阅读的自由性。早期，女子读书被认为“不合时宜”而受限制。后来随阅读的发展，女子参与并扩大读者队伍就成了自然而然的事情。正如18、19世纪之交的英国散文家、评论家查尔斯·兰姆的感受：“我素喜徜徉于他人的思想之中，书本会引领我思考。”这其实是在褒扬自由阅读带来的力量。书本是密友，是值得倍加珍惜的情感。15世纪中叶，社会前进，人文主义发展，破除束缚，开始自由阅读，独立思考。

3. 阅读的思维性

阅读是一个主动的行为，《360百科》对阅读的另一解释是：“阅读是一种主动的过程，是由阅读者根据不同的目的加以调节控制的，陶冶人们的情操，提升自我修养。”阅读主体必须具有自主性，由读者根据不同的目的进行调控，以陶冶情操，提高修养。阅读是理解、领悟、吸收、欣赏、评价和探索文章的思维过程。阅读是心灵与心灵的融合，灵魂与灵魂的对话，智慧与智慧的碰撞，生命与生命的互动。《阅读的乐趣》一书讲，阅读是圣殿，进入这一“圣殿”至少涉及三个关键词：注意力或专注力、安静和思考。阅读需要读者倾全身心的专注力，安静地进行独立思考。在这里，“润物细无声”的教育理念同样适合于阅读：读书育人，潜移默化。阅读可以改变思想，获得知识，也会改变命运。中世纪阅读的本质特征——“被动听读”，日趋没落，代之以“主动默读”，读者成为行为人，自由阅读、精神解放。正如中世纪末德国学者托马斯·厄·肯培在其所著《效法基督》所写：“我处处追寻幸福，幸福不在别处，恰在一小小的书本的某个角落里。”

阅读者的头脑，需要具备三种能力：质疑能力、独立客观的判断能力和追求真相的能力。当我们读到一段感兴趣的文字时，大脑系统会整合所有的视觉、听觉、语义、句型等信息，而读者则自动将那段文字与其个人的思想及生活体验联系起来，从而产生各种发散性联想，意识到与那段文字相关的许许多多的情景与内容。进一步，读者对阅读的诠释往往会超越作者的思想，向新的方向思考，产生了超越作者思想的新的想法——作者不曾有的新思想，这就是阅读的创造性。如果这位读者能够写出自己的新感受，在交流网络无所不在的今天，又会流传并影响更多的人，从而促进了人类知识、思想和意识的发展。

理解文本是一个极其复杂的大脑处理过程。美国著名教育心理学家默林·维特洛克断言："要理解一个文本，我们不仅要读它，这里我们使用的是'读'这个词的本意，更要构建文本的意义。……读者……通过创造意象和进行文字转换来再现文本的意义。最为重要的是，读者在阅读时，要把个人知识和经历与书面的句、段、篇章联系在一起，并以此生成意义。"可见，阅读时大脑不是对原文进行复印，而是独立对信息进行加工处理。我们将感情融入阅读，想象、推理、前后参照，同时进行其它许多复杂的大脑活动。在阅读活动中，显然文字仅仅是在知觉和处理的较低层面被记录下来，几乎是无意识地获得的。一些研究人员相信，阅读可能是同思考一样复杂的活动。

4. 阅读所获的间接性

阅读活动有一个过程，读书获取知识、意义等，并非是通过文字直接获得的，而是通过一套符号系统的间接获取，中间由符号到意义的转换和翻译的迂回过程。中世纪学者伊本·阿勒-海萨姆认为"纯粹感觉"是无意识的或不自觉的行为；"知觉"是一种自觉的认知行为，阅读文本的行为即是如此。这一研究所得理念将"看"（seeing）和"读"（reading）区别开来，科学地阐释了阅读这一有意义的行为过程。"看"之看到的是物理反应，是直接的；而"读"是将看到的书面材料，进行思考，即使用脑中现有的知识对获取的信息材料进行加工，这一过程已经内化。"看"与"读"形成了一个系统，所以阅读成果是间接地获取。

人类阅读肯定是一个联觉过程，听觉、视觉、触觉甚至"第六感"都在同时发挥作用。

用文字记录口语，是书写的肇始，达数千年；但自默读出现后，这一行为发生了根本性的转变。“阅读成了另外一种东西。接近于人类感觉的某种东西。”通过和依靠字音学习文字，发音如脚手架；但随读者同文字日益接触而脱离了字音这一脚手架的辅助，单独接受大脑的加工处理，“阅读其实已经接近思考本身了”。

5. 阅读对语境的依存性

美国当代艺术学家艾布拉姆斯在《镜与灯——浪漫主义文论及批评传统》中提出文学活动应由四个要素构成：作者、文本、读者和语境。这四个要素也是阅读活动的要素，在阅读活动中，四要素相互联系、相互制约、相互依存，从而形成严整的文学活动系统。语境在系统内具有重要的地位：一是依据语境解释词义；二是语境使词义单一化；三是语境使词义具体化；四是语境使词增加临时性意义；五是语境表现出词义的选择性。

阅读的语境，从大的方面来讲，有社会语境，包括政治和社会文化语境。同一本书，不同社会不同看法，如《红楼梦》是封建社会的禁书，今天却是四大名著之一。政治和社会文化语境对阅读影响极大，从作者到读者到文本，无不受到制约和影响。阅读的语境，从小处来讲，是文字所依存的载体及其物质形态，以及从阅读的行为到方式方法；乃至细微处如朗读、默读，文本的格式、字体及其大小等等，都属于一定的语境，或重或轻都会影响阅读。

如有一种错误的观点，认为文本脱离其物质载体可以独立存在。其实不存在没有载体的文本，无载体如何读（听）？任何一种对文字的理解都在一定程度上依赖于读者所接触到的实体形式和物质形态，最常见的是各种书籍以及读者阅读行为和相应的方式方法。实际上，物质形式一定会影响到读者的期待，召来新读者或导致新读法。文本至载体，“变迁之间，意义生焉”[①]。同样，阅读方式方法变化，亦“意义生焉”。

6. 阅读结果的歧义性

阅读认知理论认为，阅读主体对于文本中的言语，只有在他的个人信息贮存中能够找到文本言语具有相似性的信息模块以后，才能进行相似匹配、相似

①罗杰·夏蒂埃：《书籍的秩序》，北京，商务印书馆2013年版，第92页。

激活，从而识别文本中的信息。由于每个阅读主体大脑贮存的相似模块各不相同，而且千人千样，没有完全相同者，因而即使是阅读同一文本，不同读者也会形成各自不同的相似选择与相似匹配，进而产生见仁见智的个性化理解。因此可以说，个性化阅读结果实质上是作为阅读主体的个人对阅读材料的一种带有强烈主观色彩的理解、感悟和体验，必然会存在一定的差异性。这就是“一千个人读《王子复仇记》，就会有一千个哈姆雷特”的原因所在。

上述可见，一者文本本身就蕴含着歧义性，这是不言而喻的。因为构成文本的一个个字、词就是多义的，“一字多义”；如果再加上读者的歧义性阅读，指每位读者个体阅读的差异性，一位读者不同时间阅读同一文本也具有差异性。这样，蕴含着歧义性的文本，被许许多多各具差异性的读者阅读，文本的歧义性和众多读者阅读的差异性，二者形成了“乘法”的关系，那阅读的结果不就是千差万别、“百花齐放”了吗！

阅读结果的歧义性在历史上引起了智者和宗教界的注意。古希腊著名的思想家、哲学家、教育家、“古希腊三贤”之首苏格拉底，就赞许口头语言的唯一性，极力反对书面语言的多维性。他认为：“构成学习障碍的实际上是书籍（客体本身）而非其内容。在他看来，一个文本只能有一种‘恰当’的解释。……写作失去的东西太多，唯有声音才能表达‘唯一正确’的释义。苏格拉底一再主张，文本的解释是口头的，具有一维性。”“意义在口语社会是即时的。口语体具有清晰度，有助于定义真理，苏格拉底因此希望书面文本的作者能保持这种风格。他坚持认为，‘它（指真理）写在听者的心上，让他能懂得真、善、美’。真理是听到的，而不是读到的。然而，保持口语体制意味着否认阅读潜在的多维性，而阅读的多维性不久之后却改变了整个西方社会。”①可见，古之圣贤，由于历史的局限性，也会出现谬误。

正如苏格拉底批评希腊语一样，伊斯兰教的《古兰经》对此也有描述：“某些诗句意义精确，构成经书的基础，而有的诗句意义含糊。对《古兰经》心存疑虑的人只关注歧义部分，目的是提出非议……除了真主，无人知晓其含义。”第一任哈里发下令将片段整理成第一部《古兰经》校勘本。及至10世纪，阿拉伯权威学者开始接受《古兰经》七条不拘一格的变体文本“链”。“变体”指的是对

①费希尔：《阅读的历史》，北京，商务印书馆2019年版，第46页。

同一文本不同的解释。他们认为,“每条文本链的阐释都是领悟先知穆罕默德显现的‘圣言’的一种有效途径”,西方基督教旨在提炼、推崇“圣谕”,使之成为唯一的权威话语。相形之下,伊斯兰世界却赋予《古兰经》几种可能的声音,与倡导简约主义的西方形成鲜明对比。“这种态度表明,自由主义思想武装了历史鼎盛时期的伊斯兰,这一思想具有近乎绝对的普遍性、分析性以及神奇的创造性。”①

7. 阅读的创造性

阅读原理告诉我们,读者通过阅读激活了文本中的生命,这个生命引领读者进入一个从未踏入过的崭新的世界。这刺激读者在自己生活经验的基础上产生多种多样发散性的联想,会产生和迸发出千奇百怪的臆想,前所未有的想象。这恰如英国的“记忆力之父”、“思维导图”发明者东尼·博赞所讲:“创新需要经历想象的历程,把大脑带入之前所未经过的新领域。这些新的联想会生发新的意识,即人们所说的‘创造性突破’。”②

为此可以导出一个结论:任何正常人阅读后必然会产生新的想法,阅读必然是也只能是创造性的;没有创造性就不能称其为阅读,尽管在创造性的程度上有所差别。为此,教育心理学家对“读者”的涵义做了相应的诠释:读者是通过文字转换和创造性来再现文本的意义。读者是“再现”文本的意义,但不是原样,而是“创造性”地再现。阅读能够引领我们感受大自然的奥秘、古人的生活和异国他乡的韵味,感知见所未见的奇闻异事,聆听闻所未闻的奇谈怪论。正如南北战争时期的美国总统林肯用传神的语言对阅读的赞誉:“妙就妙在它帮助我们挣脱了时空的重重枷锁,得以与逝者神交,与远方谈心,与未来对话。”阅读是使人类产生联想、迸发想象的最佳活动。联想和想象是创造性的基础。读者在阅读过程中和阅读后的奇思遐想,经过思维的沉淀,将会获得阅读成果即读者阅读后的所思所得——作者的思想与读者的思想相互结合,产生了崭新的思想和意识,这就是阅读的创造性特质。

美国心理学专家玛丽安娜·沃尔夫在总结阅读发展的自然史时写道:“阅读的发展永不结束,阅读这个永无止境的故事将永远继续下去,将眼睛、舌头、

①费希尔:《阅读的历史》,北京,商务印书馆2009年版,第143页。

②东尼·博赞:《启动大脑》,北京,中信出版社2009年版,第82页。

文字和作者带往一个新的世界，在那里鲜活的真相无时无刻不在改变大脑与读者。”[①]持续的阅读将在读者面前展现“一个新的世界”——阅读创造的世界；在这个世界里，阅读创造性的成果即“鲜活的真相”，正时时刻刻在改变着读者大脑和读者本人。“阅读不仅反映了大脑超越原有设计结构的潜能，同时也反映了读者超越文本或作者所赋予内容的潜能。”[②]

当前，电子革命首先是一场阅读领域的革命。如今人类传递信息早已超越了发音语言本身，超越了时空，而这一切都要归功于人类不同寻常的超感觉——阅读。“现在我们认识到，这种特殊的阅读实际上要求大脑进入紧张状态……这本身就是一种创造活动。读者在阅读过程中让自己的心灵挖掘、塑造白纸或电子屏幕上的超感世界，不但对体验作出反应，而且重新塑造体验。”[③]

四、阅读的内在进程

1. 书本是读者智慧展现的起点

世界意识流文学大师、20世纪伟大的小说家之一、《似水流年》的作者马塞尔·普鲁斯特曾讲，作品是“作者智慧展现的终点，也是读者智慧展现的起点”。[④]任何作品中都凝聚着作者的智慧、灵感和期许，是作者心血的结晶。正如尼采所说：“读书，是在别人的知识与心灵中散步。”作者的作品一经出版，就难于更改，除非修订再版；如果作者去世，那其作品就将永远是一成不变的了。所以说，作品是作者智慧展现的终点。

书本中作者的思想和情感往往是隐含的，具体地讲是被埋藏在构成作品内容的文字之中。读者欲真正了解作品，唯一的方式就是阅读。读者必须将书打开，读下去，进而对之进行深入地探索和开发。正如琳莎·施瓦茨所说：书籍“并不具有独立或者感官的存在，而必须被打开，必须让人往深处探寻，我们对它的存在是必须的，这样一种无坚不摧的力量也正是我们所喜欢的。真正的书是躺在青

①玛丽安娜·沃尔夫：《普鲁斯特与乌贼　阅读如何改变我们的思维》，北京，中国人民大学出版社2012年版，第153页。

②同上。

③同上。

④同上第19页。

蛙里面的王子。”[①]西班牙作家卡洛斯·萨丰也讲了同样的话：“每一本都是等待我去探索的宇宙。”[②]至于书籍中许多经过历史筛选和考验出来的经典著作，那是伟大作家智慧的结晶，更是整个人类的思想宝库，有如深深埋藏着等待后人开发的宝藏。这项开发不是用体力而是用智慧，需要读者艰苦学习、武装头脑、攀登前人智力的顶峰。所以说，作品是读者智慧展现的起点。

文字自发明创造以来就被不断地发展和壮大。我的一位书友有感而写道：“每个文字就像功能巨大、灵活多变、魔力无边的一块块积木，经过富有想象力的人们进行多种多样的排列组合，就可以变成一条条语气、意义迥异的句子，整体的意思大于各个部分之和，然后再组成一篇篇美文。”美国女作家施瓦茨更进一步说：“文字却可以永远走下去，是直线的，一个字会打开通往另外十几个字的门，每个新字都会悄悄推开另一扇门，如此往复，直到没有止境的默想大厦。”[③]书籍是什么，就是由一块块积木——文字所组成的一座座默想大厦。多么形象的比喻——“默想大厦”。

更令人惊异的是，这些墨迹会生成情绪，富有情感。被誉为日本文学一颗瑰宝的《枕草子》中，有女作家赞赏书信的微妙细腻的描写：“一人远在异乡，一人心神难定。偶得书信一封，犹如人在眼前。信已寄出，即使尚未收悉，心中却同样快慰。”书信一封，倾诉感念，乃令人释怀。一封信尚且有如此巨大的魅力，那么“阅读”一部部内容丰富、包罗万象的书籍，其可以体会的深度和广度如无边的海洋，是无穷尽的。

人类所创造的书籍就是由这样一些既涵意义又富情感的一个个如精灵般的文字所构成，这些文字又组成了文明世界须臾不可缺少的一座座默想大厦。读者就是依靠自己的智慧和整个人生来攀登和占有这一座座默想大厦。如果说文字的发明和书写的出现是人类文明发展史上的里程碑，那么，与之相关的“阅读”也就具有了极其深远的文化史意义。

2. 第六感觉

阅读依靠视觉，又不单纯依赖视觉，而是超越视觉，从而形成了除视觉、听

①王强：《读书毁了我》，北京，光明日报出版社2000年版，第134页。

②萨丰：《风之影》，北京，人民文学出版社2009年版，第4页。

③同①，第24页。

觉、嗅觉、触觉、味觉之外的另一种感觉，称之为“第六感觉”。正如《阅读的历史》作者史蒂文·费希尔所言，人们熟练阅读时，“既不是看单词也不是听语言，而是将这些符号所传递的图像、情感和感觉信息加以综合。正因为如此，一部小说才能够使读者超越此时此地，产生一种近乎‘入定’的状态。阅读确实是一种‘第六感觉’，它使人类拥有了一种在书写系统出现之前不曾拥有的感知能力。”①

百度百科称第六感觉为“心觉”，标准名称“超感官知觉”。心觉是指人类通过前五觉的刺激，反应给大脑某个未知细胞或器官所体现出来的心理感觉，如：快乐、悲伤、恐惧、痛苦等等心理表现。“心觉”可以说是意识的感觉或存在的感觉，如果没有心觉就不会有存在感，如死亡之后。由于有了第六感觉，读者通过阅读才能够“在每一次深层的悸动中，他们都会学到一些新的并且终生难忘的东西。”②“悸动”是什么？它不是任何的其它五种感觉，而是第六感觉的一种外在反映。真实的第六感其实是常人的感官天生功能。每个人都与生俱来具有第六感！

第六感觉的例子是很多的，并不难体会。饥饿并不仅仅是胃的感觉，而是全身的难受和无力。我们读了一本非常受感动的书，眼睛湿润，心情愉悦，整个人都有一种舒泰感；读了一本恐怖小说，毛骨悚然，惶恐不安，魂悸魄动，做恶梦，整夜睡不好觉。这都不仅是视觉的单一之感，而是全身心的感受。20世纪初的小说家丽贝卡·韦斯特夫人在读完莎士比亚的《李尔王》后自问：“这种感觉究竟是什么？这些伟大的艺术作品到底对我的生活产生了怎样的影响？为什么我会感觉如此快乐？”第六感觉对于任何一位读者都是必须的，阅读中常常会出现第六感觉，缺乏第六感觉就不会有真正的阅读，就不会体会和欣赏到阅读那撩人心弦的切身感受。

大脑如何对语言进行加工处理？研究至今没有发现大脑中有专门的“阅读中心区”。阅读活动的特质就是，似乎应该是“对文字意义与生俱来的追求，‘读书以求意’。”因此，任何有关阅读的理论必须解释形意之间的本质联系。“据磁共振成像结果显示，视觉信息进入大脑可直接与概念信息相关联。”即可以不通过

①费希尔：《阅读的历史》，北京，商务印书馆2009年版，第313页。

②王强：《读书毁了我》，北京，光明日报出版社2000年版，第135页。

语音，由字素和字形进入意义。书写是后天获得的技能，而流利阅读是一种“身体或思想上与生俱来的天赋，它能够做到技能所望尘莫及的事情”。阅读依靠视觉，但又不单纯依靠视觉，而是将语音与视觉（或触觉）交互结合，超越视觉，或可以将阅读称为“超视觉活动”，因此，“阅读是我们真正的‘第六感觉’。”

毫无疑问，成人的思维大多是以语言为基础的，抽象的概念性推理尤其如此，即语言影响思维。但人们也意识到，“非语言思维的频率并不亚于语言思维。非语言思维指以图像、情绪、意识数据的收集和映像为基础，按照一定逻辑序列整合、建构本体感受（身体和感官的意识）的过程。”人们熟练阅读时，“既不是看单词也不是听语言，而是将这些符号所传递的图像、情感和感觉信息加以综合。正因为如此，一部小说才能够使读者超越此时此地，产生一种近乎‘入定’的状态。阅读确实是一种‘第六感觉’，它使人类拥有了一种在书写系统出现之前不曾拥有的感知能力。”阅读无疑给人类在许多方面注入了新的力量。如“阅读记忆是大脑的一种归档系统，能够帮助人类对知识予以保留和组织。……显然，定期阅读刺激并促进了视觉记忆的发展，使之超越了其它感官的记忆。”这种阅读记忆能力是否可以遗传？其前景扑朔迷离。“畅想阅读的未来，就是畅想人类自身的未来。”①

3. 迷醉书中

凡有多年阅读经历的读者，都有这样切身的体验：阅读中让身体尽量舒适，长时间静止不动，并与时间迎面较劲；这动力在人心里，是一种高尚的、精神的锻炼。阅读的时候，书本内容会触动读者的情感和生活经验，读者的喜爱、遗憾、高兴、痛苦、成功与失败都会在阅读生涯中得到体现。当读到感兴趣的内容时，大脑系统会整合所有的视觉、听觉、语义、句型等信息，而读者会不自觉地将阅读的内容与其本人的思想与感情联系起来，从而产生各种意想和情绪。阅读具有一种使人陶醉的力量，竟使我们忘却了时间和烦恼，更忘记了人生轻微一些的痛苦，而只是迷醉书中。

阅读中，具有敏锐的心觉是使读者能够迷醉书中的前提条件。心觉给人一种体验的情境。书本教我们接纳其内容，在阅读的静默中，带着专注接纳一个临时

① 费希尔：《阅读的历史》，北京，商务印书馆2009年版，第310-313页。

占有的声音——书本中作者的声音。在静默和专注中接受书的时候，同时也慢慢习惯于接受书中的世界。阅读给予读者的只有心的沉醉，阅读者因受到感动而全身心投入书中，进入了另外一个世界，忘掉了周围的一切，也暂时忘掉了自我。阅读“展现了阅读者如何彻底地进入‘书的生命’，其整个人生也因此改变。”[①]

阅读可以消除孤独、驱散无情、赶走生活中的绝望，带来友爱和慰藉。正如英国伟大作家狄更斯小说《大卫·科波菲尔》中主人公科波菲尔所说，书籍是“我唯一的也是经常的慰藉”。儿时最珍贵的瞬间，常常存在于书籍之中，它令人终生回味、历久弥新。《风之影》作者卡洛斯·萨丰对一生阅读的第一本书有着刻骨铭心的记忆：“一个人阅读的第一本书，在内心所留下的深刻印记，很少有其他事物可与之相比……我们以为那是陈年往事了，实际上却伴随我们终生……”[②]阅读充满感召力：有时候整个地区或整代人都会因阅读而“喜气洋洋”，如因《消失的地平线》的风靡，我国云南的一个地名于2001年成为了“香格里拉”；《哈利·波特》引起全球青少年的阅读狂潮；在监狱里犯人们因反复“重读”一部喜欢的书而保持了健康的心智；我国译界泰斗林琴南因译著《茶花女》而声名鹊起。

这就是阅读的魅力，能够让读者忘却一切、迷醉书中、不自觉中改变自我。大诗人杜甫的著名诗句“随风潜入夜，润物细无声”，在这里体现得惟妙惟肖。

4. 壮丽的传递

阅读不仅需要一般性的通读，而且对于重要的书应该进行反复阅读，体察作品的言外之意、语中之情，思考作品的意义和影响，这实质上就是对书本内容的开发。阅读使原本存在于作家心里的感情力量从作家那里传递至读者，而启动者却是读者自己，通路就是阅读。阅读是作家的思想和情感通过书本向读者的传递，由于这种传递，才使足以“毁”人的愉悦的阅读生发世世不休的美好感受。阅读是一种壮丽的传递。

为什么说阅读是“一种壮丽的传递”？试想，多少个世纪之前，一位作家的所思所想，由文字书写而体现出来，内中包含他的智慧和情绪；多少个世纪之

---

①王强：《读书毁了我》，北京，光明日报出版社2000年版，第134页。

②萨丰：《风之影》，北京，人民文学出版社2009年版，第6页。

后，经受了时间的折磨和空间的摧残，文字构成的书本并没有被毁灭；在“时空隧道”中不时被一些称为“读者”的活人阅读，那位已经逝去千百年“作家”的智慧和情绪，透过由文字实现复杂的神经传递，找到了能够深刻体察作家所思所想的读者，实现了伟大的再生。“那是多么壮丽的一种传递啊：书中所带的感情的力量，没有当地的住所，从作家那里安全地传递至读者，印刷和包装以及发送都没有将其弄烂，它得到再生，每当我们打开它的时候都能够看得到它。”[①]

文字编码是人世间的一种奇迹，书本中由文字记载着我称之为“作家”的活人的灵魂，经过神经密码和超越时空的传递，能够通过文字找到它们各自的目标——读者。“不管时间和地点多么遥远，在书中徘徊不前的是这样一种富于想象力的生物，是这种消失了的链接，是任何读者都还没有看见过的。”[②]宣布废除奴隶制度的美国总统亚伯拉罕·林肯，曾经用传神的精美语言赞誉阅读：“妙就妙在它帮助我们挣脱了时空的重重枷锁，得以与逝者神交，与远方谈心，与未来对话。”

这一传递是壮丽的，也是伟大的。它是人类智慧得以生生不息的保障，是人类文明得以千年传承的根基。

5.“迂回”的路径

书籍中所展现的作者的思想和感情，通过阅读这种“壮丽的传递”，使读者的身心迷醉其中。那么，这种传递具体又是怎样实现的呢？

实际上，阅读时大脑不仅对原文进行复印，而且独立对信息进行加工处理。读者将感情融入阅读，进行想象、推理、参照以及其它许多复杂的大脑活动。一些研究人员相信，阅读可能是同思考一样复杂的活动，“阅读其实已经接近思考本身了”。因此，阅读不是照搬原样，而是一种升华的传递；阅读的过程是读者对作品的内容进行重新建构和“再生”的过程。

重新建构和“再生”的关键，依赖于千差万别的每一位读者。因此，这个过程和结果必然带有浓厚的“个人色彩”。这种“个人色彩”表现在阅读过程中，读者会将书本内容与个人的情感、感知能力、爱好和知识浸染在一起，并从个人

①王强：《读书毁了我》，北京，光明日报出版社2000年版，第133页。

②同①，第134页。

的社会经验、先前的阅读经历、社会成规与私人品味出发来体会和思考书本的意义并导出结论。这当然是属于一种重新建构，其结果也必然会生成一种与作者在书本中所表达的思想和情感既相互联系又不完全相同的具有读者色彩的新的思想和情感。因此说，阅读“是一个生成的过程”，是作者的思维，通过书本的传递与读者的阅读，同读者的思维相互影响和结合并形成新思维的过程。也可以说，阅读是书之内容与读者喜好之间的碰撞，是书的特定内涵与读者个人的独特感情之天衣无缝的结合。对此新西兰作家费希尔解释得非常好：“阅读与其它知觉不同，必须通过学习及个人重构才能够掌握，其本质属性不依赖于直接的感官输入，而通常取决于每一位读者的智力水平及早期所接受的训练。”[①]

由上可见，书本中的语言是恒久不变的，在任何时间和地点都是同样的，“壮丽的传递”依赖的是读者——“诠释者”，读者的角色是让“书写用暗示与阴影来表示的东西”变成具体可见。这种传递不是直接的，而是间接的，是以一种“迂回”的路径和方式来实现的。

“迂回”这个词来自于狄更斯的颇有名气的诗句：“以迂回的方式道出全部真理”，不仅符合韵味而且又恰巧符合了生理学知识。阅读不是一种捕获书本的自动过程，而是一种令人眼花缭乱、迷宫般地曲折变化，同时具有个人色彩的演绎过程。作品内容是作者发出来的直接信息，书本中作者所写出的内容是通过穿越时空的传递，经过另一个活人——读者的阅读而再现。阅读中读者投入自己的智慧、感情和切身体验，通过对书本内容的探索和思考，从而能够更深刻地开发作品，而获得阅读成果。这些成果是读者的思考和体会，是经过读者大脑的“迂回”活动而获得的结果，是间接的。正如沃尔夫所讲：“阅读正是一种神经上和智能上的迂回行为，文字所提供的直接信息与读者产生的间接且不可预测的思绪，都大大地丰富了阅读活动。”[②]这更进一步体现了马塞尔·普鲁斯特所说，阅读是“读者智慧展现的起点”。

作者的智慧和情感，以书本为媒介，历经时空隧道，传到读者；经过读者大脑的“迂回”，得以在精神层面兼容读者色彩的书本内容，间接地“再生”了——这就是阅读的路径。

①费希尔：《阅读的历史》，北京，商务印书馆2009年版，第315页。

②沃尔夫：《普鲁斯特与乌贼》，北京，中国人民大学出版社2012年版，第17页。

6. 心灵的交流、碰撞与结合

什么是心灵？维基百科的解释是："心灵或称心智（Mind）是指一系列认知能力组成的总体。"《普鲁斯特与乌贼》作者沃尔夫在"致我的中文读者"中最后写道，阅读给了我们一份"难以形容的世界性礼物——藉由文字的书写建构人类的心智。"书写中建构了人类的心智——心灵，那么如何建构心灵呢？唯一的办法就是通过阅读，解铃还须系铃人，心灵的问题必须用心灵来解决，因此，需要用心阅读。

作者的智商和情商所表现出来的智力和情感，倾注入文字之中，这些文字构成了"默想大厦"——书本。这些书本集聚了作者的思想，凝结了作者的感情，外在形体是一本本没有生气的书，内容实质是躁动于书中的作者的灵魂。所以说，书本拥有自己的生命。《风之影》是西班牙作家卡洛斯·萨丰的名著，21世纪之初席卷全球50余国，狂销400万册，在国际文坛上掀起了一股阅读的热潮。书中描写年幼的男主角丹尼尔被父亲带入一座神秘的图书馆，使他第一次对书本有了深的体会。父亲要求他找出"自己的书"："欢迎光临遗忘之书墓园，丹尼尔！这是个神秘之地，就像一座神殿。你看到的每一本书，都是有灵魂的。"①

阅读之于心灵，正如音乐之于灵魂。阅读给人以激励，给人以力量，使人陶醉，使人充实。白纸上、电脑屏幕上的那些小小的黑色符号，让我们感动而泣，让我们开启新生活，感受新观念、新见解，让我们的心灵得到启迪，把我们与世间的万物相连。毫无疑问，人世间最神奇的事莫过于阅读，正如法国著名神经科学家迪昂所说："阅读是首要的'心灵载体'——在此基础之上，一代代的原始文字才能适应我们灵长类的脑。"②阅读的最高境界是激动人的心灵。阅读激发人的情感，培育人的情商，激励人的斗志，使人们生活和工作得快乐而富有意义。"跟舞者和运动员的身体一样，读者的心灵只有在和着词语的音调活跃激荡、伸展收缩、纵横腾挪之时才会得到真正的快乐和入神……心灵之舞令人心旷神怡。"③

阅读时读者与书的关系并不是单向的，阅读影响和改变读者心灵的同时，读

---

①萨丰：《风之影》，北京，人民文学出版社2009年版，第3页。

②迪昂：《脑的阅读》，北京，中信出版社2011年版，第300页。

③王强：《读书毁了我》，北京，光明日报出版社2000年版，第5页。

者的心灵也在影响和改变着阅读，书本与读者之间是双向互动："如果说我们让书展现生命，书也使我们展现自我。"[①]"书王子"从青蛙里现出真身[②]，阅读者由包装中现出自我。阅读的时候，读者沉迷于书中，进入了另外一个世界，一个作者营造的世界；这个世界在影响着读者的心灵，读者的心灵也在塑造作者的书本世界。因此，阅读也是读者心灵和作者心灵的交流、碰撞与结合。在这方面曼古埃尔在《阅读史》中有淋漓尽致的描写："整本书就是他与文本如何相互改变的历史。"《普鲁斯特与乌贼》引用了著名作家、《伤痕累累》作者安娜·昆德伦的话："我在书中旅游，不只探索其他世界，也进入我自己的世界"。她已经"进入"了书籍，并与之双向互动——真诚互现、心迹互交、智慧互通、感情互联。[③]"让我们与书本共舞，在阅读生涯的每个时期，都潜在地改变我们自己。"[④]同样，读者如何思考及思考什么，在很大程度上取决于其阅读所产生的见解与联想，他们会在书中发现自己。"没有一种阅读是终极的，读者在每一次阅读中都会重塑自我。我即书，书即我。"[⑤]正如写《野心》和《势利》两部著作的美国作家约瑟夫·艾普斯坦所言："每一个文学家的传记都要详细记录他在何时阅读了什么书籍，因为在某种意义上，'我即我所读'。"[⑥]

如果说人世间男女结合孕育了新的生命，那么在精神世界也可以讲，作者的作品和读者思维的结合萌动了新的思想，作者心灵和读者心灵的结合"再生"了新的灵魂。琳莎·施瓦茨深刻地体会到："我们打开它，我们眼睛投下再生的一吻。这就是使人陶醉的力量。别人的思想并不干扰我们自己自由的思想，但会在灿烂夺目的复生中与我们的思想水乳交融。"[⑦]好一个水乳交融，多么形象，多么深刻！这个新的灵魂所具有的思想，既不是作者的，也不是读者的，而是二者结合、水乳交融的产物。人类世界生儿育女，世世代代传承不息；精神世界也一样，书籍同读者的结合，不断"再生"新的思想、新的灵魂，人类精神之火也一

①王强：《读书毁了我》，北京，光明日报出版社2000年版，第134页。

②见第一节引用之"真正的书是躺在青蛙里面的王子"。

③沃尔夫：《普鲁斯特与乌贼》，北京，中国人民大学出版社2012年版，第105页。

④同上，第135页。

⑤费希尔：《阅读的历史》，北京，商务印书馆2009年版，第318页。

⑥同③，第7页。

⑦同①，第134页。

样，世世代代永不熄灭。

经过历史的累积，书本这个“灵魂”还在静悄悄地发生着变化，还在不断地茁壮成长。“这个灵魂，不但是作者的灵魂，也是曾经读过这本书，与它一起生活、一起做梦的人留下来的灵魂。一本书，每经过一次换手，接受新的目光凝视它的每一页，它的灵魂就成长一次，茁壮一次。”[①]这个道理看起来难于理解，但只要思考一下，一部经典著作，经过历代读者的阅读和认可，从不著名到著名到成为经典的历史过程，就容易清楚了。“真正决定经典生命力的，是一代代读者的认可，是时间的淘洗。”

沉浸在书本中的那份神奇特质告诉我们，书本中是寓居着生命的，这个生命就是作者的灵魂。这个生命和灵魂通过阅读还在时时处处对后人起着不可缺少和不可替代的巨大的影响和作用；同时，这些巨大的影响和作用又反作用于寓居有作者生命的书籍，使它仍然在不断地成长和变化。

7.“创造真相”

阅读最伟大之处，在于其能让人类世世代代传承文明。之所以能够如此，是由阅读具有创造性的特质决定的。20世纪初期法国伟大作家、《追忆逝水年华》的作者普鲁斯特，对阅读曾有精辟的论述：“我们应能由衷体会，读者的智慧始于作者写作之终了。当我们渴望作者能够给予我们答案时，他能给的却只是更多的渴望。而他只有竭尽所能发挥他的艺术，让我们的思绪陷入作品里崇高的美好，他才能在我们身上挑起这些渴望。不过……规则可能意味着我们无法由任何人那里获得真相，我们只能创造真相……”[②]无独有偶，几十年后，心理学专家《普鲁斯特与乌贼》的作者玛丽安娜·沃尔夫在总结阅读发展的自然史时，说出了同样的阅读“创造真相”的话：“阅读的发展永不结束，阅读这个永无止境的故事将永远继续下去，将眼睛、舌头、文字和作者带往一个新的世界，在那里鲜活的真相无时无刻不在改变大脑与读者。”[③]啊，讲得多么令人不可思议！阅读是读者将自己的感官（眼睛、舌头）连同作品（文字）和作者，一并带往一个未知的新的世界，这个“新的世界”无疑是在读者自己的大脑里；在那里才能够找到

①萨丰：《风之影》，北京，人民文学出版社2009年版，第4页.

②沃尔夫：《普鲁斯特与乌贼》，北京，中国人民大学出版社2012年版，第18-19页。

③同①，第153页。

“鲜活的真相”，这就是普鲁斯特所说的读者“无法由任何人那里获得”的“真相”，是读者自己在大脑中创造的“真相”；而且这个“真相”还时时刻刻在改变着读者的大脑以及相应改变着读者本人。

上面，一位是文学家，一位是心理学家，生活在不同时代的两位在学科上风马牛不相及的专家，为什么对于阅读却都讲出了同样的话呢？他们都提到了“真相”这个词，那么，到底什么是“真相”呢？很明显，这个“真相”就是，他们的聪明才智使他们从不同的学科角度清楚地认识到了阅读的创造性。通过阅读，读者的思绪陷入“作者智慧”所导引的“作品里崇高的美好”；但读者并没有被作品的美好所限制，而是“阅读进去、思维出来”，超出作者的智慧和作品的藩篱，产生自主的升华的思想，从而“创造真相”。因此，所谓“真相”，就是读者受到作品的启发而获得的新的创造性的思维成果，只有这种“新”、这种“创造性”，才能够是“鲜活的”，也才能够“无时无刻不在改变大脑与读者”。本文第六节的论述，即“作者的作品和读者思维的结合萌动了新的思想，作者心灵和读者心灵的结合而‘再生’了新的灵魂。”在某种意义上解释和说明了什么是“创造真相”。“新的思想”或“新的灵魂”同“创造真相”，都是读者和作者心灵结合的“水乳交融的产物”。

综上，“创造真相”就是阅读的创造性：阅读具有极其重要的创造意义，具体表现就是阅读创造了“真相”——新的真理。这些真理是作品的“再生”，这种“再生”既体现了作者的思想，又同时代性和读者的个性水乳交融。这些真理都是相对的，但都在为绝对真理添砖加瓦，这也就是阅读能够传承人类文明的“真相”，也是“阅读改变读者”进而“改变人生”的内在机理。

阅读的创造性还进一步体现在超越作者和超越书本，体现了阅读的衍生性特点。“阅读过程的核心：超越文本”[①]。在不同的文化和历史时期，阅读者对书本的理解也不相同，随着阅读水平的逐步深入和提高，阅读者对阅读的理解和诠释往往会更进一步超越作者的思想和书本的束缚，向新的方向思考。著名的例子是马丁·路德将拉丁文版的《圣经》翻译成德文，让普通大众都可以读到，并使他们能从自己的角度来理解，这对宗教的历史产生了深远的影响。这充分反映了读者超越书本或作者所赋予内容的潜能。青少年时期读过的经典文学作品，成年后

①王强：《读书毁了我》，北京，光明日报出版社2000年版，第213页。

再读一遍，必定会有不同的超越书本的感受，现在的感受会比当年更深刻、更丰富。“阅读时生成新思想的能力与大脑神经回路的可塑性相辅相成，两者共同辅助我们超越文本内容的限制。由此能力生成的丰富的联想力、推理力、领悟力启发人类超越所读，形成新的思维。”[①]达尔文150多年前发现了造物的奥秘，即“无限”形式从“有限”原则演变而来：“肇始于微，进化于斯，无限形体，美好至极。”阅读也是如此。“无论是生物学上还是心智上，阅读都会促使我们‘超越信息的束缚’，创造出无限美好的思想。”[②]

阅读启发和增强人类的联想力、推理力和领悟力，使阅读能够超越作者的想法和书本的内容，产生自主的升华的思想。阅读的最高水平是开启人的心智实现阅读的创造性。阅读使人认识了宇宙万物，也认识了人类自己；阅读赋予读者聪明才智，并使人类的聪明才智得以世代传承，不断创造新的文明。

经历了上述七小节代表阅读的七个进程或要素，直至阅读者发自心灵的创造性阅读达到了阅读的最高境界和最高水平，这一次的阅读就完成了。以后再次阅读同一本书，还会发现有新的“真相”。这一切充分显示了阅读进程的繁复之美，这也是阅读魅力之所在。

①沃尔夫：《普鲁斯特与乌贼》，北京，中国人民大学出版社2012年版，第18页。

②同上。

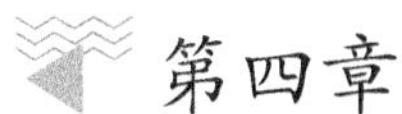

第四章

阅读的历史

一、阅读（读书）的起源

美国塔夫茨大学阅读与语言研究中心主任玛丽安娜·沃尔夫教授在《普鲁斯特与乌贼》前言中就开宗明义地告诉读者：“在这本书中，我希望逐渐带领你重新思考长久以来你可能视为理所当然的事情，比方说儿童自然而然地学会口语，但在我们大脑学习能力的演化中，儿童并不能够自然而然地学会阅读，阅读的行为并不是自然而然的……”她进一步指出，对人类来说，“并没有任何一组基因直接负责阅读功能”，即阅读跟视觉、口语不同，不是人类的本能，而是一种后天习得的文化技能。口语有遗传，阅读没有遗传，大脑天生不会阅读，这是许多人的共同认识。那么，阅读最初是怎么形成的呢？这个问题就是：阅读的起源。

1. 人类大脑天生会说话

（1）人具有与生俱来的口语能力： 阅读的对象是文本，文本是由文字构成的，文字是语言的视觉形式。语言分为口头语言和书面语言。很明显，人类先有口头语言，而后才发明文字，因此，探讨阅读的源起必须从口头语言这一源头起步。

上个世纪80年代之前，口头语言是不是先天遗传这个问题在语言学领域还一直存在着很大争议：遗传学认为，母语的自然习得过程说明人脑中有一种特殊的语言机制，是由人的遗传基因决定的；而行为主义的刺激—反应论却强调语言能力的后天获得性和强化性。解决争议的关键是找到科学实证。20世纪90年代，科学家通过对英国“KE家族”一家三代的基因图谱和突变的分析，发现了第一个与人类语言有关的基因——FOXP2，这一发现填补了语言基因方面的空白，证明了口头语言是遗传的。

（2）人类为何独有语言行为？最新研究显示，人类独有的语言行为得益于特殊语言基因。2009年11月11日，英国《自然》杂志发表了洛杉矶分校研究小组的研究成果：“我们的研究证明，人类与黑猩猩FOXP2基因的结构和功能均有差异。这可以解释为什么人类具有与生俱来的言语能力，而黑猩猩不具有这种能力。”人类学家的研究表明，语言能力的获得是人类进化史上具有重大意义的事件，自从有了口语，人脑的高级功能如注意力、记忆、思维等才获得了飞跃式的发展，才有了人类璀璨的文明，从而使人类最终成为地球的主宰者。

2. 人并非生来就会阅读

阅读没有遗传，人并非生来就会阅读。这一结论可以由以下几点证明：（1）世界现有的研究机构，在脑成像技术的协助下，虽然已经发现了口头语言的遗传基因——FOXP2，但至今仍然没有发现人类阅读的遗传基因。（2）文字的起源才几千年，比口头语言的起源要晚4万多年。口头语言已经形成了遗传基因，但文字语言还没有足够的进化时间形成遗传基因。（3）人类多种文字系统中的符号、字母都非常类似，包括象形文字，基本都取之于自然界各种物体形象，如Y似河、S如蛇、C像新月等。这明显说明，文字是几千年来一代代人类利用自然界的已知形状逐步创造出来的。文字的演化也为阅读的起源提供了一个有力的佐证：既然文字并非遗传，后之于文字出现的阅读当然也不是遗传而来的。（4）诊疗发现，阅读障碍绝不是一项阅读疾病，出现障碍的原因不在新形成的阅读部分，而是大脑旧区域上我们祖先古老的视觉和口语神经回路等出现了故障，这也从侧面证明了阅读实际上是大脑原有神经网络的“再利用”。

3. 人类文字和阅读的出现

17世纪英国诗人约翰·杜恩说：“文字与音乐乃人类演化过程的轨迹。”一般认为，口头语言约起源于5万年前，而文字约起源于6千年前。公元前3300至公元前3200年间，在两河流域的古巴比伦，由苏美尔人创造，“发展了一种永远改变了人类沟通本质的艺术：写作的艺术。”将符号刻写在泥板上，作为计数等记忆装置，这一发明胜过了大脑的记忆，成为了可以跨越时空的人类永久性记忆。这一创造就是因其笔画形状像钉子而得名的楔形文字，是迄今为止人类历史上发现的最早出现的文字系统。阅读随着文字而出现，人所感知的外界信息有95%来

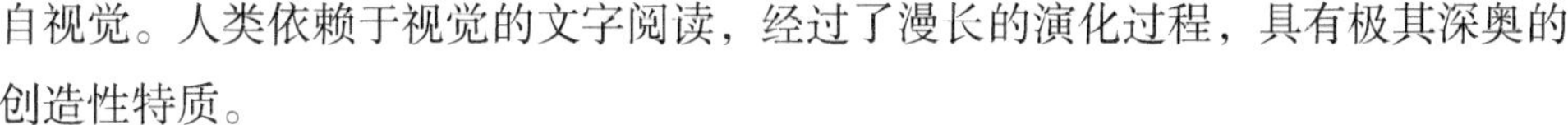

自视觉。人类依赖于视觉的文字阅读，经过了漫长的演化过程，具有极其深奥的创造性特质。

4. 人类是如何学会读书的——阅读脑的进化

人类发明阅读仅数千年的历史。这个发明使大脑精密的结构重新排列组合，形成了阅读脑，进而改变人类思维，促进智力演化，成就了人类的伟大文明。

（1）大脑的可塑性和全脑神经元工作区：神经元就是神经细胞，是构成神经系统结构和功能的基本单位，它具有长突触（轴突），可以接受刺激并将兴奋传入细胞体并从胞体传送到另一个神经元或其他组织。神经元与神经元之间通过突触建立的联系，就构成了信息传递和加工的**神经回路**。单个神经元极少单独地执行某种功能，神经回路才是脑内信息处理的基本单位。每个神经元有大量的突触，据估计，一个脊髓前角的运动神经元的胞体可有2000个突触，大脑皮层每个神经细胞可有30000个突触。这样，大脑100万皮层细胞两两组合，便构成了极端复杂的神经回路。可塑性是指在外力作用下发生形变并保持形变的性质，大脑的可塑性指其可被塑造并保持改变的可能性。借助脑成像技术，科学家发现阅读时激活了大脑后皮层的神经元，从而引动了复杂的神经回路。可塑性是大脑机能的核心，人类祖先之所以能够发展出阅读这项技能，就是因为人类的大脑能够受到经验的塑造而改变，拥有在原有结构上建立新联结的能力。人类同类人猿比较，具有一个显著特征：位于大脑前部的大脑发育中最高级部分——**额叶**，不成比例地扩大，比猕猴大40倍。全脑各脑区的信息集中于此，形成全脑神经元工作区，对信息进行汇集、筛选、重组、综合以及加工。亚里士多德最早提出“共同感觉”，即五种感觉（触觉、嗅觉、味觉、听觉和视觉）汇集在一个脑区，有如司令部；上世纪20年代初，意大利神经学家提出额叶是“神经汇集的器官”。额叶有三项功能：一是信息整合，二是记忆，三是想象力、思考、整合思想。这是形成观点、重组和创造发明的“神经机制”的物质支持和秘密之所在。

（2）“神经元再利用”：最早的读书是如何发生的呢？法国神经学家斯坦尼斯拉斯·迪昂认为：最早发明阅读的人类，是通过“神经元再利用”而实现的。人类阅读时的认字能力，实际上是运用了我们祖先古老的专门用于物体识别的神经回路，源之于先天特殊的视觉功能。大脑没有特定的基因组直接负责阅读功能，但大脑具有可塑性，使之可以将视觉系统变为文字识别的工具。只有先天具备的大脑皮层能够将视觉字形、语音及语义联系起来时，阅读才能够实现。阅读的发明使我们的神经回路演变为阅读的装置。这才使阅读有这样神奇的能力，即“用眼睛与亡灵对话”。因此，科学界认为，阅读是利用大脑原有的结构基础，在负责视觉、语言、记忆、基本认知等的很多最精妙的“原始部件”间建立联结，形成“阅读通路”；随着时间推移、发展与进化，在“阅读通路”中将增加更为复杂的认知特点，会对推理、类比推理、批判性分析思维、情绪反映及发明创造产生影响，达到“深入阅读”的能力。这样，逐步形成了一个可以阅读的大脑——“阅读脑”，这些即是现今阅读科学的基础。迪昂认为，阅读是人类卓越的发明之一，是人类惊人的壮举，20年来的研究证明：“由灵长类动物进化而来的人类大脑的神经通路可以用于书面单词的识别任务。……根据这种理论，阅读实际上是神经网络的‘再利用’。”“真正的阅读科学正在形成”。

（3）阅读脑的形成与进化：阅读脑不是“专门负责阅读的大脑”，大脑中并没有生来就负责阅读的区域。阅读脑指的是“阅读中的大脑”，它会在学习阅读的过程中不断形成与发展。在人类进化史中一段很长的时间里，大脑中更多的结构和神经回路原本是专门负责视觉和口头语言等更基础的能力的，阅读使大脑在这些结构上建立起新的联结。科学家们现在已经知道这样一个事实：每当我们学会一项新的技能，神经元之间便会建立新的联结和传递通道。阅读中逐步形成了不断发展变化的大脑——阅读脑。阅读脑具有两大特征：“开放架构”和“双向动态”。“开放架构”描述一个系统具有开放性、可移植性、互操作性的体系结构，是指大脑神经元之间根据外部世界的变化的需求，可以重组排列，能够建立功能非常丰富的新的联结和传递通道，以适应外部的变化。人类何其幸运，拥有这样设计巧妙的大脑，似乎一生下来基因就已经为我们铺设好自我突破之路，就有能力适应外部世界的需要，能不断超越自身。“双向动态”中的双向，是指“阅读脑”是文化与生物双重进化的产物。因此，有两个维度在影响和左右阅读脑的变化——个体智力的发展和生物学上的进化。两个维度相互发展、制约和适应，并在进化过程中不断修正、完善，这是一项极成功的“双向动态”的典型。我们之所以能够学会阅读，仰赖的全是大脑可塑性的设计；通过不断地阅读，个体的大脑无论是在智力层面还是生理层面，都产生了永久性的变化。例如，在神经元水平上，一个人学习汉语阅读时使用的特殊神经联结模式，和学习英语阅读的神经联结模式是完全不同的。当以汉语为母语的读者初次阅读英文时，他们的

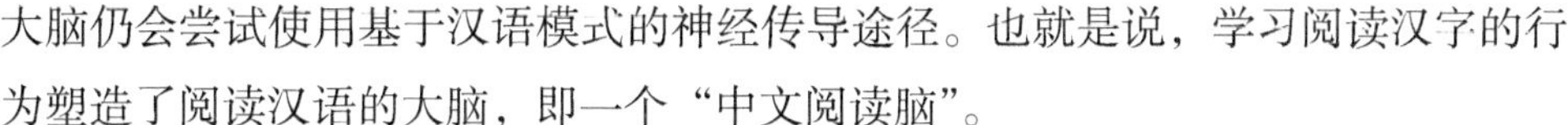

大脑仍会尝试使用基于汉语模式的神经传导途径。也就是说，学习阅读汉字的行为塑造了阅读汉语的大脑，即一个“中文阅读脑”。

二、阅读对象——书籍及其物质形态的发展

阅读对象指文字和以文字为载体的所有作品或书籍，涉及文字及其上下文，以及书籍之物质形态，包括文字载体材料和其所构成的书籍形态。

1. 文字

文字是什么？文字是物化的语言、话语符号、思维中的所指符号、同不在场的人交谈。“读者在阅读过程中让自己的心灵挖掘、塑造白纸或电子屏幕上的超感世界，不但对体验作出反应，而且重新塑造体验。”早期的文字只是声音的视觉化，阅读也只是还原声音。书写是什么？“从最普通的意义上来说，书写就是标准化符号（字符、符号或符素）的排序，旨在‘运用图形部分或全部地再现人类的语言、思想和其它事物’。”[①]这是对“神奇的书写”下的一个限制性定义。

（1）世界上最早的文本阅读者：两河流域的苏美尔人和他们的楔形文字。曾经留给西方文明两大珍贵礼品（指车轮和历法）的苏美尔人，又为人类留下了更为珍贵的礼品——楔形文字。真正意义上的文字创始于公元前3300年至公元前3200年间，地点在人类文明的发祥地之一的两河流域的古巴比伦，创始者是苏美尔人。由于楔形文字多刻写在泥板、石碑之上，被誉为“不朽的见证”。考古资料生动记述了楔形文字在两河流域的发展与传播及其对人类历史所做出的伟大贡献，并对书记员在这一时期的特殊地位和作用予以形象的阐释。

两河流域的苏美尔人发明了最早的象形文字。考古学家曾在乌鲁克古城发现了刻有这种象形文字的泥版文书，经考证时间是公元前3200年左右，这是世界上最早的文字记载。随后，这些符号渐渐地演化为表意文字，即楔形文字，青铜时代的苏美尔人用之记录账目。再经巴比伦人、亚述人、阿拉米人的使用和改造，楔形文字成为一种半音节文字，楔形符号共有500种左右，其“准确含义”只能根据上下内容来确定。两千年间，楔形文字一直是美索不达米亚唯一的文字体系（见右图）。到公元前500年左右，这种文字甚至成了西亚大部分地区通用的

① 费希尔：《阅读的历史》，北京，商务印书馆2009年版，第9页。

商业交往媒介，现发现大批各种楔形文字泥版或铭刻，19世纪以来被陆续译解，从而形成一门研究古史的新学科——亚述学。苏美尔人建立了较早的王朝，发展了世界上第一个城市，颁布了第一部法典，流传最早的史诗、神话、药典、农人历书等，是西方文明的摇篮。

古巴比伦（约前30世纪—前729年）位于美索不达米亚平原（今伊拉克），公元前18世纪出现古巴比伦王国,《圣经》称为“伊甸园”，是古希腊语，意为“两条河中间的地方”。早期的文字只是声音的视觉化，阅读也只是还原声音。那时的书记员只是记录而非创作，所有有价值的东西都是口头的。但阅读的发展逐渐取代了口头传统，曾经的惊人记忆力似乎也衰退了，这一发展趋势使解放了的头脑能够从事更多的创造。“从最普通的意义上来说，书写就是标准化符号（字符、符号或符素）的排序，旨在‘运用图形部分或全部地再现人类的语言、思想和其它事物’”，这是对“神奇的书写”的一个定义。在人类历史上，苏美尔人开创了“完全书写”，是一种操作模式，有三个具体标准：一是以交际为目的；二是必须包含耐久表面的人工图形标记；三是必须使用习惯上与发音语言（有意义的语言的系统排列）有关的标记。

世界上最早的主动阅读者——苏美尔人，读的是最简单的文本——名称、商品和金额，但控制它就是权力。最早的文本也许是不完全书写，但却是“完全阅读”，因为实现了视觉和概念的阅读。其象形文字早期有1800个，随着泥板出现和线性书写方式普及，到前2700年至公元前2350年简约成为800个字左右，前2000年语标文字减少到约570个。用芦苇笔写在黏土上，楔形文字代替了象形文字，形成了美索不达米亚人阅读的“黏土文字”，这是已知最古老的人类文字。苏美尔语中的阅读，意思是“计数、计算、考虑、记忆、背诵、朗读”。泥板为巴掌大小，口头文字和书面文字完全相同，“阅读大多是一种辛劳”，只有1%的人能够阅读。

公元前2500年阿卡德人入侵苏美尔，融合成苏美尔—阿卡德楔形文字。继而楔形文字的发展采用了与欧洲人保持的古希腊语和古拉丁语类似的做法。到公元前633年，亚述帝国从埃及扩张到波斯湾，并将苏美尔–阿卡德楔形文字运用于书写，于是也逐渐被邻国借鉴和适从。公元前550至公元前350年期间，古波斯书记员采用楔形文字传承了自己的印欧语言，即波斯语。苏美尔–阿卡德书写系统用十分丰富的口头题材，表述了史诗、法律、医药、烹饪、天文、数学、历史、宗教、爱情诗歌等，尤其是汉谟拉比国王时期，阿卡德通过创世纪史诗，将史诗与圣歌进行了合二为一的演绎，从而形成了混合型文学文本。朗读成为了当时人们阅读的一种最重要、最主要的表达形式。

此间产生了连续性文本，至今出土的15万件楔形文字文献中，75%是簿记和行政记录。早期的美索不达米亚中心城市都有存放档案和文件的地方——“图书馆”。早期“由于所有的阅读当时都是朗读，所以援引‘像图书馆一样响亮’这一比喻时时处处都不为过。”

（2）世界第二位阅读者——埃及：“让读书人把他的故事传扬”是古埃及书记员的一句话。它表明，在当时，阅读是一种口头行为，具有双重特征：首先，书写被认为是一种视觉言语；第二，所有的阅读实际上都是书记员兼见证人朗读的一个过程。古埃及人发明的象形文字有数百个，用墨水在莎草纸上书写。书写和阅读刺激经济发展是无疑的。同苏美尔人一样，埃及的通信也是口授，由书记员写在莎草纸上；收到信后，也是由书记员读出。

在信息的获取与控制方面，他们通过阅读获得的体会甚至比苏美尔人还要深刻。他们从苏美尔人那里学会了连合字符、表音速记和线性书写后，很快就予以应用。公元前2150年，古王国后期，出现一些常用文本，如合同、法令法规、宗教文本等。“世界上最古老的书”是关于埃及第五朝（公元前2500—前2350年）的《普勒斯莎草纸》，是成书约400年之后的僧侣体转抄本。公元前2150年前后，即古王国后期，出现几种常用文本，即仅限于文字记录、不能创造性表达的如合同、法令、宗教文本、法术文本、“传记体铭文”等文本。

在相当一段时期内，古埃及识字人也仅占1%，即使希腊—罗马时代有450万人口，识字人也只有1-5万人。书记员地位比苏美尔还高，是社会的精英。四千年前，埃及官员送儿子去书记员学校，途中告诉儿子：“你要专心学习文字，我见过有人因识字而活命。看那！没有什么比文字更崇高了。文字就像水上之舟。我要你爱你的母亲，更要你爱书写。我要引领你见识书写之美，它胜过一切职位，世间无与伦比。”在公元前2000年时，埃及人已经能借助玻璃透镜放大字体进行阅读。埃及的书写有两个目的：行政管理和纪念性陈列。平时数量最多的行政文献遗存下来很少，留存多的主要是建筑物、纪念碑、墓棺和木乃伊等上面到处都刻有文字，那是给上帝和神灵写的。埃及最早的文学文本，有别于行政文书，是藏于陵墓之中的《金字塔经文》。如，公元前25世纪晚期的墓葬铭文、公元前13世纪的墓葬祈祷文以及大量的莎草纸卷本《度亡经》等。到中古王国时期，书记员才开始记录重大事件。真正意义上的文学文本也开始出现，诸如“智慧”文学、叙事文学、圣歌、医学、巫术、数学、天文学和历法文本等等。新王国时期出现读者群较大的文学体裁，有爱情诗、民间故事、医学、数学、历史等文本。指导现实生活的教谕性文本也很盛行，最著名的是《一个忧郁者与自己心灵的对话》，这也许是最深奥的古埃及文学遗产。书信是很多的，最著名的是《阿玛拿信札》，涵盖公元前1353至公元前1336年约30年间的书信，共380封。

（3）书写文字的传播：公元前3000年左右，美索不达米亚的书写观念和许多规约开始对外传播。生活于伊朗高原上的原始埃拉米特人，将统计或计算视为阅读。在古印度河流域，阅读和书写用于了确证和巩固经济的权力；书写材料是皮革或木头。公元前2000年，音节阅读开始丰富爱琴海地区的文明，使希腊人成为了欧洲最早的阅读者。克里特著名的“菲斯特斯圆盘”是迄今为止发现的欧洲最早的文学作品，是爱琴海书写文字使用的一个明证。该圆盘出土于1908年，直径16厘米，两面刻有241个象形文字音节符号，是用米诺斯希腊文写的“动员公告”。公元前11至公元前10世纪，腓尼基开启了伟大的铭文时代，使用先进的辅音字母书写文字，而后阿拉米语从腓尼基语发展起来，在公元前8至公元前7世纪成为近东地区的通用语，最终成为波斯帝国（公元前550-330年）的官方语言。阿拉米语也取代了亚述楔形文字，流行于印度；公元前8-7世纪用墨水在皮或莎草纸上面书写优于泥板，标志着粘土时代结束。第一篇较长的文本是公元前253年至公元前250年阿育王颁布的著名法令，刻在各地的石柱和岩石上。

在美索不达米亚文字日臻至完善之后的3000年，阅读的潜势才真正被人类所认识，各种形形色色的阅读材料逐渐多了起来。但由于认识文字的人微乎其微，书面文字发展为对人类的专制工具，人不经意间成为了阅读的附庸。但这个小小的代价，“换来的却是生命中最伟大的奇迹，也就是人类对时空的驾驭。历史上所知的所有语言和文化唯有通过阅读才得以延续，进而以阅读这种方式继续参与人类的戏剧性活动。”历经千年，文字才变成人类自己的声音。公元前4世纪，个人阅读在亚里士多德时代才普及起来，并体现了阅读的本质，即理解文本、学习文本，然后构建新文本。

2. 文字载体材料的发展

什么是文字载体材料？用最通俗的一句话解释：就是文字写在什么上面。

（1）泥板、龟甲、兽骨、树木、山石：楔形文字多写在泥板上，就成为了泥板图书。阅读在当时颇受推崇，被视为知识的源泉，“是靠近和指引神灵的途径。”泥板图书大多收藏于寺庙和宫廷王室，最著名的收藏家当属亚述王国最后一个国王巴尼拔，他热爱阅读，能够读懂大多数文献，还下令从各处收集文献。他的收藏放置于世界上第一座真正的图书馆——巴尼拔图书馆，藏有各种文字记录。一场大火保存了泥板遗址于1849年底被首次发现。苏美尔人把图书馆的分类编目人员称作“宇宙之授命者”，因为分类编目意味着解构人类的经验。其实，生活本身是无法分类编目的，阅读亦应如此，可这并不切合实际；正如最早的读写社会所发现的那样，“只有把无限的事物有限化才能更有益于获取信息。”阅读的发展逐渐取代了口头传播，曾经的惊人记忆力似乎也衰退了，然而解放了的头脑通过书面阅读展现出了更惊人的创造力。

中国的象形文字甲骨文刻写在龟甲和兽骨上，也有许多国家的文字刻写在树木和山石等上面。看来易于阅读和保存是人类早期选择书写材料的条件。

（2）**莎草纸时代：**迄今为止发现最早的书是古埃及人用莎草纸所制作的书。到公元1世纪时，希腊和罗马用动物的皮来记录国家的法律、历史等重要内容，和中国商朝时期的甲骨一样都是古代书籍的重要载体材料。在印刷术发明之前书的拷贝都是由手工抄写完成，其成本都相当高。

莎草纸产于埃及，在欧洲曾有广泛的贸易，是羊皮纸出现之前的主要书写载体。公元前7世纪前后，希腊商人将埃及的诺克拉提斯城建成了繁华的希腊商业中心，莎草纸进入了他们的日常生活。早期希腊人用陶瓷片、蜡板、兽皮、金银箔、铅纸等书写。莎草纸的使用促进了地中海东部沿岸的书写和阅读活动，因埃及提供了大量莎草纸，尼罗河发展了数家纸厂，罗马出现了出版商和书市，并雇用了众多员工。

埃及人早在公元前4000年就阅读刻在各处的象形文字，并在莎草纸上书写象形文字的草书体，又名僧侣体，阅读是从右向左默认。约在第三或第四王朝时期，埃及就出现了连续性文本。“世界上最古老的书”是关于埃及第五朝（公元前2500年）的《普勒斯莎草纸》，是成书约400年之后的僧侣体转抄本。公元前2150年前后，即古王国后期，出现一些合同、法令法规、宗教以及“传记体铭文”等文本。

莎草纸书是卷轴形式的。一张张莎草纸连装起来，就是一部书卷，阅读时逐张打开。荷马的《伊利亚特》由24部互不相连的书卷组成，如24部不同的书。莎草纸按序排列，适合于有次序的口头阅读。最初的莎草纸书卷上的文字纯粹是口头话语的再现，正常连接的文本，无字词分隔，无标点，也无大小写之分，遵循的是自然语流。文本的意义“视而难见，随声而生”“直到公元2世纪或3世纪，罗马写拉丁文的人才用两个或三个点分隔单词。”其实，标点符号早在前200年拜占庭时代的阿里斯托芬就发明了。但标准化标点符号在2000年后印刷书才流行起来。后来：每行长度减少，以便识读单词；分隔文本（段落），以便彰显意义。西塞罗（前106-前43年）著作已经进行了文本切分，哲罗姆（元347-420）

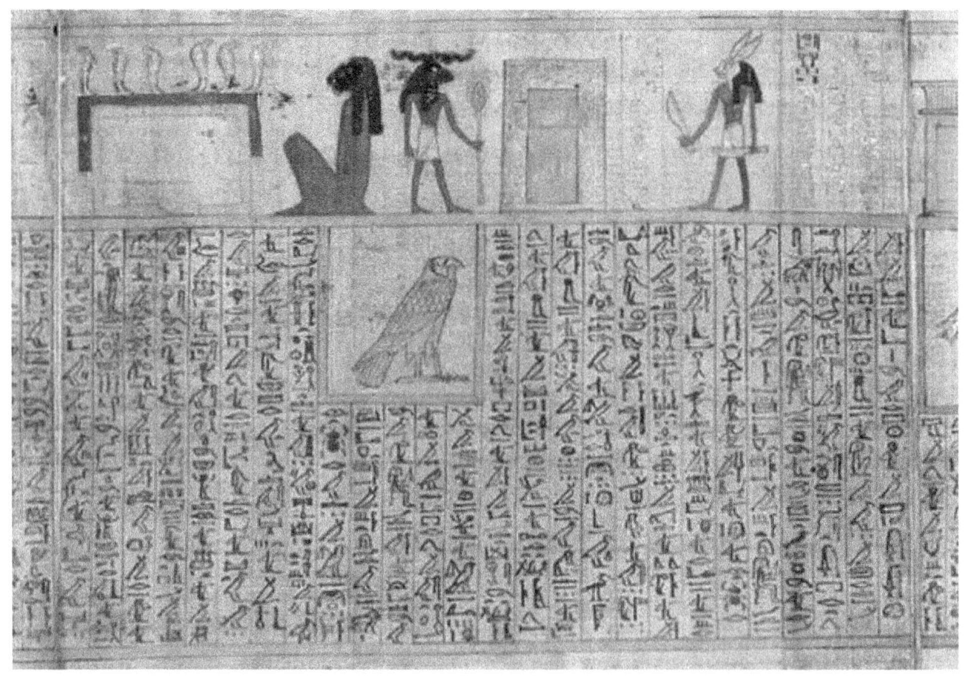

是描述文本切分方法第一人，“能使文章的意思更加明晰”，对阅读和理解意义，作用是非常大的。

莎草纸书卷有两种存储方式：（1）单独放到圆筒盒子里，外加标签；（2）放在开放的书架上，每书末端加标签。总的也分门别类。书店在罗马很受欢迎，木制的书架上摆放着最新出版的莎草纸书卷。罗马帝国的书卷同希腊的书卷一样，宽25厘米，长6～10米，能够容纳（现在的）一本书。从上而下、自左到右逐行连续书写，这种莎草纸书卷优点：可书写较长作品；打开的书卷呈现单“页”，方便阅读；优雅清晰易辨。书卷没有目录和索引，阅读、保存都要注意和费事。

有了大量的莎草纸书卷，埃及水到渠成地创建了亚历山大图书馆，历150年，藏书50万卷。此时“图书馆已不仅仅是莎草纸书卷的库房，而是一个系统化的信息中心”。人们早已认为，信息的可及性（即阅读）与信息本身同等重要。事实上，两者只有相互协调，才会产生最佳效果。如此一来，亚历山大图书馆成了地中海一带以书面文字为基础的一流学术中心。后来的所有图书馆都沿袭了亚历山大图书馆模式。今天亦然，只是有所改进罢了。

（3）木牍、竹简和锦帛：木牍、竹简是中国古时用的书写材料，我国最早的正式书籍，是约在公元前8世纪前后出现的简策。西晋杜预在《春秋经传集解序》说：“大事书之于策，小事简牍而已。”这种用竹木做书写材料的“简策”，将竹木削制成狭长的竹片或木片，统称为简，稍宽长方形木片叫“方”。若干简编缀在一起叫“策”（册）又称为“简策”，编缀用的皮条或绳子叫“编”。这种笨重的书使用起来当然是极不方便的，也不利于保存，容易被虫蛀。据说，秦始皇每天批阅的简牍文书有120斤重，写一篇文章用了3000片竹简。竹简木牍是先秦和西汉时期主要书写材料，2016年西汉海昏侯墓发掘结束，共出土5000多件竹简。

春秋末期，还出现了写在绸子上面的书。这种书叫做帛书。它可以卷起来，一部书就是一卷或几卷绸子，用木棒做轴，所以也叫它卷轴。后来，“卷”成了书的量词。人们常说的“开卷有益”“读书破万卷”，就是从这里来的。这种书比竹简轻便，但成本太高，不容易普遍采用。帛书是用特制的丝织品，叫“缯”或“缣”，故“帛书”又称“缣书”。在纸张未发明前，帛书是和竹简同时使用的一种书籍材料。在先秦的一些著作中，往往是竹简和帛书并提，说明帛在当时已是一种书写文字的主要材料。

（4）羊皮纸开创了"书"的时代：早期希腊人用陶瓷片、蜡板、兽皮、金银箔、铅纸等书写。"羊皮纸"一词来自希腊化时期文化中心之一的帕珈马，埃及托勒密王朝为了阻碍帕珈马在文化事业上与其竞争，严禁向帕珈马输出埃及的莎草纸。于是帕珈马人就发明了羊皮纸。羊皮纸适合装订成册，能书写更多的文本，成本低于莎草纸，两者"激烈的竞争始于公元1世纪，到了公元5世纪羊皮纸风行，几乎完全取代了莎草纸。"手抄书代替了莎草纸书卷。在印刷术发明之前书的拷贝都是由手工完成，其成本与人工都相当高。

泥板可握在手上，莎草纸也可做成便携的卷轴。数千年来，这两种书写材料服务于读者，事实上近乎完美地适应了各自社会的需要；中世纪早期埃及莎草纸出口中断，被羊皮纸取代。此后，羊皮纸抄本在英语中称为"book"，这就是"书"一词的由来。羊皮纸一直是欧洲首选的书写材料。中世纪通常称为羊皮纸时代。最早的上等皮纸书通常是四开本，即一整张羊皮纸折叠两下就成为4张，或者说8页。起名为四开本，后来影响到英语，形成了'quire'(帖，4张纸对折）这个单词。这样的开本在中世纪一直最受欢迎。光面对光面，毛面对毛面，希腊文书籍通常以光面为开头，而拉丁文书籍则以黄一些的毛面开头。

《圣经》最早的副本就是上等皮纸抄本，形成了传统，创造了现代书籍。后来的基督教读本一直沿用这个传统，在世界上流传最广的《圣经》，是由39卷的《旧约全书》(最初为希伯来文）和27卷的《新约全书》(最初为希腊文）构成的。后来，从原希伯来文和希腊文譯成的《拉丁文圣经》，非常重要，为中世纪罗马天主教形成自身的传统提供了借鉴。早在元5世纪，弥撒仪式上的阅读成为了集体朗读，在一个书名之下就是一部长篇之作，可作为一个内在统一体让读者接受和理解。这种书的新的呈现形式决定了创造性写作本身的性质，即，它在西方开启了文化表达的一种新领域。这是泥板和莎草纸书卷所不能及的。

抄本容易查阅；四边留有空白，供读者注释、注解或评注（这样就将读者融入文本之中)；抄本的形制，促进了文本组织形式的创新：此时，章之下可以分为节，几部作品可以整理为集，使用一个封面。整个作品是一个信息密集的整体，而不再是一个个卷轴的依次串联，读者手中是一个随时可及的完整读本。在那时，“书籍依然是博学的希腊人或罗马人最为珍视的财产，他们对书籍的钟爱不亚于对家庭、配偶或情侣的感情。”

古风时期之后，希腊人和罗马人的日常生活虽然还是以口头语言为主，但书面文字这时已经被广泛使用。随着书写的增加，不同级别、不同阶层的罗马人和希腊人开始手捧从埃及引进的莎草纸撰写的书卷高声阅读起来。

（5）人类造纸术：造纸术，是中国古代四大发明之一。发明于西汉，改进于东汉。20世纪以来，多次在我国西北地区发现西汉时期的古纸，其中以1957年西安灞桥发现的汉武帝时期的“灞桥纸”最为著名。这些古纸均为麻纸，非常粗糙，不能用来作为书写材料。直到东汉元兴元年（105年），蔡伦才开始用树皮、麻头和破布、渔网等原料造出了质量较高的植物纤维纸，人称“蔡侯纸”.此后纸张逐渐成为中国和世界各国最主要的文字书写材料。

随着造纸技术的不断提高和改进，造纸原料不断扩大，纸的品种也日益丰富，除以大麻、苎麻为原料制成的麻纸外，还有以楮、桑、檀等树的树皮为主要原料制造的皮纸。西晋时出现了以藤为原料的藤纸，唐末又开始生产竹纸，后来稻草、麦秸、芦苇等均可用来造纸，造纸工艺日臻完善，质量也达到很高水平。中国的造纸术发明以后，于8世纪传到朝鲜、日本和土耳其，9世纪传入阿拉伯国家，14世纪开始在西欧普及，15世纪在欧洲大规模取代羊皮纸。羊皮纸从此离开历史舞台，仅用于奖状、契约、证书、特许状等。造纸术逐渐传遍世界各地，对人类文明的进步和文化的发展作出了不可估量的贡献。“中国是拥有世界上最伟大的史料编辑传统的国家之一”，中国的历史研究和编年记载，远比希腊、犹太和罗马史论更具有可信度、准确性和综合性，数个世纪后，西方才出现可与之媲美的历史记录。

3. 书写技术的发展——印刷术

（1）中国雕版印刷术：春秋战国时期的印章，其实就是印刷术的前身。公元3世纪的晋代，随着纸和墨的出现，用自制木印板进行大量印刷，是雕版印刷前身。与此同时，石碑拓印也在发展，把印章和拓印结合起来，再把印章扩大成一个版面，蘸好墨，仿照拓印，把纸铺到版面印刷，即为雕版印刷术。考虑到雕版印刷术从发明到完善应用，从民间流行到引起统治阶层和知识阶层的重视和记载，其间必有一段相当长的发展时期，因此，专家们认为雕版印刷术的诞生年代大约是在公元7世纪前期的唐朝初年。这是世界上最早的印刷术。

（2）中国活字印刷术：我国古人曾用粘土、木材、铜、锡、铅等原料，进行了许多尝试，也曾成功。北宋仁宗庆历元年至八年间，即公元1041～1048年间，一位名叫毕昇的普通劳动者发明了活字印刷术。“活字”方式崭新的地方是这些泥活字可以被重复使用。沈括的《梦溪笔谈》中关于毕昇发明活字印刷术的记载是翔实可信的，他仅比毕昇小十几岁，是同时代的人。其所著毕昇发明的胶泥活字印刷技术，即在胶泥片上刻字，一字一印，用火烧硬后，便成活字，基本原理类似于近代的铅字的排版印刷。

（3）德国古登堡金属活字印刷术：1450年德国人约翰·古登堡于美因茨发明金属活字印刷术。古登堡使用金属的字母将它们排列成印刷的书页，字母由铅、锌和其它金属的合金组成。它们冷却得非常快，而且能够承受印刷时的压力。印刷本身是使用转轴印刷法，载体是纸和羊皮纸。直到今天古登堡印的《圣经》仍是印刷艺术中的一份珍宝。古登堡的发明在欧洲很快普及，用这种新方法五十年就已印刷了3万种印刷物，共1200多万份印刷品。

4. 出版扩展阅读

（1）中国的出版业与阅读：中国古代有四大发明彪炳于世，唐朝发明了雕版印刷术，并在唐朝中后期普遍使用。宋代虽出现了活字印刷，但普遍使用的仍是雕版印刷术。自从汉朝发明纸以后，书写材料比起过去用的甲骨、简牍、金石和缣帛都要轻便而经济，但是抄写书籍还是非常费工的。就在此时，雕版印刷应运而生。

唐末宋初，出版业进入了印本书时期和册页制，即把零散页张集中起来，用订线方式穿联成册，这才有了线装书。宋代时我国书刊印刷业的水平远远领先于世界。据称，一直到公元18世纪中期，汉语出版的书籍比其他所有语言出版的书籍的总和还要多。当时的传统市场主要有3种出版物，即官刻、私刻和坊刻，多数印刷商一直垂青于雕版印刷。大量的出版物主要出现在13世纪之后。因为明代朝廷重视教育，初等教育形成网络，学校遍布全国，成为私塾的补充，学校第一需要的就是课本。同时，供人们消遣的小说也乘势而上，冯梦龙的短篇小说集《古今小说》受到热烈欢迎，反映宫廷生活的鲜活故事也不断印刷上市。

真正的“印刷业”直到16世纪才出现，尤其清代读者多且水平高，小说在18世纪风靡一时。19世纪西方印刷术传入中国，到后半叶，类似西方的翻译局、印书馆出现。一时间彩色连环画畅销，19世纪则街头小报风靡一时，在广州街头，甚至出现沿街挑担贩卖书籍的小贩，既收购旧书也贩卖新书，走街串巷叫卖，这些小贩还从事租书业务。

自19世纪晚期起，西方印刷技术引进上海，促进了中国现代出版业的发展，扩展了商业化的阅读市场。著名科技史家李欧梵等将中国大众文化的产生追溯到上海的出版业，认为自1895年后，上海的杂志和小报把政治消息与新观念传播给了中国读者；此外，教科书、工具书、小说和科学书籍重塑中国的国民素质。当时的商务印书馆和中华书局不仅是新文化先锋，也是技术革命先锋，技术基础使上海成为全国最重要的出版中心和阅读中心。

（2）西方的出版业与阅读：德国古登堡发明的活字印刷术，导致了一次媒体革命，迅速地推动了西方科学和社会的发展。印刷术发明具有划时代意义，堪称种种进步之源。1450年欧洲仅一个印刷所，1500年发展到250个印刷中心和1700余印刷所，印刷图书27000余种，数量超1000万册，欧洲读者由几万增加到几十万。谷登堡技术的发明和产业化正值欧洲文艺复兴滥觞时期，进步的人文主义作品得到空前的大传播，莎士比亚的作品脍炙人口，马丁·路德宗教改革的著作产生了无与伦比的影响。其《圣经》德译本受到印刷业的极大支持。《新约》在维腾堡两年再版4次，之后在其他几个地方再版达到66次，有力地支持了宗教改革，使得教堂内的经书，飞入寻常百姓家。可以说，过去一千多年来，印刷技术的发明使得人类的阅读发生了不啻是天翻地覆的变化，对社会发展也作出了史无前例的贡献。

这一发明同阅读史有着极为深远的关系：一是促进了书籍生产量的惊人的增长；二是活字印刷对拼音文字极为适合，随中国造纸术传入，羊皮纸时代结束，“活字印刷横空出世随即使西方社会得以在文化方面独占鳌头”。三是印刷术使获取知识的途径从有限变为无限，这不仅是阅读领域的一场革命，且开创了欧洲的现代文明，这也是西方文化后来居上的原因之一。

印刷术引起的社会变革还包括：一是废除了阅读等级制（作者—评论家—主教—教师—学生），走向平等，且从被动走向主动，集体走向个人；二是印刷纸质书批量生产，价低而占领市场，使书由独一无二的财富转变为可随时获取的知识财产，书籍内容史无前例地进入公有领域，哺育了后来的文艺复兴运动；三是口语转变为书面语、图画转变为印刷文字、拉丁文转变为本国语言、附庸思想转变为独立思考、教育得以普及；四是阅读内容由宗教转向非宗教，摆脱经院哲学束缚和教会对知识的垄断而走向“人本主义”；五是“印刷术释放了书写文字的力量，成为现代文明发展的动力，加快了人类获取知识的步伐”。

1831年雨果在《巴黎圣母院》中曾指出：“石刻书，何等坚固，何等持久，即将让位于纸书，相比之下这些纸却比石头更加坚固，更加持久。”

5. 书写载体的形态

书写载体的形态指书籍载体材料的形状、样式。泥板可握在手上，莎草纸也可做成便携的卷轴。数千年来，这两种书写材料服务于读者，事实上近乎完美地适应了各自社会的需要。接着出现了新的需求，引发了新的革命。

（1）“抄本”：公元前1世纪凯撒用折叠莎草纸传布命令，最终创造了“抄本”（codex）——由很多书页构成的文本，正反两面都有文字，可以翻页，而不用卷起。此装帧方法于公元1世纪首先出现在罗马，并受到广泛称赞。这种装帧结实紧凑，可节省空间，适合于旅途阅读，一只手就可翻阅，不用两手并用，比莎草纸便宜，防虫防潮，基督教徒喜爱。公元前1世纪出现大量抄本，装帧的抄本开始风行。到公元3世纪，这种抄本有了精致的封面，甚至有象牙装帧，可以作为礼品。公元20世纪80年代中期，在撒哈拉沙漠达赫莱绿洲一座公元4世纪的废墟中，发现了最早的完整的抄本。抄本内容是用希腊文写就的四年的金融交易记录。

（2）两种书籍装帧形态：一种是卷轴装。隋唐以前，还没有现代形态的书籍装帧，书籍形态主要是卷轴，写本书都是以卷轴形式存在的，称为“卷子本”（见下页图）。相对于竹简，卷子本读起来方便了许多，但其实用性与书籍仍然无法相比。卷子本每阅读完一卷就要将之重新卷好，实际上也是相当麻烦的；倘若只想阅读一卷当中的某一段就更不方便了。纸卷的形制初期是沿袭帛书卷轴，古代文献的记载和敦煌卷子等实物都证明了这一点。现在中国出版业还将同一种书籍中的分册称作“卷”，就与卷轴的形态有关。在书籍装订成册之前，作为卷轴向“册”的过渡形态，唐代出版工匠还有过龙鳞装、蝴蝶装卷轴等书装形式。龙鳞装又称鱼鳞装，外观与卷轴无异，舒展开后页张边沿有规律地翘起，呈现鳞状而得名，偶遇风吹页张微微卷起呈旋风状，又称旋风装。

另一种是册页装。公元10世纪唐末宋初，中国出现册页形式的书籍，并且逐步代替卷轴，成为世界各国书籍的共同形式。所谓册页装帧，即出版业在进入印本书时期，把零散页张集中起来，用订线方式穿联成册，这就形成了线装书。

“书”这一“稀世珍宝”终于成了简易的书本，标志着观念的彻底改变。14～16世纪贵族阶级通过阅读和书写反对教会势力；而16～18世纪新兴“中产阶级”则开始利用阅读和书写挑战贵族势力，在欧洲范围内这一进程一直持续到20世纪。16世纪中叶，欧洲书市已经有800万种图书供人们选择，出现了中产阶级妇女和儿童读者。17世纪英格兰书籍发行量居欧洲第一，英格兰第一家市政图书馆17世纪初落成，大学图书馆藏书成倍增加，私人藏书在英国成风。在整个欧洲，书籍成为了人们的精神食粮——思维与精神的美食。

三、阅读方式方法的发展

塞尔托在同一书中指出：“读者涌现于图书史中，并长期与之混淆，身影模糊……，读者被视为书籍之果。今天，曾经被当作书之影的读者，却已脱离了书，影离体而自成一体，得到独立。”这句话是指，读者从图书史中走出而自成阅读史。但并非完全自由，依然受到书的一系列规范的约束，还会受到读物的物质形式和话语形式的约束。

1. 朗读

（1）文字初期的社会是口述社会：从苏美尔人最初的刻写板始，书写文字的目的就是用来大声念出，这些符号隐含有一种特殊的声音，这种声音仿佛就是它们的灵魂。古埃及语中表示阅读的最常见的词汇就含有朗读之意，书记员间流传

着一句话是“让读书人把他的故事传扬”。此外古代的阅读多是公共阅读即朗读。已知最早是始于希腊人。早在公元前5世纪，希腊“历史之父”希罗多德没有按照当时的习俗跋山涉水从一个城市到另一个城市诵读自己的作品，而是在奥林匹克节日上把作品呈现给聚集在一起的希腊人。

几乎整个古典时期，多数的阅读都是娱乐类的，并且通常是由受过训练的仆从或奴隶朗读的。中世纪阅读，虽有例外，大多数情况下仍然是一项集体活动。在花园和大厅诵读传奇故事；在教堂礼拜仪式上诵读《圣经》；大学课堂完全就是公共阅读的场所。本笃会内部规定，修道士们吃饭时，总应有人诵读。对《圣经》的阅读是放声的，每个基督徒每天都要花上几小时诵读。在信徒看来，要想理解《圣经》，不只眼睛，也需要整个身体的配合：随着句子的韵律摆荡，将圣言喃喃念出，免得有任何“神意”在阅读中流失。

朗读和公开大声的阅读习惯是跟当时的书籍状况紧密联系在一起的。古时候，拥有一本书是要付出昂贵代价的，如果不住大城市，也是很困难的。甚至有完全读写能力的希腊人和罗马人，也很少能有自己的莎草纸卷轴或羊皮纸抄本。中世纪，之所以几乎所有的人都是以听为读，那时一个人的一生几乎都在群体中度过，而且识字率极低，最多5%。此外，古典时代和中世纪的书籍的编排方式也是适合口头阅读，这样的书籍只有正常连接的文本，没有字词分隔，无标点，也无大小写之分，遵循的是自然语流，大声朗读便可把构成文本的各个特征解析出来。音读是书面文字从口头语言发展而来的原始现象。

总之，当时的阅读方式以朗读为主的根本原因在于整个社会处于口述时代，识字率低、书籍少且昂贵，所以以出声精读和公开朗读为主。

（2）朗读的优点：一是有利于开发右脑。大声朗读久之，有利于学生形象和思维能力的自我培养；二是能改变学生性格。如果提倡全体学生坚持大声读课文，很容易使学生爱讲话，性格也就随之而变；三是有利于学生体会到辩论、争论的价值，这是更好的、高质量地参与未来的事务的一种素质；四是有利于改变差生。从大声朗读开始训练，许多差生能在朗读的过程中，形成一定的思考力；五是大声读，因为脑神经处于极度兴奋状态，这本身就能刺激学生深入理解文章；六是大声读需要集中精力，大脑处于“排空”状态，有利于记忆；七是大声朗读文章是语感形成的必走之路，否则就不会有真正的语感；八是朗读有利于“诗性美”的再现，每篇文章都有着“诗”的美和作者美的灵感，而大声可以将这种美感还原；九是大声读有利于其它学科的学习，尤其对于需要广泛深入思考、记忆的学科；十是有利于提高写作能力。大声读他人作品是学习的过程，大声读自己的作品是修改完善的过程。

（3）朗读向默读的转变：公元2世纪希腊天文学家、数学家托勒密就注意到，当人的注意力集中到某一个问题时，有时就会独自默读，因为将文字读出声来会分散人的思维。

教会神父读的多也写的多。“希坡的奥古斯丁是对西方书面文字影响最大的人物之一。”他认为，“字母表里的字母是‘声音符号’，也是我们‘思维中的所指符号’。对他来说，‘发明’了这些字母，也许就是让‘我们能够和不在场的人交谈’。”因此，阅读就是与不在场人进行对话，也是聆听一个不在场人的话语。这里所说的“聆听”是一个关键概念，从奥古斯丁那里，我们第一次看到了朗读和默读之间的明显区别，也就是作为人类声音的书面文字与作为自身媒介的书面文字之间的区别。公元384年，他看到其老师米兰主教圣安布罗斯在默读时的场景，奥古斯丁推断：“默读可以使安布罗斯免受打扰，可与文本形成一对一的、较为深入的关系。”学者认为，“古书通常是朗读的”，但也有少量文献证明默读的存在。

公元3～4世纪，默读在欧洲学者们之间已经有之，是他们青睐的阅读方式。并且认为“阅读是影响心理的主要工具”“默读是静思的一种形式”，有人将“静思”定义为“心读”。阅读的这种创新，曾让公元6世纪叙利亚的圣以撒津津乐道：“我静心默读。品读诗句和祷文，我身心愉悦。感受理解的妙趣，我默无声息，思绪凝聚，仿佛在梦境一般。沉寂延绵，记忆中的混杂得以消解，内心的思绪荡起欢乐的浪花，一浪接过一浪，令我讶异，叫我欢心。”但直到公元8世纪晚期卡洛林文艺复兴及其引发“读写革命”之前，大声读仍然占据着统治地位，中世纪的缮写房是个喧闹的地方。公元8世纪有位不知名的书记员抱怨道：“这份辛劳，没人能懂。三个指头写着，两眼盯着，舌头动着，全身都在劳作。”

几方面变化改变了上述境况：一是公元8～9世纪拉丁语较为常见的新型固定语序，使书面语更接近人们熟悉的德、法、意、英等语序；二是创作“卡洛林小写字体”是两千年来西方社会实施的最为重要的文字改革，更加易读，以更为高效简单的形式实现“书面语言”视觉化的历史进程；三是出现其它方便，如阿拉伯语译本采用单词分离格式，成为拉丁文主导的西方世界效仿的典范，以及采用一系列标点符号等，使阅读越来越轻松自如。自公元9世纪起西欧中世纪的串型文本，不仅有标点符号，且多用小句和短语，从而开始了默读。

公元9世纪前后，默读兴起，成为了一种运用“新颖、清晰、均衡的简化文字的直接结果”。中世纪后期，默读普遍。普通人通过阅读可以将自己与上帝的对话“内化并且个性化”，亲身阅读感受上帝的赐福。15世纪中叶，人文主义发展，冲破束缚，开始自由阅读，独立思考。中世纪阅读的本质特征“被动听读”，日趋没落，代之以“主动默读”，读者成为行为人，作者沦为向导，“在沉默、素未谋面的读者面前展现出一条条的道路。”通过默读与神灵单独对话。这正如《效法基督》所写：“我处处追寻幸福，幸福不在别处，恰在一小小的书本的某个角落里。”口头传统在古登堡的印刷书页里凋零。

2. 默读

（1）默读的基本方法和习惯：(a) 动眼不动口。默读时主要运用的是眼和脑，动口的默读不是真默读，而是“默朗读”。这样的“默朗读”很难提高默读的速度和质量；(b) 边读边思考。我们要学会在默读中深入思考，在默读中分析综合、质疑问难、欣赏评价；(c) 边读边动手。“不动笔墨不读书”，要让同学们养成良好的学习习惯，提倡默读时要动笔圈圈、点点、画画、写写，提高思考的质量；(d)“一目十行”，指的是默读时要讲究速度。默读既要会精读，又要会速读，既要咬文嚼字，又要“一目十行”。快速默读还有利于我们课外阅读。总之，你如果学会了默读，养成了习惯，就会终身受益。

（2）默读的好处：首先，默读不影响别人，不受环境限制，在日常工作和生活中应用最广；其次，默读的速度比朗读快得多，可以大量阅读，可以博览群书；第三，默读时可以默默地思考、比较、推敲、揣摩，可以自由地停顿下来重复看、反复想，从而促进思考，促进理解的深入。默读的好处很多，但也要讲究方法，要养成良好的习惯。

因此，默读无论在何地进行，都赋予了阅读一个新的维度，并且一直持续至今。阅读从公众行为演变为个人行为。读者无须与他人共享一个文本，甚至无须将声音与字母相联系。阅读可以缄默无声，无须倾听，直接领悟概念，使思维在意识的更高层次进行，交相参考，比较对照，思考评判。默读完全改变了西方的阅读习惯，进而影响到阅读的外部环境和内容，也影响到读者的心理情操。默读所产生的效果成为一个人业已内化的存在的一部分。默读超越了其作为工具的社会功能，进而必将成为人类的一种智能。默读也使整个社会引入了一种全新的东西，即无拘无束的交流。中世纪还没有实现从纯粹听到纯粹读的完全转变，日耳曼人的普遍做法是“以听为读”，这种做法不仅象征体验文本的两种方式（公共行为和个人行为），也象征书面文本的双重受众，即公共读者和个人读者。这样，仔细想一想，“读和听”实际上是一个概念：读者即听者，听者就是朗读时代的读者。

（3）默读的作用：默读作用超越了其作为工具的社会功能，进而必将成为人类的一种智能。默读也使整个社会引入了一种全新的东西，即无拘无束的交流。公元11世纪之后，社会进入了一个学习知识更加自由、旧教育遭到质疑、个体走向成熟、宗教分裂的时代。“这些事情的发生自然不是默读引起的，但默读的确使人了解到以往难以触及的问题、观念和信仰，反过来倒会使人产生更多疑问，为社会的重大变革铺平了道路。”

3. 历史上中西方在默读的开始时间上有相当大的差异

朗读先于默读，这是阅读史研究已经证实了的。但在默读的开始时间上，中西方存在着相当大的差异。

前已述，西方默读兴起在公元9世纪前后，到中世纪后期，默读已经普遍化。

中国的阅读也是一个从朗读到默读的过程。比苏格拉底更早出现的孔子，也是一个强调口述、反对书写的哲学家、教育家。“述而不作”是他的信条。可想而知，在竹简、木牍时代，制作不易，能由老师口述或者阅读者朗读就很不错，由此形成通常的阅读主要是听读或朗读。战国时期儒家集大成者荀子，在他的《劝学篇》里，也透露出当时阅读以朗读为主的情形：“君子之学也，入乎耳，着乎心，布乎四体，形乎动静。”从这些名句里，我们可以得到一个信息，当时的阅读学习是首先听到——入耳，然后才是入脑。生活在12世纪的南宋时代理学集大成者朱熹，在其《读书法》中谈道：“大凡读书，且要读，不可只管思。口中读，则心中闲，而义理自出。”可见，那个时期的读书乃是诵读。

我国古代的诵读起步很晚，主要的原因在于汉语难学难读，试想，外国人学会26个拉丁字母和阅读以天计算，而中国人学习能够阅读的3000个汉字需要三四年的时间，且必须家中有钱。另外还与传统书写长期没有句读标点有密切关系，这造成初学者阅读困难，被迫要先听先生诵读而后跟读，学生想不诵读都不行。西方书写的标点具体化是在公元7世纪后，我国则是在公元15世纪才有粗略的断句记号，而标点的具体化则是西学东渐后的20世纪之初。我国古代长篇小说四大名著有三部成书于说书人长期说书之后，都已经由许多民间说书人多次表演给普通观众们听，然后才由文人作家集中整理创作而成。这一事实也可以表明，听书之所以成为我国大众的爱好是与书写不够完善有关。在中国，只要看看鲁迅在《三味书屋》所写："学生和老师放开喉咙读书的情形，还有先生陶醉的样子"，就可以知道，朗读在中国上个世纪前期，还是普遍存在的；默读的历史从开始至今，时间并不太长。可见读书方式在我国，直到上个世纪，即20世纪才从朗读向默读转变。

随着文本书写不断完善，随着识字的人越来越多，随着文本的价格越来越低，个体默读也就越来越普遍。在默读成为普遍的阅读方式后，朗读也就退位为一种辅助性的阅读方式。由于朗读具有娱乐性，中国古代书院亦具有广场性，朗读作为一种大众阅读的形式，至今还一直为人们所乐于采用，甚至作为一种阅读的艺术受到人们的欢迎和欣赏。

四、阅读行为和阅读实践的发展

1. 对阅读的认识和阅读行为的变化

（1）造纸术和印刷术的发明促进了世界知识的传播和交流：造纸术和印刷术的发明和广泛应用，为阅读创造了条件，对世界文明做出了伟大的贡献。

一个人在森林中居住两年的伟大阅读者拉尔夫·爱默生，曾经开列了一份个人"圣书"目录，并宣称："这些书籍都是对宇宙意识的庄严表达，比当年年鉴，当天报纸更贴近我们的日常生活；它们要么搁在壁橱里保存，要么放在膝盖上阅读；与它们的交流不会发生在唇齿之间，而是来自于悸动的心灵和泛红的脸颊。"书籍确已成为"宇宙意识的表达"，19世纪，人类已经将书籍视为"保存人类最崇高情感的圣殿。人人都可以在私秘、静谧的环境下专注地体味、享受开卷之乐。"①

①费希尔：《阅读的历史》，北京，商务印书馆2009年版，第233页。

美国诗人沃尔特·惠特曼的《草叶集》发出了对书籍的声音："伙伴哟，这不是书本，谁接触它就是接触一个人，(现在是夜里吗？我们是单独在一起吗？)你所拥抱的是我，也是我在拥抱你，我从书中跳出，投入你的怀中……"。[①]

（2）阅读在社会生活中地位的提高：阅读的广泛实践，严峻挑战经院哲学。经院哲学是西方11世纪到14世纪之中世纪兴起的、为宗教神学服务的思辨哲学体系，经院哲学的学生甚至热衷于"从文章中挤出每一滴意思"以信奉圣主。而新兴起的阅读却成为个人行为，每一个读者都可以成为权威。不管人们喜不喜欢，阅读是平等的、讲原则的；人们寻求精华，而非糟粕；不管是为了愉悦身心，为了获取信息，还是为了专业学习，大多数读者都愿意挑选自己喜欢并认为是最好的书。因此，文化阅读是衡量一个社会品味的有效尺度。罗马元老和作家小普林尼在阅读和书写方面是当时最活跃的一位。作家如维吉尔，非常受群众欢迎。罗马人一有时间就会阅读，打猎、旅游都带着书，已经成为了习惯。

社会历史学家乔纳森·罗斯搜集了一些对阅读的普遍看法，并认为，在21世纪初或可视为放之四海而皆准的箴言：一是文化读本的发行量与其实际社会影响力无关；二是高雅读物仍然比通俗读物更具吸引力，并且能够更好地反映大众观念；三是高雅读物通常会挑战而不是维护社会政治秩序；四是"经典"作品是从普通人产生而不是由精英人士确定。

（3）阅读的对象——读物发生的一些转变：读物的变化引起了读者和阅读的变化。这时期产生了报刊等定期出版物，拥有比书籍更广泛的读者群。世界出版大国日本，报纸发行量仅次于俄罗斯，1994年每个家庭平均每天读两份报纸；受到收音机、电视机的挑战，书籍已不再是人类获得通常信息的主要来源，并且必须发挥自身优势才能维持在社会中的地位；儿童出版物出现猛增态势，且主要来自美英两国；读物涉足了过去的禁地，如同性恋；"阅读是一种强大的国际性工具，它可以灌输思想、异化心灵，从而模糊甚至抹去人们的民族身份。阅读之于大脑正如食物之于身体，它能决定我们可以成为什么样的人。"

（4）"视觉语言"应运而生：阅读与书写不同，它是以视觉为基础的，不受语言的限制，世界性的旅游热出现了新的创意：为克服各种各样的语言障碍，人们

① 费希尔：《阅读的历史》，北京，商务印书馆2009年版，第265页。

利用一目了然的象形符号，如地铁站台的脚印。这种新“象形”文字获得成功，从而催生了一个概念：将更多的人类思想纳入非语言的象形范畴，一种可以自动阅读的“视觉语言”应运而生。视觉语言是以语音为基础的书写文字和以视觉为基础的图形文字在现代杂交的产物，为阅读活动提供了一个崭新的维度。“视觉语言的目的是利用简单的方法传递复杂概念，辅助大脑进行认知处理，从而消除信息过载。”这大有利于人类消化泛滥的书面信息而节省时间。视觉语言已经渗透到生活的方方面面：电视遥控器、微波炉上的各种图形、计算机的图标等。

（5）对书籍的审查和焚烧：宗教界认为，“阅读再度被视为危险的工具”，甚至对最早的基督徒也实行审查制度。迫使教众交出当时价值不菲的私人藏书以示忠诚，然后付之一炬。信仰是全新的，而恶行是继承的。人性之善常常被阻断，从而潜伏于地下；而人性之恶从来不曾隐身，任何时候都占据着舞台的一部分，有时甚至是全部舞台。公元前411年，雅典毁了希腊哲学家、数学家毕达哥拉斯著作；罗马奥古斯都大帝封杀了政治家加卢斯和诗人奥维德的作品；罗马卡利古拉大帝颁布焚书令，烧毁诗人荷马、维吉尔和历史学家李维的所有著作。提倡阅读受到了殖民地的广泛抗议，因为害怕阅读使被压迫者具有最危险的能力。但是，如同信仰一样，阅读书籍在哪里都不会因遭到镇压而销声匿迹，即使《圣经》中“也有很多关于受奴役的人民起来反抗而获得自由的故事”。

（6）宗教和阅读：在视觉阅读取代口头诵读的演变过程中，宗教是读写的一个主要驱动力，尤其基督教更是依赖读写而得以广泛传播。宗教文学的阅读在西方一直居于主导地位，并长达千余年之久。宗教文学阅读者是接受书记员培训的教士，通过口述传说，然后在神圣的场所诵读，由此形成了一个特殊的精英层阶。读写的发展过程是：教士书记员——精英学者——世俗司仪——神父——普通信众。教士书记员也是评论员，有权威性，其评论后来发展成为至圣真言（经文）。《圣经》最早的副本就是上等皮纸抄本，使羊皮纸获得胜利，实际上创造了现代书籍。后来的基督教读本一直沿用这个传统，在世界上流传最广的《圣经》，是由39卷的《旧约全书》和27卷的《新约全书》构成。神父们读得多也写得多。

早期基督教神学家、哲学家奥古斯丁是对西方书面文字影响最大的人物之一。他认为，阅读就是与不在场人进行对话，也是聆听一个不在场人的话语。“这里所说的‘聆听’是一个关键概念，从奥古斯丁那里，我们第一次看到了朗读和默读之间的明显区别，也就是作为人类声音的书面文字与作为自身媒介的书

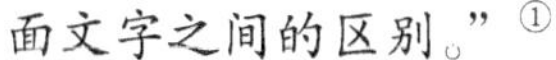

面文字之间的区别。”[①]

已知最早的基督教图书馆出现在罗马的圣洛伦佐教堂，是公元4世纪80年代前后由教皇达马苏斯建造。阅读教育的重要性显著，因而每个基督教徒每天都要尽可能花上几个小时阅读《圣经》。纽西亚的圣本尼狄克对阅读早期的制度化起了很大的作用。他在卡西诺山修道院制定《修道院规程》，后来成为基督教万国修行制度和修道院管理的基本模式。规定了修道士的繁重辛苦的阅读制度，夏天阅读3小时，冬天阅读2小时，在斋节期间用40天每个修道士需读完一本书等。这种阅读是“绝对神圣的、有权威性的和非自觉的，据此不得流露感情，不得妄加评论。”但这些阅读“可不是为了学习和长进，也不是为了娱乐，而是把自己沉浸在集体灌输的环境之中。这不是个人解放，而是集体沉浸，这与20世纪的劳改营用扩音器给犯人灌输思想没什么两样。”[②]对之本尼狄克比喻为“咀嚼圣餐”。

《古兰经》超越了阅读、写作和语言本身，最终发展成为一个民族的特征标志。穆罕默德记忆真主的启示，毫无增删改，长达20年之久，未曾涉及阅读和写作。直到公元622年“希拉吉”迁徙之后，才将口授教义片段保存在皮革片、肩胛骨、木片上。

佛教同样在发展阅读，公元前1000年后半期，出现了大量的宗教读物，如源于多国佛教徒的宗规语言巴利语写成的佛教巴利文《大藏经》，内包括佛祖于公元前563～483年的教諭，其他文本在中国、朝鲜和日本大量出现。印度教汇编的梵文《吠陀经》也传播出来。

（7）出现阅读的书痴性人物：出现书痴型读者和作家。16世纪西班牙的圣特·蕾莎谈到阅读，“我养成了读书的习惯，这个小小的错误浇灭了我的热情和愿望，让我无心再做其它事情。”同时代的英国女王伊丽莎白一世也是一位读书成迷的书痴型人物，“我多次走进美妙的圣地，阅读绿色草叶般优美的语言，品尝其中的美味，细细地咀嚼回味，最后将它珍藏在记忆之中……因为我似乎感觉不到生命中的苦难。”妇女在读写社会脱颖而出，明显的例子是法国16世纪女作家路易丝·拉贝，其作品被誉为最具有灵感的杰作。她在阅读自己的作品时写道：“往事带来的欢乐，更胜于眼前；但那逝去的欢愉已经褪色，永不再来。追

①费希尔：《阅读的历史》，北京，商务印书馆2009年版，第82页。

②同上，第84-86页。

忆犹如往事，苦涩而又甜美。有些感觉是如此震撼，不论怎样追寻都无法重温那份炽热；有些形象深深刻在心上，却也只是昔日的影子在作弄自己。然而，一旦将这些情感宣泄笔端，那数不清的往事就变得历历在目，如此鲜活，如此生动。时隔许久，重新翻开这些文字，仍能让自己故地重游，找回曾经的自我。”①在拉贝看来，阅读自己过去的情感，是一种对作品强大感染力的深刻而永恒的洞察。

（8）旅行阅读：1850年，瑞典90%的人识字，阅读能力居欧洲首位，随后是苏格兰和普鲁士80%，英格兰和威尔士65%～70%，法国60%，西班牙25%，意大利20%，俄罗斯5%～10%。因此，果戈理和普希金等人的作品多在海外流行。19世纪欧洲人喜欢旅行阅读。相应出版有“铁路图书”，如“旅行阅读系列”“卢德里奇铁路系列”；1848年欧洲铁路书店也相应开业。

2. 西方各历史时期阅读的发展

古希腊起的西方历史大体是这样划分的：古希腊时期、希腊化时期、古罗马时期、中世纪时期、文艺复兴时期、近现代时期。

（1）古希腊时期：在美索不达米亚文字臻于完善之后的3000年里，人们才认识到阅读的真正潜能，各种形形色色的阅读材料逐渐多了起来。“与书面文字这个天赐之物相随的是专制。……作为一种人为的权威，书面文字把自己强加于每个认字人的身上：就像一个暴君奴役虔诚的臣民一样。”“我们付出了小小的代价，换来的却是生命中最伟大的奇迹，也就是人类对时空的驾驭。历史上已知的所有语言和文化唯有通过阅读才得以延续，进而以阅读这种方式继续参与人类的戏剧性活动。”②所有语言都能证明人类共同经历的荣光和艰辛。这种“不朽的证明”历经千年，最终演变成人类自己的历史。

前2000年音节书从迦南传入，古希腊人开始阅读；前1000年从迦南人后裔腓尼基人传入辅音字母表，发展出希腊文。前7世纪希腊法典被刻成碑文，西方书写出现了决定性转折，被赋予新的社会地位。前6世纪希腊读书人多了，但还没有进入读写社会。前480年起15%成年男性是半识字以上水平，5%达到识字水平。这些人相信书面内容超过口头，书面形式可以获取和保存文本，而口头做

① 费希尔：《阅读的历史》，北京，商务印书馆2009年版，第216-217页。

② 同上，第35-36页。

不到。“阅读可以让人在视觉上‘成为’一个文本，博览群书甚至可以让人成为一个储藏众多作品的‘活生生的图书馆’。”①

（2）希腊化时期：前4世纪中叶开始的希腊化时期，可以说是古代地中海世界的“全球化”时代。“希腊化”一般指马其顿的亚历山大大帝征服后的北非、西亚、中亚和希腊世界，包括他去世后建立的三个王朝，即公元前334年至公元前1世纪。

此时期西方社会对阅读和写作开始有了全新的认识，书面已经胜过口头，其特点可以归结为“书写文化已形成”，表现在许多方面：口头传播已经决定性地转变成书面传播。“尤为重要的是，写作不仅仅记录和保存知识而且使知识合法化、有效化……阅读不再是简单的辅助记忆工具，而是传递、阐释和创造信息的自主途径。”；埃及的统治者，就官僚机构如何使用读写曾做过详尽的安排，其详尽程度远远超过了之前的几个世纪；基础教育给社会注入了活力，公立学校可以学习阅读和写作，有私人教师，如亚历山大大帝师从亚里士多德；人们万分敬重荷马的著作，如同对后来的《圣经》；希腊创始了以读文本为主的公共阅读，作家不再周游诵读自己的作品，而是在节日集会上呈现作品；出现了全新的文学体裁“小说”，最早是公元2世纪的一部爱情故事，从此征服世界数千年；写作在社会活动中发挥着作用，财政部长33天收到434份文卷；托勒密一世创建了亚历山大图书馆，历150年，藏书50万卷，唯有此时“图书馆已不仅仅是莎草纸书卷的库房，而是一个系统化的信息中心。……如此一来，亚历山大图书馆成了地中海一带以书面文字为基础的一流学术中心。后来的所有图书馆都沿袭了亚历山大图书馆模式。”②

（3）古罗马时期：这一时期指在意大利半岛中部兴起的文明，历罗马王政、罗马共和国以及罗马帝国三个时期，扩张成为横跨欧洲、亚洲、非洲的庞大罗马帝国（公元前27年—公元476年）。4世纪基督教成为罗马官方宗教。“基督教是基于阅读的一种宗教信仰。后来被称之为《新约全书》的整套文献是基督教赖以存在的基础。”

古罗马社会基本以口述为主、阅读为附属。公元前2世纪出现与古希腊一样

---

①费希尔：《阅读的历史》，北京，商务印书馆2009年版，第44-45页。

②同上，第48页。

的阅读社团，公元前100年之前，罗马城已经会阅读者占10%，妇女倍减，还没有进入读写社会。不过，那时羊皮纸抄本大量出现，比莎草纸更便宜、更耐用，到公元4世纪基本取代了莎草纸。公元1世纪起，书写盛行，成为罗马帝国管理和通信等日常现象的“阅读帝国”，书成为炫耀品。罗马同希腊一样风行公开的阅读会、诵读会——公元后的几个世纪阅读超出贵族而达于一般人，书写信件用于私人联系。荷马、维吉尔等的莎草纸和羊皮纸作品成为商品，罗马成为出版、销售和发行中心，西塞罗、贺拉斯、小普林尼作品受到欢迎，罗马出现众多图书馆。

统治者开始实行焚书、禁书；但是，书籍依然是博学的希腊人或罗马人最为珍视的财产，他们对书籍的钟爱不亚于对家庭、配偶或情侣的感情。

思想上的巨人、天主教会四大圣师之一奥古斯丁曾是一名摩尼教徒，皈依基督教后，成为基督教早期神学家、教会博士。其思想影响了西方基督教会和西方哲学的发展。他是北非希波里吉诃的主教，因其所著作品而被视为教父时代重要的天主教会教父。重要的作品包括：《上帝之城》《基督教要旨》和《忏悔录》，“是对西方书面文字影响最大的人物之一”。

（4）中世纪时期：中世纪指约公元476年至1453年，是欧洲历史上的一个时代，是封建制度占统治地位的时期，直到1453年文艺复兴之后、资本主义抬头为止。这个时期封建割据带来频繁的战争，在欧美普遍称作“黑暗时代”，是欧洲文明史上发展比较缓慢的时期。

中世纪早期。这个时期阅读的第一个特点是：朗读和“听读合一”，在大多数情况下仍然是一项集体活动，如教堂礼拜仪式、大学的课堂等。第二个特点是：希腊文化通过书籍和阅读影响到中世纪的西方世界。6世纪之后，基督教书籍广泛传播于欧洲。阅读使基督教的真谛得以传播；各种教会学校开始教人们阅读。第三个特点是：采用拉丁文出版图书，希腊文朗读逐步转向拉丁文朗读，形成了“拉丁语的中世纪”时代。第四个特点是：图画在阅读中的作用举足轻重，不仅表达文学主题，而且还展现整个情景和基督教信仰的象征意义。“图画则把内容展现给不识字的人，也就是展现给只有视觉感知能力的人，让他们看图解义。”[①]第五个特点是：9世纪60年代，诞生了斯拉夫人广泛使用的西里尔文字，后来俄罗斯用西里尔文字书写了圣徒传、布道和教谕三种。

①费希尔：《阅读的历史》，北京，商务印书馆2009年版，第134页。

中世纪中期。这是一个由朗读向默读的过渡时期，社会上既有公共集会的朗读，也有在家中个人的默读。此时期第一个特点是：12世纪末期，书籍成为商品和个人动产受到重视，在大型市场上交易。第二个特点是：默读的流行书籍之一是从《圣经》辑出来的150首赞美诗——“诗篇集”、拉丁文之“祈祷书”、每日诵读多次的各种装璜的“圣母小日课”，之所以如此是《圣经》价太高。这些方便携带且便宜的的小书，使人们能够同神灵直接接触，无须垄断宗教作品的教会作为中介，意义重大。第三个特点是：书籍增多相应要求索引工具书的发展。第四个特点是：一个大的进步是，读者视文本是独立的、客观的，不再是声音的记录，赋予了阅读以全新的内涵。

意大利学者、诗人弗朗切·波特拉克（1304年—1374年），为阅读做出了开拓性的伟大贡献。一是开创了“现代读者”的概念。阅读带给人们强烈的情感，他“阅读前总要亲吻书卷。他感觉仅凭阅读就足以使自己与圣奥古斯丁情趣相投”。二是波特拉克创造了一种启发灵感的全新的阅读方法。根据奥古斯丁对他的教导：“每逢读书，凡遇到妙不可言、让你心动、欣喜不已的词句时，一定不要轻信自己的聪明才智，而需要力争将之熟记在心，仔细琢磨。”这是汇集灵感，建立备用的“心灵书籍”。三是波特拉克解放了中世纪的阅读，提倡创造性的主动思维，将书面作品切片、分块，以多种方式利用，“这种整合式阅读成为整个欧洲学界惯用的方法”。阅读发生了翻天覆地的变化。[①]

中世纪晚期。西方在14—15世纪的中世纪后期，默读达到了普遍化。普通人通过阅读可以将自己与上帝的对话“内化并且个性化”，亲身感受上帝的赐福。《效法基督》一书仅次于《圣经》被广泛阅读。书中告诫读者：“接书在手要像义者西缅将圣婴耶稣抱在怀中亲吻一样虔敬。阅毕合书之后，要感谢出自上帝之口的句句箴言，因为在这片上帝的国土探得了一处宝藏。”15世纪中叶，人文主义发展，开始自由阅读，独立思考。中世纪早期阅读的本质特征——“被动听读”代之以“主动默读”。通过默读与神灵单独对话。14世纪大法官查德·伯里主教，是名副其实的“书籍爱好者”，其藏书比英国其他主教的总和还多。58岁写出《书之爱》，认为“倘若上帝未曾赐予凡人书籍这剂良药，只怕世间的一切辉煌终将湮没”。

① 费希尔：《阅读的历史》，北京，商务印书馆2009年版，第173-175页。

14世纪，阅读和阅读行为开始的大变化有：一是出版商、书店发达，对作品的纯洁性要求严格，“权威版本”保持原文的忠实性。二是书仍然很少，藏书最丰富的基督教图书馆仅藏书1728册，另外有338册是用链子固定仅能在馆内阅读的书。三是民族语言作品受到欢迎。四是读书成为了个人的私事，阅读成为一种休闲。五是学习读写差不多成了公民义务，掀起一股公民教育之风。六是阅读与当众朗读的现象并存，有些作品写作时就考虑读和听两个方面。七是章节出现而成为书面作品内部划分的单位。八是仍然是大多数人不识字，主要的书是祈祷书。九是《穷人圣经》风行。

1450年代，活字印刷术在德国问世，引起了社会多方面的变革：一是阅读超越了其作为工具的社会功能，成为人类的一种智能，阅读进入了一个新的时代。二是宣告了羊皮纸时代的彻底结束，人类迎来了纸张的时代，继而引发了更深层次一场阅读，甚至是社会、知识领域的革命。三是阅读从等级制走向平等，被动走向主动，集体走向个人。四是印刷纸质书价低而占领市场，批量生产，使书由独一无二的财富地位转变为可即时更换的知识财产，产生新的知识社团，哺育了后来的文艺复兴运动。五是口语转变为书面语、图画转变为印刷文字、拉丁文转变为本国语言、附庸思想转变为独立思考，教育得以普及。六是阅读内容由宗教转向非宗教，摆脱经院哲学束缚和教会对知识的垄断而走向“人本主义”。

（5）文艺复兴时期（公元15—16世纪）：在印刷术推动下，发生一场深刻变革：一是德国支持印刷品发行，其16世纪的识字率居欧洲之首；二是16世纪初，德国人马丁·路德宗教改革，宣扬“因信称义”，人人可以不通过教会直接同上帝对话，这成为欧洲新教的基础，独立阅读《圣经》，才能实现救赎；三是1522年路德的德译本《新约全书》问世，围绕路德学说，德国北、中部和南部发生对立；四是1529年神圣罗马皇帝撤销路德的一切特权，引发欧洲两派争论500年至今；五是路德的《旧约》德译本于1534年问世，到1574年仅一家出版商就发行各类圣经读物10万册；六是《新约》《旧约》以英、荷、丹麦、法、冰岛、波兰等文字印行，16世纪仅德文就达百万卷；七是相应的审查制度盛行，“这样的审查制度不仅限制人们读什么样的书，而且限制人们怎样读书”，叫嚣“把国家的档案全烧掉”。然而，压制却使事物走向反面，“正是15世纪下半叶这种对书面文字态度的转变催生了现代阅读”。

15—16世纪阅读的发展影响了社会。贵族阶级通过读写反对教会势力，而

16—18世纪新兴“中产阶级”则开始利用读写挑战贵族势力。到16世纪中叶，欧洲书市已经有800万种供选择；继而书市质量竞争让位于数量竞争。中产阶级妇女进入阅读，供儿童识字的“角书”出现，英格兰第一家市政图书馆17世纪初落成，大学图书馆藏书成倍增加。15—17世纪欧洲拉丁文书籍市场化，每年有图书博览会；17世纪学术书籍生产“本土化”，过去通行的拉丁文书籍市场土崩瓦解，使局面发生大变化。18世纪晚期，科学家也转而用本国语，仅罗马天主教神学和古典主义方面研究的作品继续沿用拉丁文，一直至今。此时期，小说阅读成为风气，如《堂·吉珂德》、克维多的流浪汉小说、《痴儿西木传》《天路历程》《居鲁士大帝》等。

1520—1642期间英格兰出现教育革命，德语国家1618年前也发生了类似的教育革命，改变了整个国家的阅读习惯。法国没有经历教育革命，但出版业却异军突起，超过英、德，成为出版界盟主。17世纪早期最早的平装书“蓝色丛书”在法国东部特鲁瓦问世，内容包罗万象、小巧、便宜，销量上万册。15世纪欧洲出现定期出版物，通讯社经授权定期向大银行家、大商人、政治家发送新闻报道，同时也发小册子报道奇闻轶事，开创了一个前所未有的商业市场。仅巴黎在1649年至1653年4年间就出现5到6千种定期出版物（日均4种）。凡有新闻价值的报道会定期选登在年鉴和年刊上。1621年初，荷兰地图出版商彼得·登凯勒出版了第一本英语新闻图书。半年后，伦敦出版商托马斯·阿切尔创办了以新闻报道为主的报纸，人称“科兰特”。17世纪中叶，各大城市和村镇都可以买到称为“格塞特”的小报。这类小报如《巴黎周报》成为欧洲仅次于《圣经》广泛阅读的出版物。

类似，科学家和文学家也开始在欧洲第一批定期出版的学术期刊上发表文章，如巴黎的《学者杂志》、伦敦的《伦敦皇家学会哲学会刊》、德国的《博学学报》。此时期，里程碑式的巨著得以出版并获得广泛称颂。在英格兰国王下令由49名神学家和语言学家完成《圣经》权威版本——1611年“詹姆斯一世钦定本”，成为英语书籍中最有影响力的著作，标志圣公会地位被承认，新教取得了胜利。同时此书传遍整个大英帝国和北美殖民地，供全世界信徒使用。它也是书面英语的巅峰之作，堪称英语书写的最为杰出的文学作品之一。

同时文字压制和审查制度，随印刷术发展而加强。1478年西班牙宗教裁判所成立，限制书面作品，使国家四百年知识进步停顿；1479年科隆教皇、1485年美因兹大主教都下令限制书籍；1500年西班牙烧书；1559年罗马异端裁判所颁布第一版《教廷禁书目录》。1563年法皇颁布法令，不经“许可、授权、特许”，不准出版任何书籍。1564年罗马教皇制定了有关阅读的通用原则，其中许多书被“禁止阅读”。英格兰也采取类似措施，1586年伊丽莎白一世颁布法令，出版需经主教批准并在皇家特许《出版公司》注册。这一限制阅读自由的措施使欧洲经济文化重心北移。经过一个世纪的斗争，法国审查制度才解体。

（6）17世纪后的近现代史时期：17世纪定期出版物品种多、数量大。1696年英国首先废除《出版许可法案》。1702年在伦敦诞生了欧洲最早的日报——《每日新闻》。1709年出台《版权法案》，建立“著作权”准则，版权14年，促进了“书面表达自由”理念。这使英国成为18世纪欧洲出版业的杰出代表。1712到1757年英格兰报纸发行量猛增8倍。1785年《泰晤士报》创刊。1760—1820年间伦敦报纸年销售量从950余万份猛增到3000万份。

欧洲近代史上书写最杰出的代表当推英国学者塞缪尔·约翰逊，他是辞书编纂家、文学评论家、文坛泰斗。出版了两本巨著，十卷本《诗人传》和《英语词典》，成为家庭必备书。约翰逊博士亦是英国最伟大的藏书家和评论家。他认为：真正的阅读应“以学习为目的”，读书目标是书中的知识。他让孩子们“阅读任何自己感兴趣的书，什么书都行，因为能让孩子从书中找到乐趣，就已经成功一半了。今后，他肯定会读到更好的书”。博士讲：“阅读是基石，普遍真理一定要从书中得到，并经受实践的检验。”

19世纪出版业呈现出如下特点：（1）与书商区别开来；（2）从市场引导到完全臣服于市场，为大众服务成为新目标，从而使图书产业崛起；（3）创新较多：袖珍口袋书系列，6先令小说首次亮相，版权制度、作家协会、书商协会与出版商协会使各方权益得到保护；（4）1822年在英格兰用布取代皮革装订书籍，价格大降；（5）书皮登广告，使书籍从高雅艺术品变为日常用品，书籍的真正价值在于其内容；（6）小说抵抗了电视对阅读的冲击，成为世界最畅销的文学类型；（7）20世纪30年代是西方平装书的黄金时代。1935年企鹅出版社推出一套10本的系列平装书，仅6便士，至今仍然是全球最大的平装书公司。

在发达国家，阅读伴随人们一生。人们普遍购买书籍，家家都有一定量藏书，读书品味提高后，大众也阅读经典，如英国风行狄更斯，法国风行雨果。阅读的普及带来作家队伍扩大，妇女的阅读习惯更为广泛、自由，为20世纪妇女解放运动奠定了基础。阅读已经成为西方社会儿童教育不可或缺的组成部分。许多儿童深藏内心、难以磨灭的记忆不是来自生活而是来自书本，这是前所没有的改变。贵族阶级最终接纳了集审美与工具为一体的印刷书本。“阅读有益于头脑，一如运动有益于身体。”最终结果就是一个文明欧洲的诞生。

此时期，检查制度的阴霾一直笼罩着读者和作者。如限制“淫秽猥亵”作品《查泰莱夫人的情人》《北回归线》和政治作品。与之相对，“文明社会认为，真正强大的力量源自个人自由，而其首当其冲的表现形式就是不受审查的自由阅读。”阅读成为进入人类社会的会员证。19世纪中期的发达国家，不识字被社会视为耻辱；而在20世纪末的发达国家，如果没有阅读能力，根本无法在社会中发挥作用。“这证明正是阅读能力及其积极运用，为当代社会巨大变革奠定了基础。”通常当识字率达到或超过50%时，将成为社会巨大变革的摇篮。英格兰在17世纪，法国在18世纪末，而俄国在20世纪早期才达到标准。

有关阅读的另一变革是书籍翻译有增无减。翻译行为古已有之，翻译是书写文字的独特转变。虽然读译作的时候，异国情调和时代特色因似曾相识而变得寡淡无味，但翻译作品因有需求，仍然必须进行并充斥各地，会一直下去。

3. 世界其他地区的阅读文明

唯有那些支持合法“阅读文化”的社会，特别是崇尚和热爱书籍的社会，才能够走向繁荣昌盛。历史上，首先是亚洲的民族之中、朝、日、印、犹太人以及中世纪的阿拉伯人做到了；随后是欧洲、北美；目前还有一些民族正积待建立这样一种文化，如非洲的大部分民族、中南美洲许多民族、太平洋岛国的居民、澳洲土著居民等等。如此一来，通过阅读进行学习成为了一种个人需要，如呼吸一般不可或缺。因为读写能力首先是“一种催化剂，它使人类得以对知识进行大规模组织、批判性积累、存储和提取，人类可以藉此系统化地运用逻辑知识，追求科学、构思艺术”。[①]忽视阅读，最终会丧失在人类种族中的地位。

亚洲人、犹太人和阿拉伯人的阅读是先于欧洲人的。

（1）亚洲：约公元前一世纪末叶，出现大量的宗教读物，如源于多国佛教徒的宗规语言巴利语写成的佛教《巴利大藏经》，内中包括佛祖于前563—483年的

① 费希尔：《阅读的历史》，北京，商务印书馆2009年版，第287页。

教諭，其他文本在中国、朝鲜和日本大量出现，印度教汇编的梵文《吠陀经》也传播出来。

东汉时期（公元25～220年）锦帛成为常见的书写材料。公元105年，宦官蔡伦用破布和天然纤维造纸成功。中国汉代的历史研究和编年记载，远比希腊、犹太和罗马史论更具有可信度、准确性和综合性，中国是拥有世界上最伟大的史料编辑传统的国家，数个世纪后，西方才出现可与之媲美的历史记录。公元8世纪后，造纸技术传到朝鲜、日本和土耳其。

据称，到公元18世纪中期，汉语出版的书籍比其他所有语言出版的书籍的总和还要多。秦统一中国后，一大批文学作品问世，形成了当时世界上最为庞大的阅读群体。阅读汉语过程完全有别于阅读希腊语、希伯来语或拉丁语。公元839年，在五台山发现千卷大藏经印本。现存最早、最完整且注明日期的纸质书卷，是公元868年版的《金刚经》，现藏于大不列颠图书馆。中国、朝鲜、日本、美洲、印度等国家或地区“一旦有了神奇般的书写，就对其进行改造，从而满足本土需要，于是便出现了阅读。”“汉语成了东亚的‘拉丁语’，对所有的文化产生了启迪，其程度远远超过了拉丁语在西方的影响。”[①]

朝鲜和日本起初都阅读汉语，后来本土语与汉语结合，创造了适合自己的书写系统。此时，朝鲜人也从起初的阅读汉语创造出了新型书写系统的朝鲜文字。在阅读史的相当一段时期，西方的阅读文化才得以出现，直到近代才领先并主导着整个世界的阅读。

（2）美洲：哥伦布发现美洲大陆之前，中美洲一度拥有多达15种不同的书写传统。公元前1000年原萨波特克人是中美洲图像符石碑最早的，前700年石碑上面出现了文字。只有依靠石碑才能够了解中美洲早期的萨波特克文明、地峡文明和玛雅文明。玛雅王国是“新世界唯一真正的历史文明，其记录可追溯到公元3世纪”。玛雅文字常见于纪念性浮雕和木牍、玉器、壁画或彩陶之上，乃至后来的纸质抄本，堪称美洲文明的精髓。它起源于公元前200年到公元50年间，阅读对象是神灵，而非人类。虽然那时主动阅读的玛雅人不可能很多，但影响了不少被动阅读的人。玛雅人的阅读方式是在重要的公共碑文前的放声诵读，虽然当地人知其意，但有读写之名，却无读写之实，阅读还是一种边缘文化。随着后来西班牙的殖民入侵，从16世纪起，中美洲和南美洲的阅读史便成了欧洲阅读史的一部分。

①费希尔：《阅读的历史》，北京，商务印书馆2009年版，第93页。

五、电子阅读

1. 电子阅读、数字阅读和网络阅读

电子书，即Electroc Booc，简称E书，它是利用现代信息技术创造的全新的出版方式，将传统的书籍出版发行方式以数字化形式通过计算机网络实现。通过电子方式、数字化形式和互联网方式进行的阅读，即称为电子阅读、数字阅读和网络阅读。

“个人电脑正迅速成为这一理念在个体层面的延伸。……网络为全世界志同道合的读者建立起一个共同的家园。我们可以被铺天盖地的信息所淹没，但只要与网友‘连线’中一起，就不再感到形单影只。整个世界就是我们的书店。”①

2. 电子阅读的优缺点

与传统纸质阅读相比，电子阅读存在许多优势：第一，便利性。人们的生活节奏越来越快，能拥有整块的阅读时间逐渐成为一种奢望。而电子书、平板电脑、手机等移动电子设备阅读方便、经济，让人们随时随地可以利用碎片化的时间进行阅读。第二，多样性。网络阅读改变了单一的文字或静态的图像的表现形式，能够对文字、图片、影像、声音等信息形态进行有机的合成，实现文本、数据、声音，以及各种图像在数字化环境中的一体化传播。网络读物可以提供读、看、听三方面的内容，阅读视野更加开阔，也更直观、更逼真，大大提高了阅读的趣味性。第三，互动性。读者可以把读书的感悟在互联网进行传播，不论是与熟人还是陌生人都可以发生思想的碰撞与互动，从而实现交流与沟通。第四，及时性。随着互联网的日益普及，以及新媒体的诞生，人们越来越看重信息的时效性。电子阅读具有纸质阅读无可比拟的传播速度，因而更加适应现代生活。等等。

不过，电子阅读确实也存在一定的问题：第一，为碎片化阅读提供了便利，却也剥夺了人们思考的时间与空间，导致阅读浅薄化，久之，读者的思辨能力将被削弱。第二，网络上充斥着大量虚假信息，甚至低级趣味、色情、暴力等内容，使青少年易受误导，甚至不能自拔，误入歧途。第三，电子阅读在方便快捷的同时，也会造成知识产权保护难度加大。第四，网络是一种新兴的载体，需要

① 费希尔：《阅读的历史》，北京，商务印书馆2009年版，第284页。

借助诸如网络、计算机、智能手机等一些硬件设备的支持，无法像书本那样随时随地阅读，且阅读环境容易受到污染。

3. 电子阅读简史

各种新发明都在塑造阅读的未来。首先，出版物不再仅仅意味着印刷品：缩微胶卷和缩微平片、激光影碟、视频光盘、只读光盘、网际文本（可存储在互联网上）等，书面文字正在淹没我们所拥有的这个世界，并与之水乳交融。

1971年，美国MichaelS.Hart先生最先提出并创造了“电子图书”这一术语。世界上第一本电子书就是美国的《独立宣言》。而1971年，也是第一封电子邮件诞生的时间。从1971年到2011年，表面上看电子书经历了40个春秋，实际上它的突飞猛进还是在最近10年。特别是从2000年掌上Pad普及以来，才使得电子阅读成为广大用户的基本需求。在八九十年代，互联网还没有爆发，少数商家试图用软盘和光盘的形式传播电子书，但效果有限。2007年亚马逊在美国推出第一款阅读器，并开放了电子书商店，超9万部图书上架，其中有不少畅销书，颇受好评。2010年，汉王科技在中国推出中文电子阅读器。

试想，现在不管是在办公室还是在家庭，办公、写东西、交流信息等都在电脑上，曾几何时，许多人甚至都忘记了拿笔写字。此情此景足以让我们的父辈目瞪口呆。

自活字印刷术问世，拼音文字获得了巨大的优势，技术与文字此次完美的联姻最终改变了整个世界。而个人计算机以拉丁字母为基石构建了整个电子社会，并同时编织着每一个人的未来。随着互联网的诞生，阅读已成为全球信息交流的生命线。

“阅读是一种累积能力，呈几何级数递增。每一阶段都以此前的阅读为基础，进而为后来的阅读拓宽道路。博览群书、善用所学、掌握书面文字从而驾驭语言、文化，往往受到社会的礼遇，这是亘古不变的道理。事实上，阅读只有一种‘归宿’，那就是知识。”[1]其实，仔细想想，不只知识，还包括道德、情操等有关人类修养的各个方面，不以这一切为归宿的信息，就如同海边的沙子一样无用。

---

①费希尔:《阅读的历史》，北京，商务印书馆2009年版，第316页。

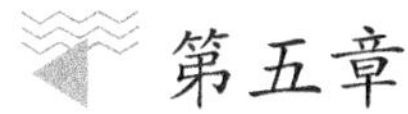

第五章

阅读精神和阅读文化

一、中国古人的阅读精神

1. 凿壁偷光：西汉农家孩子匡衡凿穿墙壁引邻舍之烛光读书。《西京杂记》卷二："匡衡字稚圭，勤学而无烛，邻舍有烛而不逮。衡乃穿壁引其光，以书映光而读之。"

2. 悬梁刺骨：《太平御览》卷三六三引《汉书》：孙敬到洛阳太学求学，每天从早到晚读书，常常废寝忘食。时间久了，也会疲倦得直打瞌睡，他便找了一根绳子，一头绑在房梁上，一头束在头发上，当他读书打盹时，头一低，绳子就会扯住头发，弄疼头皮，人自然也就不瞌睡了，好再继续读书学习。从此，每天晚上读书时，他都用这种办法。

刺骨,《国策·秦策一》载："（苏秦）读书欲睡，引锥自刺其股，血流至足。"

3. 铁杵磨针：唐朝大诗人李白，小时候不喜欢读书。一天，乘老师不在屋，悄悄溜出门去玩儿。他来到山下小河边，见一位老婆婆，在石头上磨一根铁杵。李白很纳闷，上前问："老婆婆，您磨铁杵做什么？"老婆婆说："我在磨针。"李白吃惊地问："哎呀！铁杵这么粗大，怎么能磨成针呢？"老婆婆笑呵呵地说："只要天天磨铁杵总能越磨越细，还怕磨不成针吗？"聪明的李白听后，想到自己，心中惭愧，转身跑回了书屋。从此，他牢记"只要功夫深，铁杵磨成针"的道理，发奋读书。

4. 手不释卷：《三国志·吴书·吕蒙传》讲，三国时期吴国大将吕蒙没有文化知识，孙权鼓励他学习史书与兵法。吕蒙总是推说军队事多没有时间学习，孙权列举自己及前人的例子，如"光武当兵马之务，手不释卷，孟德亦谓老而好学。”吕蒙深受感动，从此发奋学习，书不离手，手不释卷，学问提高很快。

5. 牛角挂书：李密在隋炀帝宫里当差，炀帝觉得这少年天性太活跃，怕他在宫里惹事，就将他赶出宫去。于是李密回家放牛，不甘心就此潦倒一生，一边放牛一边发奋读书。一天李密听说缑（gōu）山住着一个叫包恺的饱学之士，就骑上一头牛前去求教，牛背上铺着用薄草编的垫子，牛角上挂着一部《汉书》，李密一边赶路一边读《汉书》。

6. 韦编三绝：孔子喜欢读《易》，读《易》的时候多次翻断了编联竹简的牛皮带。

7. 映雪囊萤：晋朝时候，有一个人名叫孙康，非常好学。他家里很穷买不起灯油，夜晚不能读书，他就想尽办法刻苦地学习。冬天夜里，他常常不顾天寒地冻，在户外借着白雪的光亮读书。当时还有一个人，名叫车胤，也和孙康一样，没有钱买灯油。夏天夜晚，他就捉了许多萤火虫，盛在纱袋里，用萤光照亮，夜以继日地学习。

8. 读书三境界：人称读书有三境界：第一境界是“昨夜西风凋碧树，独上高楼，望尽天涯路”，即：寒窗苦读；第二境界是“衣带渐宽终不悔，为伊消得人憔悴”，即：冥思苦想；第三境界是“众里寻他千百度，回首蓦见，那人正在灯火阑珊处”，即：豁然开朗。这是求知的三阶段，其实也是感悟人生的三阶段。那么，你呢？是正在“独上高楼”呢，还是正“为伊消得人憔悴”？抑或，正“回首蓦见”？

二、有关阅读的中国古诗

1.〔唐〕颜真卿《劝学》：“三更灯火五更鸡，正是男儿读书时。黑发不知勤学早，白首方悔读书迟。”

2.〔唐〕王贞白《白鹿洞诗》：“读书不觉春已深，一寸光阴一寸金。不是道人来引笑，周情孔思正追寻。”

3.〔唐〕杜荀鹤《闲居书事》：“何事居穷道不穷，乱时还与静时同。家山虽在干戈地，弟侄常修礼乐风。窗竹影摇书案上，野泉声入砚池中。少年辛苦终事成，莫向光明惰寸功。”

4.〔宋〕苏轼《宋安淳秀才失解西归》：“旧书不厌百回读，熟读深思子自知。他年名宦恐不免，如今栖迟那可追。我昔家居断还往，著书不复窥园葵。朅来东游慕人爵，弃去旧学従儿嬉。狂谋谬算百不遂，惟有霜鬓来如期。故山松柏皆手种，行且拱矣归何时。万事早知皆有命，十年浪走宁非痴。与君未可较得失，临别惟有长嗟咨。”

5.〔宋〕苏轼《和董传留别》：“粗缯大布裹生涯，腹有诗书气自华。厌伴老儒烹瓠叶，强随举子踏槐花。囊空不办寻春马，眼乱行看择婿车。得意犹堪夸世俗，诏黄新湿字如鸦。”

6.〔宋〕陆游《冬夜读书示子聿》：“古来学问无遗力，少壮功夫老始成。纸上得来终觉浅，绝知此事要躬行。”

7.〔宋〕朱熹《观书有感》：“半亩方塘一鉴开，天光云影共徘徊，问渠哪得清如许，为有源头活水来。”

8.〔宋〕陆九渊《读书》：“读书切戒在慌忙，涵泳工夫兴味长。未晓不妨权放过，切身须要急思量。”

9.〔明〕于谦《观书》：“书卷多情似故人，晨昏忧乐每相亲。眼前直下三千字，胸次全无一点尘。活水源流随处满，东风花柳逐时新。金鞍玉勒寻芳客，未信我庐别有春。”

10.〔清〕萧抡谓《读书有所见作》：“人心如良苗，得养乃兹长；苗以泉水灌，心以理义养。一日不读书，胸臆无佳想。一月不读书，耳目失清爽。”

11.〔清〕法式善《读书》：“读书如树木，不可求骤长。植诸空山中，日来而月往，露叶既畅茂，烟条渐苍莽。此理木不知，木乃遂其养。我读古人书，辄作古人想。掩卷了无得，心中时怏怏。忽然古明月，照见天怀朗。前境所造非，后境改观倘。困顿老奇材，大匠斧斤赏。”

三、中国阅读文化和人物

1. 为绵延五千年的中华文明而骄傲

《谁杀了岳飞》是一部历史文化随笔，作者冯八飞先生系对外经贸大学外语学院德语教授、柏林洪堡大学语言与语言学系博导。关于四大文明古国古今变化情况书中写道：

“古印度并非今印度，古埃及也并非今埃及。至于古巴比伦，今已不存。

所有古文明都已灭绝。古巴比伦公元前729年灭于亚述帝国；古埃及公元前343年灭于波斯帝国；古印度公元前2000年灭于雅利安蛮族，古印度人沦为第四种姓，即贱民。

它们灭绝至今均已超过2000年，所以在史书上，它们前面都要加一个‘古’字。

中国文明公元前2800年发源于黄河岸边。四大古文明中唯一从未灭绝的文明。所以，史书上并无‘古中国文明’。它从来都叫‘中国文明’。”

四段文字清楚的概括了四大文明古国，冯八飞先生斩钉截铁地得出了结论：中国是唯一没有中断过的古文明。为什么中华文明从未断绝，根本原因是什么呢？是因为中华疆土特别辽阔，是因为中国军队特别骁勇，是因为中国有坚固的万里长城？这一切的一切，都不是，而是因为中国文化，中国拥有历史悠久、厚重且博大精深的**中华文化**。

中国文化，是充满尊严的顽强，是面对侵略者沾满鲜血的屠刀，心中充满必胜的信念：你们虽统治我们的国土，但我们将统治你们的灵魂！复旦大学教授、日内瓦亚洲研究中心高级研究员、走访过100多个国家的张维为教授，将我国比喻为“百国之和”，就是成百上千个国家慢慢整合起来的。他甚至有这么一个观察，我们内地三座典型城市的人群，上海人、北京人、广州人，他们的思维方式和生活方式的差别恐怕要大于典型的英国人、德国人、法国人。但是我们在一个文明底下生活了千年之久，这种差异变成了一种精彩，大家可以就互相的差异开玩笑。

见过所有的风雨，走过所有的逆境，挺过所有的失败，不止一次地从血海覆灭中浴火重生，这样的国家，才是真正伟大的国家。数千年的中国历史证明，中国确实是一个伟大国家。她的伟大甚至根本不需要我们这些不肖子孙来承认。

历史书上写着，强大并不自动等于伟大。美国教授说：“伟大国家，是那些经历过历史最低潮，甚至亡国，却总能够依靠自己重新站起来的国家。”

伟大，是博大精深到无法从地球上抹去的文化，是亡国灭族都无法让它中断的文化，是抽去它世界历史就得完全重写的文化，是连征服者也不得不心服口服且虔诚皈依的文化。什么才能够称得上真正的征服？那必须征服根置于那个国家的文化。文化是“无剑之剑”。纵观人类文明史，其实只有一柄无剑之剑——文化。

四大文明古国，只有中国，只有中华文明，像金字塔和万里长城一样，数千年仍然屹立在地球上。这个文明的主要源头之一，就是中华典籍，那浩如烟海的书籍。让我们为中华文明生生不息、百折不回的气魄而自豪，为绵延五千年的中华文明而骄傲！

2. 千年不衰的钱氏家族（附：《钱氏家训》）

（1）钱氏始祖——钱镠：《百家姓》源于宋朝，首句是“赵钱孙李”，这个座次俨然是当时的四大家族。我们都知道，宋朝是赵家天下，赵氏在《百家姓》排第一很好理解，但是钱氏为什么能够排第二呢？这得从钱氏始祖钱镠说起。钱镠生在唐朝末年，在群雄割据的时代，依靠战功，获得中央信任。他拥兵东南，却未恃宠骄傲，而是告诫子孙“永不称帝”。公元902年，唐朝中央册封钱镠为越王。5年后，朱温篡夺皇位，改国号为梁，并册封钱镠为吴越王。这时，手下部将纷纷建议钱镠拒绝封号，出兵讨伐朱温。钱镠拒绝出兵，在部将面前折箭为誓，保证世代归顺中原，不搞分裂，让百姓免受战乱之苦。整个五代十国时期，钱镠和他的后继者，没有参与各种以领土扩张为目的的战争，而是以“保境安民，发展农商”为基本国策，在中国最动乱的历史阶段中创造了一个奇迹——中原地区群雄纷争，百姓处于水深火热之中；吴越国却迎来了最好的和平发展时期，人民安居乐业。当时，吴越国拥有天下三分之二的财富。以此为起点，长三角地区崛起为中国近千年来最富裕的地区，影响迄今。

公元932年，钱镠临终前，告诫儿子钱元瓘[guàn]说，钱氏子孙要好好守住吴越，忠心侍奉中原王朝，即便是改朝换代，也不能失礼。不仅如此，钱镠生前常说：“民为社稷之本。民为贵，社稷次之，免动干戈即所以爱民也。”他屡次教诫子孙，要度德量力而识时务。这样，吴越国历经三代五王，到钱镠之孙钱弘俶[chù]在位时，大宋统一天下的趋势已经很明显。钱弘俶审时度势，遵从祖训，以天下苍生为念，决定纳土归宋。江南繁盛千年，是由钱镠祖孙三代打下的基础。公元978年，钱弘俶自绑双手入京，将所辖土地、民众悉数献给大宋。大宋不费一兵一卒，就把吴越国纳入版图，实现统一。对此，苏轼曾高度评价钱氏家族治理吴越国的成绩，说“其民至于老死，不识兵革，四时嬉游，歌鼓之声相闻，至今不废，其有德于斯民甚厚”。钱弘俶自愿纳土归宋，也为钱氏家族在宋代赢得了相当的“政治待遇”。钱氏名列百家姓第二，就是这种待遇的具

体表现。

（2）文化世家：历史车轮滚滚，中国多少皇室贵胄早已零落成泥碾作尘，而以钱镠为始祖的吴越钱氏家族，却能跨越千年，长盛不衰；尤其是在近现代，一下子涌现出一大批超一流的人才，成为中国最耀眼的家族之一。这是什么道理呢？历史学家熊月之有一个观点，他说：中国传统的改朝换代，以颠覆性的、非延续性的方式，直接把原来的朝代推翻；因此，皇室集团的人往往成为被铲除的对象，其家族积累的资源一般就此中断，无以为继。钱氏家族是鲜有的例外。据统计，整个宋代钱氏家族中，有320多人中进士。这些钱氏精英虽然在政治上未曾扮演过轰轰烈烈的角色，但他们在学术、文化、医学等领域成果斐然，出现了钱藻、钱惟演等一批名家。从宋代起，钱氏家族借助五代十国时期地方第一家族的积累，实现了从政治家族向文化家族的成功转型。北宋中后期以后，人们膜拜钱氏家族，已经不是因为其当初纳土归宋的义举，而是因为这个家族人才辈出，崛起成为一个显赫的文化世家。

钱氏后人并不以曾经的显贵身份为豪，反而更加注重家族中文采风流的传承。这种文化内核，像血液一样被传承、积淀、浸染，泽被后世。近代以后，钱氏家族迎来人才大爆炸时代。这个绵延千年的家族，进入前所未有的人才收获期。特别是在科技和文史两个领域，钱氏家族的人才之盛，放眼全国，几乎没有一个家族能出其右。以“科技三钱”为代表：“中国航天之父”“中国导弹之父”钱学森，出自杭州钱氏；“中国原子弹之父”钱三强，出自湖州钱氏；“中国近代力学之父”钱伟长，出自无锡钱氏。2008年诺贝尔化学奖得主钱永健，祖籍杭州，是钱学森的堂侄。因为家里有一群工程师，钱永健自称为“分子工程师”。对于自己的职业，他说：“我注定了要继承家族的血统，似乎生来就要做这样的工作，走这样的道路。”此外，钱氏被认为是出院士最多的家族。在文史领域，钱氏家族则走出了钱玄同、钱穆、钱基博、钱钟书、钱仲联等大师级人物。民间流传一句话，高度概括了近代以来江南钱氏家族人才井喷的情况：一诺奖，二外交家，三科学家，四国学大师，五全国政协副主席，六两院院士。据称，当代国内外科学院院士以上的钱氏名人有100多位，分布在50多个国家和地区。仅无锡钱家就出了10位院士：台湾“中研院”院士钱穆，中科院院士钱伟长（钱穆侄子）、钱钟韩（钱钟书堂弟）、钱临照、钱令希、钱逸泰以及江阴钱保功，中国工程院院士钱易（钱穆长女）、钱鸣高，中科院学部委员钱俊瑞。更令人惊奇的是，钱氏家族走出了很多“父子档”精英，比如钱基博、钱钟书父子，钱玄同、钱三强父子，钱穆、钱逊、钱易父子（女），钱均夫、钱学森父子，钱学榘、钱永健父子等等。小家庭内部的人才承续如此自然，人才密度如此之高，某种程度上证明了钱氏这个大家族长盛不衰，除了时代与区域的因素，肯定还有更深层的原因,《钱氏家训》就是原因之一。

（3）钱氏家训：钱镠在位时，曾作八训，用于教诲子孙后代，后来进一步发展为遗训，作为钱氏子孙立身处世的准则，并且严令子孙必须恪守，不得违背：“子孙不忠不孝，不仁不义，便是坏我家风，须当鸣鼓而攻。”千百年来，钱镠家训成为钱氏子孙后代行动的准绳。钱氏家族千年不散、人才辈出的文化密码，就藏在一部《钱氏家训》里面。

家训，落实了才叫家风，写在纸上、停在嘴上，只能叫“家封”，封起来落灰尘而已。钱氏家训仅600多字，分为个人、家庭、社会、国家4节。例如：“利在一身勿谋也，利在天下者必谋之。”这句话出自钱氏家训的国家篇，很明显，这是教导家族之人要做一个对国家社会有用的人。当初钱镠遏制住自己及后继者称帝的欲望，其实就是不谋一己之利、只谋天下之利的具体实践。到钱弘俶主动纳土归宋，亦是出于同样考虑：一个人、一个家族的名位，与天下百姓的安危相比，孰轻孰重，不言自明。

近代以后，仍能看到钱氏族人将这条家训贯彻得十分到位。“科技三钱”的爱国举动，就是最好的注脚。钱三强和妻子何泽慧，1946年在法国结婚后，一起研究原子核裂变。他们发表的论文在国际科学界引起巨大轰动，当时很多媒体称他们是“中国的居里夫妇”。然而，当所有人都认定钱三强夫妇将会留在欧洲搞研究，向诺贝尔奖冲击的时候，他们却毅然回国。钱三强后来解释了他们回国的动因，令人动容。他说：回到贫穷落后、战火纷飞的中国，恐怕很难在科学实验上有所作为。不过，我们更加清楚的是：虽然科学没有国界，科学家却是有祖国的。正因为祖国贫穷落后，才更需要科学工作者努力去改变她的面貌。1948年6月，钱三强夫妇带着尚在襁褓中的儿女，回到阔别11年的祖国。同样的选择，几年后在美国人喻为“抵得上五个师”的钱学森身上重演。当他决定回国而遭到美国软禁和威胁时，时时以“我是中国人，当然忠于中国人民”表明心迹，历经艰险，义无反顾，终于回到了祖国。

“子孙虽愚，诗书须读。”这条家训表明钱氏家族重教育的传统，是历代钱氏族人英才辈出的重要原因和保障。当被问到“钱家为什么能出这么多名人”时，钱伟长曾半开玩笑地回答说：“我们钱家人喜欢读书……”钱家最出人才的领域是文史、科技，这得益于钱家的家学渊源，使得家庭教育在每个人成才的过程中起到了无可替代的作用。国学大师钱基博曾自述，他5岁就跟着长兄钱基成读书，9岁时，已学完《四书》《易经》《尚书》《周礼》《礼记》《春秋左氏传》等经典，而且都能背诵。10岁起，跟着伯父学策论，熟读《史记》、唐宋八大家文选。13岁起，读司马光《资治通鉴》《续通鉴》。钱氏家族的成功，正是源于代代有读书种子！所以不仅要看到家族的厉害，还要看到厉害背后的传统家风的支撑。

3. 范钦与天一阁

明代大藏书家范钦（公元1506—1585年）是一位中国传统的读书人，他就是亚洲现存最古老的藏书楼——天一阁的创始人。

范钦是个罕见的“妙人”，其妙在于勤奋好学、年少才高，年仅23岁便中了进士；更在于宦游四海、聚书刻书，早早就开启了终其一生难以割舍的书缘。

范钦还是个难得的“痴人”，其“痴”在于出仕为官时的不畏权贵、刚正不阿，更在于致仕回乡后的醉心诗书、搜罗珍椠。达则兼济天下，退则筑阁藏书。范钦在宁波月湖畔建起了一幢二层小楼来贮藏他心头的珍宝。

清苦的中国读书人到底能藏多少书？“君子之泽，五世而斩”，功名资产、良田巍楼尚且如此，更遑论区区几箱藏书？但是范钦他做到了，他为自己建造的精神家园被子孙后代守护并传承了十三代，在450多年后的今天成为了天下读书人心中的圣地。

那么，范钦又是如何读书的？这里有一段范钦的后辈同乡关于他读书的记载："司马公于书无所不畜，虽晚暮，好学弥笃，常诵读至夜分，声唠唠振林末，惊其四邻人。"试想，一个垂暮老人，日日夜里朗声诵读，富有节奏感的读书声连街坊四邻都能听闻。而且范钦阅读广泛，各种品类的书籍兼收并蓄，今日朗读阳春白雪的传世经典，明日念诵街论巷议的词曲小品，就像一部定时定点的广播电台，为邻居们播放"夜读栏目"。文中还描写了范钦的读书习惯："每受简，则收思宁神，终日始舍一辞，揆名责实、考之参伍。"范老先生只要打开一本书，就会全身心投入，认真品读辞藻，剖析其意味，若有不懂之处则会据实考证，从不敷衍而过。范司马读书之专注细致着实令人敬佩。

烟波四面玲珑阁，悠悠书香沁人心。天一阁所传承给世人的不仅是这一楼藏书，还是薪火相传、世代坚守的藏书精神，更是范钦诗书传家、耕读继世的读书态度和对书籍的热爱之心。如今的我们，倘若能像前辈一样怀着满腔热忱、敬畏和严谨去翻开捧在手中的每一本书，那么450多年前的书声依旧琅琅在耳，芸草书香氤氲在鼻，藏读精神感怀在心。

四、外国阅读文化和人物

1. 亚历山大大帝、亚历山大图书馆和亚历山大学派

（1）创立世界上第一个横跨欧、亚、非的大帝国：到埃及旅游，除金字塔，还有“一帝一城一馆”——亚历山大大帝、亚历山大城和亚历山大图书馆，给人们极大的震撼。通过阅读有关资料，则会对“一帝一城一馆”有更深入的了解：将这三者联系在一起的，不仅是名字，还有更深层次的原因和含义，那是一个大的概念——文化，是文化的魅力、威力和永恒的力量，才能使三者彪柄史册。这是旅游与阅读相结合给予的丰厚赠礼。

亚历山大大帝，古希腊北部马其顿国王。公元前356年生，20岁继承王位，公元前323年，在巴比伦病逝，去世时不满33岁。大帝首先是一位伟大的统帅，天才的军事家，他以战无不胜的气概，横扫欧、亚、非三洲。他似乎是为战争而生，18岁随父出征，20岁成为统帅。作为战士，他智勇双全，他的志向显然是做一名不受时空限制的最伟大的勇士；作为将军，他无与伦比，在11年的征战中，从未打过一次败仗。欧洲历史上有四位最杰出的军事统帅——亚历山大、恺撒、汉尼拔和拿破仑，但若真正相比起来，后三位无疑是相形见绌的。在身居马其顿王位的13年中，以其雄才伟略、勇敢善战，在东征西讨后建立了一个西起古希腊，东到印度恒河，南临埃及尼罗河第一瀑布，北至多瑙河与黑海的以巴比伦为首都的疆域辽阔的国家——世界上第一个横跨欧、亚、非三洲的大帝国！

更难能可贵和难以置信的是亚历山大大帝还是一位好学的文化人。他小时候，酷爱读书，受荷马史诗《伊利亚特》中阿喀琉斯和赫拉克勒斯两位著名英雄人物的影响很深，始终不渝。在征服世界的11年转战中，他随身携带《伊里亚特》。成长中的亚历山大，师从古希腊著名学者、古代世界最伟大的哲学家和科学家——亚里士多德，极大地增长了他的科学、哲学和文化知识，培养了他对文化的尊敬和认同。

（2）开辟全球的希腊化时代：从长远的观点看，亚历山大大帝的最大影响不在历史上转瞬即逝的庞大帝国，而是在文化，在恒久的文化传播。亚历山大大帝

在帝国扩张过程中及其死后不久，广泛传播希腊文明。希腊文化迅速传入伊朗、美索不达米亚、叙利亚等中东地区和埃及，进而传播到印度和中亚地区。亚历山大大帝及其继承人都热心于奖掖希腊文明，整个亚历山大帝国继承和延续了希腊文化，帝国到处都分布着希腊式的庙宇、希腊式的剧院、希腊的商业以及希腊式的城市，希腊语成为了通用语，人们欣赏的是希腊式的文学与艺术。

在希腊文化传播的同时，东方的宗教思想也传入了希腊世界，与希腊文化相结合，使其不断吸收新鲜血液，逐步在发生着变化。这种与东方文化相结合的希腊文化，形成了一种以希腊文化为基础的新文化，后世称其为“希腊化文化”。东西方融合正是希腊化文化区别于纯希腊文化的根本点。在这里，文化不是某个种族的而是国际性的，希腊人、波斯人、犹太人、阿拉伯人、此后还有罗马人，纷至沓来。文化不仅在某个种族内部被保存下来，而且还在种族之间得到广泛的认同。希腊被罗马占领后，希腊化文化不仅没有衰败，正如满族占领中原后其民族文化融入基础雄厚的中华文明一样，希腊化文化的优势也“俘虏了她的凶猛征服者”，最终对罗马产生了影响，造就了罗马文化。罗马征服者不仅没有践踏希腊化文化，而是“罗马确保了作为西方遗产的希腊遗产”。[①]

历史上将亚历山大征服希腊各城邦和北非、西亚、中亚，建立的亚历山大帝国，包括他去世后其部将建立的三个王朝存在的时期，称为“希腊化时期”，即公元前334年亚历山大继位至公元前30年罗马征服希腊的300年。这一时期又称“泛希腊时期”，希腊化可以说是古代地中海世界的“全球化”时代。是啊，亚历山大大帝为人类历史开辟了一个新时代——希腊化时代。古希腊之后的西方历史大体是这样划分的：古希腊时期、希腊化时期、罗马时期、中世纪时期、文艺复兴时期和近现代史时期。一位年轻帝王，能够为世界开辟一个新的历史时期，此种对全人类的丰功伟绩，亘古能有几人？

历史上为什么将希腊文化和希腊化文化视为“西方遗产”呢，人们为什么这样看重希腊文明？原因在于，人类世界有东西方两大文明，东方文明之根是中华文化，西方文明之根就是希腊文化。古埃及文明、古巴比伦文明、古希伯来文明等，虽然较希腊文明早，但在历史的长河中，它们共同形成了古希腊文明。古希腊文明一直在影响着西方世界，甚至于全世界。如苏格拉底、柏拉图和亚里士多

①卡特里奇：《剑桥插图古希腊史》，济南，山东画报出版社2005年版，第328页。

德三位师生关系的大哲学家——“古希腊三杰”，是全部西方哲学乃至整个西方文化最伟大的奠基者；公元前776年起源于希腊的奥林匹克运动会，今天成为了全世界的奥林匹克盛会；被西方尊为“医学之父”的古希腊名医希波克拉底的誓言，至今影响着全世界医学界和医院；用希腊文写成的《新约全书》是最普及的希腊文化遗产；非希腊人采用希腊文化形式建设剧场和体育场，以古希腊神话、《荷马史诗》《伊索寓言》、古希腊悲喜剧为代表的古希腊文学，以及古希腊科学、艺术和建筑，早已传遍西方世界。与萧伯纳齐名的英国剧作家奥斯卡·王尔德讲：“实际上，我们现在生活中的一切都受惠于希腊人，而所有不合时宜的东西都应归咎于中世纪。”①

（3）影响后继者创建了“一城一馆”：文化的发展必须要有基地。亚历山大在其征战期间，建立了包括阿富汗的赫拉特和坎大哈等在内的二十多座城市，其中最著名的是公元前332年所建的埃及的亚历山大城，又称为亚历山大里亚。亚历山大死后，托勒密将军——埃及国王，把他葬于此城，并建造了一座富丽堂皇的陵墓。在长达近千年的历史岁月中，亚历山大城一直是埃及的首都。在亚历山大大帝建立地跨欧、亚、非的大帝国之后，亚历山大城一跃而成为当时世界最大的都市和著名港口，成为了“通向全世界的十字路口”，成为了大帝国的政治和文化中心，成为了希腊化文化赖以发展的基地。

著名的《剑桥插图古希腊史》认为，亚历山大大帝最伟大的功绩在于他留给人类两大文化遗产：第一，“希腊化是亚历山大留给后人的恒久遗产”；第二，“亚历山大的另外一件重要的、也是间接的遗产，是保存了公元前4世纪以及在此之前的希腊文献，……这件事的实现，有赖于托勒密一世建立的亚历山大里亚图书馆。”②

而最能代表这一时期科学和文化高度发达的就是当时的世界学术中心——古亚历山大图书馆。托勒密国王雄伟设想，把人类的全部知识都集中在这里，实现“世界知识总汇”，因此他在亚历山大城建设了古代世界最大的学术中心——古亚历山大图书馆。图书馆被誉为“人类文明世界的太阳”，实质上是创立了世界上第一所无所不包的大学。托勒密国王邀请和集中各类最杰出的学者，有数学家、天文学家、医学家、哲学家、工程师、诗人、地理学家、历史学家、音乐家、批评家等在图书馆从事研究。请他们住在亚历山大里亚，付给他们可观的用费，不

①卡特里奇：《剑桥插图古希腊史》，济南，山东画报出版社2005年版，第01页。

②同上，第77页。

要求有什么回报，只要他们好好地利用图书馆的财富。当时有72位学者将《圣经》翻译成希腊文版本，至今仍然称为“七十子译本”。因此，古亚历山大图书馆作为当时的世界学术中心，代表了这一时期高度发达的科学和文化水平。

（4）形成了亚历山大学派：所谓“希腊化”，最根本的是文化。希腊化文明首先继承和发扬了希腊文明，希腊化世界的官方语言是希腊语，希腊文明中的科学成就得到了继承与光大。在此基础上，亚历山大大帝也许是受其恩师亚里士多德的启发，积极支持科学事业，他本人曾给科学研究以财政支持。亚历山大城是当时世界的科学研究中心，希腊化文明之伟大主要还体现在这一方面——科学，包括自然科学和人文科学。当时哲学、物理学、数学、天文学、地理学、医学和文学、历史学、艺术等诸多领域都取得了前所未有的成就。

哲学上产生了理性主义的伊壁鸠鲁学派和斯多葛学派；物理学和数学出现了两位名人——阿基米德和“几何学之父”欧几里得；天文学产生了两颗耀眼的巨星，即“地心说”的集大成者托勒密和西方最早提出日心说理论、享有“希腊化时代哥白尼”之美誉的阿利斯塔斯；地理学之父埃拉托色尼是第一个创用“地理学”词汇、仅次于亚里士多德的百科全书式的学者；在这个时代，医学上的进步是所有学科中最大的，赫罗菲鲁斯是第一个进行人体解剖的医生，瓦拉西斯拉图创立了生理学，盖仑则首次提出了一整套医学学说，是仅次于古希腊希波克拉底的第二个医学权威；文学方面有诗人卡利马科斯、埃拉托斯特尼和忒奥克里托斯，戏剧家代表米甫德和同他并称的“七星”；被誉为“历史学家中的历史学家”波里比阿，其著作《历史》已经形成了一套完整的史学理论和史学方法，树立了西方史学的第一个典范；这一时期艺术的主要成就是雕刻，拉奥孔大理石群雕，高约184厘米，是希腊化时期的雕塑名作。在上述这些伟大的发展和创新的基础上，形成了世界学术史上极为重要的“亚历山大学派”，科学的发展攀登到了古代的顶峰。可见，希腊化时代对人类的科学与文化发展做出了多么杰出的贡献。

亚历山大城取代了雅典成为世界历史上“希腊化世界”的领袖城市，成为了一个伟大的文化中心，一座名符其实的“文化之都”。亚历山大大帝开创的新文化——希腊化文化，不仅保护和传承了希腊文明，而且光大发扬了希腊文明，创建了希腊化文明，促进了罗马文明。这对全世界来讲，是各民族文化，特别是东西方文明第一次大规模的交流、融合和发展。文化，这才是亚历山大大帝真正影响世界和名垂青史的所在，应该称他为“文化亚历山大大帝”。这位叱咤风云的年轻帝王，完全可以称他为“千古一帝”。

“一帝一城一馆”这些都是外在现象，真正起作用的是文化。叱咤风云的帝王需要有文化头脑，雄伟壮阔的城市需要有文化内涵，生活奋斗的人需要有文化底蕴。在亚历山大城海底，发现了2000多年前克娄巴特拉女王宫殿的石碑，上面刻有“永恒的生命”，这五个字正是文化的象征，精神永在，文化永恒。

2. 怀德纳图书馆的故事

有一位中国学者讲，他去美国的目的是去哈佛，到了哈佛就必亲临堪称世界大学图书馆之最的怀德纳图书馆。

怀德纳图书馆是哈佛大学图书馆100多个分馆之一，是哈佛最大的社会科学和人文科学研究图书馆，收藏国内外历史、经济、语言、文学等文献，仅图书就有345万册，整个图书馆共藏书600多万册件。怀德纳图书馆拥有的经典藏书、墙壁上悬挂的名画名言、宽大舒适的书桌沙发、彻夜通明的灯光……让每一个踏进图书馆大门的人，崇敬之意油然而生：我踏进了天堂的大门。

怀德纳图书馆的背后有一个关于孝子、人书情、母校恩、社会大义的感人肺腑的故事。这个故事同泰坦尼克号有关。1912年，当时世界上最豪华的皇家游轮——泰坦尼克号，在送行的喧天鼓乐声中，满载着淑女绅士们，一声声鸣笛开始了它名闻世界的处女之航。富豪之子、视书如命的哈立·爱德金·怀德纳，带着他从伦敦大大小小书店淘来的一箱箱珍贵书籍，也踏上了泰坦尼克号。望着辉煌的战绩，他满意地笑了，对前来送行的友人们打趣道：即便遇难，我的宝贝们也永远与我朝夕相伴。没想到，竟一语成谶。

在巨大冰山的撞击下，泰坦尼克号沉没了。在即将沉入冰海中的那一瞬间，年仅27岁的怀德纳，把生的希望让给了老母亲，他帮助母亲上了救生艇，而他自己却永远葬身大海。

痛失爱子的怀德纳母亲，在别人忙着建墓立碑悼念亲人的时候，她却以超乎常人的胸怀，拭去泪水强忍悲伤，为了完成爱子“希望自己的未来能与伟大的图书馆相提并论”的遗愿，用一个慈母的全部爱心，捐出了爱子的所有藏书，又馈赠大笔家产，在爱子的母校——哈佛大学，修建了赫赫有名的怀德纳图书馆。为了永远的纪念，1915年建成的图书馆以怀德纳命名。这位在沉船事件中遇难的校友，遗嘱里指定死后将所有藏书捐给培养他的母校。

怀德纳图书馆建筑庄严肃穆。外墙采用了哈佛传统的红色，并配以白色大理石。罗马式的十二根高大的大理石圆柱，气势恢宏地并排排列，三十阶宽大的台阶直通图书馆正门。远远望去，既庄重宏伟又典雅简练。每次进图书馆前，就像进行一种心灵上的登攀仪式。

进入图书馆大门，穿过宽敞的大厅，便是怀德纳纪念室。画像上年轻英俊的怀德纳左手握书右手托腮，坐在绛红色高背沙发中，似乎在沉思、休息，又似乎注视着前来看望他的人们。在建设怀德纳图书馆时，怀德纳母亲向学校提出了三点要求：（1）怀德纳图书馆的外形，永葆原样不能改动；（2）怀德纳纪念室内，要永远有鲜花；（3）游泳达不到50米，就不能成为合格的哈佛毕业生。对第一和第二点，哈佛遵守诺言全都办到了，至于要求游泳达到50米，也跟泰坦尼克号沉没有关。当巨轮不断下沉时，绅士们把生的希望留给了儿童和妇女。母亲坐在救生橡皮艇上，她只有一个朴素的呼喊：倘若你会游泳，哪怕短短的50米，就能游到橡皮艇边，继续你宝贵灿烂的生命！后来考虑到身体等因素而取消了这项规定。

怀德纳母亲代表她的儿子，为全人类做出了卓绝的贡献，使一个年轻的名字同世界上最伟大的人文科学图书馆结合在了一起。虽然怀德纳的生命仅短短的27年，但是，不仅他的亲人在怀念着他，还有那些哈佛培养出来的众多思想家、总统、诺贝尔奖获得者、普利策奖获得者和实业界巨人和所有的哈佛毕业生们也都深深地在怀念着他，天下的莘莘学子也都在纪念他。正如在海底发现的2000多年前埃及克娄巴特拉女王宫殿石碑上的字“永恒的生命”。

3. 阅读女王因读书而获治国理政的智慧

20世纪英国著名女作家弗吉尼亚·伍尔夫曾写两本书——《普通读者》和《非普通读者》。读《非普通读者》会有喜出望外之感，原因有二：第一，这是一本难得的描写一位非普通读者——英国女王伊丽莎白二世的读书故事；第二，书中或直接阐述或采用隐喻手法，解读了许多的阅读哲理。通过讲述伊丽莎白二世在不经意间获得阅读乐趣，变得爱书，从中汲取营养，从而影响国家大事，来阐述“阅读改变人生”这一大道理。

某一天女王陛下的爱犬把女王带到了白金汉宫膳食部后门，看到了一辆卡车——流动图书馆。之所以能够开到皇宫里来，是因为厨房里有一位打下手的工人诺曼喜欢读书。女王从没见过这个流动图书馆，她的狗叫个不停。女王走上车，打算道个歉。车上只有两人，主人是司机兼图书管理员。听女王同另一位读者的有趣对话：“我叫诺曼，陛下。”“你在哪儿工作?”“在厨房，陛下。”“噢。你有很多时间读书吗?”“其实没有，陛下。”“我也一样。不过，我现在既然来了，不妨就借本书吧。你有什么书可以推荐吗?”“我可以借书吗？没有借书证也行?”当女王得到了肯定的回答，她借了一本艾维·康普顿—伯内特的书。一次巧遇，一个推荐，一种尝试，借书的方便，使女王跨进了阅读的大门。由于借书的事情，诺曼赢得了女王的好感，后来直接提升他为宫廷侍从，陪伴女王读书。对于阅读，一旦她向前跨进了一大步，借了书，就不会再觉得喜欢书本、耽于阅读是件不应该的事了；而书本——这件她过去总是怀着戒慎恐惧的东西——使她的生活发生了变化。

读完第一次借的书实在不容易，还书的时候，女王根本就不想再借第二本。还好，她的运气不错，这次碰巧看到了一本再版的南希·米特福德的《爱的追寻》。几乎没有一部小说像这样包罗万象，女王原本的担心烟消云散了。看看对她读这本书的描写："女王选择《爱的追寻》既十分幸运，又极为重要。如果她选的是另一本乏味的书，……作为读书新手，她很可能会就此放弃读书。……女王很快就迷上了这本书。那天晚上，亲王拿着热水瓶，经过女王卧室的时候，听见她在朗声大笑。他摇着头走了。第二天早上，女王的鼻子有点不通。……其实，她这么做只是为了继续读那本书。整个国家都知道'女王得了轻微的感冒'。然而，女王和大家都不知道的是，这只不过是她因为读书而做出的一系列变化的开始。"对于一个初入门的读者，阅读需要际遇或机缘巧合。契机往往产生于不经意间，熟人的推荐，无意间的翻阅，然后读者的兴趣与一本对路的书邂逅。像偶遇平生至爱一样，和书结缘。"邂逅相遇"这句古成语蕴含着多么重要的阅读哲理啊。

在流动图书馆，女王从几位女作家的作品开始，然后再回溯到十八九世纪的经典。女王痴迷小说，渐入佳境，还不时听到她作为普通读者的有趣评点。对于"非普通读者"女王来说，她有两个"朋友"：一个是书籍本身，另一个就是极普通的厨房工人诺曼——前者是貌似轻薄的书页里包含着宏大的精神财富；后者是地位卑微的普通人那高贵的人格魅力。

刚开始看书的时候，光是想到眼前有那么多怎么读也读不完的书，女王屡屡不知该从哪儿下手。于是，她看书完全没有系统，就只是一本接着一本看下去，而且经常会有两三本书同时进行。后来，她开始写阅读笔记，她看书时总是握着铅笔，边读边写，倒不是记下内容摘要，纯粹只是原原本本把有所感的句子抄下来；大约过了一年多，她才偶尔很谨慎地试着写出自己的心得。譬如这一则："我认为，文学就像一个幅员无比辽阔的国度，纵使我在里头怎么驰骋游荡，也永远到不了它的边界。"随着书读得越来越多，女王还发现了一条阅读的真理：书与书之间彼此相连，一本书会勾引出另一本书，那种感觉，仿佛随时随地一转身都能碰见一扇开启的门。啊，阅读的女王已经触摸到了知识网络！此外她也发现：一旦想看书，每天的时间不知怎地总嫌不够。这一切，清楚地反映出来了阅读的另一哲理：读书是一个循序渐进的过程，就像人的生命一样，不断经历不断感悟不断成长。

一旦女王开始充满信心地读书，她就会觉得想读书并不奇怪，而那些一度让她小心翼翼的书籍，也渐渐成为她生活中须臾不可离的重要朋友，成为她人生的一部分。读读下面的情节可以看到女王令人惊异的变化："女王承担的王室职责

之一是每年宣布国会开启。之前她并没有觉得这项工作是个负担，反而挺喜爱它的。尽管同样的仪式已经举行了五十年……可是，现在她不这样想了。一想到整个仪式要进行两个小时，女王就很头痛。好在车厢不是敞开式的，她可以带着书坐在车里。她很擅长一边看书一边向外挥手，其中的秘诀就是把书放在车窗以下的位置，注意力集中在书上，不去管车外的人群。”

阅读使人明智，在这位不寻常的读者那里，带来不寻常的改变。博览群书，领略过莎士比亚、雨果、哈代、狄更斯、托尔斯泰等人笔底波澜的女王变得细察深思，富于感觉力，并看清了每日例行公事的政务生涯中的禁锢与局限。

女王在喜欢读书的侍从诺曼引导下，成为了一个爱读书的“书虫”。即便是出巡，也会偷偷带上一本小说，在别人不注意的时候偷偷看上几眼；在接见客人和民众的时候，问的问题也不再是时下的流行，而是关于阅读的内容；接见国外使节和政要时也会问一些对方国家的知名作家，可是却往往让这些不看书的要人们感觉很尴尬。最后女王周围的大臣们感到事态不对，于是就偷偷地清除了这位爱读书的侍从诺曼，可是书的魅力已经无法挽回的征服了女王，这个非普通的不一般的读者，已经无可救药的喜欢上了读书。请读读书中的几小段：

“她变得不大管束家人了，也不再频频耳提面命、成天唠唠叨叨，大家全乐得轻松惬意。所有人不约而同都打心底觉得：书本这玩意儿简直太棒了。”

“看书怎么会是打发时间？看书是为了接触其它生命、其它世界。我根本不是为了打发时间才看书的呀……”“你说的‘精力集中’是指我应该只关注中心吧。我已经这样过了五十多年，现在可以时不时地看看边缘了。”读书“是因为我有责任去了解人的真谛。”不过话说回来，有时候，乐趣的确来自启迪的过程。但是，其中绝对不含一丝一毫责任的成分。“可是，听取汇报和自己看书说穿了是两回事。说真的，汇报与阅读两者的本质恰好完全相反。汇报的用意在于浓缩、切割、提纲挈领，阅读则是博采广纳、铺陈扩散，并且持续不断地增长、延展；汇报是一种终结的动作，而阅读，则是开启。”……

读书起步晚的女王，悟性却很高，这些字里行间蕴藏着重要的阅读哲理。

特工担心女王放在车上的书有安全问题，取走了。年青侍从误认为那书可能是个危险装置，炸掉了。女王说：“这倒对了。那就是个装置。书就是点燃你想象力的装置。”

对女王读书最厌恶的大概就是首相和他的特别顾问。中东出了“问题”，首相不相信历史，贸然使用一套简单的解决办法。女王委婉地提示他，那里可是人类文明的摇篮，不要去破坏那里的古迹。她还问："你听说过乌尔城吗？"[①]首相竟然这个人类文明史上最古老的城市。女王建议他去读伊朗的历史。是不是她预见到那里又将出现灾难？首相发现女王受了书籍的"毒害"，认为女王应该少读乃至不读书，与民同愚。读书使女王更加尊重文化，尊重历史，甚至使她渴望正义。

女王认为，读书的魅力在于书籍的漠然：文学都有一种高傲的味道，根本不在乎它们的读者是谁，也不在乎有没有读者。包括她自己在内，所有的读者都是平等的。女王心想，阅读之所以吸引她，就在于它铁面无私，那正是文学最崇高的一面。在阅读的天地里，所有的读者，一律平等，这让她回想起生命的早期阶段。她还是个小女孩儿的时候，曾有过一次令她无比雀跃的经历：欧战胜利当天晚上，她带着妹妹偷偷溜出皇宫，混在一大群没认出她们是谁的民众当中，跟所有人一块欢呼、叫嚷。阅读，令她心底油然滋生雷同的感受；阅读带领她重新回到那个匿名、与他人共有共享的世界，让她领略那种生而平等、活得普通的感觉。她的一生几乎全过着与普通人隔离的日子，因而此刻格外渴盼那种感觉。

女王和亲王老公在睡前回忆当年共同阅读《俄克拉荷马》时，突然想起亲王当时还是个金发翩翩少年——时间不仅没有消殒巨著的厚度，反而令其像一点一点堆砌的高山，不觉间累积起了思想的高度。书籍和人一起随着时光的流淌成长和成熟，也在悄然间拥有了年纪。是的，"教学相长"，意味着教和学两方面互相影响和促进，都得到提高。阅读也同样，通过阅读，阅读者和书也都在成长。这是一个比较深奥的阅读哲理，需慢慢咀嚼和体会。

《非普通读者》取名"非普通"告诫我们：即便是位居显赫的女王也因为疏漏阅读，而日渐变得愚笨，更遑论我等寻常之人？在不平凡的读者那里，阅读将会带来更加不平凡的改变。亚历山大大帝在他征服世界11年转战中，随身携带《伊里亚特》：你可以征服世界，可是阅读所蕴含的哲理却可以征服所有的人，包括征服世界的人，这就是书的魅力和力量。

4. 人书情未了

《读书毁了我》作者琳莎是犹太人。该书给人第一个最深刻的印象是作者对

①注：约建于公元前2300年，是迄今发现的世界上第一座古城

书籍的“绵绵无绝期”的人书情，真正是活到老而“人书情未了”啊！人应该如何度过一生？在漫漫的人生路上，琳莎·施瓦茨感悟到，她的人生是以阅读为依托的，是与阅读紧密结合的。她深沉地写道：“阅读。阅读是一幕安逸不变的背景，我的生命就在这背景上徐徐展开。”①按照作者的说法，她一辈子读书，目的就是在寻求人生应该如何度过的答案：“我们究竟应该如何度过一生？我们阅读以寻求答案，而这寻求本身就是一辈子的事情，因而也就成为答案本身。”②她的结论是：在阅读中度过一生。

《读书毁了我》给予人的第二个最深刻的印象是作者对阅读的神圣无比的庄严态度。几十年的读书经历，作者写道：“我一直都认为阅读是一件高尚无比的事情，而像所有的圣事一样……”③她的读书已经达到了人书一体的境界，她讲：书进入了我的头脑，我的灵魂进入了书的情节，书和我的融合形成了我的思想，书形成了我。她感叹道：“因为到最后，哪怕我所有的书都会消失，我仍然有可能在某个地方拥有它们……这书在思想里面自行再创造，并一直持续到我们的肉身结束时。”④一位爱书、恋书、敬书，一位懂得读书，崇尚读书，一位诚挚而又勤勉的拳拳读书人，跃然纸上。

---

①王强：《读书毁了我》，北京，光明日报出版社2000年版，第14页。

②同上第15-16页。

③同上第6页。

④同上第98页。

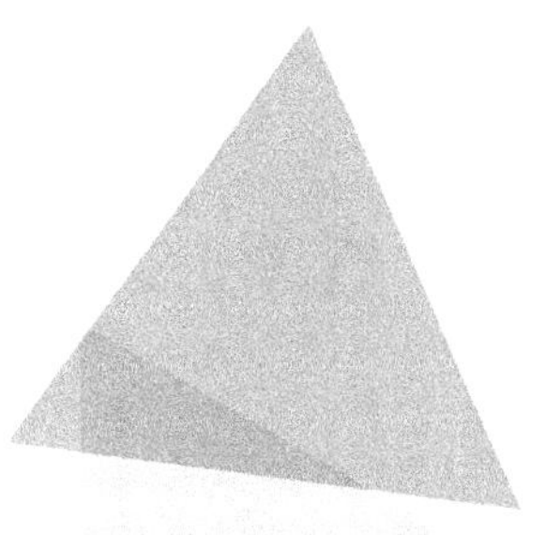

第二篇

阅读四要素理论

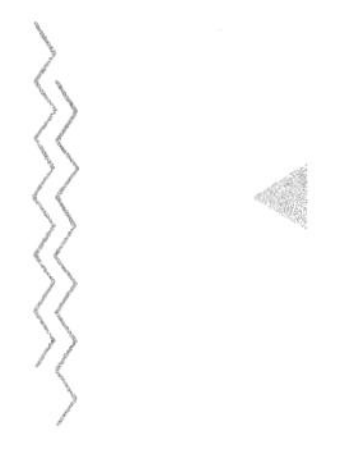

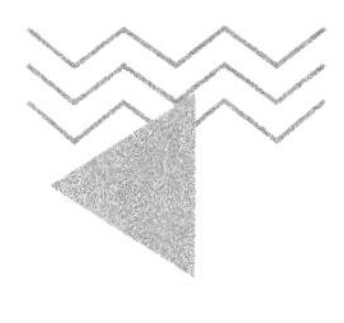

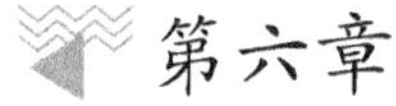

第六章

作　者

一、导论：文学四要素理论与阅读活动

1. 文学四要素理论

欧美现当代文学理论大师、美国艾布拉姆斯教授于1953年出版了《镜与灯——浪漫主义文论及批评传统》，这是现代文学理论的扛鼎之作。书中提出文学活动应由四个要素构成：“作品、生产者、宇宙和欣赏者”，这是《镜与灯》中用的原词，后来多写为作品、作者、世界（语境）和读者，这即著名的影响至今的文学四要素理论。

（1）世界（语境）：一切文学作品都有源泉，这就是生活，即“世界”，指文学活动所反映的客观世界和主观世界。世界是文学活动产生、形成和发展的客观基础，是文学创造的生产对象，也就是文学创造的客体；他不仅是作品的反映对象，也是作者与读者的基本生活环境，是他们通过作品产生对话的物质基础。由于“世界”一词太宽泛，一般代之以“语境”。语境即言语环境，它包括语言因素，也包括非语言因素。上下文、时间、空间、情景、对象、话语前提等与语词使用有关的都是语境因素。语境这一概念是波兰人类学家马林诺夫斯基（B.Malinowski）在1923年提出来的。他区分出两类语境，一是“情景语境”，一是“文化语境”。也可以说分为“语言性语境”和“非语言性语境”。

（2）作者：生活要经过“艺术家”的加工改造，这样才能创造出具有意义的文本，即“作品”。文学创造是一种审美活动，是人对世界的价值判断，是对世界的诗意情感的反映，是感性和充满情感的。作者他不单是写作作品的人，更是以自己最世界的独特审美体验，通过作品传达给读者。因此，文学创造的生产主体就是作者，客体就是生产对象，即语境。

（3）作品：作家创作的“作品”是文学生产的产品，一般称为“文本”。作为显示世界的“镜”和表现主观世界的“灯”，作为作家的创造物和读者阅读的对象，是使上述一切环节成为可能的中介，作品既是作家本质力量对象化的显现，又是读者接受的对象，自然成为了文学活动四要素的核心。

（4）读者：作品如果束之高阁，不跟读者、即“欣赏者”见面，也还不能构成完整的文学活动。读者作为文学接受的主体，就不只是阅读作品的人，而是与作者共同生活在世界上的活生生的人，他们通过作品而进行潜在的精神沟通，只有经过读者阅读鉴赏，作者创作的文本才能实现其价值。

文学活动四要素，其间包含了体验、创作、接受三个过程，这才构成完整的文学活动；文学活动不仅是指文学四要素所形成的流程，更重要的是人与对象所建立的诗意关系，是人的本质力量的全部展现。在文学活动中，主体和对象的关系始终处于发展与变化之中，一方面是主体的对象化，另一方面又是对象的主体化；正是在这个双向互动中，才生动地显示出文学所特有的社会和审美的本质属性。简而言之，文学活动系统是由世界（语境）、作者、作品、读者构成的一个交往结构。文学作为一种话语活动，这四个要素不是彼此孤立或静止存在的，而是相互依存、相互渗透、相互作用的，共同构成一个有机的活动系统。围绕着作品这个中心，作者与语境、读者之间建立起来的是一种话语伙伴关系。

2. 文学活动和阅读活动

上述四要素理论虽然属于文学界，但对人文和社会科学各学科应该均具有指导意义。最为直接的相关领域是阅读，因为文学活动和阅读活动二者本身就是一个事物的两个紧密相关的方面；文学活动四要素也即是阅读活动的四要素。文学创作作品，读者阅读作品，作品是创作对象也是阅读对象，文本成为了二者的中心。

但是，文学创作和阅读活动毕竟是两件事情，是有区别的。最大的区别在于，文学创作是体验和生产文本，而阅读是接受和欣赏文本；前者的主体是作者，后者的主体是读者。即四要素在文学创作和阅读活动之中的地位和作用是不同的。为此，本书的六至九章，就分别讲述作者、文本、读者和语境四要素在阅读活动中的地位和作用，从而阐明它们各自的特征。

二、作者的概念内涵

文本即作品，文本制作者即指同文本创作和生产相关的行业和从业人员。文本必须有文字的加工者、文字承载物的制作者以及宣传推广者，因此除作者之外，还有如译者、编辑者、审校者、出版发行者等。

1. 概念

（1）360百科对“作者”的定义：作者一般指文学、艺术和科学作品的创作者，有时也指某种理论的创始人，或某一事件的组织者或策划者。

（2）作者是文学活动前两个过程的主体：艾布拉姆斯文学活动四要素，其间包含了体验、创作、接受三个过程，这才构成完整的文学活动；三个过程中前两个过程的主体均属于作者。他指出：“作者则是文学生产的主体，他不单是写作作品的人，更是以自己最世界的独特审美体验通过作品传达给读者的主体，文学活动也是一种作者的感情表现活动。”

文学创作是最基本的文学实践，它是作家对一定社会生活的审美体验的形象反映，既包含对生活的审美认识，又包含着审美创造。一位有名的作家，其作品谈的都是他自己的体会，绝无充当导师的意思。然而，恰恰是这种切身体会，才更能感动人，才能使别人从中得到启发。譬如，关于如何对待一本书，作家们认为：我们既是作者的同伙，又是作者的审判官。英国著名女作家弗吉尼亚·伍尔夫说：“作为同伙，我们对作者的态度应该是宽容的——无论怎样宽容也不会过分；作为审判官，我们对作者的态度应该是严厉的，而且无论怎样严厉，也同样不会过分。”既是同伙，又是审判官；这很有启发——我们在读一本书的时候，若能先当作者的同伙，然后再当审判官的话，那么我们对作者的评判，在某种程度上不也是对我们自己的评判吗？ 而一个人若能自我评判，不是说明他已有所长进了吗？我们常说“开卷有益”，也许道理就在这里。

法国著名思想家、历史学家米歇尔·德·塞尔托对照了书写和阅读，讲出了一段非常精彩的话：“作者们是专属领地的奠基人，昔日耕者在语言沃土上的继承者，他是掘井人，建房人。而读者绝非写者，他们只是一群游客，往来于他人的专属领地，游猎于他人的字里行间，劫得埃及古宝便偷乐之。”“书写存储，凝定经久；阅读过眼，转瞬即逝。”[①]将这些话引伸开来：创作活动，永驻天地，泽

① 罗杰·夏蒂埃：《书籍的秩序》，北京，商务印书馆2013年版，第87页。

被后世；阅读活动，少有留痕，传承社会。

曾独自一人生活在森林中的美国作家、哲学家梭罗，提出了自己的作者观，认为："作家，更平静的生活是他们的本份，那些给演讲家以灵感的社会活动以及成群的听众只会分散他们的心智；作家的演说对象是人类的智力和心灵，是任何时代都能理解他的人。"

2."作者功能"

法国当代史学大师、法兰西学院院士罗杰·夏蒂埃在其所著《书籍的秩序》中，用"作者功能"诠释福柯的"作者是什么?"。全书七章，用了"作者的角色"整整一章的篇幅来阐述作者三个方面的身份。夏蒂埃认为，如将作者创作的文本作为衡定作者功能的核心标准，必须避免简单或单一化表述；所以《书籍的秩序》采用回溯视角，审查了三种制造"作者"的基本机制的集合：司法、压制和物质。

这里将"作者功能"归结为三个方面的制约因素，即法律制度、政治压制和物质享受。

（1）司法上的责任认定：夏蒂埃认为，作者功能早已有之，它是源自于"责任认定"。他写道："应该看到，在历史上这种产权是第二位的，出现在所谓的'责任认定'后。文本、书籍、报告开始真正拥有作者（而不是托名于某些神话人物或圣贤先哲），是为了有可能惩罚作者，有可能认定某些言论犯禁。"[①]

可见，最早迫切需要"作者功能"的不是作者，而是当时的法律制度。这是今天我们这些普通人万万没有想到的。大家知道历史上最早的文学作品是没有作者，都是口头流传，如国外的《荷马史诗》，我国的《诗经》等。但是，一旦文学作品"开始真正拥有作者"时，那些文本中的话语，如有对统治者不利的，必须追查责任。因此，作者功能的诞生，与话语"追责法"，即作者应负的法律责任存在关联；并且，在对异端书籍的控制中，印刷商、书商、买书者均与作者同罪。有了政治问题，首先是将其与某一权威的制裁对象（作者和印刷商、书商、买书者等）相关的联系在一起，追查法律责任，以进行管制、裁判和惩罚。这正如福柯所写的那样，"写作有风险"，可能被入罪。国家或教会审查制度严格，从

①罗杰·夏蒂埃：《书籍的秩序》，北京，商务印书馆2013年版，第32页。

1544年起，巴黎神学院列出禁书黑名单目录，作者责任被纳入王国法律；一旦定为异端邪说，就有可能被送上火刑架。另外，作品中必备作者肖像以供认定，在16世纪的印刷书中已常见。

（2）著作所有权：文学产权的产生，首先并非是出于实施某项个人财产权的特别需要，而是君主制国家为了捍卫出版界的著作所有者的权利。因此，审查严格，著作所有权必须经验证。世界上最早颁布和实施著作所有权法的国家是英国，1709年英国安娜女王颁布法令：《为鼓励知识创作授与作者及购买者就其已印刷成册的图书在一定时期内之权利的法》。著作所有权也并非具有永久性，《安娜法令》规定：作者只享有十四年的版权保护（期满作者仍在世，再顺延十四年）；法国行政法院1777年的法规也是如此。对此，最为反对的是出版商，因为它们最想及早获得该特权；该特权一旦让书商获得，则书的版权便能被独家发行。当时，伦敦书商就群起反对《安娜法令》。

（3）作者个人所得的物质权利：传统意义上的作家并不以笔为生，而是靠其资产或职位过活；他们蔑视印刷品，认为它败坏了宫廷文学所具有的私密珍奇的古老价值。而由于新的文学世界建立在以印刷技术之实现及其市场经济之上，作为作品的原创者，现在的作者有权期待利润。

在18世纪下半叶，一方面，文学创作趋于职业化（为作者带来直接收入，有可能以笔为生）；另一方面，出现了一种自认为天赋异禀的作家意识，其基础是艺术作品孤芳独立。

写作的根本是作者的创作力。在18世纪下半叶，从赞助赠予方式到市场稿酬方式，作者的境遇大有不同：以前报酬或迟或早于其作品的完成，其形式可以是赐予一个头衔或资助一笔奖金；现在是将手稿卖给书商，立即获得一笔可观的利润。但知识产权同绝对财产权挨不上边，其不等同于不动产所有权。法国启蒙思想家、哲学家狄德罗则认为，著作权具有完整性，视其为永恒产权："我重申，作者乃其作品的主人，否则世上无人是其财产的主人。作品先属于作者，然后属于书商。"因此，作者产权是书商版权合法性的基础，而版权的永久性则反过来宣示作者产权。

3. 文本的其它制作者

文本即作品，除作者之外，还有一些其它制作者，如译者、编辑者、审校者、出版发行者等。其中，外文作品的译者是最重要的，本书后面将专门论述。编辑者、审校者、出版发行者等，对于一部作品，也是非常重要的；尤其是对古典作品，有时候起着决定性的作用，如《四书五经》《圣经》《荷马史诗》等的编辑，这里就不再赘述了。

4.《著作权法》

公民能够运用自己的智慧通过创造性的劳动创作出作品，因此，创作作品的公民是作者。需要说明的是，只有进行创作的人才能成为作者，这里的创作是指直接产生文学、艺术或者科学作品的智力劳动。仅为他人创作进行组织工作，提供咨询意见、物质条件等，由于其行为不具有创造性而不能成为作者。在苏联、法国、德国、西班牙等国的版权法中，作者指通过自己的独立构思、运用自己的技巧与方法，直接从事文学、艺术创作活动，并产生出体现创作者个人特性的作品的自然人，其中包括小说家、诗人、散文作家、剧作家、作曲家、歌词作家、记者、画家、书法家、雕刻家、工艺品设计师、建筑设计师、摄影家、翻译家、计算机程序编制者等。美、日等国的版权法也承认法人为作者。

中华人民共和国《著作权法》第十一条规定：著作权属于作者，本法另有规定的除外。创作作品的公民是作者。由法人或者其他组织主持，代表法人或者其他组织意志创作，并由法人或者其他组织承担责任的作品，法人或者其他组织视为作者。如无相反证明，在作品上署名的公民、法人或者其他组织为作者。以上是对公民作为作者和法人或者其他组织视为作者的界定，而在实际生活中，通常以署名来认定作者，即在作品上署名的公民、法人或者其他组织就是作者，这是识别作者较为简便的方法。当然，如有确凿证据足以证明作品的署名人并非作者的除外。这个举证责任一般要由主张著作权的人承担。

三、作者在作品诠释中的地位

1. 作者和作品的父子关系

作品是作者的精神创造物，是作者舒发情感或记录生活的产物；与之相应，作者是作品的源泉，是作品背后惟一固定的真理意义，作者意向是阐释作品的根据，一句话“作者至上”。作品既然是智力创造出来的产品，作者就是当然的创造者，为了保护创造者的智力成果，各个国家还专门颁布有“著作权法”。作品之于作者犹如成果之于创造者，可见作者对于作品的重要性。不过这是就一般作品而言，也有特殊情况，如《诗经》《荷马史诗》等都是集体智慧的创作，说《荷马史诗》的作者是荷马，那已经失去了创造者的意义，违背了历史的真实性，这样的署名只能是反映诗歌从口头传诵发展到书写作品的过渡情况。

作者和作品父子关系的消极的影响方面是：第一，作品的各方面都受制于作者；第二，作者压制作品的自主性和规律性；第三，忽略了作品的客观意义和价值常常会超越作者意向；第四，束缚读者在阅读中对作品理解的创造性。其中第三点非常重要，如：世界经典《堂·吉诃德》主人公堂·吉诃德，17世纪的评价是疯子或傻子；18世纪的评价有所进步，称之为严肃的道德家；19世纪相比于17世纪的评价简直是大翻身，变成了不懈奋斗的勇士。这些评价均超出了16世纪西班牙伟大作家塞万提斯的原初意义。

2. 作者中心论

诠释学是作为对《圣经》（以及相关的法律文本）的一种诠释技艺发展起来的，其初始的形态即是《圣经》注释学。早期诠释学的基本目标就是通过对圣经文本之分析解释，使读者能够领悟《圣经》中隐含的上帝的意旨，努力诠释文本意义背后存在着“绝对的”神意。实际上，作者中心论即是对作者原意的追求和对读者历史性的消解。

德国诠释学家施莱尔马赫和另一位德国诠释学家狄尔泰采取了这一“作者中心论”的立场。认为，文本存在的意义在于表达作者原意，而读者对文本的解读，就是要去追寻和把握作者原意，作者原意也因此成为了支配整个理解活动的核心。换句话说，作者对自己意图的表达是文本得以产生的初始动力，而对文本中传达的作者原意的把握也是读者理解活动的基本追求目标。文本乃是使作者的意图得以表达并为读者把握的媒介。在作者、文本和读者的关系中，作者的意图始终起中心和支配作用。那么，如何实现对作者原意的把握呢？施莱尔马赫和狄尔泰提出了“心理移情”的诠释方法。所谓“心理移情”，即在心理上进入作者创作文本时所处的社会历史情境，重建文本与它所赖以形成的社会历史情境的联系。可见，据“心理移情”观，读者自身的个体性和历史性不仅无益于理解的展开和深入，相反，它成了读者实现对文本的正确理解的障碍，成了必须克服的东

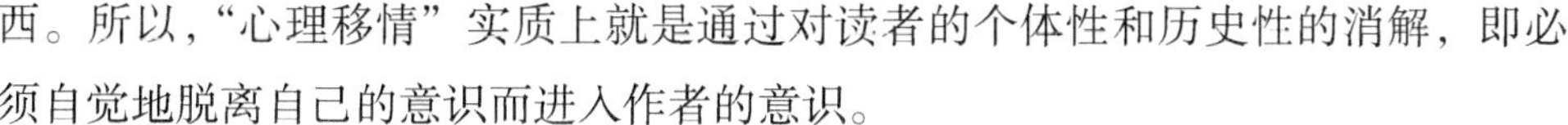

西。所以，“心理移情”实质上就是通过对读者的个体性和历史性的消解，即必须自觉地脱离自己的意识而进入作者的意识。

3. 作者主体地位的颠覆

巴特的文本理论引发了上世纪六七十年代“文本”地位的巨变：文本取代了作品。这一重大发展很快扩展到人文世界的方方面面，并从西方传到东方。发生这种巨变的原因很多，若简单讲，那就是作者与作品的父子关系不和谐了。早已固化而阻碍前进的父亲的意愿，随时空环境的改变，如紧紧缚在儿子身上的枷锁，禁锢儿子的发展；早已忍无可忍的儿子要与时俱进，向新的环境积极地开放和展现自己。在出生时就已预伏的“儿子超越老子、老子压制儿子”的矛盾爆发了。德国诠释学家伽达默尔认为，作者一旦用文字写出作品，这些作品将随时空环境的改变而发生相应的变化：“通过文字固定下来的东西已经同它的起源和原作者的关联相脱离，并向新的关系积极地开放。”[①]对此，专家们也都纷纷响应，否定作者在诠释中的权威。法国诠释学家利科认为，在诠释过程中，“所谓的作者意向并不具有任何特权的地位。”[②]《文学学导论》作者、德国作家贝内迪克·耶辛也指出：“对文学分析来说，在方法上必须区分文本与作者视野：只有这样才能对文本的诸多独有特点展开相应的研究。”[③]

在文本理论中，作者的主体地位被颠覆，所谓的作者意向在诠释中并不具有任何特权地位，他成了一种“名义上的作者”。这也是巴特发表《作者之死》的动因，因为文本不存在所谓固定的原初意义，因而作者也就没有继续存在下去的必要了。这样，文本获得了自由，走向了开放，也获得了自身阐释的自由。巴特追求的就是一个“自由的阐释空间”。

实践的发展证实了伟人们的论断，《诗经》《圣经》《红楼梦》《悲惨世界》这些世界级经典，无不在时空环境不断的变化中展示自己的魅力。《红楼梦》是封建社会悖逆的禁书，今天是美的艺术作品。真正有价值的作品正是在时间的流动和空间的开拓中展现自己多维的立体意义的身躯，在反复变化的长河中成为经典。试想，这样一些伟大的著作，人类文明的瑰宝，如果永远在僵化的原作者禁锢

①伽达默尔：《真理与方法》，北京，商务印书馆2007年版，第1卷，第399页。

②保罗·利科：《诠释学与人文科学》，北京，中国人民大学出版社2012年版，第13页。

③耶辛：《文学学导论》，北京大学出版社2016年版，导言第6-7页。

下，其意义永远是原作者的意向，不能够超越，不能够越雷池半步，那样，还能有人类文明的进步，还能有全社会的发展吗？！为此，出路只有一条，那就是否定作者对作品的权威。人类历史发展的滚滚潮流，势不可挡！

四、作者理论

1. 罗兰·巴特的“作者之死”理论

罗兰·巴特是法国当代著名的文学家，也是60年代以来西方最负盛名和最有影响的文学批评家之一。1968年他发表《作者之死》，给作者的中心地位以致命打击，意味着作者的主宰地位被颠覆。与此同时，文本恢复了自由，获得了独立的地位，从而出现“多义文本”；“作者已死”，读者获得了较大的自由阐释权利，从而出现“自由读者”。

这是罗兰·巴特在1968年提出的观点：“一件事一经叙述……声音就会失去其起因，作者就会步入死亡。”他认为，“作者”这种身份不过是历史的产物，而不是什么永恒的东西；作者是一位近现代人物，是由我们的社会所产生的；作者并不是自足的产物。但是人们习惯将作者视为“上帝”，并到作者的生平里去寻找、理解和评价其作品的意义。这类似于中世纪的《圣经》诠释学，这种“作者中心论”是当时法国很多学院派学者的做法，也是巴特的主要批评对象。巴特的作者理论批判了文本的主体，使文学的开放成为可能，书写由此摆脱被控制的状态。在这里把“作者已死”和尼采的“上帝死了”对照着看是很明晰的：作者其实就是世俗（文学）领域里的上帝，尼采的“上帝死了”是为了终结形而上学，而巴特的“作者死了”是为了终结文学上的作者中心论。并且两者都认为上帝或作者死了，在某种程度上是件好事，上帝死了有强力意志，作者死了有读者，都打开了新的可能性。之前的以作者为中心的解读，在巴特看来，实际上就是一种神学解读。

2. 福柯的以作者功能为核心的作者理论

米歇尔·福柯是法国哲学家和思想史学家。他对文学理论、哲学、批评理论、历史学、科学史、批评教育学和知识社会学有很大的影响；他是20世纪极富挑战性和反叛性的法国思想家，被称作“20世纪法兰西的尼采”“萨特之后法国最重要的思想家”。2007年《时代高等教育指南》把他列为最多人引述的人文科学学者。

作者理论是西方文论中最重要的部分之一，福柯提出以作者功能为核心的作者理论，并于1969年发表了文章《什么是作者?》。面对“作者之死”的轰动舆论，福柯并没有完全抛弃作者这一创作主体，而是主张将其作为话语的功能来理解。福柯的作者理论核心就是作者具有功能性意义，本书在前一节中已对作者功能做了阐述，集中体现了一个社会里某些话语存在、流通和运作的特征。福柯的作者理论是对巴特“作者之死”的反动，它呈现出四个不同特征：（1）法律的产物；（2）影响话语的方式是会随着时代和不同文化形态而改变；（3）既漠然又有约束的理性存在；（4）人们可能把作品归属于作者，但当说到一个已知的作者时，归属很少是判定的结果，而是复杂的批评运作结果，作品是不确定的。

3. 作者重建理论

（1）澄清作者与作家概念的混淆：巴特的《作者之死》和福柯的《作者是什么》是现代作者理论的两篇最著名的论文，引发了西方学界对作者之死与作者建构的争论。澄清作者与作家概念的混淆，把文本阐释中的作者和从事文学创作的作家进行分界有重大理论意义。作家在文学理论史中有不同的形象。作家重建可以从三个方面展开：作家理论、作家批评与作家生态，它们各有不同的研究资源、内容和能够解决的问题。从作家重建可以得到的启示是，就当代文学理论而言，回应巴特提出的“谁在说话重要吗”的质问仍然重要。

（2）作者研究的重构：从“权威”到“缺位”，20世纪文论消解了作者至高地位，因之对"何为作者"这个问题的思考就更加重要。当代作者研究无论在文学理论还是批评实践中都处于困窘之境。理论上，受到作者之死的影响，作者研究不断被边缘化；批评实践上，把作者研究等同于作品研究，这是普遍的误用。要深刻地认识和体验到，作者是作品的书写者，作者是文学的故乡，作品中凝聚着作者的心血、思想和感情，怎么就能够一个“死”字了得？作者研究应该关注文学的动力源泉，重视文学研究中的诗性与人文光芒。因此，作者研究重构有双重任务：既要突破作者之死和作者误用的藩篱，梳理和整合作者研究的理论资源，又要寻找作者研究的突围与创新之道，重构作者研究的方向和路径。

（3）作者复活理论：作者的死亡与复活联系在一起，复活成为作者理论的

焦点，对作者的讨论使得作者理论进入新阶段。理论界着重在两个方面进行讨论：第一，承认作者死亡的隐喻，但是对于作者主体须作进一步的辨析。“作者之死”并不是简单的字面意思，实际上，它表达对权威的反叛，对专制的不满，继而促进了文学革新。作者虽然不再占据批评的中心地位，但是仍然十分重要，依然活跃在阅读和批评实践中。第二，根据作者的权威、意图、身份等着手讨论作者的复活理论。权威由作者的内在属性变成阅读和批评的重要因素，需要通过文本实现；作者意图错综复杂，可能是部分隐藏的，也可能是部分显露的，深入寻找，可作为更好地解读作品的一种途径；作者的身份变得多元化，上述权威和意图，可以通过处在边缘地位的作者身份建构而得以展现。作者死而复生——实际上是部分地回归。作者与读者共存于批评实践中，变成了一种对话关系，在差异中共存，臻于完善。

也有一些人在学习作者理论过程中，对巴特的“作者之死”理论有同感也有疑问：在对许许多多作品的诠释中，似乎很难离开作者，如诠释《楚辞》怎么能够抛开中国古代大诗人屈原？也许，这些人的头脑中似乎总是萦绕另外一句话：“作者已死，灵魂永驻”。

五、译者

1. 翻译是“二次创作”

外国文学作品的翻译是非常重要的，是对原作品的“二次创作”。译者就是第二作者，这样表达也许还不够，或可称之为并列的第一作者。外文的原创作者是原文第一作者，译者是在外文原作基础上的译文创作者——译文的第一作者。所以说，翻译是“二次创作”。

有人讲的非常有道理，译著有两个主人：一是原著者，二是译著者。译者一方面要忠实于原著，深入了解原著，不仅了解字句的意义，还需领会字句之间的含蕴；另一方面需要面对译文的读者，需用读者的语言，适应读者的语境，把原作的内容用译文按原意表达出来，内容不可有所增删，语气声调也不可走样。所以，美国女作家施瓦茨在《读书毁了我》中说翻译作品是“伟大的再生”！外国文学作品通过翻译，得到了在译语环境下重生的机遇，而只有伟大的译者才能够使这样伟大的再生成为可能，成为现实。

2. 译界奇闻：不懂外语的人竟然成为了“译坛泰斗”

1899年正月，我国文化界出现了一件轰动全国的事情，当时福州书坊刊行了《巴黎茶花女遗事》。此书即世界名著法国小仲马《茶花女》的中文译本，译者是不懂外语的林纾。铅印本的《茶花女》“不胫走万本”，此后又有二三十种版本之多。“一时纸贵洛阳，风行海内”。《茶花女》刊行后引起的轰动，足可与1897年出版而后再版三十多种版本的严复译《天演论》媲美。林纾和严复是福州同乡，二人被学术界并称为“近代中国的译界二杰”。

《茶花女》是法国作家小仲马的第一部扬名世界文坛的力作，写一位青楼女子玛格丽特和青年阿尔芒凄惋动人的爱情悲剧。19世纪40年代成书的《茶花女》在欧洲经历了半个世纪的轰动，汉语译作《茶花女》令不少国内读者为主人公的不幸遭遇洒下同情和激动的泪水。严复诗“可怜一卷《茶花女》，断尽支那荡子肠。”[①]。译者的优美文笔和“西人中化”的描写，引人入胜。“五四”新文化运动倡导者之一钱玄同化名王敬轩，满怀虔敬地称赞《茶花女》的译文“有句皆香”“无字不艳”“用笔措辞，全是国文风度，使阅者几忘其为西事。”[②]茶花女依旧是小仲马笔下的茶花女，但现代译本的茶花女多少带了点外国的风尘气，而林纾译本的茶花女却清丽婉转，确然如杜牧笔下的唐代玉女。

《巴黎茶花女遗事》是《茶花女》于中国的再生，是译者的再创作。译者林纾，字琴南，生活于清末民初的1852年至1924年。合译者是林纾的好友王寿昌，他曾留学法国。林纾是中国近代古文第一人，中国最后一代古文大家。《茶花女》精彩的译文，是林王二人所代表的中国古文和法文小说的绝配，这一中西互补的合作亦成为了我国翻译史上的佳话。在合译时，一方面是王寿昌对小说原文的透彻理解，能把原著详尽、动情地口述出来，尤其是对女主人公玛格丽特的心态叙述得委婉尽致、如泣如诉；另一方面是林纾全神贯注其中，用优美的中国古文，把故事完整准确地表达出来；又以生花妙笔，淋漓尽致地描绘出原文的风格神韵。这一绝配，真可谓是珠联璧合，诞生了中国近代文学翻译史上里程碑似的作品。

继《茶花女》之后，林纾与毕业于圣约翰大学精通英文的朋友魏易合作翻译

---

①王栻，严复:《严复集》，北京，中华书局1986年版，第365页。

②见1918年3月15日《新青年》第4卷3号。

《汤姆叔叔的小屋》，特改书名为《黑奴吁天录》。黑奴之境遇已经逼近当时中华民族苦难的国民之境遇，林纾是想藉此来唤醒中国人的危机感和爱国热情，激励中国人民反抗帝国主义列强，拯救祖国于“国将不国”之境。为实现翻译《黑奴吁天录》的目的，又不变更原著的意思，林纾想出办法，将自己的想法写在眉批里，并冠以“外史氏曰”的按语，借以启迪国人。按语字字血泪，声声悲壮，他的激越，他的呼唤，都在漫漫长夜中化作惊雷回响于中华大地，启迪了一代又一代的国人为国奋战。《黑奴吁天录》也被认为是改变中国近代社会的100种译作之一。

林纾翻译《茶花女》的时候已年近五十，半世蹉跎，他终于找到了适合自己的道路——用纯熟流畅的中国古文把丰富多彩的外国文学作品再现出来。至此，林纾一发而不可收，他与朋友们合作，走上了这种特殊的文学翻译之路。林纾到底有多少小说译著，说法不一，不过160种以上是可信的。就按每一部书的厚度1厘米计算，说林纾的译著等身，是毫不夸张的。其中属于世界名作家作品和世界名著的就有40多种，这在中国，到现在还不曾有过第二个人。不懂外语的人成为了“译坛泰斗”，这是中国文坛的奇特现象，恐怕在世界上也难寻其二！“中国旧文学以林译小说为终点，新文学以林译小说为起点”，那么，可以毫不夸张地说：这一新旧之际的转变应当以《巴黎茶花女遗事》为界标。无怪乎人们称林纾为中国新文学运动的不祧之祖。

3. 译者精神：呕心沥血半世情怀

提起法国大作家雨果，中国人会为他对1860年英法联军抢劫和火烧圆明园，当即向全世界发出正义的呼声而叫绝！同时，也为他的伟大著作《悲惨世界》《巴黎圣母院》《九三年》《海上劳工》《笑面人》而叫好。

读雨果《悲惨世界》中文译著，如果用最普通最朴实的话来形容：如同读中国人自己写的小说，五大卷的长篇巨著，读起来没有艰涩感，如行云流水，畅快淋漓。但是，一般国人何尝了解，《悲惨世界》的译者竟然是一对老夫妇用一生的心血翻译出来的。

原来，《悲惨世界》的译者是留学法国的夫妇二人李丹和方于，他们是1921年中国首批公派赴法留学生，回国后方于任上海音乐学院法文教师。冼星海当时在法文班就读，方于对这个勤奋的穷学生可谓慧眼识珠，鼎力培植。是她，在上海亲自送冼星海奔赴革命圣地延安。1999年在她96岁的晚年，冼星海女儿冼丽娜还到云南来看望老人家。

了解翻译此书长达半个世纪的艰辛经历，那真正是一种心灵的震撼。李丹和方于夫妇二人就是使世界上最伟大的作品之一《悲惨世界》，在地球上人口最多的国家，实现了伟大再生的创作者。世界名著中文本《悲惨世界》，经半个世纪的艰难历程方才完成。书前没有译者序，书后没有跋，就连出版说明中也未曾提及译者一字——真如李丹、方于夫妇的人品：默默奉献，淡泊名利。这部气势磅礴、内容浩瀚的译著就这样奉献在中国读者面前。当人们捧读这部巨著时，何曾知道，“李丹、方于”这4个字沉甸甸的分量？读者可曾想到，《悲惨世界》譯者的经历，那就是另一部“悲惨世界”啊！

怀抱着一腔报国的热望学成回国的李丹夫妇，他们的思绪共同凝聚为一件事：那就是，要将那一直震撼着他们心灵的《悲惨世界》，奉献给无数还在悲惨世界中生活的中国的冉阿让和珂赛特。要把这人类智慧的结晶——《悲惨世界》，变成方块字昭示国人。译书经历了四次令世人难以承受的波折。（1）1929年他们结婚，同年，由李丹译、方于校译的《悲惨世界》第一、二部问世，书名为《可怜的人》。但在1932年“一·二八”事变中，商务印书馆被日机炸毁，倾注着两人心血的几十万字的译稿石沉大海、杳无消息。（2）1954年，文化部特邀李丹、方于赴北京出席全国翻译工作会议，其译著被称为划时代的里程碑式的翻译。文化部请李丹夫妇重译《悲惨世界》。1958年5月到1959年6月，《悲惨世界》新译本第一、二部由人民文学出版社出版。文化大革命爆发，《悲惨世界》第三部待出版的译本，作为“封资修”被扔入大火中，夫妇俩被关进“牛棚”。（3）1971年，夫妇俩被释放出“牛棚”，还未平反、摘帽，李丹老人就从箱底翻出了被老鼠咬啃的第三部《悲惨世界》原译稿，继续翻译。受尽折磨的李丹老得很快，牙齿掉光了，人干瘪了，背弓下去了，拄着拐杖到图书馆找资料。他动笔的时间不多，工作的时间却很长，有时一夜一夜地翻查字典，有时却不看也不写，久久地对着雨果的原著发呆。只有方于明白李丹心里无法排解的痛苦和郁愤。李丹的身体和精神日益衰弱，并开始咯血，然而第四部竟在这样的境况下译出来了。他又带着第五部的原著住进了医院，这一住，李丹就再也没有回家。1977年5月李丹先生抱憾去世，翻开他的枕头，留下的只有写在几张香烟壳上关于翻译第五部的凌乱的断想。1980年，由方于协助译校的《悲惨世界》第三、四部得以出版。

（4）李丹逝世后，方于扑到了书桌前，这一埋头就是9个月，这位74岁的老人身体虚弱到每天只靠一碗稀饭维持度日；9个月里，没有谁知道她是怎样刻意使自己笔下的用词、造句与前四部的语气风格统一起来；9个月，谁也不知道她心里翻腾着什么，她苍白、沉静得就像一块大理石的浮雕。1979年，《悲惨世界》第五部由方于译出。至此，从1929年至1979年，中文版《悲惨世界》走完了它半个世纪的艰难的翻译历程，终于全部问世。2002年2月4日方于教授在家中逝世，享年99岁。

“无论雨怎么打，自由仍是会开花”。两位老人用半个世纪心血翻译完成的《悲惨世界》中文本，至1992年出版了《悲惨世界》一到五卷全本。从此，李丹、方于譯本风靡全国。李丹和方于夫妇，为了一部经典文学的使命感，呕心沥血半个世纪，为人类奉献出了中譯本巨著《悲惨世界》。但他们却销声敛迹，少人知晓。他们用心血凝结成的作品，让人赞叹，他们用半个世纪不变的情怀铸就的人生品格，令人高山仰止。“卑鄙是卑鄙者的通行证，高尚是高尚者的墓志铭”。任何人都有灰飞烟灭的一天，而李丹、方于夫妇最终留下的是闪烁的名字和悲壮的故事，流芳百世。

六、翻译理论

一种文化环境中的故事和人物要在另一种完全不同的文化环境中实现“伟大的再生”——用译语再现源语的文化内涵，达到文化意义上的对等。这就是翻译的实质，这就是翻译的真谛，这也就是评定翻译作品的标准。举一个有趣的例子，2012年3月16日《新闻晚报》有一篇“温家宝引用古文 张璐翻译令人拍案叫绝”的文章。讲的是在记者招待会上，温总理引用《离骚》诗句“亦余心之所善兮，虽九死其犹未悔”。由于中文和英文的文化背景差别很大，其中深刻的文化内涵很难在翻译中体现出来。但张璐的翻译很巧妙，把“九”翻译成“thousand times”，非常贴切，“汉语习惯说‘九死’，英语一般要死上thousand times（一千次）才够。”这就是中英两种文化的文化内涵。这个例了虽然简单，但它却恰恰告诉我们：翻译不是两种语言的对等，而是由语言所体现的两种文化意义上的对等。加拿大著名书话作家曼古埃尔说：“然而，有时文化也能通过翻译得到拯救，此时译者辛苦而乏味的追求就变得正当了。”[①]

小说是什么？小说的灵魂是通过叙述故事、塑造人物来表达作者的思想感情。因此，仅有两个人在语言、文学和文化方面的绝佳搭配还不够，翻译家还必须对原著充满激情。几乎翻译了日本村上春树所有作品的杨少华教授指出：“村上春树对译者的要求是，对作品要有‘充满偏见的爱’。而我自忖，翻译不仅讲究语言、语法、语体，还讲究气质、心灵、境界，作者与译者需要在精神层面能够对接。”[②]

1. 翻译的“信、达、雅”理论

这是我国清末新兴资产阶级启蒙思想家严复在其译著《天演论》中提出的翻译理论：信、达、雅。信者，真也，真者，不伪也；达者，至也，至者，无过无不及也；雅者，文学性也，文学性者，当雅则雅当俗则俗也。换句话说，翻译作品内容忠实于原文谓“信”，文辞畅达谓“达”，有文采谓“雅”。信、达、雅齐备，则人“化境”；然而“彻底和全部的化，是不可实现的理想”，于是而求“神似”。

2.“功能对等”翻译理论

曾到过96个国家的一百多所大学讲学的美国杰出的语言学家、翻译理论家奈达，1964出版了理论著作《翻译的科学探索》，提出了“功能对等”的翻译理论。他指出：“翻译是用最恰当、自然和对等的语言从语义到文体再现源语的信息，创造出既符合原文语义又体现原文文化特色的译作。”并认为，如果形式的改变仍然不足以表达原文的语义和文化，可以采用“重创”(即重新创作)这一翻译技巧来解决文化差异，使源语和译语达到意义上的对等。奈达的这一理论对世界翻译界产生了巨大的影响。奈达理论强调的是“语义和文化”，是“重创”——用译语再现原文的文化内涵。多么深刻，多么一语中的啊！

翻译者不仅应该是源语和译语两种语言的专家，而且还必须是两种文化的专家。加之，两种文化环境在历史的和现实的方方面面差异太大，几乎使任何专家都望尘莫及，因此奈达理论上的翻译境界，是一种目标，一个理想。再怎么优

①曼古埃尔：《恋爱中的博尔赫斯》，上海华东师范大学出版社2007年版，第120页。

②深圳特区报，2011年7月4日。

秀的翻译作品总会有或大或小、或多或少的瑕疵，这是翻译作品存在着的一个普遍性的问题。对此，美国专栏作家尤金·菲尔德在其《书痴的爱情事件》中有着清楚的论述：“每一种译本，无论译得有多么好，总会要丧失掉一部分生气和神韵。”翻译不可能做到像复印一样，“只是简单的替换行为”。[①]

3. 翻译的美学观——“神”与“形”的和谐

（1）重神似不重形似：“翻译应像临画一样，所求的不在形似，而在神似。”采用移花接木的方式，将中国古典美学运用于翻译理论，借助绘画和诗文领域里的“形神论”来探讨文学翻译的艺术问题。我国翻译家傅雷说过：“要求传神达意”，“意在强调神似”，“神”依附于“形”，而“形”是“神”的外壳，“形”与“神”是一个和谐的整体。

（2）“神”与“形”的和谐源于译者的再创造：傅雷曾指出：“译本就是译者使用中文完成的创作。”傅雷还提倡，再创造的“译文必须为纯粹之中文，无生硬拗口之病”。在当时新文化运动所推崇的白话文仍处于有待完善的阶段，傅雷创造性地采取了在白话文中加入方言、行话、文言和“旧小说套语”等办法来转达原文的风格和“神韵”。

（3）“神似”与“形似”和谐体现中西美学之精髓：“任何艺术品都有一部分含蓄的东西，在文学上叫做言有尽而意无穷，西方人所谓的弦外之音。作者不可能把心中的感受写尽，他给人的启示往往有些还出乎他自己的意料之外。”“神似”与“形似”和谐的实质在于，既表达出语言的“确定点”——“显形”，又表达出语言的“未定点”——“隐形”，使之既传神又达意。

4. 翻译作品的“赏味期限”和“不清白”

日本作家村上春树曾提出，翻译作品是有“赏味期限”的，也就是保质期。过了一定的“赏味期限”，译文就跟不上语言演化的脚步了。在这方面有读者写出了实际体会：读梭罗的《瓦尔登湖》，我本来想借最早的徐迟译本，因为1949年将该书引入我国的译者就是写《哥德巴赫猜想》的大作家徐迟。我流连在书架前，发现《瓦尔登湖》有近10个譯本。大致翻了一下，徐迟譯本有些偏于文言，

---

①尤金·菲尔德：《书痴的爱情事件》，北京，中华书局2004年版，第48页。

就另外又挑选了二个譯本。借书时图书馆员特别看了我一眼，似乎在问为什么同一本书借了三个版本。阅读的过程中，我没有用徐迟譯本，不是翻译好坏的问题，而是其譯本偏于文言过了“赏味期限”。60多年来，我国文化大环境演变了，翻译作品必须跟着变化，虽然这种变化是被动的，但却是必要的。

曼古埃尔认为：“没有任何翻译是清白的。每种译文都暗示着一种阅读，一种在主题和阐释方面的选择，一种对其他文本的拒绝或压制，一种由译者借助作者之名强加的再定义。”[①]这些话语是深刻的，是经过深思熟虑的。仔细想想，一个简单的理由就可以解释：所有的阅读都是读者个人对原文的理解，都必然是主观的。因此，译者也同样，他对原文的理解当然也是主观的；进而，译者在自己对原文主观理解的基础上，再选择当地语言进行翻译，这无论如何也必然产生差异。我们这些读者阅读的就是在“对原文主观理解”和“翻译差异”的基础上读译文。

这种翻译作品的“不清白”是客观存在的必然，不是译者的主观行为。如果译者再加之不正当的有意行为，那就超出学术之外而带上政治、宗教、利害关系、伦理等“色彩”了。举一个例子，在瓜拉尼，为了让土著人信奉基督，利用翻译将其远祖那满都变成了基督上帝。“历史上，对翻译的审查曾以各种微妙的形式得以施行，在一些国家，翻译是将‘危险’作家的作品净化的手段之一。”[②]

①曼古埃尔：《恋爱中的博尔赫斯》，上海华东师范大学出版社2007年版，第114页。

②同上，第120页。

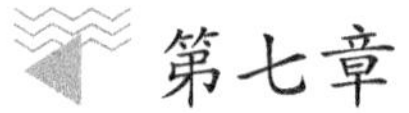

第七章

文　本

文学四要素理论中，文本处于核心地位，即作者创作文本和读者接受文本，这是在任何情况下都没有变化的。变化之处在于文本脱离作者和语境的束缚，变成了“悬置”于作者和语境之外的、随读者阅读时所处的语境而放开地阐释文本意义，从而造就了“文本的解放”。

一、文本

1. 概念

（1）文本的定义：法国诠释学家利科言简意赅地将文本表达为“任何由书写所固定下来的任何话语”[①]，十几个字，但要理解它们却并不简单。

文本是书面语言的表现形式，书写所固定下来的话语。从文学角度说，通常是具有完整、系统含义的一个句子或多个句子的组合。一个文本可以是一个句子、一个段落或者一个篇章。文本比较普遍的是由一系列句子组成。法国作家、诠释学家和文学评论家罗兰・巴特（1915-1980年）讲，文本一方面是能指，即用以表示具体事物或抽象概念的语言符号；另一方面是所指，即指语言符号所表示的具体事物或抽象概念。

（2）概念溯源：“文本”一词来自英文text，另有本文、正文和课文等多种译法。文本从中文词源来说，它表示编织的东西。“文”取象人形，指纹身、花纹。《说文解字叙》：“仓颉初作书，盖依类象形，故曰文。”物象均具纹路色彩，因以“文”来指称。

①利科：《解释学与人文科学》，河北人民出版社1987年版，第148页。

“文本”一词广泛应用于语言学和文体学，也在文学理论与文学批评中扮演活跃的角色。它含义丰富而不易界定，给实际运用和理解带来一定困难。一般地说，文本是语言的实际运用形态。而在具体场合中，文本是根据一定的语言规则而组成的语句系统，有待读者阅读。

《新科学》作者维柯将人类史划为三个时代——神的时代、英雄的时代和人的时代，相应的语言是：象形文字、象征符号和拼音文字。“在上述三种文字形态中，唯有拼音文字的发明代表一种根本性的转变，因为拼音文字有利于抽象，因为它确立平等与法治，并把知识从全能的神之意志或专制的国家意志中解放出来。”①

2. 文本的发展变化——四个阶段和三次飞跃

人类文明最重要的标志是语言文字，从口语到文字，从文字到书籍是文明发展的飞跃。书籍是人类历史的记录和未来发展的依据。书籍是外在形式，其内在形式是作品，当今书籍已发展成为作品、文本和超文本（电子书）的统称。

文本的发展变化，历经了四个阶段和三次飞跃：四个阶段是口头传诵、作品、文本和超文本；三次飞跃是从口头传诵到作品、从作品到文本、从文本到超文本。对于人类的发展来说，这是多么伟大的进步啊！前两次飞跃，即从口头传诵发展到作品，从作品发展到文本，历经了数千年的漫长时间。而第三次飞跃，即从文本发展到超文本，仅经历了几十年短暂的时间，显现出了人类历史发展的进程越来越快。第一和第三次飞跃在书籍的外形上非常明显，一是从无到有，一是从有到无；而第二次飞跃在书籍的外形上是看不见的，是作品和文本的内在变化，而且变化是巨大的。可能就连我们这些每天接触书籍、做图书馆工作的人大多也没有觉察到，所以需要重点、深入地进行学习和研究。为此，需要深入探讨作品、文本和超文本三者的特点、相互关系以及三次飞跃。

第二次飞跃即从作品到文本，发生在上个世纪六七十年代，引起了西方文学界和学术界的巨大变化。“文本”这样一个并不引人注意的概念，大行其道，大有对几千年历史传承下来并一直在流行的“作品”概念取而代之之势。影响这一场巨大变化的带头人物是法国著名文学理论家罗兰·巴特。1968年他发表了《作

① 罗杰·夏蒂埃：《书籍的秩序》，北京，商务印书馆2013年版，第11页。

者之死》一文，在过去的很长时间里，作者一直占据着文学四要素的中心地位，读者和文本处于附庸从属地位。这样一种惯常的思路渐渐地根深蒂固于人们的头脑之中。此文给以作者为本位的观念一个颠覆性的打击，从而使读者和文本的重要意义得到重视。1971年巴特又发表了影响极其深远的理论论文《从作品到文本》。这篇论文被视为清楚地阐述了西方的文本理论。从“作品”理论到“文本”理论是巴特思想的一个重大转折，此后文本逐渐成为一个具有特殊涵义的概念，甚至成为区分新批评和传统批评的关键词：新批评研究文本，传统批评谈论作品。在西方六七十年代文学批评实践中，一个非常突出的现象就是，“作品”这个词语出现的越来越少，而“文本”这个词语越来越占据了统治地位。作品地位的陨落，有如在文学界发生了一次强烈的地震，也波及到社会科学等与文化相关的学科，其波动势头势不可挡。

“文本”一词被译为中文并在八十年代进入中国，直到九十年代才逐渐成为我国文学批评话语中的关键词。但此时西方文学批评界中所发生的却是传统的回潮。但回潮并没有影响巴特的知名度，文本被广泛地使用着，巴特的文本理论已经被奉为经典，其思想遗产在当代的学术地图中仍然占据了一个重要的位置。

从口头传诵经作品到文本再到超文本，这反映了人类从蛮荒到文明再到现代信息文明几千年的发展历史。这些变化直接影响到阅读，应该深入认识这些变化，以指导我们的阅读。

3. 文本载体、制作技术和物质形态

文字记录形成了文本，人类历史上文本有多种多样的物质形态。

首先，从承载文字的物质载体看，历经了苏美尔的泥板、中国的龟甲或兽骨、古埃及的莎草纸、中国的竹简木牍、古罗马的羊皮纸，直到公元1世纪中国东汉蔡伦发明了纸张。纸张的发明才使人类使文字记录有了易用、价格低廉、普及并造福于人类的书写载体。

其次，从文字书写技术看，历经了手工刻写、笔墨书写、中国的雕版和活字印刷，直到德国人古腾堡于公元1445年发明金属活字印刷术，继而公元15世纪出现全新复印法的变革。

再次，从书写载体的形态看，早期的卷轴装，在西方公元2至4世纪以本、册代替卷、简，中国唐末宋初亦出现册页形式的书籍。

第四，从书写的形式看，西方书写的标点具体化是在公元7世纪后，中国则是在公元15世纪才有粗略的断句记号，而标点的具体化则是西学东渐后的公元20世纪之初。进而又在书页上出现“留白”等做法，方便读者阅读。

第五，从阅读实践的发展看，早期是朗读，中世纪出现默读及后来的默读代替了朗读。这是一场变革阅读实践的革命，最后是上世纪开始的电子革命。

可见，书籍一直都是在变革之中，这就意味着人类的书写文化在历史长河中发生了多次大的革命。因此，国内外的许多专家，将拼音文字的出现，造纸和印刷术的发明，视为知识交流及文本储存条件转变的契机，同时也视为权力批判与权力实践之模式转变的契机。

二、文本理论

法国诠释学家罗兰·巴特以其著名论文《作者之死》《文本的理论》和他的说法“文本一问世，作者就死了”，以及他相应的实践活动，影响和风行于20世纪60年代。这就形成了著名的“文本理论”。其理论独具匠心，尤具代表性，极富当代意义。

2004年获得美国国会图书馆克鲁格人文与社会科学终身成就奖（有人文领域诺贝尔奖之称）的法国诠释学家利科（1913—2005），以其闻名的著作《诠释学与人文科学》《哲学主要趋向》《解释的冲突》，贡献于文本理论。利科同样强调文本的独立自主性，把自主性理解为“文本对于作者的意图、作品的情境和最初的读者的独立性”。诠释学家眼中的世界是通过文本而呈现的世界，文本就成了理解世界并理解我们自己的中介。

1. 诠释学视野下文本的开放性

（1）“作者已死”文本解放：罗兰·巴特的著名文章《作者之死》，吹响了文本解放的号角，从此文本不受作者和时空约束，可在任何时间、任何地方被直接阅读，产生相应的意义。

（2）文本阅读的多义性：作品是一个封闭的客体，可以从外面检视它；而文本的实践是以语言及其意义的无限性为基础的，因此其意义分析是多元的。文本经阅读产生的多义性，使得很难有文本意义的评论家，其随读者和时空的变化，

“在每个时刻都是新的”。

（3）文本互涉理论：又称文本的互文性。互文性是指不同文本之间的相互关系，任何一个文本都是在它以前的文本的遗迹或记忆的基础上产生的，或是在对其他文本的吸收和转换中形成的，因为任何一部文学作品总是浸润在该民族的文学、哲学、宗教、传统、习俗、传说等构成的文化体系之中，同时又与世界上别的民族文化有着相互影响、借鉴、交融等千丝万缕的联系。文本可以互相引用、转换、重新组合语言等。有理论家认为，文本互涉是文本得以产生的条件，过去文本是新文本产生的基础。

（4）阅读被赋予新的更高层次的意义：书籍是人类知识的宝藏，文本的开放性就是知识宝库的大开放。如果说，在作品的封闭性时代，人类的认知能力受到限制；那么在文本的开放性时代，人类的认知能力获得大解放。这样，阅读的作用就跃上了一个新台阶，在认识论上被赋予了新的更高层次的意义。

（5）文本的独立和互文性创生了文献网络：文本独立后，文本的互涉和文献引文之间创生了文献网络体系，其与计算机互联网相互结合，产生超文本，极大地促进和发展了情报检索，相应促成了“超阅读”和“超写作”。

2. 文本间距化理论

为了强化文本的自主性，利科推进了诠释学家伽达默尔的“距离”理论。在一般的理解中，“距离”被看作是达成正确理解的障碍而遭到排斥，而伽达默尔则为“距离”作了理论平反，认为它是理解得以进行的基本条件，是理解过程中的建设性和生产性因素。利科也主张把“距离”看作生产性因素，认为人们正是在距离中并通过距离展开交流的。

“间距”(distance）是诠释学中一个极为重要的概念，亦称“间性”，它是用来表示理解者与被理解对象之间差距的范畴，这种差距可以在时空、心理、文化、社会、种族等具体层面体现出来。利科在充分肯定伽达默尔对间距问题探讨所作的理论贡献之基础上，他更偏向于讨论间距化问题。当然，间距化本身就指涉着间距，是其现实化。在积极意义上，利科把间距化看作人文科学客观化的条件，而在消极意义上却将它视为对原初关系的一种撤离与隐退。

第一种间距化是作者的主观意愿与说出来的意思之间的间距：如言不尽意、言不达意、或言过其实等。作者所说的东西是通过文字来表现的，但文字有词法和句法规则，“一字多义”等是普遍现象。这些规则是不受作者主观意向左右的。言说行为的多义性在文字中得到了扩张，文字传得越久远、越广泛，间距化影响越大，这即效应史。

第二种间距化是作为作品的文本与它的作者意图之间的距离：文本因为脱离了作者创作时的特定语境，获得了一种自主性，从而使得文本的意义与作者的主观意图不尽一致。利科认为书面的东西，即文字，始终不等于言语，文字写出的东西比言语要么多些，要么少些。当我们记下某人口述的东西时，记下的东西与口述的东西有间距，后来的读者在解释时更不理会这些文字是否真的表达了口述者的意思，他们只按文字去理解。口述史一经写出，就不是什么口述史，而是文本的历史，对口述史的的真实性产生了疑问。

第三种间距化是文本语境与日常口语语境之间的距离：众所周知，记下的东西与听到的东西常常是不一致的。听者在听别人说话时有情境在起作用（如手势、眼神、语气和周围环境等）。因此，看别人的演讲记录与当场听讲的效果永远是不一致的，我们通过文字文本去理解的意义与原来的听者听到的东西始终是有差异的。

第四种间距化是文本中的表面指称与实际指称之间出现间距：指称是指词语在文章或言谈中的具体称述对象。如果说言谈中的指称对象受言谈情境的制约，那么，在书写的文本中除上下文之外这种情境的制约因素不再存在。书写文本的语词指称对象的范围比言谈中语词的指称对象的范围要大得多，由于想象的作用，对文字的理解比对言语的理解反而更加自由，这是一种意义的解放。在隐喻和象征中，实际指称对象与表面指称对象的不一致尤其明显。语词的新义与原有的意义距离越来越大，从而造成了语词空间的扩展。

另外还有一种**文本的间距化是时间间距**，文本需要花费时间或成为经典或被风化。一部作品能否成为经典，必须经过时间的考验，这是天经地义的、历史的结论。时间的洗礼，有如自然界的风化作用。假如风化的作用胜过经典化，一部作品最后就会消失；相反地，如果这部作品变成经典的作用力较强，胜过风化，变成经典作品。这里的风化是指，作品的命运如何，来自广大读者的阅读。日本语言大师外山滋比古先生写道：“如果在你从事读书百遍的行动时，风化的作用比变成典型的作用强，你就会逐渐失去兴趣，无法有耐心地反复阅读。如果能耐心地读，书中精华的部分就会不断崭露出来，成为一本好书。换句话说，这本书对你而言，就逐渐蜕变成一本古典书籍了。”[①]其实阅读的强大力量，就是一种让作品朝经典迈进的阅读，但必须花费长久的时间等待。“通过时间的积淀，有价值的东西就变成古典。没有价值的东西，自然被忘却，而走向毁灭。”[②]

中国有句古话“读书百遍，其义自见”。经典非常难懂，“古典的东西当然不可能一读就懂，必须重复阅读好多次，过程中不理解的东西自然就能理解，这就是所谓的读书百遍。”[③]但是欲达到这样的读书境地，并非靠一个人，而是期待由社会上大多数读者不断重复阅读，经过无数岁月才有可能实现。中国成语“韦编三绝”是讲孔子晚年读《易经》的故事：因重复读无数次，竹简书的缝线断了三次。中国古人选取原版经典作为素读（指不懂的书反复读、甚至背诵）的材料，真是智慧之举。国外有识之士也非常重视重复阅读。19世纪英国思想家、艺术家约翰·拉斯金的母亲，从拉斯金3岁起每天给他读一小段《圣经》，一年后《旧约》和《新约》读完一次，读到15岁，拉斯金记住了半部《圣经》。可见，欧洲也有素读，不断重复读，自然就能背诵。素读是旧的读书方法，但它经历过时间的考验，并非陈腐；新事物没有经历过时间的考验，以后也会变成旧事物，但旧的东西就没有变旧之虞了。

文本的间距化不仅使解释成为必要，而且使解释成为可能；文本的间距化既使读者对作品的理解变得困难，又使读者对文本的阐释具有创造性。

3. 文本存在的时空际遇——悬置

利科认为，“文本间距化”是指文本因脱离其创造者以及产生这一文本的文化条件而造成的远离效应。文本就是为克服当下性或者说克服时空的有限性而存在的。这样一来，文本自身仿佛成了一个有着自己的生命的独立的世界、一个脱离时空的悬置的世界——“文本的世界”。间距化恰恰是一种解放，使读者不必拘泥于作者的意图，也不必拘泥于作者写作文本时的时空条件——语境。间距化保证了意义的客观性的扩展以及意义空间的扩大。文本世界充满了意义，而此意义是独立于个人意向的，因此它不同于主观的随意安排。这显示了文本意义的客观性并保证解释的客观有效性。在此基础上，诠释学家们进一步发现，间距化是

①外山滋比古：《阅读整理学》，北京联合出版公司2014年版，第167页。

②同上，第170页。

③同上，第142页。

积极的和创造性的，是新意义的创生。

伽达默尔发现间距化就是疏远。对他们来说，文本展示了人类经验的历史性的基本特征，即，它是在距离中并通过距离而进行的沟通。这种远离效应使作者原意难以成为原意，或者，这种远离效应会损害原意。正因如此，几乎所有宗教经典的捍卫者都反对不经权威授权和认可的宗教经典翻译，因为他们认为每一次翻译都是一次疏远，都为曲解和误解提供了可能性。与那些宗教权威的理解不同，利科从翻译而造成的间距化中看到的是积极的方面，因为他认为文本本身就是间距化的结果，没有间距化就没有文本。作者的意图与文本的意义本就是不一致的，无论是从文与言的关系看，还是从文与思的关系看都是如此。换言之，间距化是一个客观事实，并且是与文本相伴而生的必然现象。

三、从口头传诵到作品

1. 从口头传诵到作品

一般认为，口头语言约起源于5万年前，而文字约起源于6千年前。

古代文学，在文字还没有流行的时候，多是口头传诵和说唱的形式，如西方吟游诗人为听众朗诵，在此基础上形成民间文学。民间文学的特点是口头性、传承性、集体性和变异性。

公元前4000年，在两河流域的古巴比伦，“发展了一种永远改变了人类沟通本质的艺术：写作的艺术。”[①]将符号刻写在泥板上，作为计数等记忆装置，这一发明胜过了大脑的记忆，成为了可以跨越时空的人类永久性记忆。现在发现的人类最早的文字是公元前3300年至3200年间由苏美尔人创造的楔形文字，距今已有5000多年历史。我国发现最早的文字甲骨文，属象形文字，为公元前14世纪中期至公元前11世纪中期商朝遗物，距今有3000多年历史。文字的出现，改变了口头传诵的历史。有了合适的书写材料，如我国的龟甲、竹简，西方的泥板、莎草纸等，这促进了文字的流行和发展；进一步将口头传诵的内容记录下来，逐步形成了民间文学的文字手抄本，这就成为了古代的作品或书籍。这些书籍初期是传抄，整理者即为作者。印刷术的发明，改变了书籍的历史。印刷术是我国古

① 曼古埃尔：《阅读史》，北京，商务印书馆2002年版。

代四大发明之一，隋唐之际（7世纪左右），发明了雕版印刷，宋庆历年间（公元1041—1048年），毕昇发明了胶泥活字印刷。在中国发明活字印刷的影响下，公元1445年，德国人约翰·古腾堡发明了铅活字印刷。传抄的作品经过印刷出版，就成为了比较正式的书籍或作品。

18世纪法国哲学家、启蒙运动的最杰出代表人物孔多塞在其《人类精神进步史表纲要》著作中，论述了三种文字中最后一种拼音文字在人类精神历史上的作用。因为拼音文字与所有再现事物的形式相决裂，就因为它剥夺了图像和符号的各种外衣，打破了祭司们对解释权的垄断，所以它赋予所有人“一个认识真理的平等权利”“所有人都有可能追求进而发现真理，并将之传播出去，即完整地传播给所有的人。”[①]这样一来，“人类的进步就永远地”获得了保障。让祭司专职祭祀，让求知获得独立，这与其说是城邦制度所带来的自由，还不如说是希腊人引入和使用了一种新方法来标记语言所导致的结果：“只需要十至二十几个字母，我们便能书录一切。”这是我国没有几千个字便不能阅读的象形文字所望尘莫及的。

民间文学典型的代表是中国的《诗经》和西方的《荷马史诗》。《诗经》是中国最古老的一部收集了西周初年至春秋中叶（公元前11世纪至公元前6世纪）的诗歌总集。《荷马史诗》最初是由古希腊民间歌手口耳相传的口述故事，后由古希腊盲诗人荷马编订，大约也在公元前6世纪中叶成书，形成了古希腊以及古代西方最伟大的作品。这种发展历程决定了民间文学作者的不确定性，无论孔子还是荷马，都不是原作者。

而后世界上亦产生了一些论说文经典，如中国的《论语》和希腊的苏格拉底《对话录》。《论语》是孔子的弟子们记载中国古代著名思想家孔子及其弟子的语录而成书。《对话录》是苏格拉底弟子柏拉图将希腊古代著名思想家苏格拉底的对话记录下来而成书。这两部著作就是世界上最早的论说体作品了。

2. 从现代文学理论到作品理论

“作品”一词，360百科的定义是：“通过作者的创作活动产生的具有文学、艺术或科学性质而以一定物质形式表现出来的一切智力成果。”这样，作品就包括了文学、艺术、科学和工程技术等各门类创造出来的智力创作产品。

①孔多塞：《人类精神进步史表纲要》，北京，生活·读书·新知三联书店1988年版，第124页。

欧美现当代文学理论大师、美国艾布拉姆斯教授于1953年出版了《镜与灯——浪漫主义文论及批评传统》，这是现代文学理论的扛鼎之作。书中提出文学活动应由四个要素构成："作品、生产者、宇宙和欣赏者"，即著名的影响至今的文学四要素理论。

四要素理论中对"作品"的说明是：作为显示世界的"镜"和表现主观世界的"灯"，作为作家的创造物和读者的对象，是使上述一切环节成为可能的中介，作品既是作家本质力量对象化的显现，又是读者接受的对象，自然成为了四要素的核心。（注：本书第六章开篇已有介绍）

3. 口头传诵到作品，其原意发生了难以想象的变化

民间的口头话语经文字记录而成为了作品，应该指出，记录下来的文字绝对一对一完全同于口头话语。在这里，绝不能小看了白纸黑字的文字记录——作品，它的出现在人类文明史上具有重大的里程碑意义。

第一，文字可以久远保存。人类社会漫长的蒙昧时代的话语全都消失了，而白纸黑字使人类的一切活动有了永久性的记录。一位读书人孙重人在其所著《读来读往》一书的序中写道："记忆湮渺，只留一片鸿蒙的汪洋。""书写体系之文字，犹如'投射到幽暗深井里的一缕光'，为人类把记忆、对话和思维置于一己之外，提供了一种全新或全面可能的保存形式。"

第二，作品记录的文字使其对应的原话语脱离了原来的语境而独立存在。口头话语依赖于互相对话时的情景才能够明了讲话的全部意义，这就形成了对话时的语境。但将完全同样的话语记录下来的那些文字，脱离了对话时的语境，文字记录与谈话者的意向分离而独立存在。德国著名学者耶辛和柯伦在他们所著的《文学学导论》中曾写道："与依赖于情景的讲述不同，文字独立于它的产生语境继续存在。"[①]

第三，作品可以随机存在于新语境。话语一旦变成了文字，谈话者和原语境都消失了，这些文字记录可以超越时间和地域与新语境共处。

第四，作品随新语境而产生新的意义，即意义增值。作品的接受范围远远超过了所有谈话者，可以不受时空限制，为各个时代各个地域的读者提供阅读，从

①哈利泽夫：《文学学导论》，北京大学出版社2006年版，导言第4页。

而会产生新的不同的含义。法国诠释学家利科用“间距”概念来概括这种差异，间距的第一个特征就是书写的文字虽然完全同于口语话语但意义却超越了原意。《文学学导论》也写道，文字“一旦在纸上书写和发表，它就脱离作者的直接意图，在新的空间和历史环境中可以具有新的含义。”

与原话语对应记录的文字，由于脱离了原话语的语境，可以不受时空限制，为各个时代和地域的读者提供阅读；这样，尽管原话语和对应的文字记录完全相同，但文字记录可以处于任何时间空间的语境，则将会产生与新语境相应的不同于原意的新的意义。新语境是不可知的，新意义是不可预料的、难以想象的。这些新意义的产生，如百花齐放，万紫千红，将极大地促进世界文明的发展。这一点，其意义怎么往高往大里说，都不会过分。要知道，自从有了文字，人类才进入了文明时代啊！享年112岁超高龄的“汉语拼音之父”周有光先生曾有名言：“语言使人类别于禽兽，文字使文明别于野蛮”，这是多么贴切的结论啊。

四、从作品到文本

1. 从作品到文本

文本含义丰富而不易界定，一般地说，文本是语言的实际运用形态，是书面语言的表现形式。对文本的定义，西方学者倾向于接受法国哲学家和诠释学家保罗・利科的观点：“任何由书写所固定下来的任何话语”（前已提及），文本是最简单而稳定的文字形式。

与作品是智力创造的成果、精神性的产品不同，文本则是构成这些“智力成果”的“物质形式”，即能够表现和表示这些成果和产品的一切符号，如文字、图像、图形等。在传统的观念中，文本总是在与作品的关系中加以定义的，它的职责就是保证作品的物质基础，维护作品的确定性，其存在总是被限定为“某某作品的文本”，作品才是文本的依托和归宿。即使在强调“文本”重要性的接受美学那里，“作品”依然是价值的呈现方式和呈现者。

在文学领域，作品与文本处于很特殊的关系之中。一方面，它们似乎是同一的，比如说，“《狂人日记》这个文本”与“《狂人日记》这个作品”在某种意义上是完全相同的，它们都由同样的文字构成；另一方面，它们又处于不同的层面，作品总是意味着文本的“彼岸”，意味着比文本更深邃的地方，如果说文本意味着书面上的文字，那么作品就意味着文字之上的意义和价值。当某一个书写的产物被称为“作品”的时候，也就意味它有某种超出文字本身的东西获得了承认，正是这种东西让人们把它称为“文学作品”。

简单说，作品概念的形象就是从价值、作者和精神三个角度加以解释的文本。在此概念系统中，重要的不是“作品”和“文本”到底所指的是什么，而是通过这两个概念所建立的一个价值等级：文本是低级的，同时也是基础的，因为它是从字面上来理解的；作品是高级的，其特征是形象和象征，因为它代表了精神。文本，即作品之表象，是语文学的范畴；而作品，则意味着人生、社会、精神、美感等等，是文学的范畴。

2.“作者之死”与文本的解放

正常的作者与作品的关系相当于父子关系，这是一种合情合理的理解，因为作品出自作者，没有作者也就没有作品。但是这种父子秩序有其两面性。积极意义的方面是：第一明确了作者对作品的责权利；第二体现了作品的来龙去脉之根，可以根据作品评价作者及其创作；第三也可以根据作者写作作品的原初意义来阐释作品的内容和价值；第四通过作品这一完整的统一体能够窥见作者的身影、性格、文风和气质，即常说的“文如其人”。消极的影响方面是：第一作品的各方面都受制于作者；第二作者压制作品的自主性和规律性；第三忽略了作品的客观意义和价值常常会超越作者意向；第四束缚读者在阅读中对作品理解的创造性。其中第三点非常重要，如：世界经典《堂·吉诃德》主人公堂。吉诃德，17世纪的评价是疯子或傻子，18世纪的评价有所进步是严肃的道德家，19世纪比17世纪的评价简直是大翻身变成了不懈奋斗的勇士。这些评价均超出了16世纪西班牙伟大作家塞万提斯的原初意义。

巴特的文本理论引发了上世纪六七十年代“文本”地位的巨变，取代了作品，这一重大发展很快扩展到人文世界的方方面面，并从西方传到东方。发生这种巨变的原因很多，若简单讲，那就是作者与作品的父子关系不和谐了。早已固化而阻碍前进的父亲的意愿，随时空环境的改变，如紧紧缚在儿子身上的枷锁，禁锢儿子的发展；早已忍无可忍的儿子要与时俱进，向新的环境积极地开放和展现自己。在出生时就已预伏的“儿子超越老子、老子压制儿子”的矛盾爆发了。德国诠释学家伽达默尔认为，作者一旦用文字写出作品，这些作品将随时空环境的改变而发生相应的变化："通过文字固定下来的东西已经同它的起源和原作者的关联相脱离，并向新的关系积极地开放。"[1]对此，专家们也都纷纷否定作者在诠释中的权威，利科认为，在诠释过程中，"所谓的作者意向并不具有任何特权的地位"[2]《文学学导论》作者也指出："对文学分析来说，在方法上必须区分文本与作者视野：只有这样才能对文本的诸多独有特点展开相应的研究。"[3]

实践的发展证实了伟人们的论断,《诗经》《圣经》《红楼梦》《悲惨世界》这些世界级经典，无不在时空环境不断的变化中展示自己的魅力。《红楼梦》是封建社会悖逆的禁书，文革中的毒草，今天是美的艺术作品。真正有价值的作品正是在时间的流动和空间的开托中展现自己多维的立体意义身躯，在反复变化的长河中成为经典。试想，这样一些伟大的著作，人类文明的瑰宝，如果永远在僵化的原作者禁锢下，其意义永远是原作者的意向，不能够超越，不能够越雷池半步，那样，还能有人类文明的进步，还能有全社会的发展吗！为此，出路只有一条，那就是否定作者对作品的权威。滚滚潮流，势不可挡!

在文本理论中，作者的主体地位被颠覆，所谓的作者意向在诠释中并不具有任何特权地位，他成了一种"名义上的作者"。为此，1968年巴特发表的《作者之死》，是因为文本不存在所谓固定的原初意义，因而作者也就没有继续存在下去的必要了。这样，文本获得了自由，走向了开放，也获得了自身阐释的自由。巴特追求的就是一个"自由的阐释空间"。

3. 文本的意义奇迹般远超作品的原意

同作品必然与作者相联系，称为某某作者的作品不同，文本之所以成为文本，是因为"作者之死"，文本成为了一个具有自足意义不假外求的、有其自身规律性的语言系统。巴特自己从研究"作品"转向研究"文本"，他指出了文本的基本特性："从视文学作品为具有确定意义的封闭实体……转向视它们为不可还原的复合物和一个永远不能被最终固定到单一的中心、本质或意义上去的无限的能指游戏。"脱离了作者束缚的具有独立性的文本，完全不同于具有确定意义的封闭的实体——作品，犹如一匹脱缰的野马，其最大的特点就是成为了一个永

①伽达默尔:《真理与方法》，上海译文出版社2004年版，第1卷，第399页。

②利科:《诠释学与人文科学》，河北人民出版社1987年版，第13页。

③哈利泽夫:《文学学导论》，北京大学出版社2006年版，导言第6-7页。

远不能被固定到单一意义上的、无限开放的多维的立体的阐释空间。文本的词语符号不再是明确固定的意义实体，其含义超出自身，具有多种可能性，文本是一片“闪烁的能指星群”，任何分析都无法将文本的意义确定下来。读者的阅读活动才使文本由“可能的存在”而达到“现实的存在”；文本是开放的召唤结构，文本之间还具有互文性，敞开胸怀，有待读者在任何时间、任何空间以任何方式阅读。作品与文本不同，它一旦被写成和出版，就成为一部书，一个“自成一体的实体”。例如《红楼梦》，作为一部“作品”可以放在图书馆中，摆在书桌上，其文字内容是不可再改变的、封闭的。

理解文本的关键是文本的指称。指称有两种形式，巴特指出：“作品则接近所指”“文本，则相反……其范围就是能指部分。”[①]文本的能指是所指的无限延迟，能指的无限增殖。作品具有固定的、确切的意义，人们亦假定作品的所指是隐蔽且基本的，阅读就是试图寻找作品的所指，发现所指的确切含义，此种方式构筑了传统作品的阐释性的解读；而文本成了能指的天地，具有自由任意地互相指涉的无限可能性，在能指的漂浮中，意义成为一个开放的延迟过程，需要在不断的阅读和阐释过程中进行建构。

而且，文本既然脱离了作者，读者在阅读文本时，就无须从文本中揣摸作者的意图，也无须从作者的意图中推测文本的原意。我们要理解的不是深藏在文本背后的作者的意图，而是文本向着我们所展示出来的一切；也不是早已凝固于文本之中的建构，而是这个建构所开启的可能世界。作品的意义有如被作者关在一个房间里，不能越雷池半步，而文本则飞出了房间——牢笼，天广地阔，大有可为。例如，玄奘口述的《大唐西域记》一书，于唐太宗时代即公元646年完成，九百多年之后，明代吴承恩（1500年—1583年）以《大唐西域记》为蓝本，结合他个人的所见所闻，遐思迩想，创作出了我国四大经典小说之一的《西游记》。

不同读者的阅读会获得与作者无关的不同的体验，阅读是对文本的一种再创作；不仅如此，通过读者在阅读过程中与文本的共同创作，使文本产生很多新的意义。因此，对文本意义的阐释，必将导致不只一种解释，并发展成具有哲学诠释学性质的多元化理解。反之，作品被视为作者精神的物质外化，是作者思想情感观念的客观表达，读者阅读的意义仅在于力求在作品中把握作者要表达的确

①巴特：《语言的轻声细语》，北京，中国人民大学出版社2022年版。

定的意图，不能违背，谁理解得越接近于作者的创作意图和目的，谁就是好的读者。这样，对作品意义的阐释，只能有一种解释。

五、从文本到超文本

1. 从文本到超文本

超文本（Hypertext），指用超链接的方法，将各种不同空间的文字信息组织在一起的网状文本。从技术上讲是一种按信息之间关系非线性地存储、组织、管理和浏览信息的计算机技术。一位学者说得好：“将纸质文本变成电子文本，不仅仅是改变了文本的‘呈现’方式，更重要的是使得文本有了‘接通’其他文本的可能。”①这种“接通”，一方面依赖于计算机技术，而另一方面则依赖于文本的互文特性，为这种“接通”提供了超文本的结构基础。进一步设想，可以建立所有文本构成一个普遍的网络，世界被视为一个巨大的图书馆。这样，超文本的出现，可以产生一个具有互动性的可移动的巨大的互文，“文本不再是完成的产品，而是被视作可变换的、可移动的……。”②

现在普遍认为美国学者德特·纳尔逊是“超文本之父”。1963年德特创造了术语“超文本”，1981年他在其著作中使用术语"超文本"描述了想法：创建一个全球化的大文档，文档的各个部分分布在不同的服务器中，通过激活称为链接的超文本项目，如研究论文里的参考书目，就可以跳转到引用的论文。人们也认为超文本的概念源于更早些的美国人范尼瓦·布什。他在20世纪30年代即提出了一种存储扩充器的设想，预言了文本的一种非线性结构，1939年写成文章*As We May Think*，于1945年发表于《大西洋月刊》。文章呼唤在有思维的人和所有的知识之间建立一种新的关系。但那时候还没有电子计算机啊，虽没有变成现实，但他的思想在此后的多年历史中产生了巨大影响。由此，人们尊称他为“超文本始祖”。

互联网是超文本的载体。从载体的发展历史看，国外有泥版、陶版、兽皮、莎草纸和纸，国内有甲骨、青铜、碑碣、竹木、缣帛和纸。电子载体同它们的区

①傅修延：《文本学》，北京大学出版社2004年版，第328页。

②哈利泽夫：《文学学导论》，北京大学出版社2006年版，第6页。

别是：第一，利于书写和修改、誊抄；第二，易于复制和长久保存；第三，便于流通、交流与发收电子邮件等。

电子革命，无疑要比印刷术革命彻底得多，不但改变了文本再生产的技术，同时还改变了将文本传递给读者之载体本身的形式和结构。印刷书，至今仍然是手抄本的直系继承者：装订结构、由大到小的开本等级，以及方便阅读的种种附件（各种索引、目录等）。用电子屏幕取代装订书，是对其的彻底颠覆，因为此时被改变的是文本载体的组织模式和结构模式。

超文反映了信息文明时代文献的伟大变革和最新发展。其“革命性”不仅涉及文本，而且也关系到阅读和写作，从而形成了超文本、超阅读和超写作。

2. 从超文本到超阅读

如果说超文本是用超链接的方法，将各种不同空间的文字信息组织在一起的网状文本，那么超文本更是一种用户界面范式，用以显示文本及与文本之间相关的内容。读者以电子文档方式阅读超文本，就形成了相应的非线性阅读——超阅读（hyperreading）。

现时超文本普遍以电子文档方式存在，其中的文字包含有可以链结到其他位置或者文档的连结。它将自然语言文本和计算机交互式地动态显示线性文本的能力结合在一起，在文档内部和文档之间建立关系，正是这种关系给了文本以非线性的组织。超文本特点是多重链接、可跳转到随机性文本，多媒体技术为超文本增添了表现力，允许从当前阅读位置直接切换到超文本连结所指向的位置。文本的消费格局历来是：你说我听——你写我读——你演我看，这里永远是消费者以被动的方式接受声音、文字和图像，历来没有变化；然而，卡拉OK开始显示了这种被动方式的松动，听者可以主动参与歌唱。超文本的多重链接、跳转和多媒体技术，已经为读者的超阅读提供了灵活参与的非线性的阅读方式。

超阅读有三点值得注意：第一，是一种在线状态的电子阅读，正如语言改变了人的思维一样；第二，超阅读是一种忽略文本外在因素的阅读。互联网将所有文本剥去外套（各种载体）放在一个平面上，不管新老贵贱，它们同读者都同样距离，没有差别。英国20世纪最有影响的诗人、《荒原》作者艾略特在《传统与个人才能》中有一句名言：从荷马以来的所有欧洲文学都是同时并存着的，并且构成一个同时并存的秩序，这种秩序只有在超阅读中才能够体现。第三，超阅读

是一种不受限制的浪漫式阅读。以计算机所储存的大量数据为基础，使得原先的线性文本变成可以通向四面八方的非线性文本，读者可以在任何一个关节点上停下来，然后点击、进入一重又一重文本，理论上，这个过程是无穷无尽的。

3. 超文本、超阅读和超写作形成了“文本乌托邦”

超阅读源于超文本，超文本自然应该源于超写作（hyperwriting）。“超文本之父”纳尔逊说：“我用超文本来指代非连续性的写作。有两个理由决定了普通写作是连续性的：第一，普通写作来自于说话和对说话的摹仿，而说话必须是连续性的；第二，书籍如果不是连续性的就没法阅读。但是思想的结构却是非连续性的。”这话实际上给超写作和普通写作下了定义，并用思想结构解释了非连续性写作的合理性。

巴特对“写作性文本”的描述，像是奇思异想，然而，计算机网络技术的出现轻而易举地实现了他的梦想。计算机以及计算机网络里的虚拟现实形成了赛伯空间，它提供了超写作空间。90年代lunix软件是集体写作产物，美国《超文本旅馆》开辟了网络小说接龙历史，1998年中国《虚拟曼荼罗》是超写作尝试。《诗经》《荷马史诗》均是集体长期创作，而孔子和荷马仅是编订者，真正的创作者是几百年间参与创意、传播的人民大众，那是原始状态的超写作。那是一种尊重共性的写作，不久的将来一定会出现现代版的《诗经》和《荷马史诗》。巴特在《写作的零度》中所论述的写作与今天的超写作十分相像。如果把超文本想象为一座城市，必然四通八达，则一位作者死了只是宣告单向通行规则的作废；巴特向读者发出的加入文本创作的邀请，人机互动技术使之可能；“作者已死”解除了对文本单一意义的权威控制，那些愿意把作品放到网上的作者已经心甘情愿地放弃了这种控制。

巴特的文本理念在互联网世界中被实践着。读者畅游于超文本世界，进行不受限制的浪漫式的超阅读。既无对作者之虑，亦无功利之欲；既无中心，亦无边缘，四面八方纷至沓来；“超文本”使得每个读者摆脱了文本线性的控制，可以随意地在哪个地方停下来，进入另一个文本；传统阅读是见树不见林，而超阅读则相反，见木又见林。读者自由阅读的同时还可以进行超写作，即书写文本，现在，读者成了真正的上帝，他才是最后的文本的生产者。巴特在《从作品到文本》中试图构建的一个“文本乌托邦”，现在，超文本、超阅读和超写作实现了巴特的理想，其实际上就是一个“文本乌托邦”。

《书籍的秩序》作者、法国历史学家夏蒂埃认为：从书籍史角度看，有了电子文本情况跟从前就大不一样了。读者对文本不仅可以进行各种操作（编索引、加注、拷贝、分解、重组、移位等），甚至还可能参与合写。在印刷书中，写作与阅读，作者与读者，区别显而易见；但在电子文本此区别将被抹去，读者成了一部作品的众多写手之一，他有可能自由地切割或拼合文字片段以构成一个新的文本（文集）。从阅读史角度看，读者可以随时随地介入文本并修改之，重写之，将它们变成自己的东西。这可能威胁我们界定“著作”的范畴，自18世纪以来，作品被视为一种个体独特的原创行为，并设定了关于文学版权（该词1701年首次出现）的法律；对读者世界，此概念显然不合适了。

文字遗产的传递，从一种载体到另一种载体，从书本到电屏，为我们提供了巨大的可能性，但同时也是对文本的一种施暴，因为文本彻底脱离了为其建构历史含义的习惯形式。试想在或远或近的将来，我们传统的文字作品只能通过电子形式来传递来解读，那么，文字与书、尤其是册页书这种特殊形式的书本的古老且本质的联系就会断裂，我们将彻底失去传统的文本文化。看看在西方有多少隐喻将文本比作命运、宇宙和人体，我们就知道文本与书籍形式的联系有多强。从但丁到莎士比亚，从雷蒙・吕勒到伽利略，所有隐喻中的书只有一种形式：由一张张纸页汇集成册装订在一起的。“世界之书”“自然之书”之类的说法之所以至今盛行，是因为文字与书籍形式在我们大脑中是一体的，二者的形象密不可分，是以形成条件反射。十七八个世纪以来，西方不少思维形象和智力活动与书籍形式紧密相连，而电子文本世界必将意味着与上述形象与活动的疏离，甚至断绝。事实上，话语之秩序不可能脱离其时代的书籍形式。

超文本向何处去？是否将取代传统文本和传统阅读？对此，意大利享誉世界的哲学家、作家安伯托・艾柯，凭借1962年《开放的作品》成为意大利后现代主义思潮的主将。他认为：“在文化史上还没有一物简单地杀死另一物的事例。当然，新发明总是让旧的发生深刻的变化。”[1]统计学家发现，计算机出现反而促进了纸质文本的大量生产。未来有一点可以确定：传统的阅读方式仍然是当代生活中不可或缺的。又是艾柯说的好：“我们不可重写的书是存在的，因为其功能

①艾柯：《书的未来》，载《中华读书报》2004年2月18日。

是教给我们必然性，只有在它们得到足够的敬意的情况下，才会给我们以智慧。为了达到一个更高的知识境界和道德自由，它们可约束的课程不可或缺。”这里“不可重写的书”是指历史上形成的世界级的经典。

艾柯的话给予我们这样的启示：人们需要可以重写的书，但阅读那些不可重写的书籍，仍然是每个人成长过程中的必修课。传统阅读之所以不可轻慢，深层原因是真实世界已发生的一切不可重写，只有尊重并遵从必然王国中的规律，人类才能最终步入自由王国。从这个意义上说，普通文本与超文本都有存在的理由，人类的记忆和电子记忆不可相互取代。

第八章

读　者

在文学四要素理论中，读者是作品的接受者和鉴赏者，这个地位是始终没有变化的。读者地位变化之处在于，随“作者之死”和文本解放而大大提升了读者在四要素中的地位，而且，在阅读中读者与文本共同创造意义，在阅读中读者与文本共同成长。

一、读者

1. 读者——阅读活动的主体

（1）读者：读者是指具有一定阅读需要和阅读能力的社会群体，一般也用于称谓读书的人。简单讲，读者即阅读书报杂志文章的人。

在第七章中提到，欧美当代文学理论大师、美国艾布拉姆斯教授于1953年出版了《镜与灯——浪漫主义文论及批评传统》书中提出文学活动应由四个要素构成：“作品、生产者、宇宙和欣赏者”，这即著名的影响至今的文学四要素理论。其中欣赏者即读者，作为文学接受的主体，就不仅是作品的阅读者，而且是与作者一样，都是有灵魂有思想的人，双方通过作品进行潜在的精神沟通。只有经过读者阅读鉴赏，作者创作的文本才能实现其价值。

（2）唯读者的阅读使文本呈现意义：文本蕴含着意义，但文本本身只是没有生命的文字的“编织物”，不会自动生成意义；唯有阅读，文本才能呈现出意义。正如美国作家、犹太人琳莎·施瓦茨所讲：“书也一样，它并不具有独立或者感官的存在，而必须被打开，必须让人往深处探寻，我们对它的存在是必须的，这

样一种无坚不摧的力量也正是我们所喜欢的。”[①]从阅读发展历史看，在口头话语中是通过当面对话关系以确定听者并互通意义；书写话语潜在地面对着任何时代未知的可以阅读的人，从而开辟了文本被阅读的无限可能性，即文本的读者是未知的和无限的。伟大的高尔基也曾经说过：“每一本书都是一个用黑字印在白纸上的灵魂，只要我的眼睛、我的理智接触了它，它就活起来了。”

（3）读者是决定文本意义和命运的关键因素：法国阅读史专家罗杰·夏蒂埃教授在其著作《书籍的秩序》中写道：“一个文本之所以存在只是因为有一个读者赋予它意义。……文本的意义只能来自读者，文本的意义随读者不同而改变，它不识观感编码，却根据观感编码而编排。文本之所以成为文本就在于它与读者的外在关系，此间还涉及两种期待的组合，以及两种期待间的花招和蕴涵游戏：一种期待组织‘可读’空间（即字面义），另一种期待组织必要的步骤，将作品‘现实化’（阅读）。”[②]一方面是“可读空间”，即文本的话语形式；另一方面是控制其“现实化”，即文本的具体物质环境空间。阅读被理解为一系列具体实践和一系列诠释步骤。

美国作家琳莎将书看成是有生命的，书的生命力是作品的灵魂。她在多次提到：作品“什么都没有，只有内在的生命在寻找自我表达。”[③]文本中恒定的文字，在隐涵着作者的生命，通过阅读会呈现意义；而每个读者都有着由其自身生活经历沉积下来的意识和思想，阅读时每位读者必然感受与感悟不同，所理解的程度当然也不同，这就是一千个读者阅读《王子复仇记》就有一千个哈姆雷特的原因。这里讲的很清楚，读者是决定文本意义和命运的关键因素。就文本而言，这个世界是文本的世界，就读者而言，它又是读者的世界；从根本上说，文本的世界即读者的世界，文本的世界是通过读者的世界而展现出来的。

2. 阅读行为和方式

（1）阅读行为：阅读行为指读者在阅读时生理和心理活动的表现形式，其实现过程是读者对文本中信息的感知过程。阅读行为的实现主要靠视觉和大脑，辅之以听觉、触觉。

---

①王强：《读书毁了我》，北京，光明日报出版社2000年版，第134页。

②罗杰·夏蒂埃：《书籍的秩序》，北京，商务印书馆2013年版，第87-88页。

③同①，第127页。

《书籍的秩序》描写了在20世纪50年代的英国，大众是如何阅读书籍和报刊的，其特征是“注意力偏斜”。指的是，一种“时强时弱的认可”，即有时信有时不信，信其言之成理时也不会完全消除对该事是否真的发生的不信和怀疑。“注意力偏斜”这个概念有助于我们理解大众读者，对于官方、市场或权威强加给它们的模型，大众读者或者保持距离，或者在其中导入自身逻辑并吸纳之。在当时的社会中，话语机制的宗旨是规范社团和实践，塑造行为和思想，是一种灌输性文化模式，摧毁民间性；但大众特定的阅读行为，却另行其道，使灌输做法永远不可能取消民间对文化产品的诠释、用法和接受的专有空间。读者乃“偷猎者”，每个读者群体都有着自己独特的实践网络和阅读规则，因此，理解他们必须排除许许多多媒体的制约，采取特定方式。

在《书籍的秩序》中，夏蒂埃介绍了一个女性读者社团在阅读和吸纳某类“大众普及版”读物的过程，并导出结论：“现实中的人们在选择、购买、解读、使用属于大众消费的文化产品比如说文学作品时，有着自己的欲求、意图和阐释方式。将这些行为个体及其创造活动置于我们诠释工程中心，我们就不会忘记，意义之建构，说到底是一项人类活动，虽然世界愈来愈为物所役，为消费所役，但这项人类活动永远不会从该世界消失。”①

（2）阅读方式：指阅读的方式方法，具体有追求广度的泛读、追求深度的精读以及通读、速读、跳读、略读，还有默读、朗读等多种。文本相同，阅读和理解方式方法不同，则会产生不同的意义。

16—18世纪法国人的阅读活动，精英读者和大众读者拥有的是“相同”的文本，如“蓝皮文库”。但读者不同，社会差异较大，对文本形成了不同的阅读、把握、领会和理解方式，则产生了差异较大的阅读结果和意义。

阅读不是抽象的智力活动，它涉及在具体空间中自身与他人的关系，需求不同，故一个文本拥有多种变体。如同样一个文本，默读、朗读和“讲述”，会产生不一样的效果。“讲述”即心记口述，类似背诵童话故事，是大众文化传播的最重要形式，对不识字的人极为有用，但是由于讲述者对文本有主见的独特理解，讲述中添油加醋，使同一个文本在听者耳中发生了变化，从而形成了同一个文本的变体。与之对照，在精英读者，高声朗读有两个功能：一是加强家中成员的亲密，二是促进上流社会的亲和以及文人间的默契。相应，高声朗读亦需要特

①罗杰·夏蒂埃：《书籍的秩序》，北京，商务印书馆2013年版，第150页。

有的文本结构，读者是聆听者，作品既要作用于眼，也要作用于耳，其编排形式和手法也要尽量满足“口诵”的特殊需要。16、17世纪的文本，如《堂·吉诃德》的故事架构和蓝皮文库的文本结构就是如此。

同一个文本的“摘录”阅读方式，大众读者和文人读者均采用，区别在所摘录的内容有别。例如，大众读者采用不连贯地读，拆散文本，词、句脱离上下文，只考虑字面义。这些章节段落皆短而散，自闭一体，常有重复，似乎就是为那种东一榔头西一棒、只记片段无需全记的阅读而准备的。事实上，这种“摘录”阅读方式，也是文艺复兴时期文人阅读实践的特征之一。学者们读书时会常常用到两件标志性物件：一是读书转盘，让人可以同时打开好几本书，对照或摘取其中的重要段落；二是摘录手册，按标题分类收集各种名言警句，例证或经验。这两件东西让人得出一个结论：学者们阅读时也会分解拆散文本，使脱离语境，让文字的字面义拥有绝对权威。

阅读实践的大众形式，并没有被圈在一个孤立的独特的象征世界里发展；对每种大众阅读方式都可以进行两种分析，时而显示其独立性，时而显示他律性。表面上受制并依附于主流模型和规范；但却别有方法完成了对自己境遇经验的组织，而且在象征上协调一致。

电子文本所引发的革命也将是一场阅读革命。用无定所的虚拟书取代了实体书；印刷品的字和图依托于纸的版面要求，电子文本却允许可随意操纵的碎片自由组合；书本所含的整体内容看得见且能即可感知，而电子板式却能让人长航在海岸漂移的文本岛之间。上述的转变强制性地、不可避免地会引发新的阅读方式、新的与文字的关系、新的知识处理技术。如果说前几次阅读革命发生后，书的基本结构未变，那么在当今世界，它已经不可能不变。

读者对电子文本不仅可以进行各种操作（编索引、加注、拷贝、分解、重组、移位等），甚至还可能参与合写。在印刷书中，写作与阅读，作者与读者，区别显而易见；但在电子文本，此区别将被抹去，读者成了一部作品的众多写手之一。他有可能自由地切割或拼合文字片段以构成一个新的文本（文集）。读者可以随时随地介入文本修改之，重写之，将它们变成自己的东西。这可能威胁我们界定“著作”的范畴，自18世纪以来，作品被视为一种个体独特的原创行为，并于1701年设定了关于文学版权的法律；在电子文本，此概念显然不合适了，“版权”的问题需要重新考虑了。

二、读者理论

德国海德堡大学教授、哲学诠释学创始人伽达默尔于1960年出版了他最重要的作品《真理与方法》，提出了其重要理论之一“视域融合”。这一理论解释了阅读的机理，确立了读者在阅读过程中的作用。

继而，20世纪60年代后期到70年代，以读者为中心的文学批评出现了理论飞跃，文学研究重心向读者转移，其理论根基是诠释学的进一步发展——现代诠释学。代表人物有三人，他们是德国康斯坦茨学派的罗伯特·姚斯、沃·伊瑟尔和美国批评家斯坦利·费希等。主要理论特征体现在审美活动四要素（即审美主体与审美对象、审美环境与审美条件、审美意志与审美愿望以及审美教育与审美素养）中，突出强调读者的地位和作用，为文学研究找到了一个新视点，开辟了一个新领域。

1. 哲学诠释学的视域融合理论

所谓“视域融合”，是指解释者在进行解释时，都是带着自己的前见从自己的当下情景出发，去和文本的历史“视域”相接触，去把握文本所揭示的意义，从而发生了解释者的视域、文本的视域和当下情景的三方视域的融合，“视域融合”不仅是现实与历史的融合，也是解释者与被解释者之间的汇合。这种新旧视域的融合在产生新的理解的同时，这种新的理解又将随着时间的推移成为前见。一句话，“视域融合”即读者、文本与当下语境三者视域的融合。

《书籍的秩序》作者，法国专家夏蒂埃在谈到阅读时，认为，“‘读者世界’与‘文本世界’相交的方式”，就成为关注的重点。[①]

德国的接受理论和美国的读者反应批评理论，都在不同程度上接受了伽达默尔的哲学诠释学，特点就是用社会-——历史的方法来研究读者的文学接受现象，也可称为现代诠释学。

2. 接受理论或接受美学

“接受美学”这一概念是由德国康茨坦斯大学文艺学教授姚斯提出的，他于1967年出版的《文学史作为文学科学的挑战》是接受美学成为独立学派的宣言。

① 罗杰·夏蒂埃：《书籍的秩序》，北京，商务印书馆2013年版，第88页。

继之，沃·伊瑟尔于1970年出版《文本的召唤解构》，他从具体的阅读活动入手，强调读者和文本在阅读中的相互作用和相互影响。他们的理论来源是伽达默尔的哲学诠释学，主要特点是用社会—历史的方法来研究读者的文学接受现象。

接受美学又称接受理论。顾名思义，“接受美学”即是以读者的“接受”作为文学考察的重点，尽管姚斯和伊瑟尔的理论出发点不同，但是他们都对读者给予了前所未有的关注。H.R.姚斯和美国R.C.霍拉勃于1987年出版了影响巨大的名著《接受美学与接受理论》，对接受美学和接受理论进行了深入的阐述，成为了这方面的权威书和学习者的必读书。

接受理论的主要观点是：**（1）接受美学的核心是从受众出发，从接受出发：**作品的教育功能和娱乐功能要在读者阅读中实现，而实现过程即是作品获得生命力和最后完成的过程。姚斯认为，一个作品，即使印成书，读者没有阅读之前，也只是半完成品。**（2）姚斯指出，美学实践应包括文学的生产、文学的流通、文学的接受三个方面：**接受是读者的审美经验创造作品的过程，它发掘出作品中的种种意蕴。艺术品不具有永恒性，只具有被不同社会、不同历史时期的读者不断接受的历史性。经典作品同样也只有当其被接受时才存在。**（3）读者在接受过程中是主动的，是推动文学创作的动力：**文学的接受活动，不仅受作品的性质和范围制约，也受读者主动阅读和自身历史条件的制约，因而不能随心所欲。**（4）接受美学把文学接受活动分为社会接受和个人接受两种形态：**读者作为生物的和社会的本质，无论在意识或下意识中所接受的一切信息，都会影响到他对文学作品的接受活动。

作者通过作品与读者建立起对话关系。当一部作品出现时，读者就产生了“期待水平”，即期待从作品中读到什么。读者的期待建立起一个参照系，读者的经验依参照系与作者的经验相交往。期待水平既受文学体裁决定，又受读者以前读过的这一类作品的经验决定。作品的价值在于它与读者的期待水平不一致，产生审美距离。分析期待水平和实际的审美感受经验，还可以了解过去的艺术标准。文学的历史发展过程就是接受的过程，任何作品都在解决以前作品遗留下来的道德、社会、形式方面的问题，同时又提出新的问题，成为后面作品的起点。文学的社会功能是通过阅读和流通培养读者对世界的认识，改变读者的社会态度而呈现的。艺术的接受不是被动的消费，而是显示赞同与拒绝的审美活动。审美经验即是在这一活动中产生和发挥起来的，是美学实践的中介。

接受理论从诠释学中得到了许多有益的启示，某种意义上，人们有理由将文学批评之中的接受理论视为现代阐释学的一个分支。接受理论指出：读者没有阅读之前，一个作品即使印成书，也只是半成品；唯读者阅读使其成为成品；经典作品也只有当其被接受时才存在。

3. 读者反应批评理论

在美国，注重读者的理论叫做读者反应批评，这个名称比接受美学显然更多带有心理和主观的色彩。美国批评家斯坦利·费希认为姚斯和伊塞尔的理论太保守，在他看来，承认读者积极参与了创造意义的活动，就应该进一步对意义，甚至对文学本身重新做出定义。费希认为，文学并不是白纸黑字的书本，而是读者在阅读过程中的体验，意义也并不是可以从作品里单独抽取出来的一种实体，而是读者对文本的认识，并且随着读者认识差异而变化不定。因此，文本、意义、文学这些基本概念都不是外在的客体，都只存在于读者心目之中，是读者经验的产物。所以费希宣称，文本的客观性只是一个幻想。这样一来，文本和读者之间的界限越来越模糊，批评注意的中心由文学作品的意义和内容渐渐转向读者的主观反应。所有的读者反应理论学说的批评家都承认：一部作品的意思是读者个人的‘产物’或‘创造物’；因此，不论是在语言方面，或在整体的艺术性方面，一部作品都不止有一种正确的意思。

另一位批评家大卫·布莱奇从认识论的角度肯定了这种主观批评，认为主观性是每一个人认识事物的条件。他指出，人的认识不能脱离人的意图和目的，所以处于同一社会中的人互相商榷，共同决定什么是有意义的，什么是无意义的以及意义究竟是什么。布莱奇和费希都常常使用“解释群体”这个术语，指的是每个个人在认识和解释活动中都体现出他所处那个社会群体共同具有的某些观念和价值标准。

学者们通过研究文学作品的阅读活动，提出了一种具有特色的阅读理论，即读者反应批评理论：（1）文学作品的文本是已完成的含意结构，但它的含意其实是读者个人的“产品”或“创造”；（2）把文学批评的注意力从作品文本转移到读者的反应上，聚焦在读者对作品文本的内容系列的复合解说的反应上；（3）“文本含意其实是读者个人的‘产品’或‘创造’，文本不存在‘唯一正确的含义’”。对作品的一致意见、解说的一致性，只存在于特定条件的某些读者中；

（4）应该着重分析的是：形成读者反应的主要因素，文本提供的东西与读者个人“主观”反应之间的关系等；（5）以精神分析学的理论为工具，分析读者的反应，如用“抵抗机制”分析读者如何抵制作者对他的影响。

读者反应批评理论的意义在于，读者反应模式从不同角度研究"读者反应"，从阅读接受和批评活动的主体性方面开拓文学批评的新领域。但许多人对这种批评模式持有异议，认为它贬低和否定了文本的地位和作用。其实，文学作品的阐释和接受，从哲学的角度看来，归根结蒂是一个认识论方面的问题。既然我们的意识是由我们的存在决定的，生活在不同历史时代和不同社会环境中的人就必然互不相同。理解的历史性和阐释的差异性并不是抽象的理论概念，而是生活中到处可以见到的事实。鲁迅先生在《花边文学·看书琐记》中也曾说：“文学虽然有普遍性，但因读者的体验的不同而有变化。”因此，诠释学和接受美学的基本观念是我们不难理解和接受的。但是，某些批评家把读者的作用强调得过分，乃至否认批评和认识的客观基础，就走向了另一个极端。

三、在阅读中读者与文本共同创造意义

1. 读者是文本的鉴赏者，唯阅读使文本呈现意义

（1）读者是文本的鉴赏者：鉴赏是指对文物、艺术品等的鉴定和欣赏，人们对艺术形象进行感受，理解和评判的思维活动和过程。人们在鉴赏中的思维活动和感情活动一般都从艺术形象的具体感受出发，实现由感性阶段到理性阶段的认识飞跃，既受到艺术作品的形象、内容的制约，又根据自己的思想感情、生活经验、艺术观点和艺术兴趣对形象加以补充和丰富。运用自己的视觉感知、过去已经有的生活经验和文化知识对美术作品进行感受、体验、联想、分析和判断，获得审美享受，并理解美术作品与美术现象。

阅读的本质，一般可以理解为三个层次上的理性或情感上的活动：（1）获取信息，即读者通过文字符号，接受传统的或现代的信息媒体传递内容。这是解读的最表层活动，也是读者进行信息处理和信息创造的基础和前提；（2）处理信息，即读者在接受文本信息的基础上，与其所获得的信息进行积极的互动，筛选、吸收有用的信息资源；（3）创造信息，读者在获取、处理信息的基础上，对其加工、思维，创造出独特的意义和价值。

（2）唯读者阅读才能让文本从死板僵化状态“活”过来：文本是作品的一种物态化存在形式，文本蕴含着意义，但文本本身是没有生命的文字的编织物，是一个无尽头的语言和符号世界，不会自动生成意义；唯有通过读者的阅读，文本才能呈现出意义，文本的意义只能来自读者，一个文本之所以存在只是因为有一个读者赋予它意义；文本的含义不仅超出自身，而且它还是具有多重性意义指涉的对象，文本的意义随读者不同而改变，任何读者阅读都是对文本的一个个性化的再创作。

（3）通过阅读读者与文本共同创造新意义：读者阅读文本也被赋予再创作的权利，文本作为阅读对象，与读者相互依存、相互吸引。通过阅读，文本与读者二者的视域融合，共同创造新的意义，并使人类文化得以传承。

文本与阅读之间一定会有距离的。解决办法不是通过将读者的设想强化到文本中，而是将两者联系在同一表达过程中，相互融合、缩短或消除距离，创造出新的意义。每一个读者既是读者，又是作者，阅读与创作是一个过程。文本是多义性的，读者在阅读文本的同时也在创造，读者既是文本的消费者，又是文本的生产者。一个文本就是一个有机的语言构造系统，这个语言结构抛弃中心，没有终结，是一个意义构造过程。文本的写成并不代表一部作品被创作完成，而是在读者阅读过程中不断地继续。

2. 巴特的“作者已死”读者占据了诠释的中心地位

罗兰·巴特受到雅克·德里达逐渐崛起的解构主义所影响，于1967年发表了他的论文“作者之死”。巴特认为，一旦作品发表，作者对作品或文本就失去了发言权；“作者已死”，文本解放，便不再受单一意义的支配，而是多维空间中相互交织，对话，抗争的引证编织物。也就是说，尽管一个文本有多种不同的文化源头，且它们相互对话，模拟，但是，这种多重性最终只会汇聚在读者而非作者处，读者占据了诠释的中心地位。作者所提供的不过是一本包罗万象的字典，所有的字词都能通过其他的字词来解释说明，且都处于一条无穷尽的字词链中。它们是显示世界的“镜”和表现主观世界的“灯”：读者是文学接受的主体，与作者通过作品而进行潜在的精神沟通、相互对话，只有经过读者阅读鉴赏，作品才能实现其价值。关于这点，20世纪法国意识流文学的先驱与大师，20世纪世界文学史上最伟大的小说家之一普鲁斯特也曾提出：“每个读者只能读到已然存在与他内心的东西，书籍不过是一种光学仪器，助读者发现没这本书便发现不了的东西。”

这个理论的哲学渊源是尼采：人应该释放和发挥存在于自身中的生命能力，“强力意志”而非上帝决定主宰着一切。这一点上，福柯和巴特都持部分肯定态度。

3. 文本是一个开放的、不确定的动态系统

文本是动态的和开放的系统。文本是动态的，不会停留，没有结尾，是未完成的，处于不断地构建过程中；文本是开放的召唤结构，敞开胸怀，有待读者在任何时间、任何空间以任何方式阅读。文本的自由阐释本身就预示着阐释结果的多样性，再加之读者直接参与文本的创作，就更加强化了文本的多义性。脱离了作者的文本具有独立自主性，文本独立于作者的主观意图，是一个具有自主意义的客体和语言系统，读者的阅读才使文本由可能的存在而达到现实的存在；文本具有多种可能性，不同读者的阅读会获得与作者无关的不同的体验。

4. 文本所说和读者所解意义之间的距离

以法国“蓝皮文库”为例，同一个文本，读者群不同，意义差别大焉。蓝皮文库最早属于文人读者，后来有了新的版式（简本）和新的发行方式，这些作品又获得了大众读者，一批完全不同于其成名时的读者。正因为如此，它们被赋予新义，并远离了原义。

《书籍的秩序》一书进一步介绍了不同的受众赋予同一个文本的意义的多样性和变动性，一代又一代占有书本的读者群，使用不同，理解不同。一些作品因货郎简装本而“经年畅销”，不同的读者、不同的历史背景赋予其新意。文本与意义，其间的关系纷繁而复杂。

一边是或隐或显的意图，要将作品介绍给尽量多的读者；另一边常常是，在迥异的境遇下展开的接受。二者之间，必然存在巨大的张力。在16—18世纪的欧洲，对于面向“大众”的出版物而言，其意图纷繁多样，不一而足：有基督教的，如被收入到法国蓝皮系列、反改革并劝人笃信的文本；有鼓动改革的，例如关于意大利启蒙运动或德国人民运动的年鉴；有游戏人生的，即所有被归于传统流浪冒险题材和诙谐题材的作品等。从这些作品的接受情况来看，“大众”读者

在理解和使用它们时，从不遵照其原有的创作意图和发行意图。读者不是把实用之域当作想象之域，就是把虚构当真事。

例如，蓝皮文库中的书信集，基本上来自于17世纪上半叶的宫廷文学，从17世纪中期到19世纪初，它们被重印并推向大众；但大众读者用不着写情书，使用书中的情书范例对其完全没有用，于是他们便将其当作虚构的故事来读，于是就有了书信体小说的雏形。写作意图和出版发行目的是一回事，读者阅读目的和吸纳什么，又是另一回事。又如，将怪诞、戏用、诙谐的传统及其素材，当作是真实的境遇来读。

四、在阅读中读者与文本共同成长

1. 读者在阅读中成长

（1）阅读有助于读者心智和智慧的成长：美国阅读专家莫提默·艾德勒和查尔斯·范多伦所著《如何阅读一本书》，可以说是影响全世界的一部读书专著。书中写道："当你尽最大的努力用分析阅读读完一本书，把书放回架上的时候，你心中会有点疑惑，好像还有什么你没弄清楚的事。你又重看一次，然后非常特殊的事就发生了。在重读时发现这本书好像与你一起成长了。你会在其中看到以前阅读没有看到的新的事物。……只是你到这时才开始明白，你最初阅读这本书的时候，这本书的层次就远超过你，现在你重读时仍然超过你，未来很可能也一直超过你。因为这是一本真正伟大的著作，所以可以适应不同层次的需要。你先前读过的时候感到心智上的成长，并不是虚假的，那本书的确提升了你。但是现在，就算你已经变得更有智慧也更有知识，这样的书还是能提升你，而且直到你生命的尽头。"①是的，这部"风行世界60年不衰"的阅读专著，道出了一条阅读真理：读书能够启迪人的心智。"心智"意味着生命，"一指头脑聪明；二指才智、智慧；三指脑力，神志。"人的生命有三个层次：自然生命、精神生命和社会生命。在这三个层次中，"心智"涉及和影响到后两个层次，可见，读书对人类的作用有多么大呀！

阅读是一个交流的过程，是一个读者与文本之间相互作用相互影响的认知过

①艾德勒、范多伦：《如何阅读一本书》，北京，商务印书馆2014年版，第295-297页。

程。这些理论所提倡的一些具体方法都必须确保意义要通过文本和对话者之间的相互作用而创造，借助文本情境的阅读理解才是“以身体之，以心验之”的体验式阅读。文本是一种情的领悟、价值的叩问。文本为读者开设了一条进入纯美世界的通道。

（2）阅读会改变一个人：古希腊哲学家赫拉克利特认为：“我们走下而又没有走下同一条河流。”阐述了客观事物是永恒地运动、变化和发展着的这一真理。阅读史家曼古埃尔将赫拉克利特这一名言引入阅读：“你永远不能两次浏览同一本书”。乍看这句话似乎很难理解，两次浏览的不都是同样的书吗，为什么说不能够呢？仔细琢磨琢磨，就不难理解了。因为任何阅读都是个人的、主观的，阅读对于读者而言，是一种感受，是一种体会。如果将话换为“你永远不能两次感受同一本书”，就容易理解了。

英国名作家贝内特写的一本小书《非普通读者》，内容涉及“英国女王读什么书？”使得该书与《查令十字街84号》齐名，成为了英国人挚爱的书缘故事。《非普通读者》写到了女王从不读书到读书再到痴迷于书中的巨大变化。首先，“女王选择《爱的追寻》”这是一本非常有趣味的书，女王很快就迷上了这本书。“那天晚上，亲王拿着热水瓶，经过女王卧室的时候，听见她在朗声大笑。”“第二天早上，女王的鼻子有点不通。因为没有事先安排好的工作，她索性留在床上，声称自己感冒了。这不是女王一贯的作风。其实，她这么做只是为了继续读那本书。整个国家都知道‘女王得了轻微的感冒’。然而，女王和大家都不知道的是，这只不过是她因为读书而做出的一系列变化的开始。”阅读使人明智，在这位不寻常的读者那里，带来不寻常的改变。她领略过莎士比亚、雨果、哈代、狄更斯、托尔斯泰等人的著作，这些大作家的笔底波澜，影响了女王，使她变得细察深思，富于感知力，并看清了每日例行公事的政务生涯中的禁锢与局限。

继而的变化是：“她变得不大管束家人了，也不再频频耳提面命、成天唠唠叨叨，大家全乐得轻松惬意。所有人不约而同都打心底觉得：书本这玩意儿简直太棒了。”

“看书怎么会是打发时间？看书是为了接触其它生命、其它世界。我根本不是为了打发时间才看书的呀，凯文爵士，朕还苦于没多点儿时间看书呢，怎么还需要去打发？”“读书是因为我有责任去了解人的真谛。”

女王因读书，知识丰富了。中东出了“问题”，首相不相信历史，贸然使用一套简单的解决办法。女王委婉地提示他，那里可是人类文明的摇篮，不要去破坏那里的古迹，首相发现女王受了书籍的“毒害”。读书使女王更加尊重文化，尊重历史，甚至使她渴望正义。

女王认为，读书的魅力在于书籍对人事关系的漠然：包括女王自己在内，所有的读者都是平等的。她的一生几乎全过着与普通人隔离的日子，因而此刻格外渴盼那种普通人的感觉。让自己隐身在书页之中，埋名于字里行间；在书本的世界里，没人认得她，她可以成为一介普通人。书籍面前，人人平等，阅读是多么的平凡而伟大啊！女王年老时，想起亲王当时还是个金发的翩翩少年，但时间不仅没有消殒巨著的厚度，书籍和人一起随着时光的流淌成长和成熟，也在悄然间拥有了年纪。阅读也同样，通过阅读，不觉间累积起了思想的高度。阅读者和书也都在成长。这是一个比较深奥的阅读哲理，需要慢慢不断地咀嚼和体会。

《非普通读者》一书告诫我们：即便是位居显位的女王，也因为阅读而改变，日渐从愚笨和封闭状态变得聪慧起来，执政更有力度。

（3）阅读会成就一个人：人的生命有三个维度：第一是生命的长度，由健康程度来确定；第二是生命的宽度，由每个人的胸怀来确定的，胸怀决定着视野，而视野决定着生命的宽度；第三是生命的高度，由每个人无私的程度来决定的，一个人心灵无私的程度决定着一个人生命的高度。

《读品》是份网刊，是一个公益项目，主要刊登与书有关的评论、笔记、感悟、访谈、书目，特别是批评意见，问世以来，深受读者的喜爱。在有一期的《读品》中，刊登了一位读者这样的阅读心得：“因此，深切的阅读，最终指向自我唯一的心性，以我的生命体验去撞击我眼前的文字，迸发着激情，沉淀为智慧。这样的过程当然是独一无二的，当然是唯我独属的和个性化的。”阅读心得中提及的“心性”“生命体验”“激情”“智慧”等，都是正能量，催人上进的，这样的阅读积累多了，不管这位读者从事什么工作，都必将有所成就。坚持正能量的阅读，坚持阅读经典，必将成就一个人。

（4）润物细无声：我国唐代伟大的“诗圣”杜甫，在其著名的一首诗《春夜喜雨》中写道：“好雨知时节，当春乃发生。随风潜入夜，润物细无声。”读者在阅读过程中地成长和改变，不是强制性的，不是痛苦的；而是如雨水滋润禾苗一样，是“润物细无声”的。而且，它没有旱天，只要积极主动、日积月累、坚持读书，获得无限的正能量。而正能量有如南宋朱熹在《观书有感》中所形容的：

“半亩方塘一鉴开，天光云影共徘徊。问渠那得清如许？为有源头活水来。”阅读所获得的正能量，有如“源头活水”一样，源源不断。

2. 文本在阅读中成长

文本是一个无生命的东西，它怎么能够成长？我们从读者阅读的角度来思考这个问题。

（1）唯读者才是文本价值的发现者、评价者和促其变化者： 文本从词源上来说，它表示编织的东西。但是文本的概念后来主要变成了：“任何由书写所固定下来的任何话语。”对语言学家来说，文本指的是作品的可见可感的表层结构，是一系列语句串联而成的连贯序列。文本和段落的区别在于，文本构成了一个相对封闭、自足的系统。

罗兰·巴特认为，文本一方面是能指，另一方面是所指。能指意为语言文字的词形或声音；所指则指单词所表示的对象或意义。在具体场合中，文本是根据一定的语言衔接和语义连贯规则而组成的整体语句系统，有待于读者阅读；再具体而直白地讲，白纸或屏幕上呈现的是一串串密密麻麻的语言符号，等待读者辨识、理解并赋予其意义。文本的含义丰富而不易界定，给实际运用和诠释带来一定的难度，那么，怎么开发文本的能指和所指呢？读者，唯有读者的阅读，才是文本能指的辨识者，文本内容的发现者、文本意义的评价者和文本价值的鉴赏者；而且，此中的辨识、发现、评价和鉴赏都不是通过一次阅读能够完成的，每一位读者的每一次阅读，都会有新的发现和成果，文本都在变化；进而，令已经阅读过的读者遗憾的是，另一位读者再阅读，也还一定有超越此前读者阅读的新发现和新成果；并且，这一进程是永远接续的、无休止的存在于人类历史发展的进程中，试想想，《诗经》《荷马史诗》有多少代多少人阅读过，但未来等待阅读的还有多少人……

阅读具有创造信息的功能。读者在获取、处理信息的基础上，可以并能够加工创造出独特的意义和价值。文本每经过一次阅读都会产生变化，会创造出新的意义；文本的文字没有变化，但意义变化了、增多了。因此完全可以说，文本在阅读中成长，阅读会为文本创造出无限的意义。试想，《诗经》和《荷马史诗》比其初生时，要伟大了多少倍啊！

（2）经典在阅读过程中形成： 文学经典是指具有极高的美学价值，并在漫长的历史中经受考验而获得公认地位的伟大文本，经久不衰的万世之作，后人尊敬它们为经典。经典就是经过历代读者的阅读选择出来的“最有价值的书”。

古今中外各个知识领域中那些典范性、权威性的著作，就是经典。尤其是那些重大原创性、奠基性的著作，更被单称为“经”，如《老子》《论语》《圣经》《金刚经》。有些甚至被称为经中之经，位居群经之首，比如《易经》《心经》等，就有此殊荣。“典”是个会意字。从甲骨文字形看，上面是“册”字，下面是“大”，本义是指重要的文献、典籍。

中外文学的发展历程告诉我们，任何经典的形成，都离不开既有经典的滋养。纵观中外经典，从荷马到如今，许多平地起高楼般、貌似突兀的经典，实则是因其在经典的土壤中，打下了更坚实的基础。试想，如无《诗经》“英华弥缛万代耽”，哪里会有“屈平辞赋日月悬”？唯因有“先秦风骚汉魏骨”，这才有“李杜文章光焰长”！这正如先有《荷马史诗》和希腊神话，后才有《伊尼德》和《神曲》一样，正是“从光荣希腊到伟大罗马”的那些代代相传的文学经典，才哺育出了莎士比亚和塞万提斯这样不朽的经典作家。

经过历史的累积，书本这个“灵魂”还在静悄悄地发生着变化，还在不断地茁壮成长。《风之影》是西班牙作家卡洛斯·萨丰的名著，21世纪之初席卷全球50余国，狂销400万册，刮起了一股国际文坛飓风。书中写道：“这个灵魂，不但是作者的灵魂，也是曾经读过这本书，与它一起生活、一起做梦的人留下来的灵魂。一本书，每经过一次换手接受新的目光凝视它的每一页，它的灵魂就成长一次，茁壮一次。”[①]这个道理看起来难于理解，但只要思考一下，一部经典著作，经过历代读者的阅读和认可，从不著名到著名到成为经典的历史过程，就容易清楚了。“真正决定经典生命力的，是一代代读者的认可，是时间的淘洗。”文本中是寓居有生命的，这个生命就是作者的灵魂。这个生命和灵魂通过阅读还在时时处处对后人起着不可缺少和不可替代的巨大的影响和作用；同时，这些巨大的影响和作用又反作用于寓居有作者生命的文本，使它仍然在不断地成长和变化。

现今，市场与网络的合谋，使经典在快餐化和数字化蜕变中丧失了许多宝贵的品格。但经典之所以为经典，并不在于它是否被长期摆放在畅销书架上，是否频繁出现于时文的引号中，是否被反复写进时髦的广告里。真正的经典即便是

---

①萨丰：《风之影》，北京，人民文学出版社2009年版，第4页。

在缺席的情况下，它仍然能够发挥春风化雨般的精神影响。我们欣慰地看到，如日中天的文化市场与数字化媒介，已经在很大程度上把经典文学精神灌输到大众文化的肌体之中，在大众文化的“陋室”里，我们也许再也找不到文学经典安居“殿堂”的矜持与清雅，但经典文化的种子已就此扎根于寻常百姓的家园。因此，对经典的未来和未来的经典，我们应该寄于更高的期望。

（3）文本在阅读过程中改变了文体：首先一个例子是17世纪上半叶的宫廷文学变成了书信体小说。法国历史学家夏蒂埃介绍道，法国蓝皮文库中的书信集，基本上来自于17世纪上半叶的宫廷文学。从17世纪中期到19世纪初，它们被重印并推向大众。由于大众读者一般用不着写情书，使用书中的情书范例对其没有用，但经过历代无数人的无数次阅读，他们逐步便将其当作虚构的故事来读，于是渐渐地就有了书信体小说的雏形。这就是说，阅读改变了文本的文体，由情书变成了书信体小说。而蓝皮文库中的流浪冒险题材，即利用怪诞、戏用、诙谐的传统及其素材，让人觉得它们描写的就是真实的境遇，即假乞丐和真流浪汉那令人担忧的古怪境遇。

其次一个实例是“小说”变成了“童书”。《格列佛游记》是被高尔基誉为“世界文学创造者之一”的英国作家乔纳森·斯威夫特的一部杰出的游记体讽刺小说，作者借格列佛之口逼真地描述了四次航海中的奇遇，以丰富的讽刺手法和虚构的幻想写出了荒诞而离奇的情节，是一部奇书。1726年在英国出版后几个世纪以来，被翻译成几十种语言，在世界各国广为流传。经几代人的不间断阅读，作者斯威夫特失去了权威和控制，《格列佛游记》由作品转为文本。由于其广泛地受到全世界儿童的喜爱，发挥了童书的作用，从而由“辛辣的讽刺小说”摇身一变，成为了“儿童文学”，确立了自己世界经典儿童文学作品的新身份。

（4）文本在阅读中随读者的成长而成长：“你永远不能两次浏览同一本书”这句阅读名言，深刻地揭示了阅读活动的机理，有助于人们理解阅读的真谛和主动掌握阅读规律，这对人类阅读活动具有重要的指导意义。阅读史家曼古埃尔将古希腊哲学家赫拉克利特的名言的引入，无疑是一个创举。为了证明这一命题的正确性，曼古埃尔首先讲述了自己的阅读经历和体会。他一生喜爱《爱丽丝漫游奇境记》，“多年以来，我的经验、口味和偏见有所改变”“每一次读一本书，这本书都会变个模样。”[1]他八九岁时第一次读爱丽丝，许多地方不懂，只是一味追随故事情节；青年时期读爱丽丝，则懂得了书中三月兔或者大青虫的象征意义；后来二十多岁时，再读爱丽丝，十分明显爱丽丝是这些超现实主义者的姐妹；再后来读爱丽丝，立刻注意到白骑士作为众多政府官僚之一在我们国家每个公共建筑的走廊里疾走。阅读过程中，曼古埃尔和爱丽丝都成长了。

五、做一个清醒的译著读者

1. 翻译界的“乱象”

在报刊上常看到我国翻译界的情况，有“译界乱象”的称谓。仅1995年至2001年，著名翻译家方于还在世时就发现了《悲惨世界》8种不同版本，大都是盗版的或剽窃李丹、方于之译作。他们的儿子李方明一直在为保护《悲惨世界》译作版权、打击盗版而奔波。事实上，抄袭之风早已在我国翻译界蔓延，很多翻译作品都存在着抄袭的问题，很多翻译家都有被抄袭的经历。我曾买过一部厚厚的《悲惨世界》，是1995年某出版社出版，拿回家细看，核对了几处，明显是盗版。更有甚者，全书分五部的第五部根本就没有，整部是缺的，读者花钱买的残缺的“新书”，成了“废书”。以上种种，说明翻译作品无端地“被变化”，有的做法，简直是在践踏翻译，使“伟大的再生”变成了“苟且偷生”，令人哀叹！

对2011年度获“傅雷翻译出版奖”的作品“反响平平”，有人认为“与原作相去甚远”；当当网畅销书第一名的《乔布斯传》，因翻译过于草率让人诟病；第五届“鲁迅文学奖”中的“文学翻译奖”也因作品难达共识爆出空缺。更为严重的问题是，“抄袭之风早已蔓延到翻译界”，如《爱的教育》的译者王干卿因遭遇抄袭侵权，6年打了14个官司。

这就是我国翻译界的乱象。东补西凑的抄袭，拙劣的译文，读者看不懂，反而觉得原著不好，严重的可能导致读者失去了对某些经典著作的兴趣？翻译的抄袭是对原著作和广大读者两方面的欺骗。这些“劣迹”，应该立即停止！

2. 译著本身难以克服的问题

译者发挥自己在语言、文学和文化方面的聪明才智，倾注“偏见的爱”，在

① 曼古埃尔：《恋爱中的博尔赫斯》，上海华东师范大学出版社2007年版，第4页。

两种文化交汇的空间里自由驰骋，使原著在译语环境中实现了伟大的再生。译者作为翻译活动的主体，在进行着二度创作。但是，翻译活动是主观的，它必然具有个人色彩的局限性，同原文具有一定的差距；翻译作品也是社会的，它必然受到社会性的制约，使翻译作品必然按照当时的社会文化语境的要求而“被变化”。因此，翻译作品具有不可预见性、不可知性和差异性。

在这样的情况下，作为非翻译专业的广大读者，必须懂得一些翻译知识，在阅读实践中不断积累经验，辩证地、历史地认识翻译作品，做一个清醒的译著读者，进行聪明地阅读。

3. 到图书馆借阅译著要睁大眼睛

上述情况必然反映到图书馆的藏书中。2010 年9 月12 日，有位读者在深圳大学城图书馆查找法国小说,《红与黑》读者已经看了一半，但译者的语言实在让人不敢恭维，字句都看懂了，但怎么读都不明白意思，可能是译者的汉语比法语差一些。读这种拙劣的译文，味同嚼蜡，咽不下去，吐不出来；若其译的内容有错误，那自己就更成了一个不折不扣被骗的傻子。那种滋味真是难受，只好再去图书馆再换借其它译本，不胜其烦！但还是没有找到《红与黑》的较好译本，读者扫兴地沿着书架浏览架上的一排排书，忽然发现了《红与黑》字样的一本书，拿下细看，是另一译本，试读，很通顺，喜出望外。再看架上，这是英国小说架，原来是上错架了，读者真心感谢这位上错架的“马大哈”工作人员。

一读者欲读莫泊桑的代表作《羊脂球》。他先借了某出版社的版本，读了十几页，就碰到了好几个地方，怎么读也不懂意思，按经验，肯定是译文有问题。只好花时间再到图书馆改借另一版本。这个版本的译者是柳鸣九，译文不仅通顺，而且文笔优美，读起来如潺潺流水，使人悦目赏心。柳鸣九何许人也？读者查了一下“百度百科”，原来是中国法国文学研究会会长，是集教授、学者、翻译家于一身的大专家啊！

再有一次到图书馆借梭罗的《瓦尔登湖》。1949年该书被引入中国，翻译者是写《哥德巴赫猜想》的报告文学作家徐迟。读者在书架前，发现《瓦尔登湖》有近10个译本。他大致翻了一下，借了三个译本（包括徐迟译本）。阅读的过程中，选择不容易读懂的地方，对三个译本进行仔细比较，就表达原文的意境，译文的信达雅等，感到各有差距和优势，徐迟译本偏文言，过了“赏味期限”，读者择优借一本阅读。

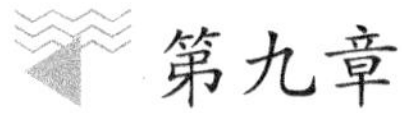

第九章

语 境

在第六章开篇“导论”中，曾介绍了欧美现当代文学理论大师、美国艾布拉姆斯教授提出的文学四要素理论：“作品、生产者、宇宙和欣赏者”。其中“宇宙”一词太宽泛而改为“世界”。世界是指文学活动所处在的客观世界和主观世界。世界是文学活动产生、形成和发展的客观基础，它不仅是作者创作作品所反映的对象，也是阅读过程中读者的基本生活环境，是产生读者和作品对话的基础。由于“世界”一词，也不是很具体，而代之以“语境”。

一、语境的定义和功能

1. 语境概念

“语境”这一概念最早是由波兰著名的社会人类学家马林诺夫斯基（B.Malinowski，1884-1942年）在1923年提出来的。他区分出两类语境，一是“情景语境”，一是“文化语境”。也可以说分为“语言性语境”和“非语言性语境”。

英国语言学家弗斯（John Rupert Firth，1890—1960年）是伦敦语言学派的始祖，他的语言理论在英国语言学史上具有划时代的意义。弗斯的学说主要集中在语言学和语义学两个方面，在马林诺夫斯基的影响下，他并非把语言仅看成是一套约定俗成的符号，而认为语言是人类生活的一种方式。弗斯认为语言研究的目标应该将语言的使用作为社会过程的一部分来观察。他说，意义不仅与一个特定景象和声音的环境相连，而且深深地根植于人们赖以生存的社会活动过程中。

（1）语言环境：语言是一种社会现象，语言对于人类的生存，就像植物生长离不开空气和水一样。如，一个人生存于社会中，总要同周围的人群交际，那就需要运用语言。人们运用语言包括听、说、读、写四个方面。从交际过程来说，说、写是语言表达的过程，属于发送信息，即作者写作语境或朗读语境；听、读是理解语言的过程，属于接收信息，即读者阅读或听读语境。表达和理解虽属于交际过程的不同阶段，但都受制于语言，要以语言作为交际媒介。听、读语言要有说者和写者，说、写语言要有听者和读者，它们相辅相成。一句话，运用语言，不管是表达或理解，都需要有对象，否则谈不上语言的运用，更谈不上人类的交际。综上的结论是，语言总是离不开其所赖以存在的环境。因此，我们学习语言，不仅要尽可能多地了解语言本身的知识，更重要的是还要善于依据一定的语言环境来准确地发送语言和理解语言，学会在特定的语言环境中生存。

语言环境，在公关语言学上，主要指语言活动赖以进行的时间、地点等因素，也包括表达、领会的前言后语和上下文。语言环境有多种：一般地说，有自然语言环境、局部语言环境和自我营造的人工语言环境。自然语言环境是指以该语言为母语的生活环境；局部语言环境是指学习者一部分时间生活或学习于该门语言环境中；而人工语言环境主要指学习者在头脑中用该门语言复述、描述、记忆或营造的某些场景。

（2）语境的定义：语言是人们的交际工具，并且人们的一切语言交际活动总是在一定的交际环境中进行的。语言学界称这种语言交际环境为语境。语境既包括语言因素，如书面语言的上下文、口语中的前言后语等；也包括非语言因素，如交际的时间、地点、对象以及社会、文化、场景等。

"语境"这一概念是波兰人类学家马林诺夫斯基在1923年出版的《意义的意义》一书中提出来的。他给"语境"这一概念的定义是："话语和环境相互紧密地结合在一起，语言环境对于理解语言来说是必不可少的。"从语境研究的历史现状来看，各门不同的学科以及不同的学术流派关于语境的定义及其基本内容并不完全相同。从语用学的角度，语境的定义是："人们在语言交际中理解和运用语言所依赖的各种表现，如表现为言辞的上下文或不表现为言辞的主客观环境因素。"如，电视剧《走西口》的导演没有把握好语境的运用，没有用较多语境表现出剧中人物丰富的心理内涵和外在环境，致使这些"走西口"的有尊严有生命的人，被表现成为一个个毫无个性的苍白符号，因此被指侮辱山西人。

语言学家都非常重视语境，但究竟应该如何给“语境”下一个确切的定义，到目前为止，国内外语言学界尚无完全一致的意见。总结起来可以这样认为：语境是言语交际中生成、实现并制约言语行为的相关环境因素的总和。既包括说话者当下的心理活动（情感、态度、动机）和对言语行为环境的认知，也包括受话者当下的心理活动和对言语行为环境的认知。

语境有狭义和广义之分。狭义语境指书面语的上下文或口语的前言后语所形成的言语环境；广义语境在狭义语境的基础上，还包括非语言因素，如交际的时间、地点、场合、时代、交际对象以及社会、文化背景、自然环境、语体环境等。因此，狭义的语境称为“小语境”，广义的语境也即“大语境”。

狭义的语境对语言的理解和表达影响最大。同样一句话，在这个场合由这个人说出，与在另外一个场合由同一个人说出，表达的意思可能不同；同样一个意思，在这个场合对这个人说，在这个场合对另外一个人说，使用的语言也可能不同。一般来说，在口语交际中，有了狭义的语境，再加上谈话时的一些辅助性的非语言手段，如表情、手势、态度、语调等，要达到相互理解并不难。但是把语言写到书面上就不同了，孤立的一句话，如“你怎么回来得这么晚呀”就很难理解，是谁对谁说的？到哪去了？是责备、爱护，还是撒娇？这时就要依靠狭义的现实语境来理解。广义的语境对语言的理解和表达也有较大的影响。比如一个人说话粗声粗气，可能有几种情况：对对方有意见；刚刚生过气，心情还没有平定下来；性格、语言习惯就是这样；等等。到底是哪一种意思，需要根据语言环境去理解。

2. 语境的功能

语境是人们进行交际活动的场所和舞台背景，不同的语境规定了交际的不同类型和方式。所以语境对话语的语义、形式的组合及语体的风格等，都有较大的影响和制约作用。概括起来语境对语言的运用有两种作用：一是限制作用，一是补充作用。

（1）语境对语言运用的限制作用：首先，表现在对词语的理解和选用上。同样一个词语，在不同的语境中，表达的意思可能不同，这时就要依据具体的语境作出准确的理解。例如：“我到了自家的门外，我的母亲早已迎着出来了，接着便飞出了八岁的侄儿宏儿。”同是写出来这个动作，母亲是“迎着出来”，八岁的孩子则是“飞出”，恰到好处地表现了不同人物的年龄特征和动作特点。如果说成“我的母亲早已出来了，接着八岁的侄儿宏儿也出来了”，语言不仅单调、呆板，而且不足以表现出宏儿年龄小、动作快、活泼、天真等人物特征。又如：“3月14日下午两点三刻，当代最伟大的思想家停止思想了。”（恩格斯《在马克思墓前的讲话》）在现代汉语里，“死”有很多种表达方法，如“去世”“作古”“谢世”“逝世”“离开了人间”“见阎王”“见马克思”等，例中选用“停止思想”，不仅与主语相衔接，语势顺畅，而且突出强调了马克思作为思想家具有的“思想”特征。其次，语境对语言运用的限制作用还表现在对句子的理解和组织上。有些句子，离开一定的语境，理解就会遇到困难。例如：在报摊前，说：“同志，两份电视报，一份‘北京’，一份‘中国’。”这句话很好懂，因为有“在报摊前”这个特定的场合，有“两份电视报”这个特定的上下文就足够了。但假如只是孤立地说“一份‘北京’，一份‘中国’”，就很费解了。再次，语境对语言运用的限制作用更表现在对段落乃至整篇的理解和安排上。阅读一篇文本，常常要先了解时代背景、作者简况等，就是因为这些语境有助于理解文本或文本中的某些语句。段的组织，篇的安排，同表达的目的、场合、对象等，都有直接的关系。

（2）语境对语言表达和理解的补充作用：这是作者在写作过程中应该注意的语境。表现在两个方面：一是充分利用特定语境，当省则省；一是表达语境临时赋予的意义或言外之意。例如：夏天，天气很热，两个人骑着自行车过来，看见一个冷饮店，其中一个说：“嘿，咱们俩去冰镇一下怎么样？”这里要表达的是两个人一起去喝冰镇饮料，但说话者借助当时的特定语境，只简单地说去冰镇一下，意思就完全表达出来了。

理解的补充作用表现在对语言的深层含义和言外之意上。一个句子，可能只是字面上的简单意义，也可能是语境所赋予的一种深层的含义，还有可能是一种言外之意。字面义的理解比较容易，只要弄懂每个词的意义以及词与词组合起来的意义就可以了。语言的深层含义和言外之意则不同，必须结合具体的语境，透过字面所表达的意义去深入理解。比如一个不太熟悉的人到家里来做客。那天天气比较冷，客人有点轻微的感冒，你家里开着窗子。客人说：“今天可真冷啊！”你如果只把它看成是一句普通的话，认为客人只是想告诉你天冷这个事实，那就错了。他实际上是在暗示你把窗子关上，这种暗示就是语境给这句话补充的信息。大多数情况下，由于语境所起的补充作用，人们都能理解语言的深层含义和言外之意。例如："沿着荷塘，是一条曲折的小煤屑路。这是一条幽僻的路；白天也少人走，夜晚更加寂寞。"这里，路怎么会"寂寞"呢？这就需要了解当时的社会环境，了解作者当时的心境。作者对现实不满，幻想能够逃避，在苦闷中彷徨。"寂寞"一词正是作者当时这种心境的写照。又如："要是书店愿意的话，""我看倒可以连同批语一起印出去。""还要让它'留芳'百世吗？"真的是说那个批语"留芳"吗？当然不是。结合上文"我"的态度，这里用的显然是反语，表达了作者对国民党政权的厌恶和嘲讽。

3. 语境的分类

（1）马林诺夫斯基将语境分为两类：马林诺夫斯基在《意义的意义》书中将语境分为两类：语言语境和非语言语境。非语言语境又分为文化语境和情景语境二种。语言语境指的是交际过程中某一话语结构表达某种特定意义时所依赖的各种言辞的上下文以及文本的物质形态，它既包括书面语中的上下文，也包括口语中的前言后语；非语言性语境指的是交流过程中某一话语结构表达某种特定意义时所依赖的各种主客观因素，包括时间、地点、场合、话题、交际者的身份、地位、心理背景、文化背景、交际目的、交际方式、交际内容所涉及的对象以及各种与话语结构同时出现的非语言符号（如姿势、手势）等。

（2）"语境"的另一种分类法：有些学者另起炉灶，将语境分为语言语境和交际语境。

"语言语境"是指言语交际过程中某个言语单位在表达某种特定价值时所依赖的上下文，包括语义关系、语法关系、词法关系和句法关系，也包括篇内衔接、篇际制约、线性序列以及文本的物质形态等因素。篇际制约指话语受主题、文本类型等语用风格的制约和影响。线性序列指话语的构成成分在话语中的排列顺序。

"交际语境"是指言语使用者的心理世界、社交世界和物理世界等因素。言语使用者在交际语境中处于中心地位，因为社交、心理和物理世界中的语境成分，都要靠言语使用者的认知激活，以发挥语言的交际功能。心理世界包括交际者的性格、情感、信念、意图等心理因素。说话人选择语言的过程正是顺应自己和听话人心理世界的一个动态过程。社交世界指社交场合、社会环境、规范交际者言语行为的原则和准则。物理世界主要指时间和空间的指示关系。另外，交际者的身体姿势、手势、外表形象等也属于物理世界。

另外，交际参与者即言语使用者的道德品质、文化程度、知识背景、社会角色与地位、宗教信仰等和交际场合（含时间、地点、物品与事件）、交际程度（指正式、较正式或非正式）、交际媒体（书面或口头）、交际主题及交际领域，其中一些因素构成了言语交际活动的语用场，对话语理解起着积极的作用。

二、语境理论

1. 弗思创立的语义方面的语境理论

“伦敦学派”创始人弗思接受了马林诺夫斯基提出的“语境”这个术语，并创立了比较完整的语境理论。

1944年，英国伦敦大学的东方和非洲研究学院首次开设普通语言学讲座，弗思成为第一任普通语言学教授。在马林诺夫斯基的影响下，弗思把“语言”看成是“社会过程”，是人类的“一种生活方式”和“一种行为方式”。

弗思创立的语境理论实际上是语义方面的语境理论。他认为“语言”有三种含义。

（1）语言是人类的一种自然倾向：我们的本性中有种渴望和动机，迫使我们使用声音、手势、符号和象征。在此意义上，语言是一种自然倾向；

（2）语言是人类的一种教养的结果：人类的社会活动，历代相传，形成了传统或说话习惯。下一代人学习这些传统或说话习惯，这样一代代传承下去，就成为了一种教养；使这种传统或习惯持续地保持下去，因此说语言是人类的一种教养的结果。

（3）语境包括上下文和情景上下文：我们用“语言”泛指许多个人的话语或社会生活中无数的话语事件。从社会角度观察语言，是弗思语言理论的特点，他试图把语言研究和社会研究结合起来。弗思对语言进行社会学研究是从意义着手的。他所说的“意义”不限于词汇意义和语法意义，还包括语境中的意义。弗思扩展了马林诺夫斯基的“语境”概念，指明除了语言本身的上下文以及在语言出现的环境中人们所从事的活动之外，整个社会环境、文化、信仰、参与者的身份、经历、参与者之间的关系等，都构成语境的一部分。弗思认为，语言学研究的任务就在于把语言中各个有意义的方面与非语言因素联系起来。他1957年在《语言理论概要》中，对“语境”作了较详细的阐述。弗思认为语境包括上下文

（Context）和情景上下文（Context of Situation），其中情景上下文是指参与者的有关特征、有关事物和言语行为的效果。这样弗思创立了比较完整的语境理论。

2. 瑞恰兹的新批评语境理论

艾·阿·瑞恰慈（Ivor Armstrong Richards，1893—1979年），出生于英国，著名文学批评家、美学家、诗人、语言教育家，曾在英国剑桥大学、中国清华大学（1929-1930）、美国哈佛大学任教授。瑞恰慈是英美形式文论的第一个推动者，他在20-30年代写的七本美学与文艺哲学著作，在文学理论中引入了两门学科：语义学与心理学。前一门学科后来成为新批评派的理论基础，后一门却受到形式文论的强烈反对。瑞恰慈是"新批评派"理论的创始人之一，是对20世纪文学批评有着最大影响的英国理论家。

旨在联系传统的静态语境和现代的动态语境分析，认为传统研究虽采用静态方法，出现描写能力过强的问题，但取得的成就不容忽视，而以顺应和认知理论为代表的动态语境观正是站在传统研究的基础上，才得以形成系统的理论体系和完善的语境研究。

语境理论是新批评语义分析的核心问题，这一理论由瑞恰兹提出，后来得到新批评家的赞同和运用。新批评认为，语境对于理解词语的内在含义十分重要，词语的意义正是“通过它们所在的语境来体现的”。语境有三层：一是作品语境，指的是某个词、句或段与它们的上下文的关系，正是这种上下文确定了该词、句或段的意义；二是当时写作时的话语语境；三是指文本词语蕴含的历史的积淀，具有“节略形式”，一个词所具有的多重意义不必在文本中重现。语境构成了一个意义交互的语义场，词语产生了丰富的言外之意，而文学语言语义的这种“先在性”和复义特征为批评家提供了驰骋的天地，充分理解文本语言的现场意义和历史含义遂成为文学批评的任务。

一种语义学理论认为，语言的意义不应孤立地去解释，而应在一定的交际背景下去考察，如一定的时间、地点、场合、特定的上下文等都可能影响语词的意义，以使某些类型的词所指事物明确，可以提供说话人或作者以省略形式删去的信息等。语义的实现、理解、解释、语义的明确离不开语境。

如何理解瑞恰兹的语境理论的理论内涵？美国文化人类学家爱德华·T.霍尔（Edward Twitchell Hall Jr.，1914– 2009年）认为，人类交际（包括语言交际）都要

受到语境的影响。他从交际与感知的角度提出了一种研究文化异同的有效方式，他在1976年出版的《超越文化》一书中，颇有见地地提出文化具有语境性，并将语境分为高语境与低语境。霍尔认为："任何事物均可被赋予高、中、低语境的特征。高语境事物具有预先编排信息的特色，编排的信息处于接受者手里及背景中，仅有微小部分存于传递的讯息中。低语境事物恰好相反，大部分信息必须处在传递的讯息中，以便补充语境中丢失的部分（内在语境及外在语境）。"也就是说："高语境传播或讯息即是绝大部分信息或存于物质语境中或内化在个人身上，而极少数则处在清晰、被传递的编码讯息中。低语境传播正好相反，即将大量的信息置于清晰的编码中。"由此我们可以看出，高语境文化中语义的承载主要不是语言性的，而是非语言之语境性的。传达信息时并不完全依赖语言本身，因为人们对语言的局限性有充分的认识。语义主要从存储的非语言及语境中衍生出来。然而在低语境文化中，语言的作用较为突出，因为信息主要是通过语言来传递的，语言在人们的交际中始终处于中心地位。高语境中的信息解码依赖交际者双方共享的文化规约和交际时的情景，而低语境中的信息解码则主要在言语中，交际信息对语境的依赖性小。霍尔通过研究得出结论："有着伟大而复杂文化的中国就处在天平的高语境一方"，而"美国文化只是偏向天平较低的一方"。

语境研究起于亚里士多德时代，还提出静态语境观和动态语境观。

3. 我国学者对语境的认知

语境在言语交际中的重要作用，不但为西方语言学家所关注，且同样也为我国语言学家所重视。在还没有"语境"这个术语的较早时期，我国的传统语文学就已经注意到了"语境"。例如，唐代孔颖达《正义》说："褒贬虽在一字，不可单书一字以见褒贬……经之字也，一字异不得成为一义，故经必须数句以成言。"这就是说，虽一字见褒贬，但必须有数句作为上下文，褒贬才能准确地显示出来，即"数句"是"一字"的语境。南朝刘勰《文心雕龙·章句》中说："人之立言，因字而生句，积句而成章，积章而成篇。篇之彪炳，章无疵也；章之明靡，句无玷也；句之精英，字无妄也。"这表明，刘勰已经从字、句、章、篇的相互关系来说明上下文对话语意义的表达和理解的重要作用了。

到上世纪30年代，我国语言学界对语境和语境的重要作用，已从修辞学角度有了一些重要的新认识。我国教育家、语言学家、《共产党宣言》中文全译本首译者陈望道（1891-1977年），在1932年出版的《修辞学发凡》中说：“修辞学以适应题旨情境为第一义，不应是仅仅语词的修饰，更不应是离开情意的修饰。……凡成功的修辞，必定能够适合内容复杂的题旨，内容复杂的情境。极尽语言文字的可能性，使人觉得无可移易，至少写说者自己以为无可移易。”在此，陈望道提出了“题旨”与“情境”相适应的理论：认为只有做到使“内容复杂的题旨”与“内容复杂的情境”相适合，才能称之为“成功的修饰”。陈望道提出的“情境”显然就是弗思提出的“情景语境”。在《修辞学发凡》中，陈望道还提出了“六何说”，即：“第一个‘何故’，是说写说的目的“如为劝化人的还是但想使人了解自己意见或是同人辩论的。第二个是‘何事’，是说写说的事项，是日常的琐事还是学术的讨论等等。第三个是‘何人’，是说认清是谁对谁说的：就是写说者和读听者的关系。如读听者为文学青年还是一般群众之类。第四个‘何地’，是说认清说者当时在什么地方：在城市还是在乡村之类。第五个是‘何时’，是说写说的当时是什么时候：小之年月，大之时代。第六个是‘何如’，是说怎样的写说：如怎样剪裁，怎样配置之类。”很明显，陈望道提出的“六何”就是构成语境的基本要素。他不仅提出了构成语境的要素，而且还阐明了修辞对语境的依赖关系，即“我们知道切实的自然的积极修辞多半是对应情境的：或者对应写说者和读听者的自然环境社会环境，即双方共同的经验，因此生在山东的常见泰山，便常把泰山来喻事情的重大，生在古代的常见飞矢，便常把飞矢来喻事情的快速；或则对应写说者心境或写说者同读听者的亲疏关系、立场关系、经验关系，以及其他种种关系，因此或相嘲谑，或相反诘，或故意夸张，或有意隐讳，或只以疑间表意，或单以感叹抒情”。可见，陈望道先生对于语境的研究，从理论到实践都做出了贡献，促进了我国语境研究的发展。

到上世纪60年代，我国又有一些学者从修辞学或语体、风格等方面进一步研究语境问题，取得了不少新成果。

三、语言语境之上下文语境

马林诺夫斯基在《意义的意义》书中将语境分为两类：语言语境和非语言语境。

语言语境指的是交际过程中某一话语结构表达某种特定意义时所依赖的各种言辞的上下文以及文本的物质形态，它既包括书面语中的上下文，也包括口语中的前言后语；

非语言语境又分为文化语境和情景语境二种。指的是交流过程中某一话语结构表达某种特定意义时所依赖的各种主客观因素，包括时间、地点、场合、话题、交际者的身份、地位、心理背景、文化背景、交际目的、交际方式、交际内容所涉及的对象以及各种与话语结构同时出现的非语言符号（如姿势、手势）等。

1. 文字与文盲

（1）象形文字、表意文字与拼音文字：象形文字是指纯粹利用图形来作文字使用，而这些文字又与所代表的东西，在形状上很相像。象形文字都是从原始的图画发展而来的，如古汉字、古埃及文字、古印度文字等都是象形文字。一般而言，象形文字是最早产生的文字。用文字的线条或笔画，把要表达物体的外形特征勾画出来。因为有些实体事物和抽象事物是画不出来的，局限性很大；因此，以象形字为基础，增加了其他的造字方法，例如六书中的会意、指事、形声、转注、假借等，这就发展成为了表意文字。然而，这些新的造字方法，仍须建基在原有的象形字上，以象形字作基础，拼合、减省或增删象征性符号而成。现存的我国纳西族象形文字就是一种图画象形文字，共1300多字，有1000余年历史。

表意文字是指用代表一定意义的符号构成的文字。象形文字和表意文字由于其复杂与学习难度高的固有属性，在大部分地区渐渐被更容易学习和掌握的拼音文字所取代。

腓尼基人靠近文明发祥地两河流域和埃及等地，吸收了这些地区早先的文明成果——他们利用古埃及的音符文字，并将楔形文字进行简化，进而在公元前十三世纪创造出世界上第一套拼音字母：共二十二个字母，只有辅音，没有元音。腓尼基字母的创造有巨大的历史意义。古希腊字母和阿拉米亚字母都是来源于腓尼基字母，古希腊字母后来又发展为拉丁、斯拉夫字母，阿拉米亚字母后来发展为印度、阿拉伯、亚美尼亚、维吾尔字母，而拉丁字母又演变为当今西方国家的各种拼音文字。腓尼基字母系统的形成，是对世界文化的重要贡献，具有深远影响，可以说是当今拼音文字的祖先。到公元前400年左右，古希腊人从腓尼基人学习文字，用这种文字表达希腊语，同时把腓尼基人由右至左的读法改成横写的由左至右，这就是现代西方文字左起横写的起源。

（2）象形文字与我国的文盲率：识别象形文字的难度很大。2012年，“中华字库”工程在我国启动，据统计约有10万个汉字，而日常生活中常用的汉字数量为2500个，次常用字1000个。这就是说，不能够熟读3000个左右的汉字，就难于读懂中文书；如果想要达到写的程度，那就难上加难了。不像西方拼音文字，学会了26个或更多一些的字母，就基本能够读懂拼音文字的书。因此，我国的文盲数量众多，这方面同外国不能同日而语。

文盲率是指文盲人口数与相应年龄组全部人口数的比率。中华人民共和国成立后，大力开展扫盲运动。1956年中共中央、国务院《关于扫除文盲的决定》规定，扫除文盲的对象以14岁至50岁的人为主。为了有计划地开展扫盲工作，把识字500个以上但未达到扫盲标准的人定为半文盲。截至2021年5月11日，中国文盲率由4.08%下降至2.67%，也就是说，世界发展到了21世纪，我国仍然还有为数不少的文盲，这是我们在考查汉语语境时不得不考虑的汉语语境面临的大环境啊。

2. 上下文语境

前已讲到，语境有狭义和广义之分。狭义语境指书面语的上下文或口语的前言后语所形成的言语环境；广义语境是在狭义语境的基础上，还包括非语言因素。上下文语境借助于上下文和背景知识，以正确理解句子或文章的含义。

关于上下文语境在语言表达中的重要作用，早已经为我国语言学家所重视（见本章“我国学者对语境的认知”节之论述）。

在国外，哲学上的“语言学转向”可以充分说明上下文语境的作用。“语言学转向”是用来标识西方20世纪哲学与西方传统哲学之区别与转换的一个概念，即集中关注语言是20世纪西方哲学的一个显著特征，语言不再是传统哲学讨论中涉及的一个工具性的问题，而是成为哲学反思自身传统的一个起点和基础。这给文本分析提供了一种哲学思想，直接可以用于上下文语境。其基本观点有三：（1）语言是一个独立的封闭的符号系统，决定其意义的是符号间的相互关系，符号间的关系自动生成意义；（2）意义的创造无视人意，独立于所有的主观意志和意愿，人的语言行为只能说明他所居之语言的规则和程序，却无由控制之；（3）认为现实由语言构成，且独立于一切客观参照。①

① 罗杰·夏蒂埃：《书籍的秩序》，北京，商务印书馆2013年版，第155页。

四、语言语境之文本的物质形态语境

前已述，马林诺夫斯基将语境分为两类：语言语境和非语言语境。语言语境指的是交际过程中所依赖的上下文以及文本的物质形态。文本的物质形态在语言语境中占着重要地位。

1. 什么是文本的物质形态

“文本世界”与“读者世界”相交的方式即为阅读。重建文本“现实化”的过程，首先必须认为文本的意义依赖于形式或物质形态。所谓文本的物质形态，一指构成文本的物质载体，二指物质载体的形式或形态。读者所面对的从来就不是凭空存在的抽象文本，他们接触的和感知的是实物和形式，后者的结构和形态将支配阅读（或接受）活动，将左右他们对所读（或所闻）之文本的可能理解。必须反对单纯用语义来定义文本，应该记住，形式会生成意义，文字虽是恒定的，但当呈现它的方式变化时，它就会获得新意义和新地位。

“无论作家做什么，反正书不是他们写出来的，书根本就不是写出来的，书是抄写员、排字工、技工、技师以及印刷机制造出来的。”上述这段话的意思是说，不存在没有载体的文本，无载体如何读（听）？任何一种对文字的理解都在一定程度上依赖于读者所接触到的实体形式。因此，我们有必要区分两大类手段：一类属于作者意图和写作策略，写的不是书而是文本。另一类则产生于出版决策和工艺局限，制造成为书。文本至书，“变迁之间，意义生焉。”

2. 文本的物质形态变化影响文本意义的获取

电子文本是书籍从物质到形态的根本性变化，其对人类阅读之深远影响，前已阐述；下面仅举阅读历史中的一些孤立的小例子，说明文本的形态变化如何影响读者对意义的获取。

（1）文本形态变化影响读者阅读行为：文本形式影响读者行为，包括不同阅读模式之间的重大差异；文本的物质形态决定着最为常见的阅读实践行为；有些出版商将旧文本改换形式提供给文化水准较低的新读者，“文本的新意直接依赖于文本的新形式”。

（2）作品文字没变，印刷形式变化使一部剧本进入经典：英国喜剧的代表作家康格里夫的戏剧版本，在17、18世纪之交的种种变化，貌似无深意，如：1710年四开本变八开、用数字标出场次、场间加有装饰图、每场前列出上场人姓名、页边标出讲话人的名字以及关于上下场的提示等，但却对作品的地位产生了极大的影响。新开本更合手，排版方式展现了舞台动感，而传统的印刷方式只给出文字，根本不考虑任何戏剧效果。一种新形式的剧本就这样诞生了。相同的文本不同的形式，同时也是一种接受上的新视野，它们赋予康格里夫戏剧（有喜剧《老光棍》《两面派》《如此世道》和悲剧《悼亡的新娘》等）以一种前所未有的面貌，从此进入经典。因此文本形式上的变化，必将改变其参考背景和诠释方式。

（3）版本形式变迁，文本被改造，形成新的读者群：法国“蓝皮文库”原本是为知识精英写的，历史悠久，目录中拥有大量文本。它引起了出版商家的注意，在已出版的文本中发掘出符合大众口味的文本，予以改版后印刷发行，使这些书在升斗小民中流传很广，它们表达并丰富着大众文化。蓝皮文库事例说明，出版形式应随读者的能力和期许而变。

（4）文本的形式和布局创新，为读者创造了新读法：发生在16—18世纪“印刷形书”的布局变革，是“白对黑的决定性胜利”。做法是：通过多次分段留白，提倡空格，每段另起，将文本切分成一个个单元，话语的顺序一目了然，对应于话语或思维的遣词造句上的切分等，打破了文本一气到底无切分的传统方式。老文本，老体裁，新版面，新读法。

（5）适应读者群体的微小改革会产生新意：根据读者阅读的需要，增加一些有明显提示的说明标记（例如简明的摘要等），所读的段子要封闭简短，满足于一个极小范围内的一致性。印刷大众通俗读物，依靠的是对读者嗜好的预先了解，如蓝皮书的“大众”特征，在于其特殊版式以及对入选作品的小修改。印刷商使用相对固定的习惯形式，大致相同的标题图案，反复使用的同一画面，调动读者已有的对文本的知识来阅读新出版的读物。

五、非语言语境之情景语境

前已述，非语言语境中包括文化语境和情景语境，后者具体指的是交流过程中所依赖的各种主客观因素，包括时间、地点、场合、话题、交际者的身份、心理和文化背景、交际目的、交际内容所涉及的对象以及各种与话语结构同时出现的非语言符号（如姿势、手势）等。

1. 什么是情景语境

（1）情景和情景语境：情景是指在一定时间内各种情况的相对的或结合的境况。包括戏剧情境、规定情境、教学情境、社会情境、学习情境等。言语行为总是在一定的情景中发生的，如有关的人物、事件、时间、地点等，可以帮助确定语言形式所表示的意义。上下文语境是让读者联系上下文，结合全文来理解文章的内容；情景语境是让读者有身临其境之感，设身处地理解作者的意图。情景语境的知识存在于文本之外，而又对文本的理解至关重要。在实际的阅读过程中，强调情景语境对语篇的暗示作用是非常重要的。

情景语境指产生话语的特定交际情景，概括起来说就是“什么人在什么场合为了什么对什么人用什么方式说了什么话”（6个“什么”），其中主要包括交际双方、交际场合、交际目的、交际方式等。可以设身处地体会情景语境，即通过想象，将自己置身于文本所描述的情景中，缩短我们与文本所述情景的时空距离和人物的心理距离等，使我们迅速地投入到文本所规定的情景中，获得现场感，感到“我就在”。

对符号相互作用论作出贡献的一位美国社会学家W·L·托马斯认为，人类行为不是对环境刺激的简单的反射反应，相反，在刺激和反应之间，通常要插入一个主观定义的过程。人们在相互作用的过程中，并不是完全依赖彼此的行动而产生反应，而是依据对彼此行动所作的主观解释而进行反应。由于人们对情景的定义不同，因此相同的情景所引起的反应也不同。正如托马斯所说：“行为的任何自我决定的活动的开始，总是有一个考察阶段，即可以称之为情景定义的一个审慎考虑的阶段。”因此，情境定义是指人们在行动前对所处的既定环境和情景所作的主观解释，也就是人类“给予意义”的过程，这种解释不仅影响交往的方式，而且影响交往的程度和结果。“情境”几乎涉及到与人发生关系的整个外部环境或外部世界。“情境定义”属主观活动，但这种主观活动所产生的结果却是客观的。根据托马斯的观点，人们的情境定义一经确定，相应的客观行为也就随之产生，尤其是一种定义得到社会成员某种程度的认可，或成为社会共同定义后，情况更是如此。

(2)情景语境的作用：费罗姆金和罗德曼在《语言导论》中指出："语言不是文人学士、辞书编纂者制定的一种抽象物，它有坚实宽厚的基础，它产生于人类世世代代的劳动、需求、交往、娱乐、情爱和志趣。"语言材料中，说写者常常自觉不自觉地调动诸如时间、地点、对象、背景以及情感情景、语体差异来阐述情景语境，来叙述或论证说理；因此，听读者在实践中应该给予充分的注意，强调情景语境对语篇非常重要的暗示作用。如《读书毁了我》所写："时机不对，伟大的作品也可以看上去味同品毒，正如清晨二点隔壁放出莫扎特音乐一样。"[①] 乐声虽好，但时候不对，搅人安眠。

在我国，许多文章中也有各种各样的情景和环境描写，相应影响文章意义。如清代刘鹗《〈老残游记续集遗稿〉自序》中："若百年后之我，且不知其归于何所，虽有此如梦之百年之情境，更无叙述此情境之我而叙述之矣。"李大钊《工人国际运动略史》："所以工人的国际运动只能出现于现代资本主义者情境之下。"阅读给人一种体验的情境，阅读者所处的环境和读者的情感、心情等，都将形成一种体验的氛围，并将决定体验的结果。

2. 读者行为和阅读方式所形成的语境

阅读始终是一种实践活动，这活动离不开动作、空间和习惯，这些实践活动可以归结为阅读行为和阅读方式，它们构成了一种情景语境，会影响阅读中对意义的获取。读者行为和阅读方式包括：阅读能力方面的，识不识字和识字多少是一个基本区别，直接影响阅读能力；读书方式的差异，博学雅士与庶民百姓，不可同日而语，后者多要求出声读才能够理解；在阅读规范和习惯上，阅读的方式方法以及诠释的工具和步骤均异；读者的期待和兴趣上的对照，不同读者群体大不相同。上述四个因素决定了阅读实践中的方式方法不可能相同，完全无视阅读行为的具体方式，仅用所谓的普遍反应来定义阅读行为，是不够的。

阅读历史上有三大变革：即书籍制作技术、书籍形态和阅读文化的变化，其具体体现在最重要的是手抄文化到印刷文化的革新，翻篇的册页书代替了卷轴书，随之阅读方式也从有声阅读逐步发展到中世纪的默读，这也就形成了相应的读者行为和阅读方式的情景语境。相应影响到阅读方式、阅读能力和阅读效果的变化。

---

①王强：《读书毁了我》，北京，光明日报出版社2000年版，第104页。

（1）朗读和默读：理解朗读和默读的对立，阅读与背诵的对立，我们就有可能理解旧制度社会中大众的阅读活动。以大众文化对印刷文本的口头“背诵”或“讲述”为例，在19世纪下半叶的法国，风行对蓝皮文库某些文本的“讲述”，即心里记着口述，类似背诵童话故事，为适应口头表达“能力”的特殊需要，这也是同一个文本拥有多种变体的原因之一。曾经极受文人雅士之版本影响和改造的口述传统（如仙女童话），由于讲述者添油加醋，这些仙女童话文学在流通中发生改变，货郎文本的大流行就是一个明证。

重建阅读实践网络。在不同历史时期和不同社群中，该网络决定了人们获得文本的不同模式。阅读不是抽象的智力活动，它还涉及运用身体的活动，在具体空间中建立，与自身、与他人的关系。如高声朗读便有两个功能：一是将文本传达给不识字的人，二是巩固大大小小聚会的人际关系——家中成员的亲密，上流社会的亲和以及文人间的默契。与高声朗读相适应，文本的编排形式和手法也要尽量满足“口诵”的特殊需要。如《堂·吉诃德》的故事架构和蓝皮文库的文本结构，这种实例不胜枚举。

（2）相同文本读者群体的诠释不同：文本与意义，其间的关系纷繁而复杂。了解16-18世纪法国人的阅读活动，就深刻地反映了这个问题。第一，对于各阶层共享的读物，不同的阅读方式深刻地反映了社会差异，如旧制社会中，精英和大众读者拥有的是“相同”的文本，如“蓝皮文库”。问题的核心在于弄清楚：对相同文本，到底有哪些不同的把握、领会和理解方式。第二，关注不同受众赋予同一个文本的意义的多样性和变动性。这里不再认为货郎文学迎合了“大众心理”，重要的还是对原书的理解和用法的社会史，即一代又一代占有书本的读者群，如何使用和理解之。一些作品因货郎简装本而“经年畅销”，不同的读者，不同的历史背景赋予其新意。第三，同一个文本，只要呈现形式大异其趣，就不再是“同一个”文本了。每种形式都有一套特定规范，每套规范都会根据自己的法则来切分作品并用不同方式将其与别的文本、体裁和艺术联系起来。若想理解关于某个文本历史上曾有过的用途和阐释，就必须确定上述物质形式所产生的意义效应。

“蓝皮文库”系列是最有力的证明，其实它最早属于文人读者，体裁各异，后来有了新的版式（简本）和新的发行方式，这些作品又获得了新的读者，一批完全不同于其成名的最初读者的大众读者。正因为如此，它们被赋予新义，并远离了原义。

（3）出版发行是一回事，读者阅读目的和吸纳什么又是另一回事：如宫廷文学中的情书，数量不少，自占一类；但大众很少写情书，将其当作虚构的故事来读，从而产生书信体小说。另外出版发行的怪诞、戏用、诙谐的故事、传统及其素材，大众将其当作是真实的境遇来读，这又形成了一种大众文学。出版发行目的是一回事，而读者吸纳却是另一回事。

（4）同样的读书方式不一样的诠释：在对面向大众的印刷品的分析中，常常有这样的情况：这些印刷品的章节段落皆短而散，自成一体，常有重复，似乎就是为那种东一榔头西一棒槌、只记片段无需全记的阅读而准备的。令人惊异的是，学者们读书方式中也有类似之处。文艺复兴时期有两件学者们读书时会用到的标志性物件：一是读书转盘，让人可以同时打开好几本书，对照或摘取其中的重要段落；二是摘录手册，按标题分类收集各种名言警句、例证或经验。这让人得出一个结论：学者们阅读时也会分解拆碎文本，使脱离语境，让文字的字面义拥有绝对权威。可见，大众的阅读方式，并没有被圈在一个孤立的世界里发展，也依附于主流模型，参照学者们的读书方式；但其所获意义却是大有差异的。

（5）强制与自由：社会上普遍存在的是，权威部门对阅读总是要施加种种限制，但读者们面对专为限制自由而设的各种指令和手段，自由总能找到钻空子的办法，“上有政策下有对策”。强制与发明，束缚与犯规，这二者之间的辩证关系为我们提供了一把理解的钥匙：在强制面前，获取自由。实践上是，读者社群各显神通，对书籍的秩序是既遵从之又乱改之。

况且，诠释学理论认为，意义的生成是自主的，无视人意的，是无法强制的，只是外在表露与否而已。实际上，“总体规范系统所固有的漏洞（或其间的矛盾）留给行动者”的差异和自由。人们可以进行选择，在对上惟命是从的实践与对上大耍花枪或置之不理的实践之间进行选择；要么认为对每种实践或“大众”话语都可以进行两种分析，时而显示其独立性，时而显示他律性。这条路狭窄、崎岖且坎坷，但此乃必行之路。

六、非语言语境之文化语境

1. 什么是社会文化阐释体系

文化语境指人类生活于其中的社会文化环境。文化语境最早是在人类学家马林诺夫斯基关于“语境”概念的解释中提出来的。

社会文化环境指与言语交际相关的社会文化背景。它可以分为两个方面：一是文化习俗，指人民群众世代传承、相沿成习的生活模式和集体习惯，对属于该集体的成员具有规范性和约束力；二是社会规范，指一个社会对言语交际活动作出的各种规定和限制。具体讲，社会文化环境是指在一种社会形态下已经形成的信念、价值观念、宗教信仰、道德规范、审美观念以及世代相传的风俗习惯等被社会所公认的各种行为规范。任何个人都处于一定的社会文化环境中，个人活动必然受到所在社会文化环境的影响和制约。

在个人面临的诸方面环境中，社会文化环境是较为特殊的：它不像其它环境因素那样显而易见与易于理解，却又无时无刻不在、深刻地影响着每个人的“说听读写”，影响着每个人的写作和阅读活动。无视社会文化环境的个人活动必然会陷于被动或归于失败。

“疾风知劲草，烈火见真金”,《诗经》《圣经》《红楼梦》等这些世界级的伟大经典，无不是在时空环境、特别是文化语境的不断变化和摧残中展示自己的魅力。《红楼梦》是封建社会悖逆的禁书，今天是美的艺术作品。真正有价值的作品正是在时间的流动和空间的开拓中展现自己，在反复变化的长河中成为经典。

2. 作者的写作和读者的阅读所处的社会文化阐释体系

文化语境在时时刻刻地影响着作者的写作和读者的阅读，所以也称为作者和读者所处的社会文化阐释体系。什么是社会文化阐释体系？根据查找，没有专门对这个词的解释条款，它应该是由社会文化和话语体系两个概念所组成。

社会文化主要是由社会意识形态构成，是以社会意识形态为主要内容的观念体系的基本结构。社会的各个阶层，都有各自流行的社会文化。话语体系是指各类事物和学科都必然通过一系列概念、范畴、术语等话语来阐述。这些话语按照一定的逻辑结构构建起来，就形成了特定的话语体系。

人类发展的历史表明，每一个民族都有其民族特色的话语体系，每一个时代都有其富有时代气息的话语体系，每一种社会形态也都有体现其价值取向的话语体系。作者和读者作为一个社会的人，离不开社会环境，他的一切都会打上社会烙印。创作和阅读也同样，每一个作者创作作品和每一个读者解读文本都会受到其所处社会文化阐释体系的影响。写作和阅读离不开所处的社会文化阐释体系，有如人无法脱离地球引力一样。

阶级社会中统治者与被统治者的统治关系，象征的也罢，非象征的也罢，从来就不是对称的："一种占统治地位的文化，其定义首先不是它放弃了什么；而被统治者，无论他做什么，隐忍、放弃、否认、抗议、模仿或压抑，他所遇到的则总是统治者拒绝他什么。"[①]在此统治文化之下，被统治文化或顺从或另谋别路，必须进行选择。在长期的实践中，被统治者在"另谋别路"中逐步摸索到了虽然狭窄、崎岖且坎坷，但却是一条实践中可行的路，而发展至今成为了必行之路。这条路在文化上称为"表达形式"。被统治文化依靠这些表达形式"完成了对自己境遇经验的组织，而且在象征上协调一致"。[②]

以世界著名的法国古典喜剧作家莫里哀的喜剧演出为例。首先必须承认，当时的文学活动十分依赖王室的权力和慷慨。那时的图书市场尚不能保证作者在经济上独立，那些既无头衔和年金的作者除了求助于王室或贵人的庇护别无他法。因此，人们偏爱最适合歌功颂德的体裁，改编快而质好，以免被其他作家捷足先登。上述的一切，皆是那个时代所特有的约束。但一场喜剧，在宫中演出和在宫外对一般市民演出，就有天地之别了。同一个文本，只要呈现形式大异其趣，就不再是"同一个"文本了。每种形式都有一套特定规范，每套规范都会根据自己的法则来切分作品并用不同方式将其与别的文本、体裁和艺术联系起来。物质形态产生了巨大的意义效应，其演出效果和意义，对一般市民同对朝臣相比，就大异其趣了。如此一来，支配该剧创作的背景——即一场旨在颂扬君王荣耀的庆典——，以及该剧对17世纪观众（或读者）所具有意义，确切地讲应该是多样的意义和多样的诠释。

3. 读者和作者各自不同的语境——阅读创造性的机理之一

英国作家乔纳森·斯威夫特1726年版的世界名著《格列佛游记》，原本是一部讽刺18世纪英国政治界的文学作品，书中的巨人、小人都有原型。但到下一个世纪，读者的语境有了很大的差异，他们不了解作者所写作品所处时代的政治状况，都无法认为是讽刺作品。于是读者的创造性阅读开始产生作用，逐步使作

①罗杰·夏蒂埃：《书籍的秩序》，北京，商务印书馆2013年版，第156页。

②同上，第157页。

品定型为一个不可思议的幻想故事，最终竟然变成儿童读物。这也是由读者创造经典的实例之一。

作者写作的意图与读者读到的意思，经常是不一致的，这也是读者具有创造力的表征，在不一致中产生经典的特质。“阅读未知的读者，不断在误解和理解之间穿梭前行，如果没有可以仰仗的语境，就只能依靠自己的语境。因此，阅读未知，有时会变成在阅读自己。这个自己并非小小的自我，而是在加强本身伟大的人格时，能让万人承认的‘发现’。古典就是这些发现的结晶。”[①]

正确的意思靠“发现”。“长期以来，我们都迷信所谓‘正解’的神话，即指文章只有一个正确的意思。再者，这个正确也是作者、笔者放在文章里的意思。如果同时有很多解释，也会优先采纳作者的想法，采取唯作者是对的思考方式。”[②]这就是现代教育在不自觉中培养出来的思考方法，使我们的阅读走上了相当扭曲之路：既知的阅读方法、固定的思考方式、轻松愉快地阅读……。

唯作者的想法才是正确？至少以下几点可以否定这个看法：（1）读出的所谓正确的意思，并非原来就存在，而是在阅读中“发现”的。（2）某个时间点是正确的，但换个时间点就不再是正确了。（3）作者的解释并非是绝对的或唯一的意思，有时读者也可以发现更好的解释，由此“可以获得不少以前不曾留意到的文义”，这是《荒原》作者艾略特晚年对读者见解引发的新思考。（4）作者绝非万能，“对作者而言，自己的作品也还有未知存在”。[③]

作者与读者对文章的解释，经常是不一致的，事实也正是如此。因为每个人都生活在各自的世界里，因文章产生联系，各自的世界拥有各自的语境：作者和读者“如果语境不一样，那么针对同样的文章，当然就会产生不同的解释，因为解释意思时，不能离开个人的脉络。”[④]经反复阅读和深入思考的读者，完全可能成为文章的添加或删改者，为文章创造新意。删改者的解释往往比作者更具有优势，“导入作者没有考虑到的语境，为文章创造新的意思。”删改者对原文章而言，是破坏型的读者；但若确实发现了新意，就是创造型的读者。“删改也是产生优异作品的因素之一”。

---

①外山滋比古：《阅读整理学》，北京联合出版公司2014年版，第178页。

②同上，第171页。

③同上，第172页。

④同上，第173页。

作者推敲是针对自己作品的行为。“刚完成的初稿，可能具有强烈特殊性，推敲的动作就是让语境更具普遍性，是一种修饰的动作。”[①]海明威每完成作品后，将其锁在银行，过了相当长的时间才拿出来，用不同的心情和角度，也即是变换语境，重新阅读，反复修改后才定稿。托尔斯泰写其第二部里程碑式巨著《安娜·卡列尼娜》，用了五年时间，经过12次修改才定稿，使小说艺术成就达到了炉火纯青。海明威和托尔斯泰都是世界级的伟大作家，每位都拥有多部经典小说作品。可见，作者尊循不同语境的创作规律，通过时间的推移，即“时间间距”，用自己的手让文章逐步变成经典。

4. 心理语境和期待视野

（1）作者和读者均存在有各自的心理语境：每位读者都有个人的情感，每次阅读的环境、心情等许多因素也在影响着阅读：“每一种酒都有它自己的机会，每一本书也都有它自己的时机。”“时机不对，伟大的作品也可以看上去味同品毒，正如清晨二点隔壁放出莫扎特音乐一样。”[②]阅读给人一种体验的情境，阅读者所处的环境和读者的情感、心情等，都将形成一种体验的氛围，并将决定体验的结果。曾独自一人生活在森林中的梭罗，在极为安静的自然环境中，不仅提出了自己的阅读观，而且总结出读书对人生的指导作用：“多少人在读了一本书之后，开始了他生活的新纪元！一本书，能解释我们的奇迹，又能启发新的奇迹，这本书就为我们而存在了……。”梭罗对读书能指出人生迷津、创造新的人生，做出了深刻的总结。他主张：“作家，更平静的生活是他们的本份，那些给演讲家以灵感的社会活动以及成群的听众只会分散他们的心智；作家的演说对象是人类的智力和心灵，是任何时代都能理解他的人。”阅读同样应该也需要这样的大环境。梭罗的思考告诉我们：应该怎样开展阅读活动才有利于全民阅读？是否各个城市开展的阅读活动次数越多，就标志着这个城市全民阅读的阅读效果最好？“阅读活动次数”成为了一个城市全民阅读效果好坏的标准，这真正是咄咄怪事！阅读是“个人王国”，最需要的是专注、安静和思考；而“阅读活动”，那是众人跻踩踩、闹哄哄的环境，如何能够阅读！

---

①外山滋比古:《阅读整理学》，北京联合出版公司2014年版，第174页。

②王强:《读书毁了我》，北京，光明日报出版社2000年版，第104页。

（2）什么是期待视野：在文学阅读之先及阅读过程中，作为接受主体的读者，基于个人与社会的复杂原因，心理上必然会有既成的思维指向。读者这种据以阅读文本的既定心理图式，叫作阅读经验期待视野，简称期待视野。"期待视野"指接受者在进入接受过程之前，根据自身的阅读经验和审美趣味等，对于文学接受客体的预先估计与期盼。依诠释学观点，每一位读者都具有“前理解”，这是由读者的经历和文化积淀所形成的，也就是“期待视野”，人人如此，概莫能外。接受者的“期待视野”不是一成不变的。每一次新的艺术鉴赏实践，都要受到原有的"期待视野"的制约，然而同时又都在修正和拓宽着“期待视野”。因为任何一部优秀的艺术作品都具有审美创造的个性和新意，都会为接受者提供新的不同以往的审美经验。

期待视野是德国接受美学代表人物之一、文学美学家H.R.姚斯提出的。同时每个人的阅读也必然会遵循各自的期待视野。姚斯指出：“一部文学作品在其出现的历史时刻，对他的第一读者的期待视野是满足、超越、失望或反驳，这种方法明显的提供了一个决定其审美价值的尺度。期待视野与作品间的距离，熟识的先在审美经验与新作品接受所需求的视野的变化之间的距离，决定着文学作品的艺术特性。”20世纪60年代末、70年代初在联邦德国出现的美学思潮中，姚斯提出，美学研究应集中在读者在阅读过程中对作品的接受、反应，以及读者的审美经验在文学的社会功能中的作用等方面。

（3）不同文化背景的接受者有不同的期待视野：当然，期待视野并不是一成不变的，不同时代的人们因为不同的文化背景和不同的阅读经验而具有不同的期待视野。20世纪英美读者对中国文学作品的期待视野与18世纪时就千差万别。

在异质文化的交流中至少有一条规律是明确的：即每种文化总是按照自身的传统和需求对另一种文化进行选择和取舍，每位接受者总是按自身文化的思维模式和习俗去观照另一种文化，即，自己原有的“视域”在某种意义上规定或限制了人们对异质文化的认知和阐释。在中国，龙被赋予了“吉祥”“皇权”等涵义；但在西方“dragon”的意象则与中国的“龙”大相径庭，是“一种想象的有翼、能喷火、蜥蜴状的巨大怪物”。在《圣经》和英语文学作品中，“dragon”是一种恶兽、魔鬼和罪恶的象征，最终总是被英雄杀死。迪斯尼电影中“中国龙”被换成了“蜥蜴”的形象，这显然违背了中国传统文化中龙的文化意向。

如果读者和作者不是生活在同一个时代，所处的社会文化阐释体系不同，则对同一个文本内容，可能会产生完全歧义的理解和诠释。最为典型的例子是我国古籍经长期的朝代更迭所形成的错、讹、滥，为了解决这个问题，应社会需求而产生了两种专门的学问——考据学和校勘学。考据学研究对古籍进行整理、校勘、注疏、辑佚等工作；校勘学是“一门综合群书，比勘其文字、篇籍的异同，纠正其讹误，力求接近原文真相的学问，或称为‘校雠学’。”世界经典著作也逃不脱时代的印记，《堂·吉诃德》主人公17世纪是疯子或傻子，18世纪是严肃的道德家，19世纪是不懈斗争的勇士。

如果读者和作者生活在同一个时代，所处的社会文化阐释体系相同，但在社会中所处的阶级、阶层、地位和文化水平等的众多差异，以及每个人期待视野的不同，也会产生看法的差异。一个例子是清雍正八年，翰林院徐骏（顾炎武的甥孙）因在奏章里有“清风不识字，何故乱翻书”一句，遭遇的是“依大不敬律斩立决”。

在文学界对语境的认识并不一致。传统文学史忘了它，认为书是抽象文本，印刷形式无关紧要；“接受美学”也忘了它，却坚持认为“文学信号”和“期待视野”间有一个直接而纯粹的关系。“文学信号”即文本传达出的符合文学常规的信号，“期待视野”即所针对的读者群的预期。于是乎，“所生效应”就与文本载体的物质形态完全无关了。可实际上，物质形态一定会影响到读者的期待，召来新读者或导致新读法。

第三篇

寻觅指导阅读的理论

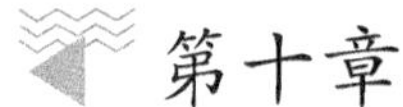

第十章

在书海中寻觅指导阅读的理论

一、书海泛舟七十载——寻觅指导阅读的理论

1. 个人在苦苦寻觅阅读理论以解诸多阅读之“惑”

在过往80多年的人生岁月里，有幸与书本结下了不解之缘。我生在一个书香家庭，四岁就开始听奶奶给我讲民间故事，听三位姑姑讲活佛济公的嬉笑怒骂，讲《杨家将》《七侠五义》《包公案》等御敌报国、侠义公案故事。有一件事历久弥新，日本投降前，在我五、六岁的时候，父亲给我们一大家20多人讲钱彩的《精忠说岳》，每天晚饭后早早盼望开讲。岳飞的故事令我着迷，在我读小学三四年级的时候，就偷偷地“啃”起了《说岳》，小小的心灵已将岳飞视为自己的人生榜样。后来父亲知我如此迷恋岳飞，还将我不太喜欢的名字“风”改为“飞”。“啃”《说岳》开启了我终生阅读的序幕。从此，我感觉自己好像被一条无形的绳索紧紧地捆绑在阅读这根柱子上，一丝一毫也没有为自己“松绑”之意，至今已70多年了。

“阅读”对推动人类社会进步和每个人的成长，其作用和意义多少世纪以来已经被许许多多学者研究和论述过，也已形成了共识。但“阅读”这样一个对人类极为重要的问题，其理论是什么？“指导我们事业的理论基础是马克思主义”，那么，指导我们阅读的理论基础是什么呢？我自己阅读实践了一辈子，还专门从事图书馆阅读工作，却不知道阅读的理论，这张老脸能不“红”吗？“指导阅读的理论”是什么，成为了我的最大的阅读之“惑”。

阅读过程中常常会生出一些非常不理解的问题，统称之为阅读之“惑”吧，如：为什么原本呆板死寂的白纸黑字，一旦映入眼帘，就会激起喜怒哀乐？为什么一千个读者读《王子复仇记》，就会产生“一千个哈姆雷特”？为什么说仅在阅读没在写作的读者，被说成“读者是文本的生产者”？为什么阅读能够“润物细无声”地改变一个人的命运？为什么阅读的结果必然会呈现“百花齐放，百家争鸣”的局面？为什么“误读”是阅读的常态？为什么“阅读具有伟大的创造力”？为什么鲁迅说，读《红楼梦》“经学家看见《易》，道学家看见淫，才子看见缠绵，革命家看见排满，流言家看见宫闱秘事”，等等。这些个为什么，几乎都触及了阅读的根本，即“放之四海而皆准”的阅读理论。一路读来，一路苦苦思索，艰难地“寻寻觅觅”。

2. 从有人类以来就已有阅读，怎么能够至今没有阅读理论？

第三章讲过，阅读分为广义阅读和狭义阅读。从有人类以来就有了广义阅读，从有文字以来就有了狭义阅读。我们就从自有文字以来的狭义阅读说起。

公元前3500年左右，两河流域的苏美尔人就开始将图像刻于石或镌印于粘土，以此作为拥有某物的标志。到公元前3300年至公元前3200年，苏美尔人就创造出了楔形文字，有了文字就有了狭义阅读，至今至少已经5500年了。漫长的5000多年的文字和阅读历史啊，难道人类就没有能够创造出有关阅读的理论？阅读于人类是多么重要啊！阅读，只有阅读才能够传承人类文明，也只有阅读才能够孕育和滋养人的精神生命。吃饭能够滋养人的物质生命，而阅读则能够滋养人的精神生命。

还有比这还重要的事情吗？对于涉及人类自身的如此大的问题，我们先人没有研究出指导阅读的理论，这能够令人相信吗？肯定有这一理论，只是我们知识贫乏、目光短浅，没有发现而已。既然喜爱阅读，那就在阅读过程中寻寻觅觅，满怀信心地找到指导阅读的理论吧。

二、书海中寻觅阅读理论之路

1. 读国内外“书话”百册——见影而无踪

为了寻觅阅读理论，为了解阅读之“惑”，2010年起我从遍读小说改为读“书话”一类图书。所谓“书话”就是有关“论述书和论述阅读的书”，可以是阅读的感想和体会，也可以是探讨阅读的知识，题材宽泛，长短均可，兼收并蓄。两年多读国内外“书话”超过百册，国内的如：《大教育家朱熹》《北大学者谈读

书》《季羡林读书》《巴金读书与做人》《胡适先生谈怎样读书》《阅读经典》等50多部；国外的如：赫尔曼·黑塞《读书随想》、毛姆《书与你》、弗吉尼亚·伍尔夫《如何阅读》《普通读者》、乔纳森·斯威夫特《书的战争》《曼古埃尔谈阅读》、博尔赫斯《读书随想》、叔本华《论阅读与书籍》、哈罗德·布鲁姆《如何读，为什么读》《西方正典》、外山滋比古《阅读整理学》和尼古拉斯·巴斯贝恩“书话三部曲”(《坚忍与刚毅》《文雅的疯狂》和《读者有其书》)等近50部。

一些“书话”为我破解了诸多“阅读之惑”。例如，阅读是否需要专家列出“推荐书目”？英国意识流文学女作家伍尔夫在《普通读者续集》最后一篇《应该怎样读书?》中解惑了这一问题，她写道：“关于阅读，一个人能给别人唯一的建议就是，不要听取任何建议，跟着自己的感觉，运用自己的推理能力，来得出自己的见解。”她强调独立性是读者最重要的品质，不要让推荐书目束缚住你的独立性。“自由是图书馆圣地里的气息。”哈罗德·布鲁姆同意伍尔夫的意见，不过在《如何读，为什么读》中他补充认为：为了不无知地浪费我们的力量以获得阅读乐趣，“似乎在我们完全变成自己之前，听一些关于读书的建议是有益的，甚至可能是必不可少的。”二人的意见综合在一起就是：初读者应该听取建议但不需要被推荐书目束缚，个人的兴趣和感觉一定会帮助你找到阅读之路。文献主题的网络化和文本的“互文性”，都从实践上证明了这一论述的正确性。

2011年的一天，我在深圳大学城图书馆逛书架，被一本完全否定和霸气的书名《读书毁了我》吸引住了，作者是美国犹太人女作家琳莎·施瓦茨。我迫不及待地读了起来。这一读不要紧，内容太过精彩，以致我来回读了四遍，并一口气写了三篇读后感。《读书毁了我》原来是一个反语书名！它给我第一个深刻印象是作者对书籍“绵绵无绝期”的人书情，真正是活到老而“人书情未了”。她深沉地写道：“我们究竟应该如何度过一生？我们阅读以寻求答案，而这寻求本身就是一辈子的事情，因而也就成为答案本身。”它给我第二个深刻印象是施瓦茨读书已达到了人书一体的境界：“书进入了我的头脑，我的灵魂进入了书的情节，并融合形成了我的思想。”对于“读什么，如何读?”这一问题，施瓦茨告诉我们，一定要坚持“兴趣”二字；兴趣是一种动力，她使你智慧顿开，她使你欲罢不能；她会自动引导你探索出相关领域的知识网络，找到这一主题的关键所在。这一说法同我国著名作家、学者林语堂在《读书的艺术》所写如出一辙：“兴味到时，拿起书本来就读，这才叫做真正的读书，这才不失读书的本意。”他还进一步总结出：兴趣引导读书——深入阅读——关联书触类旁通——广征博引。施瓦茨在书中还进一步揭示了阅读的真谛。她写道：当“大脑一旦为阅读这种快速眩目的行动而松驰，对欲望的认知——揭穿假面具，露出真谛——就可以再次成为自然而然的自发行为……整个人体从心脏处开始向外散射光芒，它极适合于感觉，召唤我们前进，或者像信号灯一样警告我们远离。”这段话告诉我们，阅读的真谛是“对欲望的认知”，这是这本书给我的第三个深刻印象。欲望是什么？欲望是由人的本性产生的想达到某种目的的要求，是人最基本的一种本能。读书能够认知自己的欲望，这是多大的作用啊！至于阅读，施瓦茨认为，读书的欲望——兴趣——需求，是全身心而非大脑的感觉，正如人在饥饿的时候是全身的而非单纯胃的感觉一样。读者对书籍的选择，是读书的欲望——兴趣——需求的一种外在的表达。所以施瓦茨告诉我们：“随意读书，跟着感觉走，给人的印象就是最忠实的读法。”其实，我的众多“阅读之惑”是同这个阅读的道理或阅读的真谛息息相关，一本小书破解了我诸多的“阅读之惑”。

不过，这些就是苦苦“寻觅”的、“放之四海而皆准”的阅读理论吗？我感觉，似乎已经接近了，但还处在“感觉”、感性的层次，还不是理论，有影而无踪。

2. 读国内“阅读学”著作——茫然一片

国内从上世纪80年代中期到90年代末的10多年中，至少出版了约10种阅读学专著。如，1987年高瑞卿主编《阅读学概论》、1989年董味甘主编《阅读学》、1991年胡继武著《现代阅读学》、1992年曾祥芹等主编《阅读学原理》、1992年洪材章等主编《阅读学》、1996年黄葵等编著《阅读学基础》、1998年韩雪屏著《中国当代阅读理论与阅读教学》、1999年王继坤主编《现代阅读学教程》和1999年曾祥芹主编《阅读学新论》等。这些书多是高校教科书，某些书非常类似，我浏览了几种，深读了代表性著作，得出如下认识：

（1）国内“阅读学”著作内容没有超出阅读的感性认识范畴。阅读学开拓者和奠基者之一的曾祥芹（1936—2021）教授，1995—2009年期间一直担任中国阅读学研究会会长，被尊称为“三学”（语文教育学、文章学、阅读学）创新领军人，主编了《汉文阅读学导论》《阅读学原理》和《阅读学新论》等著作。

曾教授著作等身，其《阅读学新论》是国内阅读学的代表作。我特别借来并从头读起，边读边做笔记。该书探讨了古今中外阅读问题，涉及阅读的方方面面，颇有见地。全书计5编28章，另加导论和史论，我计算了一下总共120节591页，可谓浩瀚巨著。读后，受益之余，总感觉似乎缺少些什么；再仔细比较，感到曾教授著作的浩瀚内容，基本上还是没有超出对阅读感性认识的范围，没有上升到阅读理论的高度，没有解决我的“阅读理论之惑”。如,《阅读原理篇》是最应该涉及阅读理论问题的，但就其共6章20节的内容而言，没有越“书话”作品雷池半步。

（2）国内“阅读学”著作普遍混淆了“阅读”和“阅读学”两个不同的概念。我总感觉，国内的许多阅读学著作或文章，没有区分“阅读”和“阅读学”这两个不同的概念，正如“管理”和“管理学”一样。例如《图书馆工作与研究》2002年第2期的文章《20世纪90年代我国图书馆学界阅读学研究综述》，内容详实，但基本立意就出现了概念混淆。文中写道：“阅读学成为一门独立的学科是在20世纪50年代。1956年1月在美国特拉华州的纽瓦克城正式成立的国际阅读协会（International Reading Association，简称IRA），标志着阅读学在世界范围内得到了确认。”国际阅读协会的成立怎么能够标志着阅读学在世界范围内得到了确认？这因为作者认为“阅读”就是“阅读学”，认为两个概念是等同的！由此，也有理由怀疑：1991年在重庆成立的“中国阅读学研究会”，到底是指“阅读学”还是像国外一样的阅读研究会？这样的概念不清，在阅读研究会有影响的人物和普通会员的著述中，具有普遍性，明明是有关“阅读”著作，却成了“阅读学代表作”。

“阅读”和“阅读学”同“管理”和“管理学”一样，是有关系但却是完全不同的两个概念。从网上查找“管理学是什么时候出现的？”问题，“360问答”：“20世纪初科学管理的兴起，管理活动古已有之。管理活动走向科学化并开始理论探讨，是从18世纪开始的。管理成为一门科学，则是20世纪初期的事。”可见,“古已有之”的管理，18世纪才开始探讨管理活动的“科学化”，而直到两个世纪之后的“20世纪初期”，管理才成为“一门科学”。从有“管理”概念到成为科学，整整经历了多少个世纪啊！相比之下，怎么能够阅读协会刚一成立，就“同时、立刻”阅读就神奇般地成为了“科学”而出现了“阅读学”呢？

我又好奇地检索“运动”和“运动学”两个类似的概念，结果大出意料。我本欲检索“体育运动”之“运动”，而检出来的却是力学分支的“运动学”，检索的回答是："理论力学的一分支学科，从几何的角度研究物体的运动。"这就是说，"体育运动"之"运动"，同"运动学"之"运动"，是相差十万八千里的两个概念。

了解国内的"阅读学"著作，其内容大多讲阅读的定义、功能、阅读方法等，还处在对阅读的感性认识阶段，对于"阅读理论"却依旧茫然、不着边际。

（3）阅读学泰斗级人物晚年曾书写诠释学文章以解释阅读现象。2020年即曾教授逝世前一年，他在《山东图书馆学刊》第一期上发表了论文《曾巩〈洪范传〉的文章阐释学》，老先生在这里用上了"文章阐释学"。阐释学即诠释学的另一称谓，说明老先生在不断写作、不断学习中，已经发现和了解了诠释学，并进一步运用诠释学来解决他的文章学问题。这说明了阅读学的泰斗级人物在晚年也接触到了阅读理论，开始向诠释学靠拢。

3. 读国外阅读专著——触碰了阅读理论的"肢体"

再看看国外的"阅读学"吧。通过检索，令人大吃一惊，在英文中根本就没有"阅读学"这个词，在各种书目中也没有发现国外有专门的"阅读学"著作。难道我们的国内学者在撰写"阅读学"著作时没有参考国外的"阅读学"吗？

国外既然没有"阅读学"专著，只好查找"国外阅读方面的专著"。2012年至2013年，我在读一些国外阅读专著过程中，对其中四部的印象极为深刻：2011年版法国科学院院士斯坦尼斯拉斯·迪昂著《脑的阅读：破解人类阅读之谜》、2011年版美国玛丽安娜·沃尔夫著《普鲁斯特与乌贼：阅读如何改变我们的思维》、2011年版加拿大阿尔维托·曼古埃尔著《阅读史》和2009年版新西兰史蒂文·费希尔著《阅读的历史》。我在读四部专著时受益匪浅。

这四部书涉足了阅读心理学和阅读生理学。费希尔的《阅读的历史》写道："最为重要的是，读者在阅读时，要把个人知识和经历与书面的句、段、篇章联系在一起，并以此生成意义。"沃尔夫在《普鲁斯特与乌贼》前言中认为，真正了解阅读时大脑的运作过程，会是"心理学家最大的成就，因为这将得以描述人类心灵中诸多错综复杂的运作，解开彼此纠结的现象，揭露出整个文明在历史中最了不起的成就。"沃尔夫的话，已经触及了阅读心理学。这些学者认为，科学对于阅读，还有许多解决不了的令人迷惑不解的现象和许多未知的东西，曼古埃尔称这些为"阅读黑影"。在阅读不断地发展中，这些黑影将一个一个地逐步消失，人类智能的进化将永不止步。

第一本书的作者迪昂从大脑的结构到阅读的生理机制，进行了长达20年的试验和研究。认为口头语言约起源于5万年前，而文字约起源于5千年前；口头语言形成了遗传，而识别文字并没有那么长的时间形成遗传；人类的大脑早已有专门的基因组直接负责口语功能，但没有特定的基因组直接负责识字功能。不过人类的大脑具有可塑性，迪昂的研究证明："由灵长类动物进化而来的人类大脑的神经通路可以用于书面单词的识别任务。……根据这种理论，阅读实际上是神经网络的'再利用'。"因此他对阅读学得出的结论是："真正的阅读科学正在形成"，当然他所指的不可能是全部的阅读理论，而只是"阅读生理学"。

综上，出现了阅读心理学和阅读生理学，这说明，已经触碰到了阅读理论的"肢体"。

三、读国内外诠释学著作——发现了指导阅读的理论

为什么在国外没有查到"阅读学"，难道没有"阅读理论"？不可能。有了文字就有了阅读，几千年了，怎么能没有指导阅读的理论！那么，可不可能存在另一种情况：这种指导理论既未被称为"阅读理论"，也未被称为"阅读学"，而是有其他的称呼？

1. 终于找到了指导阅读的理论

2016年3月3日《深圳特区报》署名刘金祥的文章《读者是文本的生产者》，多么奇怪的标题，阅读文本的读者怎么能够生产文本？这不符合阅读常识，引起了我的特别注意。文中谈到了国外两本有关阅读的译著：伊泽尔的《阅读活动：审美反应理论》和赫施的《解释的有效性》。花了一个月时间读完这两本书，我深深感到，这是两部与书话类作品完全不同的书。不同在于它们深刻地诠释了阅读中的一些大问题，例如"读者是文本的生产者"，这是一个令我百思不得其解的、违反阅读常识的问题，但这两部书为我解了"惑"。同一本书在历史上被万千次阅读，受到万千次的评价，这本书或者被历史淘汰，或者越来越被人们认可，读者的阅读使书成长，其中一些历经磨难和褒奖而存活下来的书就成为了经典。经典是万千位读者通过万千次阅读所生产出来的，所以说"读者是文本的生

产者”，同样，更为明显的是读者通过阅读而成长，影响其一生。

依据德国哲学家姚斯的接受理论：作品的教育功能和娱乐功能要在读者阅读中实现，而实现过程即是作品获得生命力和最后完成的过程。读者在此过程中是主动的，是推动文学创作的动力；文学的接受活动，不仅受作品的性质制约，也受读者制约。姚斯的话是对传统文本中心论和作者中心论的挑战，难道不是这样吗？全世界都在谈论着的“经典”，恰恰有力地说明了这个问题。“经典著作”之冠，既不是历史上哪位杰出的皇帝和国王，也不是历史上哪位伟大的名人赋予的；权力再大，威望再高，也无济于事！“经典著作”之冠是历史赋予的，是多少代众多的读者所赋予的。“经典著作”的生产者是广大的读者。所以法国诠释学家巴尔特说：“读者不是消费者，而是文本的生产者。”

伊泽尔和赫施写的这两部书，均属于诠释学范畴。文献之间的关系而生成的文献网络使我发现了阅读理论。这是我书海泛舟路上一个值得纪念的日子，感谢刘金祥先生！

顺网摸瓜，从2016年至今，我广泛地阅读国内外诠释学著作。国外的译著有：法国利科《诠释学与人文科学》、德国耶辛《文学学导论》、德国姚斯《审美经验与文学解释学》、德国伽达默尔《科学时代的理性》、加拿大让·格朗丹《诠释学真理？——论伽达默尔的真理概念》、意大利艾柯《误读》《诠释与过度诠释》和《别想摆脱书》、哈佛大学戴联斌《从书籍史到阅读史》以及洪汉鼎译编的《理解和解释——诠释学经典文选》等10多部。阅读的国内诠释学著作有：洪汉鼎编著4本《当代西方哲学两大思潮》《诠释学——它的历史和当代发展》《文本、诠释与对话》《现象学十四讲》、何卫平《解释学之维》、殷鼎《理解的命运》、张鼎国《诠释与实践》、潘德荣《诠释学导论》《西方诠释学史》以及《中国诠释学》丛书中的有关文章，等等。没有想到，这些书基本上解决了我多年萦绕在头脑中的“阅读理论之惑”。

在我书海泛舟近70年的时候，终于寻觅到了指导阅读的理论——诠释学。这个过程说明了一个阅读中的大问题：“读什么，如何读？”正如施瓦茨在《读书毁了我》中告诉我们的，一些书话作家也告诉了我们同样的道理：阅读一定要坚持“兴趣”二字。书因其内容自然而然形成了作品的互文性和读者看不见的互文网络，“兴趣”会自动引导你循着网络，找到你的“兴趣”所在。

2. 在诠释学指引下破解阅读理论之惑

阅读主体即读者，读者是带着自身的“前理解”进入阅读的。一般的阅读规则认为，“前理解”是读者的“偏见”或“有色眼镜”，影响正确的理解，因此阅读前必须清除。但按照诠释学的观点，“前理解”是阅读主体的存在状态，其内容是由效果历史意识所形成。效果历史意识是诠释学的一种理论，是指读者在其存在的历史过程中由历史的文化烙印积淀而成，它包含着个人与历史所形成的全部存在上的联系，这种联系从每个人降生在某一特定文化传统中便逐步形成，并再也无法割断。效果历史意识铸就了读者的“前理解”，这是读者一切理解的起点。读者的“前理解”如同人的外貌一样，一人一样，阅读后的理解自然也就千人千样；因此，这就形成了阅读史上的一种规律，一千个读者读《王子复仇记》，就会产生一千个哈姆雷特。读者“前理解”千差万别，形成了阅读理解的多元性，阅读在本质上就是“百花齐放，百家争鸣”的。阅读结果没有最好，只有不同；如果哪位“大师”认为他的理解是最正确的，那么，对这一本书的阅读就到头了，这是永远不可能的。

阅读客体即作品，在诠释学称为“文本”。文本是书面语言的表现形式，是由书写所固定下来的话语。从口头传诵到文字作品，意义常常会发生惊人变化；再从作品到文本，“作者已死”，文本解放，文本的意义奇迹般远超作品原意；脱离了作者的文本是作品在时空中的悬置，具有诠释学所解释的时间间性和空间间性，形成了文本理论，铸就了诠释学视野下文本的统一性、开放性、多样性和互文性。其间，文本的意义历经了魔幻般的变化。

阅读本体即阅读。阅读有如文本中的文字拨动了读者脑神经的琴弦，是读者的“前理解”同文本内容的“对话”，形成读者的当前视域同文本的历史视域之间的视域融合。阅读让文本展现生命，文本让读者展现自我，读者迷醉于文本之中，使读者与文本双向心灵碰撞、交流与结合，形成了读者“前理解”与文本内容的水乳交融——视域融合。读者“前理解”决定了理解的角度、广度和深度，这是当前视域；文本内容决定了理解的主题、境界，这是文本产生时代的历史视域。文本相同但读者“前理解”不同，决定了阅读结果的千差万别。

阅读所处时代和人文环境的不同，影响读者“前理解”，就形成了鲁迅所说的阅读《红楼梦》，“经学家看见《易》，道学家看见淫……”的结果。

阅读具有伟大的创造力。“前理解”与文本内容的视域融合，必然产生“百花齐放”的阅读成果，必然产生一些新的意义。阅读是人类精神的生产力，使人类的精神一代又一代生生不息地传递和发展。周有光老先生讲：语言使人类别于禽兽，书籍使人类有了历史；我感觉，似乎应该再补充一句：阅读使人类文明得以传承。

七十年阅读路上的惑与解，总算有了初步答案，七十年的“寻寻觅觅”喜获成果：终于找到了指导阅读的理论。应该大声疾呼：指导我们阅读的理论基础是诠释学。

第十一章

什么是诠释学

一、诠释学概念

1. 概念

人只要活着，每日每时每刻都必然面对着各种各样的人、事、物，也必然对这些对象所发生的种种事情卷入理解；失去理解，人生便失去了意义。因而，理解是构成人存在的一种基本状态与方式。由理解酝酿生成的意义，浸透于人生的各个层面——意图、目的、情绪、思想、价值。理解展开的是一个人生存的精神世界并以之指导人的一切行动。理解行为普遍地存在于人们的生活中，可以说，只要涉及到人的“理解”问题，就存在着“诠释学”要解决的问题。“理解”是诠释学的核心概念。

理解借助语言文字，表达流露，成为解释。解释基于理解，人在生活中解释人生，人又生活在解释与理解活动之中。解释与理解参与到生活的每一方面。理解和解释之所以可能，是因为人拥有语言文字，人必须接受某一文化传统的语言文字，并由语言文字来进行理解和解释，特别是书面语言，因为口头语言不能持久。因此，通过书面语言即文本进行理解和解释是最最主要的路径。

诠释学就是作为一门指导文本理解和解释的学科，是西方哲学、宗教学、历史学、语言学、心理学、社会学以及文艺理论中有关意义、理解和解释等问题的哲学体系、方法论或技术性规则的统称。有关诠释学的研究可以上溯到古希腊，在以前类似于修辞学、语法学、逻辑学，从属于语文学。在20世纪60年代，由于解释问题的普遍性，诠释学已把自身从一种理解和解释的方法论发展成为一种哲学理论，当代哲学诠释学抛弃了那种把自身限制于更基本层次的规范和技术的范畴，它不再教导我们如何解释，而是告诉我们解释中发生了什么，由认识论和方法论发展为本体论哲学。

诠释学源起于对《圣经》的诠释，对神意的诠释和传达是上帝的指令，必须被当作真理和命令一般地服从和执行，执行就意味着应用和实践。因而，诠释学至少有四个方面的要素：理解、解释（含翻译）、应用和实践。前三者是三种技巧，但这些技巧是一种本身不能由规则保证的判断力，即所谓“规则需要运用，但规则的运用却无规则可循”，所以诠释也是一种需要特殊精神所造就的技巧、能力和实践。因之，对于诠释一词，我们至少要把握上述四个方面的意义，而最后一方面的意义说明了诠释学的一个突出的特点，它既不是一种单纯的方法，也不是一种单纯的语言科学或沉思理论，而是一种实践智慧。

2. 词源和翻译

在西方，诠释学（Hermeneutics）之“诠释”一词中文有解释、阐释、阐明、说明、解说、注释等意思。诠释学的英文词“Hermeneutics”源于古希腊神话中一位神界的信使“快速之神”——赫尔墨斯（Hermes）。他负责向人间传达神界的旨意，由于他跨越了神界和人间，是两者的“中介”，因此又是神意的“解释者”。然而由于诸神和人间语言和语境的不同，赫尔墨斯的工作中还承担翻译的任务，即把诸神的意旨和命令翻译成人间的语言并传达。翻译中赫尔默斯需要具备两个条件：理解或懂得诸神的旨意和指令，并能够对其进行解释，再用另一种语言将其传达给人间。因此，诠释最基本的含义就是通过理解和翻译、解释，把一种意义关系从一个陌生的世界转换到熟悉的世界。哲学诠释学创始人伽达默尔在《古典诠释学和哲学诠释学》中写道：“诠释学的工作就总是这样从一个世界到另一个世界的转换，从神的世界转换到人的世界，从一个陌生的语言世界转换到一个自己的语言世界。”从这个意义上讲，赫尔墨斯不仅是神谕的传递者，而且也是神谕的翻译者和阐释者。没有他的翻译和阐释，神谕便无从理解。这就是诠释学的源起。

the hermeneutics也被译为“解释学”。理由是因为“解释”包含了理解和解释两层意思，而“诠”也是解释的意识，“诠”和“释”可以合并为释。它们的共同点是都包括解释的意思，但我们翻译一个外来词时，不仅要考虑它本来的意思，也要综合考虑中文的使用环境。从语言使用习惯这个角度看来，“诠释”有对精神或者艺术进行了深入的理解，并通过行为、表演等方式进行再创作的含义，而现代诠释学将理解和诠释当做研究对象，主张意义多元性、开放性和创造性，从这个角度看翻译为“诠释”比较贴近。

德语Hermeneutik（英语Hermeneutics）的译名至今尚未统一。哲学界有诠释学、解释学、释义学等译法，文学界大多将其译为阐释学。本书采用“诠释学”一词，乃出于以下考虑：其一，中文“诠”字自古就有“真理”义；其二，“诠”与“道”相关，据段玉裁的《说文解字注》：“诠，就也。就万物之指以言其征。事之所谓，道之所依也。故曰诠言。”总而言之，“诠释”所指向的乃是真理之整体，因而以“诠释学”对译Hermeneutics，显然更为契合Hermeneutics之旨归。

3. 诠释学的定义

对于历史悠长的一门传统学科或研究，当我们试图去理解它、掌握其内涵之时，单从任何一种理论的立场和角度出发，都会多少有失片面。因而，对于诠释学，只有我们从历史的角度综合地看，诠释学的概念才能够更加完整饱满地呈现在我们面前。

通过上述分析，我们清楚地看到了这样一个事实：迄今为止，根本不存在一般意义上使用的“诠释学”定义。呈现在我们面前的是一些在不同时期发展起来的、形态相殊的诠释学。虽然诠释学的主旨是意义的理解和解释，但我们却不能简单地讲诠释学定义为关于理解和解释的理论。在某种意义上，语言学、语义学、甚或哲学等都可以看作是关于理解和解释的理论。这样的定义，既忽略了诠释学之理解的历史性特征（这是诠释学最重要的、也是最初被揭示出来的特征之一），又没有反映自海德格尔以来的诠释学家试图在诠释学方法论和本体论上的突破所作的努力。为此，我认为有必要重新定义“诠释学”。综合上述诸多定义，我们可以将诠释学暂行定义为：“诠释学是（广义上的）文本意义的理解和解释之方法论及其本体论基础的学说。”

二、诠释学源起于阅读、成就于阅读并发展成为指导阅读的理论

1. 诠释学源起于阅读

阅读是指人类从符号、文字和图像等媒介中获取信息和知识，并进一步理解

其内在意义的一种个性化的社会活动和心理过程。

诠释学又称为解释学，作为一门学科发端于《圣经》和古代法律的诠释，逐步形成神学诠释学和法学诠释学。因此在这种背景下，可以认为诠释学是一门关于理解、翻译和解释文本或其他对象，并进一步探索蕴含之意义的技艺学。

对照一下阅读和诠释学两个定义，何其相似乃尔。阅读和诠释的对象都是以文字为主的各种文本；二者的做法都是理解、解释和注释、说明；二者的目的同样是获取对象所蕴含的意义。但阅读和诠释有根本不同之处：一个是个性化的活动，一个是促成这种活动的方法。阅读是一种个性化的社会活动，目的是使阅读者获得信息、知识和意义，并进而受到人性感悟，从而改变意识和阅读者本身；诠释学则是一种方法和技艺，更是一种哲学理论和实践智慧，通过经验而认识和理解对象，再经过思维而分析和综合出对象的意蕴。

在诠释学初起的诠释实践中，最早应古代广大教众理解圣经的需要，诠释古希伯来经典，即《圣经·旧约》是犹太教和基督教的经典，又是古代希伯来人的文学集。继之对基督教《圣经·新约》的诠释以及罗马时期对法律的诠释。古罗马对人类文明贡献最大的莫过于它的法律，以至于罗马法系后来成为西方近现代立法的基础和来源。在诠释实践中建立了一套法律如何被诠释的教本，成为后世法律诠释的范本。在此基础上发展出了古代法律诠释学。

2. 诠释学成熟于阅读——诠释学作为一门学科正式登上历史舞台

以布鲁诺和伽利略为代表的近代科学启迪了人们的思维方式，在神学领域，科学方法之理念与新教倡导的“文本原则”所包含着的“解经方法论”要求相互激荡，终于在解经学内部催生了一种自觉的方法意识，尝试将诠释学建成有别于解经学的客观的方法论学科。文艺复兴和宗教改革时期，1654年丹恩豪尔出版了《圣经诠释学或圣书文献解释》，“诠释学”一词第一次出现在文献中，诠释学也就撩开了面纱正式现身于学术界和社会，确立了诠释学作为一门独立学科的地位。自此以后，诠释学从神学诠释和法学诠释扩展到对一般世俗文本的诠释，出现了语文学诠释学。诠释学迎来了第一个发展高潮，从特殊诠释学升华到一般诠释学，并确立了诠释学作为一门关于理解和解释方法论学科的地位。这个时期诠释学还未上升到理论高度，多称作“释义学”。

3. 诠释学发展成为指导阅读的理论

自17世纪中叶，诠释学进入成熟期并登上了世界学术舞台，源起于阅读的诠释学又反过来指导人们的阅读。在诠释学对阅读诠释的发展过程中，经历了诠释重心的三次转移。

（1）作者中心论：圣经诠释学是诠释学源起的主要途径。早期圣经诠释学的基本目标就是通过对圣经之诠释，使教众能够领悟其中隐含的上帝的意旨——“绝对的”神意。

被誉为诠释学之父的德国神学家、语文学家和哲学家施莱尔马赫（1768—1834年）突破圣经诠释学，实现了从特殊或局部诠释学向普遍或一般诠释学的转向，此后，作者、文本和读者及其关系也从狭隘的神的领地走向了广阔的世俗生活，诠释学的研究领域相应拓展了。然而，诠释取向却没有根本的改变，它沿袭了特殊或局部诠释学的思维模式，仍然将引领读者把握文本中呈现的上帝的意旨——作者意图视作诠释学的基本追求。

诠释学家施莱尔马赫和德国诠释学家、历史学家狄尔泰（1833－1911）采取了“作者中心论”的立场。认为，文本存在的意义在于表达作者的本意，而读者对文本的解读，就是要去把握作者意图，作者意图也因此成为支配整个理解活动的核心。他们明确指出：“我们必须想到，被写的东西常常是在不同于解释者生活时期和时代的另一时期和时代里被写的；解释的首要任务不是要按照现代思想去理解古代文本，而是要重新认识作者和他的听众之间的原始关系。”[①]这就是说，理解应该奠基在对作者历史性的把握上。那么，如何实现对作者历史性的把握呢？施莱尔马赫提出心理解释，读者要把握作者在所创作的文本中表达的原意，就必须通过一种“心理移情”的方法，在心理上进入作者创作文本时所处的社会历史情境，重建文本与它所赖以形成的社会历史情境的联系。按照狄尔泰的分析，“心理移情”实质上就是通过对读者的个体性和历史性的消解，从心理上重建作者的个体性和历史性。在“作者中心论”的视域中，读者实际上成了“无个性的”、“无历史的”抽象存在物。

（2）文本中心论：曾获得克鲁格人文与社会科学终身成就奖的法国诠释学家利科（1913—2005年），他在对先前诠释学进行历史反思的基础上，建构了文

①《理解与解释——诠释学经典文选》55-56页

本诠释学，提出了“文本中心论”。他认为这种提法旨在克服“作者中心论”和“读者中心论”的对立。利科指出，在从局部诠释学到一般诠释学的演进历程中，无论是施莱尔马赫还是狄尔泰的诠释学，都陷入了一种困境：把对“文本”的理解置于对在“文本”中表达自身的另一人的理解的法则之下。基于上述认识，利科把“文本”作为理解和解释的重心，建构起了文本诠释学理论体系。首先，他对诠释学作了新的定义。指出：“诠释学是关于与‘文本’的解释相关联的理解程序的理论。”[①]其次，利科把文本界定为“任何由书写所固定下来的任何话语”，并与“作为口语形式出现的话语”区分开来[②]。按照利科的分析，文本和口语形式的话语相比，至少包含永恒性、简化性和意义的不确定性等特征。再次，文本作为理解和解释的主体，是媒介，是中介点。调和其它两个“中心论”的对立，试图建立一种集方法论、认识论和存在论于一体的新诠释学。

因此，“文本中心论”者认为，作品是独立的意义的自在中心。解释一部作品，只去分析作品语言的结构、语法、符号系统等，就足能够了；认为作品的意义由对作品的语言分析中即可出现，作品自身成了解释的重心所在。

（3）读者中心论：在从认识论到本体论的诠释学转向中，德国诠释学家、20世纪存在主义哲学创始人海德格尔（1889—1976年）完全切断了诠释与作者之间的联系，凸显读者的历史性，使之成为诠释的重心。

在海德格尔的引领下，哲学诠释学创始人伽达默尔彻底实现了“作者中心论”、“文本中心论”向“读者中心论”的诠释重心转移。首先，伽达默尔用奠基于读者历史性的“视域融合”理论来对抗施莱尔马赫旨在消解读者历史性的“心理移情”。其次，伽达默尔通过对读者历史性的重要表现形式——“先入之见”（或称“偏见”）之合法性的强调，从根本上消解了“心理重建”的可能性，为“读者中心论”提供了依据。第三，他提出诠释作品不是解释者用方法去解剖分析作品，而是解释者从他的理解视域范围出发，让作品进入并扩展他的个人理解，在理解中产生出作品的意义与创造性解释。这显然是哲学诠释学在诠释取向方面的一个贡献。理解与解释作品，成为人类生活创造性展开的一种形式。解释与理解的创造权力与必然性，在人的历史存在中找到了合法的根据。在理解中创

①《理解与解释——诠释学经典文选》409页

②《诠释学与人文科学》148页

新，不迷信权威的解释，成了每一代人、每一个人不可剥夺的历史权力。

从诠释重心转移的分析可见：第一，阅读文本的理解和诠释，并非看上去那么简单、容易，而是错综复杂的；第二，从诠释重心的转移可以深刻体会，阅读必须有诠释学的指导。

三、诠释学诠释对象的扩展并发展成为哲学

1. 诠释学诠释对象的扩展

哲学诠释学创始人、德国哲学家伽达默尔认为，诠释学研究的是对文本的理解问题，不过这个文本的含义是非常广泛的，它可以指各种社会文化现象。行为可以以某种方式被客观化而成为客观化物（如文字记录、行为的物化结果等），从而可以视其为文本。从意义的理解和领会出发，当代诠释学注意的焦点，早已从文本的解读转移到对行为实践之考量和诠释，并放在重点。利科讲的更为具体，他写道："人类行为与文献文本一样，它既展现了含义，也展现了指标；它既拥有内在的结构，也拥有一个可能的世界，可以通过解释过程展现出一个人类生存的潜在模式。"裁定人类行为意义的法官不是当代，而是如黑格尔所说，"是历史本身"。利科进一步解释说："人类行为是一部开放的作品，是一种'悬置'起来的意义。正是由于它'打开了'一个新的指称，并从其中接受了新的相关性，所以，人类行为同样也等待着确定意义的新解释。"人类行为和事件都在向任何一个可以阅读的人开放，并以同样的方式，这些行为和事件也可以提供给未来解释，当代的解释并不具有特权。

诠释学发展的标志，首先是其诠释对象的扩展。诠释学的诠释对象从符号、语言到文本，再到行为和历史，再到生活世界，遍及到整个人类社会的方方面面，不断在扩充、发展和提高，诠释学已经发展成为有关意义、理解和解释等问题的哲学体系和实践智慧。

（1）符号和语言： 史前没有文字，打手势或画图形，都是人类用来传递信息的方式。手势需要破解，图形需要理解，这实际上就是人类最早期对意义的诠释。人类较早发展起来的口头语言，在交流过程中也需要有解释，甚至翻译。我国孔子（前551年—前479年）和古希腊苏格拉底（前469—前399年），差不多处在同一个时代，孔子略早于苏格拉底100年，那时因书写还没有那么发达，因而

孔子"述而不作"，苏格拉底也没有留下文字著作。

我国诠释学家洪汉鼎教授在其所著《当代西方哲学两大思潮》中，对口头语言有生动的描写。他认为，符号和语言是诠释学的源头，诠释源之于口头翻译，口头语言是"非常丰富、有血有肉和活生生的"；一旦变成书面语言，许多东西失去了，而变成了僵死的文字，如同从树上掉下来的水果一样。柏拉图曾强调书面语言的软弱性和无助性，施莱尔马赫也讲，书面语言"就像从火中救出来但具有烧伤痕迹的东西一样"，被异化了。所以利科讲，书面语言的翻译必须去除语境（口头变书面）和重构语境（翻译文本时），这些变化使理解与解释成为一种必然和必须做的事情。但是，口头语言的致命缺点和问题是无法保存，说完即随风而去，再也找不到痕迹。因此，在人类历史长河的发展中，尤其在学术界，它必将和逐步让位于书面语言。

同语言相关的诠释学有语言诠释学、话语诠释学和语文学诠释学等。

（2）文本：文本含义丰富而不易界定。文本是书面语言的表现形式，通常指具有完整、系统含义的一个句子或多个句子的组合。如任何文字材料、图表、广告材料等，都可看做是文本，长短和内容不限。文本作为诠释学的对象是不言而喻的，而且诠释学作为一个学科就源起于对宗教文本的诠释。至于文本和作品的异同，诠释学理论大有说道，但无关本文主题。

文本最根本的特征是语言，是由语言和载体结合而成的书面语言，同各种语言形式一样，是诠释学最基本的诠释对象；但书面语言又有它自己的特点，即形态的固定性、存在的独立性和对环境的适应性，从而更适合于被诠释和保存，成为人了历史的记录。正是由于这些特点和社会阅读的迫切需求，《圣经》才能够成为西方世界被诠释的第一种文本，基于同样的原因，紧接着被诠释的是法律文本。这里也充分显示了阅读与诠释学的密切关系。

文本诠释之所以能够扩展到下述其他各种对象的诠释，诠释学的语言性起到了决定性的作用。伽达默尔说："一切理解都是诠释，一切诠释都以语言为中介而发生。"由于语言在一切理解与解释中的突出作用，它已跃居于诠释活动的中心地位，并成为诠释学的核心内容，它不再单独限于与文本的接触，而是遍及到一切有意义及创造意义的践行活动，贯通各式各样的，可能的与现实的，过去、现在与未来的经验世界。语言中的观见所得即是对世界的观见所得，拥有语言和拥有世界也是二合为一的事情。这是现代诠释学发展上得来相当不易的一个突

破，这也显现出与传统诠释学完全不同的局面。才能多面诠释

（3）行为与历史：伽达默尔认为，诠释学研究的是对文本的理解问题，不过这个文本的含义是非常广泛的，它可以指各种社会文化现象。行为可以以某种方式被客观化而成为客观化物（如文字记录、行为的物化结果等，如考古发现物），从而可以视其为文本。一个例子是出自六年级上册语文课本："谭千秋，一位普通的老师，他用自己51岁的宝贵生命诠释了爱与责任的师德灵魂。"另一个例子是出自阿英《敌后日记》："依具体事实，详加诠释。"很明显，两个例子说明了可以用行为和行为所产生的事实来诠释灵魂和道理。

历史是看不见摸不着的，研究历史只能依靠历史的客观化物——历史档案和考古发现物。历史本身就是人类行为的记录，就是人类行为在其上留下的"踪迹"，历史就是建立在踪迹之上的科学。"档案"和考古发现物都是人类的历史行为打上的印记。利科指出："在由记忆意向性地书写下来的档案面前，存在的是'记录'人类行为的持续性过程，就是作为'印记'总和的历史本身，它规避了单个行为者控制的命运。"

（4）生活世界：在这里，"生活世界"是一个哲学名词，我国诠释学家张鼎国指出："生活世界概念出现于19世纪末科学理论的探讨中，意指有一前于科学的、直接的人类世界，值得重新作为科学活动所回溯指涉的思索场域。"这指的是科学没有发展之前的初始场所，比较难以理解，不如就理解为日常生活、人际交往的一个现实的世界和一个直观的世界。张鼎国教授进一步指出："因为诠释学原先是以文本乃至经典为主，但一经发展后，所有理解沟通之活动，是更直接放置在社会人际活动及整体生活世界的范围下进行考量的。议论生活世界之主题，和诠释学所看重的文本世界或经典世界，也并不是表面上看来那样互不相干的。"因此，"生活世界"的所有方方面面都可以看作是"社会文本"，都可以被诠释，实际上任何一个人都在对"社会文本"进行理解、解释和交流。在这些诠释中，"用心感受"是一种较佳的方式，一种运用较多的方法。如日常生活中平平常常的听音乐，"用心感受"可以诠释音乐之美。如，贝多芬最优秀的创作当属他的交响曲，九大交响曲每首都堪称不朽之作，每首都有最佳诠释者，其九大交响曲最经典的当属第三"英雄"，最佳诠释者是克莱姆佩雷尔。"如此一来，理解与诠释不只是面对典籍、处理文本时的特殊方法技巧，而是整个个人生命活动历程中普遍运作的轨迹，而对话交谈，则进一步拓展到更大的可能经验层面，是历史性生命的行为履践所能达致的全部效用范围。”

伽达默尔所思考的特色的诠释学生活世界观，可提纲挈领归纳如下：

第一，生活世界是个诠释学经验里所说的历史性概念，因为生活世界在这里特别和人的事实性存在与历史性本质有关。第二，生活世界是靠语言传布且维系其基本理解的，世界之视域形成与共同语言之中介并开启的效果密不可分。第三，生活世界的基调为“分有”与“共享”，伽达默尔所著《真理与方法》前三部分都指出了这一特色。第四，生活世界是群体人际的共同世界。也就是就是“我们人们”的共有世界，“这个就是世界本身，在其互为主体经验中具体化的世界本身：是这个，而不是一个数理可描述的先在性的‘客观’世界，才是‘此’世界。”即属于“我们人们”所共有的熟悉而可信的生活世界。

总之，对伽达默尔而言，不能讲有两种形态的生活世界，而只能讲生活世界中有两种不同的存有学。“一种为西方传统上只适合于处理手前存有的表象思维之存有学；另一种存有学，语言转向的存有学，则让我们安适于充满语言分享、文化历史流传和群体效果的生活世界里。”在这里，凡事顺遂，相融无碍，“那还需要对它进行一番奠基吗？”

2. 诠释学发展进程中历经三个阶段出现三次高潮

这是一个发展过程。诠释对象从口头传诵到作品再进展到文本，这种阶段式的发展符合社会文明的发展阶梯：渔猎文明—农业文明—工业文明，下一个阶梯是信息文明。相应，诠释学的诠释方法也在随之发展，从渔猎文明时期的专制、蛮横的独断解读，进步到农业文明时期的“一元解读”，进而随着进入工业社会，作品解放为文本，在破除了作者禁锢的基础上发展到读者参与的重复写作，意义不断增值，发展进步到“多元解读”。这样一个发展进程，可以将诠释学的历史发展分为三个阶段，相应出现了三次高潮。

文艺复兴和宗教改革时期，1654年丹恩豪尔的著作使“诠释学”一词第一次出现在文献中，诠释学正式现身于学术界和社会。此后，诠释学从神学诠释和法学诠释扩展到对一般世俗文本的诠释，出现了语文诠释学。诠释学迎来了**第一个发展高潮**，从特殊诠释学升华到一般诠释学，并确立了诠释学作为一门关于理解和解释方法论学科的地位。不过，这个时期诠释学还未上升到理论高度，多称作“释义学”。

到19世纪，诠释学从一门技艺学和文本解释规则的方法论转向了认识论，发展成为一门理论科学。这是诠释学发展的**第二个高潮**，代表人物为施莱尔马赫和狄尔泰。德国哲学家施莱尔马赫被称为诠释学之父，他致力于圣经释义学中的科学性和客观性问题的研究，使神学的解释成为普遍解释理论的一种具体运用。同为德国哲学家的狄尔泰，同施莱尔马赫一起创立了古典解释学。狄尔泰还是生命哲学奠基人，他创立了一门新的学科“精神科学”，并将诠释学确立为一切人文科学的普遍方法。

20世纪至今，学术界已公认诠释学为一门显学。代表人物当推德国哲学家海德格尔和其学生伽达默尔，以及法国哲学家利科三人。他们共同使诠释学完成了从认识论到本体论的转向，从而使诠释学转变为一种哲学，并发展成为哲学诠释学。这是诠释学发展的**第三个高潮**。海德格尔是现代诠释学的开创者，代表作为《存在与时间》(1927)。伽达默尔是哲学诠释学和解释美学的创始人，其学说和代表作《真理与方法》(1960)，已经成为60年代以来欧美现代诠释学的主要理论基础。利科代表作《诠释学与人文科学》，他认为只有把本体论、认识论和方法论三者结合起来，才能对文本做出有效的解释。这里谈到的“本体论”，在我国古代哲学中叫做"本根论"，指探究天地万物产生、存在、发展变化根本原因的学说。

3. 诠释学发展成为一种哲学

人活在世上就必须理解，理解是人的生命特征。因此诠释学从阅读源起并超越阅读而成为一种理解科学。从书籍到人文，从人文到人类生活，从人类生活到自然界，都需要理解和解释，因此诠释学发展成为哲学。从17世纪历经施莱尔马赫、狄尔泰、海德格尔、利科和伽达默尔等泰斗级大师的推动，从方法技艺学发展到以伽达默尔为代表的哲学诠释学。

由于人活在世上就必须理解，理解是人类的特质和本能，是人的生命特征。由此，诠释学并非仅适用于文本，还广泛地应用于话语所能表达的人类生活的方方面面。进而，从诠释学定义中的功能“理解和解释”来讲，也得出同样的结论：人不同于动物，人是有精神的。一个有思想的正常人活着就需要交流，需要理解，犹如需要空气和水一样；因此，“诠释”一词因文本阅读而源起，却已经远超越了阅读范围，几乎可以说是放之四海而皆可用之，凡有人类的地方就有

"理解和解释"，就需要诠释，就有诠释学。

因此诠释学从平凡的阅读源起，并超越阅读而成为一门科学。从书籍到人文，从人文到自然，从自然到人类生活的方方面面，都需要理解和解释。从17世纪中叶"诠释学"名称正式出现至今，不足350年的历史，却在人文科学，不，是在整个学术界，立地顶天，不仅影响而且在改变着人类的学术之巅——哲学。诠释学作为哲学，有人认为是第一哲学，有人认为是第二哲学。从18世纪至今历经施莱尔马赫、狄尔泰、海德格尔、利科、伽达默尔等泰斗级大师的推动，从浪漫主义诠释学发展到哲学诠释学。随诠释学的逐步成长和发展，相应产生出了"阅读理论"，如：阅读主体理论、阅读客体理论、"前理解"理论、视域融合理论、效果历史意识、"误读"理论、诠释学循环、接受理论（接受美学）、诠释取向理论以及阅读创造性理论等等。

第十二章

诠释学的历史

一、诠释学的起源

1. 人类远古时期的诠释意识萌芽

（1）结绳记事与诠释：在没有出现文字的史前时期，人类结绳以记事，以对意义的理解作为诠释的基本内容，结绳标识就是在追求意义——记事或计数。在古代世界，苏美尔文、古埃及文、古印度文以及我国的象形文字，其所含意义需要解释，相应就出现了解释活动以理解意义，如对卜卦、神话、寓言等意义的理解和解释。这是没有诠释学的诠释萌芽时期。

（2）梦境的诠释：公元前2000年，埃及就有一个诠释梦境的手册。因为当时是用图画式的象形文字所写下的，因此很难破解。古希腊思想家斐洛（公元前20年至公元40年）留下了《论梦》等一些关于梦的文本或手册，而公元2世纪的希腊学者阿特米多鲁斯所作的《解梦》，则是一部从古代留存下来最全面理解梦境的字典。论梦、解梦都是对梦的诠释。

在我国，从甲骨文占卜史料及《周礼·春官》推测，至少在商周时期就开始对梦归类："占梦，掌其岁时，观天地之会，辨阴阳之气，以日月星辰占六梦之吉凶，一曰正梦，二曰噩梦，三曰思梦，四曰寤梦，五曰喜梦，六曰惧梦。"最早的中医学巨著《黄帝内经》，论述了五脏气虚之梦、十二不足之梦、十五盛之梦等。汉代重新对梦进行了分类。东汉王符在《潜夫论》："凡梦有直、有象、有精、有想、有人、有感、有时、有反、有病、有性。"

东西方古代的论梦的书聚焦于梦境中的图象及其象征意义，而生动的梦通常可以诠释为预示未来，而如果一个梦没有预示未来的功能，也就不具重要性。

2. 古文字的诠释

世界最古老的文字是古巴比伦苏美尔人于公元前3200年发明的楔形文字，继之是古埃及文字、古印度文字以及我国的象形文字。这些古老的文字，需解释和说明，即古文字诠释。

二、古希腊、希腊化和古罗马时代的诠释活动

古希腊是西方历史的开源，持续约650年（公元前800年—公元前146年），首都雅典。希腊化时代是从公元前334年开始，由马其顿王国亚历山大三世开始向波斯国东征算起，到罗马征服埃及托勒密王朝的公元前31年，希腊文化以亚历山大城为中心传播到西亚、中亚和北非埃及等的许多地方，希腊语成为这一区域的普通话，这一时期被称为希腊化时代，又被称为亚历山大时期。古罗马帝国是在公元前27年至公元476年之间，首都罗马，公元395年统一的罗马帝国分裂，西罗马帝国亡于公元476年，东罗马帝国（首都君士坦丁堡）亡于公元1453年。

诠释学的出现不是偶然的，人类自有史以来就存在着各种各样的诠释现象和诠释活动。

1. 诠释学源于对古代经典的诠释

诠释学源于对古代经典的诠释，特别是对于《荷马史诗》和《圣经・旧约》的诠释。

（1）吟游诗人对《荷马史诗》的诠释：古希腊人为后代留下两部光辉的长篇史诗《伊利亚特》和《奥德赛》，相传是由古希腊盲歌手荷马（约公元前9世纪—前8世纪）创作，因而统称“荷马史诗”，创建了英雄时代。口语诠释是最早的诠释形式之一，荷马史诗的第一个诠释者就是吟唱诗人，他们将长篇史诗诠释给希腊，定义了怎样才配称之为希腊人：强壮、英勇、勇于冒险，但同时也是温柔、敏感而有时却又很难缠。《奥德塞》中的英雄人物奥德修斯，就是一个总是能够从困境中找到出路的角色。他发明了特洛伊木马，让希腊人得以在十年的战争之后攻克特洛伊人。诗人的诠释，让后来的希腊人了解到：希腊人善于发明，他们建造了能航行于地中海的大船，但他们也同样狡猾。

（2）古希伯来经典的诠释：《圣经・旧约》最早是犹太教的经典，后来犹太

人耶稣基督于世纪初创立了基督教，又成为基督教的经典。《圣经·旧约》实际上是一部有关犹太人早期生活的百科全书，它完整地展示了犹太民族上下四千年左右的发展史，生动、形象地再现了犹太人民广阔的生活画面，它同时也是古代希伯来人的文学集。犹太人早期对宗教文本口语的批注几乎从文本的开始就有了，由一个祭司用口语的方式传给另一位祭司。这样的方式也逐渐发展成为一种书写体的评注。由讲解《圣经·旧约》中的各种传奇、逸事、历史、民俗故事和叙述性的布道两部分组成，其基本内容最早的单行本出现于8世纪。

（3）古犹太律法的诠释：公元2世纪末-3世纪初（171-217年），在犹太亲王的主持下，把自以斯拉时期以来一直收集的所有关于律法的评论汇集在一起，加以分类、整理和补充，经20多年时间，编成一部希伯来文巨著，称为《密什那》。此后，犹太人生活与学习的中心渐渐从加利移向巴比伦。当时一些犹太教学者认为《密什那》有其局限性，因为它的许多解释只适于巴勒斯坦传统，没有结合巴比伦的实际情况，他们便着手整理这些补充材料，并进行诠释，终于在公元5世纪末编成另一部阿拉米文律法释义汇编《革马拉》。

著名的《塔木德》主体部分成书于2世纪末～6世纪初，是以《密什拿》为主体的阐释和辩论展开的一本宗教典籍。在绝大多数《塔木德》经文里，一般都以一段短小的“密什拿”开始，而后面跟上篇幅不一但却很冗长的“革马拉”，版面的周围是伟大的犹太释经家拉什的评注，还有对拉什所评注的再评注，形成了一层又一层评注的图象，此图象围绕在原始的文本即《密什那》经周围，这是一个持续更新与诠释的过程。这样做法使得《密什那》得以透过批注，而今天仍然可以理解并切合实际。

（4）罗马对法律的诠释：古罗马对人类文明贡献最大的莫过于它的法律，以至于罗马法系后来成为西方近现代立法的基础和来源。公元前450年罗马的第一部成文法《十二铜表法》的诞生，到公元528年的查士丁尼法典成为中世纪及其后所有欧洲国家法律的基础。查士丁尼法典分为四个部分：（一）法规汇编，作为学生与律师的教科书。（二）整理摘要，作为一种包含了许多审判与判决的案例手册。（三）法典本身：法令与法则的编辑。（四）草案，则是一些构想中的法律。如此一来就很清楚，查士丁尼法典不只是一套法律，更是一套这些法律如何被诠释的教本，为此他建构了法律诠释的范本。而事实上，这样型态的模板乃是西方文明最早的范本。他不只留下了宪法的风格的基本法则与原理，也为未来可能适用的法律，提供了特殊的案例和解释的图释。对这些法律的诠释，诠释学大师伽达默尔将其视为将文本应用于特殊案例的一种应用实例。在实践中更是建立了一套法律如何被诠释的教本，成为后世法律诠释的范本。在此基础上发展出了古代法律诠释学。

（5）诠释学出现之前基督教《圣经·新约》的诠释：要如何正确理解基督教圣经文本，古代教会内部形成两个思想派别：一是活动于埃及的亚历山大城，倾向于对圣经寻求其超字面意义即隐喻意义或象征意义的阅读；另一是活动于叙利亚的安提阿，对释读经卷的字面意义更感兴趣。安提阿学派，因为从来没有背离圣经文本的文意解释而受到偏爱。对后来的诠释有着重大影响的是罗马帝国时代最杰出的教父思想家奥古斯丁[①]，他大体上是亚历山大学派的继承者，笃信“字句是叫人死，精意是叫人活”的诠释理念，强调领悟圣经须与实践教义相结合，注释经文须以贯彻神学信仰为原则。他的释经理念进而确定了中世纪的释经路线。他毕生对大量经文做过注释，还写出一部释经理论著作《论基督教教义》。

2. 从神迹到智慧

（1）古代的诠释使语言学发展到成熟阶段：作为诠释学的思想来源之一的语言学发萌于古代希腊，这一时期所完成的一项重要工作，就是亚历山大时代的学者们编订荷马的著作。当然，他们的“工作并不限于确定文本，而且还进一步依靠将语文学、语法学和考订学结合起来的技术重新实现意义：恢复与过去了的精神世界的联系，理解长期被遗忘了的语言用法……重新进入到文本之中”[②]。只在这时，语言学才发展到其成熟阶段，“才获得连续性和稳定性”。这一阶段的语言研究水平在亚里士多德的著作中得到了充分的反映。研究成果集中在《范畴篇》和《诠释篇》中。《范畴篇》中已出现了“语法家”一词。他所概括的不少语言规则直到今天仍然适用，并已包括了许多重大的诠释学问题的萌芽，如语言意义的客观性，心灵、言语与文字的部分与整体的关系问题。

我们今天所谈论的诠释学，源于对古代经典特别是对于《荷马史诗》和《圣经。旧约》的诠释。从学术上讲，诠释学作为一门人文科学的辅助学科，如语法

---

① 354-430年

② 斯特万：“解释学的两个来源”，《哲学译丛》1990年3期

学和修辞学一样，旨在为人文科学提供方法或工具，但在当时有实无名。不过，了不起的是亚里士多德的《论诠释》可能是人类有史以来的第一篇诠释学论文。从思想史的角度看，亚里士多德是首次使用“诠释”这个词的人。当然《诠释篇》很难称其为诠释学，观其内容，则属于语法学，它研究的是语词的性质和语言的逻辑，语句的逻辑结构，因此是一种理解语句的辅助工具。

（2）古代神话蕴涵了初民真实的世界和信仰：神话是初民把握世界的方式，是初民对其生存环境的直观把握。神话的直接衍生物就是信仰，而信仰则是原初民族的精神生活的最高形式。当我们从神使赫尔墨斯的职能来理解诠释学的起源及其意涵时，就已经表明了诠释学与神话的密切关联。毫无疑问，这里主要是指古代希腊的神话。希腊神话对于古代希腊、乃至整个西方文化有着极为重要的、特殊的意义，希腊神话以及对神话的解释，实际上起着训谕的作用。于其时，它是教化的主要手段，乃是以神的名义提供了一套社会的行为规范与价值尺度。正如英国最负盛名的宗教学者凯伦·阿姆斯特朗所言：“神祇的神圣世界——诚如神话中所详述的——并非只是人们应该向往的理想，而是人类自身存在的原型，我们处于天国下方世界的生命，就是依照这个原始的形态而模铸的。”

荷马史诗与《神谱》将宙斯视为至上神，从神话的角度为尘世的君权与父权至上性提供了合法性的证明，因此才能在古代希腊得以流传并保存下来。理解到这一点是非常重要的，因为所有的神话，只有当它折射了创造它的民族发展和历史的重大事件时，才具有意义，这就是远古神话与现代神话的根本区别之所在。远古神话是初民对其所信的东西之描述，因此它蕴涵了初民真实的世界；而现代神话则是人们出于现实目的的纯粹虚构。正因如此，人们将荷马的诗作称为“史诗”。《神谱》也是双重意义上“历史”，它描述了诸神的起源与谱系，同时也以作者所理解到的方式勾述了被神化的人类起源与发展阶段。

综上所述，不难看出，荷马史诗等作品，首先是因为它们的内容（具有教化意义）和形式（很高的艺术性、亦即审美价值）以及广泛的影响（为民众所信赖和接受）而受到学者们的关注，继而因学者的关注而整理出了作为定本的文字文本，此举进一步强化了荷马史诗的权威性，最终被人们确立为经典。

3. 从神迹到理性

显然，这些古代经典总体上说是排斥理性的，其依据乃是神迹，而神迹不是需要人们去理解、以便通过人的理性作出判断和选择的。它们所需要的只是顺从，而其神奇无比的威慑力又使人不得不屈服，忤逆神意必将招致灭顶之灾。

到了希腊化时代，理性崛起，民智大开，单凭神迹显然已不足以服众。人们固然需要信仰，但更需要一种对所信的东西之合理解释。这就需要对经典进行理性的反思，这项反思工作适逢其时地展开了，并取得了丰硕的成果，而且其直接起因是对古代经典的翻译、整理工作。这是一项艰难而又规模宏大的工程，吸引了亚历山大时代的众多学者。

亚里士多德无疑将神视为一种纯粹的理性，神是理性的行为本身，他所沉思的正是自己，因此既是思维的主体又是其客体。他并未创造世界，而只是拟定了致使世间万物得以运动发展的法则。希腊哲人论神虽各有所持、观点各异但其思维理路大体如此。与其说他们阐发的是宗教学说，不如说是高度思辨的哲学体系。他用“本原”“实体”“理性”等艰深的哲学术语取代了关于神的感性论述，如前所述，这样深奥的神的观念常人很难理解，少有信众。但是其影响是深远的，当然不是通过普通信徒、而是通过神学家们同样深奥的神学著作而影响后世。亚里士多德的学说经阿奎那的阐发，竟成为基督教神学的有力支柱，在很大程度上影响了中世纪的经院哲学，不惟如此，其学说对中世纪阿拉伯哲学也具有不可忽视的作用。

亚里士多德的理性神学理论乃是希腊理性主义神论的一个缩影，在这里，我们清楚地看到了对于神的理解从神迹到智慧的转化，这一转化对后世神学产生了重大影响。无论是什么宗教信仰，无论这些信仰在其本质上具有多么强烈的非理性倾向，但是其阐发过程却基本上被理性化了。实际上，希腊神话中的神谱已被消解，所存留的只是神的名称，其至上神就是理性。希腊哲人似乎并不关心神是否存在，而是皆在阐明，如果诸神存在，他们应当是什么样子。对神的描述应当有益于所有社会成员、特别是年轻人的教育和教化。

三、中世纪时期的诠释活动

中世纪，约公元476年到公元1453年，是欧洲历史上的一个时代（主要是西欧），是东罗马帝国（拜占庭帝国）灭亡（公元476年）后的数百年间，在世界范围内，封建制度占统治地位的时期，直到文艺复兴之后，资本主义抬头的时期为止。

在中世纪，诠释学作为一门学科发端于圣经诠释。《圣经》原本是历史形成的，其中充满了矛盾、神秘或难以理解的地方，这些都需要解释。《圣经》诠释和相继的法律诠释应运而生，但还只是辅助作用而并未提升为系统学科。

1. 斐洛：从叙事到隐喻

斐洛是公元前后的生人，一生著述甚丰，在西方哲学史和宗教史上占据着重要的地位，因此被誉为“中世纪哲学——犹太哲学、阿拉伯哲学、更重要的是基督教哲学的奠基人”。

斐洛认为，人们从根本上误解了《圣经》的性质，从而彻底误解了它的要义；他否定了《圣经》的叙事性质，但肯定了《圣经》确是圣言。圣言的主旨并不在所描述的事情，而是借助于这些文字符号来表达深奥的神意。由于上帝无形无象，也不可想象与言说，只能以人类可以想象与言说的形式表达出来，这种形式就是隐喻，通过可以理解的东西将人们引向不可理解与言说的神旨。可见，经典的隐喻性理解，不仅可以避免经典的字面意义给人们带来的困惑与犹疑，而且使人们从中引申出某种哲学观念和道德信念，借助于它们，人们的心灵得以净化与升华，走向神性。

《圣经》解释的终极目标是确定经典文本的某种单一意义。斐洛是融合希腊语文字和希伯来传统第一个代表，在他那里，《圣经》的解释从历史的（文字的）意义转向了单一隐喻意义。他将隐喻解释和语文解释结合起来，不过隐喻之意仅仅对于信仰者来说才是可能达到的，它所要求的，不惟是智力上努力，而且还须是灵魂与精神上的努力，并且，归根结底只有通过信仰实践才能被获得。由此出发，《圣经》变成了一套隐秘意义的“密码语言”，在这种密码语言背后的隐秘意义，必须借助宗教的体验和为神秘唤醒的灵感来领悟。

2. 基督教信仰的传播者和实践者——保罗

保罗又名扫罗，犹太人。他也深受希腊文化的影响，熟悉希腊哲学，擅长运用隐喻。在《腓立比书》中……，保罗本仇视基督教，在一次前往大马士革的路上亲历了异象——天上发光，他仆倒在地，听到耶稣的告诫，失明三日，听从耶稣的指点后得以复明——使他毅然决然地皈依了基督教。这一举动，无论对保罗、还是对基督教，都是一个重大的转折。保罗一改仇视基督教而成为强有力的支持者、传道者，他被圣灵充满，甚至能像耶稣那样行奇迹。对于基督教而言，他皈依后曾在罗马帝国东部作三次传教性的漫游，在小亚细亚、希腊、叙利亚和巴勒斯坦等地方都留下了足迹，对于基督教的发展起到了极为重要的推动作用。

不惟如此，保罗的思想对基督教神学还产生了深远的影响。在《新约》的《使徒行传》中，一半以上的篇幅记载的是他的事迹，在《新约》总共27部书中，有14部是他、或者以他的名义撰写的，可见他显然是《新约》最为重要的作者。由于他与各地教会的通信被收入《新约》，成为圣典，因而持久地影响着整个的基督教世界，后世许多重要的神学家都受他著作的深刻影响，他对于基督教的形成和发展所起到的推动作用，是耶稣的所有使徒中无人能够企及的。在《新约》诸书的排序中，四福音书被排在前面，不过按成书的时间，保罗的书信是现存最早的基督教文献，写于四福音书之前。他的思想，就其来源来说，融合了犹太教和希腊犹太教的成分，有明显的启示派特点。

斐洛、保罗和耶稣大致生活在同一时代，它们在基督教形成历史上都起过重要作用。斐洛对于《旧约》的隐喻式诠释和对《新约》形成期有着承上启下的作用，但其诠释本身未成为《圣经》的组成部分。虽4世纪时的宗教领袖认定其皈依了基督教，但在《新约》成书时代并没有视为基督徒。这可能是《新约》中没有他的著述的重要原因。

就耶稣、保罗、斐洛三者对于基督教信仰的关系而言，可做出这样的概括：斐洛对《旧约》的隐喻式诠释为基督教理念的形成提供了思想资源，他是一位深刻的哲学家，以其思想影响众人，并欢迎皈依者；而耶稣是基督教基本教义的确立者和教会组织的奠基者，在基督教中他无疑是上帝的显现，正如他所讲："我就是道路、真理、生命，若不藉着我，没有人能到父那里去。"；而保罗则是实践者，是一位热情的传教士，在各种场合积极争取皈依者，成为犹太教向基督教的转折、基督教信仰的传播过程中的关键性人物。

《西方诠释学史》一书的"诠释与经典"部分，论述了对经典的诠释本身构成了经典，并由此创立了基督教，奠定了其基本教义，这足以表明诠释和诠释活动在人们精神生活中的创造性意义及其创造力。

3 奥古斯丁：忏悔的典范、教父哲学的集大成者和新教诠释学的奠基者

奥古斯丁（公元350-430年）生于阿尔及利亚，一生大部分时间是在北非度

过的。直到36岁才皈依基督教。他19岁从修辞学校毕业，先后在迦太基城、罗马和米兰教授修辞和讲演术。曾迷于摩尼教、新柏拉图主义和怀疑派。据其《忏悔录》，在公元386年，他经历了一场“肉体与精神相争”的痛苦体验，他为自己未找到“明确的真理”、耽迷于恣享淫乐而满腹心酸、痛哭，突然听到一个女孩声音：“拿着，读吧！拿着，读吧！”我拿起一本使徒的书信集，翻开看最先看到的一章：“不可荒宴醉酒，不可好色邪荡，不可争竞嫉妒。总要披戴主耶稣基督，不要为肉体安排，去放纵私欲。”读完这一节，突觉有一道恬静的光射到心中，驱散了阴霾笼罩的疑云。不久于387年复活节，他接受了洗礼，正式加入基督教。

皈依基督教后他全力投入到《圣经》研究，其一生著述，卷帙浩繁，面广，涵盖了神学、解经学、哲学、伦理学等，成为教父哲学的集大成者。后世神学家们给了他以极高的评价：“万世圣贤”“身兼教父、神学家与主教的奥古斯丁，巍然立于一个很重要的神学岔路口上，指引整个西方基督教的行进的方向”“奥古斯丁乃是一个时代的结束，同时也是另一个新纪元的开始。他是古代基督教作家的最后一人，同时也是中世纪神学的开路先锋。”在诠释学史上，他乃是新教诠释学的奠基者，正如伽达默尔所指出的：“我们在奥古斯丁那里注意到了有关《旧约》的诠释学意识，并且，在宗教改革时期，为反对罗马教会的传统原则，需要从《圣经》本身来理解经文，此一要求使这种意识发展成为新教诠释学。”更确切地说,《旧约》中的诠释学意识是奥古斯丁立足于基督教教义诠释《旧约》而产生的结果，惟通过它,《旧约》与《新约》达到一致，才使它们可能构成一部整体意义上的《圣经》。奥古斯丁在阐述教义的同时，认真梳理了信仰与理性的关系，强调信仰，却又不排斥理性，在他看来，惟有虔诚才能通向真理，即上帝。

在中世纪，诠释学作为一门学科发端于神学诠释。《圣经》原本是逐步形成的，其中充满了矛盾、神秘或难以理解的地方，广大教众需要解释。《圣经》诠释和相继的法律诠释应运而生，虽还只是辅助作用而并未提升为系统学科，但已充分说明了诠释的必要性和重要性，并进一步清楚地说明了诠释学因阅读而生。

4. 从哲学的角度对教会教义的系统阐释——经院哲学

中世纪《圣经》注释学在神学家那里获得了进一步的发展，不过其主要方面表现在对《圣经》经文的哲学化解释，乃是从哲学的角度对教会教义的系统阐释，其中最有影响的当属托马斯。阿奎那（1225-1274），他的学说被称为“哲学的神学的形式”。他是著名的经院哲学家，黑格尔称其为“对神学和哲学的整个范围有着深邃的形而上学（思辨的）思想”，他的著作有许多逻辑的形式论证。他的哲学基础是亚里士多德哲学，且又知识渊博。他的《圣经》诠释具有浓重的理性成分，坚持理性与信仰并存，当然理性是神学的奴仆。

在解经方法论上，这些神学家基本上沿袭了固有的解经传统：“在中世纪，诠释学的倾向性实际上延续了那种教父时代的倾向，特别是设定历史的文字意义和神秘的精神意义之并存。神秘的精神意义本身被分成譬喻的意义、道德意义、奥秘的意义。”里尼的尼古拉（1270-1349年）在给盖拉丁信所作的评论中，以诗化的语言提出了这四种意义：“字面的意义说明事实，譬喻的意义说明信仰的内容，道德的意义指明应当要做的事情，而奥秘的意义则指向你应当学习争取的东西。”

四、文艺复兴、宗教改革和启蒙运动时期的诠释活动

这一时期包括14到16世纪在意大利发生的文艺复兴运动，15到17世纪的宗教改革运动和17到18世纪发生在法国的启蒙运动，统称为三大思想解放运动，进一步解放了人们思想，冲击着欧洲的封建专制和教会的统治，为资产阶级革命提供了思想上和理论上的准备。

1. 文艺复兴：第一场反映新兴资产阶级要求的欧洲思想文化运动

文艺复兴是西欧近代三大思想解放运动之一。最先在意大利各城邦兴起，以后扩展到西欧各国，于16世纪达到顶峰，带来一段科学与艺术革命时期，揭开了近代欧洲历史的序幕，被认为是中古时代和近代的分界。在14世纪城市经济繁荣的意大利，最先出现了对天主教文化的反抗。当时意大利的市民和世俗知识分子，一方面极度厌恶天主教的神权地位及其虚伪的禁欲主义；另一方面由于没有成熟的文化体系取代天主教文化，于是他们借助复兴古希腊、罗马文化的形式来表达自己的文化主张。因此，文艺复兴着重表明了新文化以古典为师的一面，而并非单纯的古典复兴，实际上是资产阶级反封建的新文化运动。其倡导的人文主义精神的核心是以人为中心而不是以神为中心，肯定人的价值和尊严。

文艺复兴的旗手但丁早在1300年左右就写了《神曲》，反对教皇独裁，但被关入狱中，贫困而死。文艺复兴打破了宗教神秘主义一统天下的局面，反对权威，在当代人中间唤起了对天主教教会及神学的怀疑和反感。文艺复兴中的人文主义者通过文学、艺术等形式讽刺、揭露天主教会的腐败和丑恶，打破了以神学为核心的经院哲学统一的局面，为以后的思想解放扫清了道路。文艺复兴提倡科学方法和科学实验，提出"知识就是力量"，开创了探索人和现实世界的新风气。但丁、彼特拉克、薄伽丘被称为文艺复兴前三杰，是文艺复兴的先驱者；而达·芬奇、米开朗基罗和拉斐尔，则被称为文艺复兴后三杰，也被誉为美术三杰。这一切，当然会从正面影响诠释学的发展。

2. 宗教改革运动：诠释学与人文主义精神

（1）宗教改革运动的创始者马丁·路德（1483—1546）：马丁·路德生于德国，欧洲宗教改革运动的创始者，著名的宗教改革家。他深入学习了亚里士多德哲学，其后来对亚氏的批评源于他对亚氏学说的深刻理解。1505年进入埃尔富特隐修院，被选拔进修神学。他对《圣经》的阐发大都根据论战的话题而展开的。他的《圣经》德文译本在德语地区产生了深远影响，并积极推动在神学、圣礼和宗教组织三方面的改革，从而成为基督教新教的奠基人。

在罗马教廷具有绝对权威的中世纪，倡导宗教改革需要过人的胆略，激发路德倡导改革的原因有五点：一是他对于古典文化和语言学的了解；二是倡导改革需要得到教众的理解和赞同以及教会的拥护，就必须提出具有说服力的理论，而路德神学的依据是《圣经》希腊文和希伯来版本，同“回到本源”的当时人文主义思潮旗帜刚好吻合；三是路德倡导的时间“适逢其时”，那时中世纪神学之形而上学基础的经院哲学逐渐式微，成强弩之末；四是他对《圣经》的深刻体悟，更容易发现罗马教廷的《圣经》解释以及教阶制度、教规与《圣经》原义相互抵牾之处；五是路德成功地将基督教信仰与德语结合在一起，“我从德语中找到和听到我的上帝”。路德对于《圣经》的理解和诠释，可归纳为如下三点要旨：（1）理解中的信仰优先原则。（2）理解《圣经》的文本原则。（3）摒弃隐喻解释。

（2）弗拉西乌斯的《圣经》自解原则：路德教派宗教改革家，被伽达默尔称为“新教诠释学的第一个创立者”。生于意大利，青年时到德国，死前10年生活在法兰克福。

对于如何理解《圣经》问题，基于对历史时期的划分，弗拉西乌斯坚定地站在路德的立场上。他以三个主题来划分历史：（1）神性真理在原始教会那里的产生时期；（2）黑暗的中世纪，神性真理仍然零星地闪耀着光芒；（3）获得了新生的时期，路德所宣示的正是这一时期的主题，要想获得真理，惟通过正确理解《圣经》，并无他途。

（3）丹恩豪尔使“诠释学”一词第一次出现于学术界和社会：17世纪诠释学的最大贡献在于它确立了诠释学作为一门独立的学科的位置。诠释学作为书名第一次出现是在1654年，作者是丹恩豪尔（1603-1666年），其书名为《圣经诠释学或圣书文献解释方法》。丹恩豪尔生于德国，路德派神学家，如果说此前关于文本理解的方法论之思考都是在解经学的范围内进行的，那么在丹豪尔那里，所思考的重点已经是一种具有普遍有效性的诠释科学。作为概念的“诠释学”是丹豪尔在1629年创造的，并于1630年发表的“好的诠释者观念”一文中继续深入地予以探讨，他以亚里士多德的《工具论》的某些篇章为依据，以其《诠释篇》所开辟的思路，建立从属于逻辑学的诠释学。自此以后诠释学从神学诠释和法学诠释扩展到对一般世俗文本的诠释，出现了语文学诠释学。诠释学迎来了第一个发展高潮，从特殊诠释学升华到一般诠释学，并确立了诠释学作为一门关于理解和解释方法论学科的地位。

（4）斯宾诺莎之理智原则的《圣经》解释方法：斯宾诺莎（1632-1677）是荷兰伟大的哲学家。主要著作有《知性改进论》《笛卡尔哲学原理》《神学政治论》《政治论》《伦理学》。斯宾诺莎是17世纪欧洲的理性主义者，于哲学本体论与认识论、伦理学、神学领域多有建树。他的《神学政治论》比较集中地探讨了诠释方法论。他高扬理性与自由，对于个人，只有完全听从理性指导的人才是真正自由的人。斯宾诺莎解说《圣经》的方法就是那个时代的人所能接受的理性原则。他力图证明，《圣经》绝不束缚理智。理智原则是斯宾诺莎诠释方法论最基本的原则，已经成功地运用于对自然现象的解释。

毋庸置疑，现代诠释学是在浪漫主义运动中形成的，但是却深深地扎根于文艺复兴和启蒙运动，这才使它能够最终突破《圣经》诠释之藩篱，使诠释学从一种理解“神圣”经典的辅助工具上升为一般的、适用于所有语言性与非语言性表达的理解方法论，并进而发展出理解的本体论学说。

3. 启蒙运动时期的诠释学

这一时期的诠释学始于一般诠释学，同时存在的还有赫尔德、阿斯特等的诠释学说。当时在浪漫主义运动推动下形成的诠释学，被统称为“浪漫主义诠释学”，赫尔德（1744-1803）开了浪漫主义诠释学之先河。浪漫主义诠释学的共同特点是：（1）摒弃前诠释学追求某种“绝对”文本的“绝对”理解的口号，而将意义相对化，提出了文本意义本身的多元性和相对性；（2）挣脱神学的枷锁而将诠释学提升为一般的方法论。

总的讲，一般诠释学是现代诠释学的第一个完整的体系和形态，因此在康德和黑格尔之后又开启了一个新的阶段，奠定了整个现代诠释学传统的基础。因此浪漫主义诠释学被视为现代诠释学形成的标志。这一新的方法论意识促成了一种具有普遍适用性的解释理论，它被当成逻辑学的组成部分。在这方面，沃尔夫起了决定性作用，他在《逻辑学》书中划出了专门的章节来论述诠释学。他为一般方法论意义上的诠释学形成清除了障碍。

五、施莱尔马赫和狄尔泰：创立了古典解释学，形成诠释学发展的第二个高潮

到19世纪，由于施莱尔马赫和狄尔泰等人的努力，使诠释学从一门系统的技艺学和文本解释规则方法论转向了认识论，发展成为一门理论科学。德国哲学家施莱尔马赫（1768-1834）被称为诠释学之父，他致力于圣经释义学中的科学性和客观性问题的研究，提出了有关正确理解和避免误解的普遍性理论，使神学的解释成为普遍解释理论的一种具体运用，他同狄尔泰（1833—1911）一起创立了古典解释学。这是诠释学发展的第二个高潮。

1. 现代诠释学之父德国哲学家施莱尔马赫

直到20-60年代仍然默默无闻的诠释学家施莱尔马赫，被重新发现。当尘土被除去露出沉睡多年的光彩夺目的思想宝藏时，赞美之声无以复加，“或许没有哪一个人，能像施氏那样，在诠释学的发展史中，生前和身后都毫无疑义地被肯定为划时代的人物。”施莱尔马赫的重新崛起得益于当代诠释学大师伽达默尔及其弟子基默尔勒，后者整理和出版了施莱尔马赫的全部手稿，其学说在他逝

世后120年才第一次以完整的形式呈现于世。在对其热烈的评论中，可以认为：在施莱尔马赫庞大的思想体系中，最突出的是一般诠释学，他在很大程度上是作为现代诠释学之父被重新发现的。但它不是作为“哲学”而存在的，乃是从属于哲学的“技术性”工具。在这点，它衔接古典诠释学。施莱尔马赫把诠释学从《圣经》诠释的桎梏中解放出来，将其作为“理解的法则或技术”扩展到对一切“文本”的理解，赋予理解者更为广阔的解释空间，故而被称为“一般诠释学”。在此基础上狄尔泰创立了以体验为核心的“哲学诠释学”，此后海德格尔、伽达默尔等诠释学，均是沿着这一线索展开的，因此他的诠释学开启了当代的诠释哲学。

2. 创立“精神科学”的德国哲学家狄尔泰

生命哲学的奠基人狄尔泰，创立了一门新的学科———“精神科学”即人文科学，认为诠释学是一切人文科学的普遍方法。这一切，可以用一个浓缩的公式表达出来：自然—说明，精神—理解。自然需要说明，即，自然科学的方法本质上是解释的，与此相反，精神科学的方法本质上是理解的。理解的核心是“意义”问题，它只出现在个人的心灵之中，毫无疑问，心灵仅仅是心理个别性的领域，它以理解者自身的“体验”为中介来达到对他人的理解，虽然人们可以抽象地说存在着某种“原意”，不过人们既无法测定理解者自身的心理，又无法测定被理解者的心理，在不同的理解中选择出符合“原意”的理解又从何谈起呢？然而这并不是说，在理解和解释的统一面前，精神科学和自然科学的研究方法的差别也消解了；虽然对于它们两者，理解和解释都是不可或缺的，但是其结构模式却是不同的。我们可以用简洁的公式来帮忙它们的区别。精神科学：理解——解释；自然科学：解释——理解。具体地说，在前者，是从理解走向解释；而在后者，则是从解释走向理解。换言之，在精神科学中，对象整体先于解释而被理解，解释乃是理解的展开，又在更高的层次上回归到整体性的理解；而在自然科学中，对象先于理解而被解释，提供对部分的解释达到整体的理解。

体验诠释学为狄尔泰所创。他是诠释学历史上的一位里程碑式的人物，几乎后来的所有诠释学家都受到他的影响。体验具有直接性的品格。狄尔泰认为：“体验并非如一种感觉物表象物那样对立于我：它并非被给与我们，相反地，只是由

于我们内省到了它，只是由于我们将它看作为某种意义上属于我们的东西，从而直接据有它，实在体验才为我们地存在着。”

六、海德格尔、伽达默尔和利科：创立哲学诠释学，形成诠释学发展的第三个高潮

20世纪，学术界已公认诠释学为一门显学。代表人物当推德国哲学家海德格尔和其学生伽达默尔以及法国哲学家利科，他们共同使诠释学完成了从认识论到本体论的转向，从而使诠释学转变为一种哲学，并发展成为哲学诠释学。这是诠释学发展的第三个高潮。

1. 德国哲学家海德格尔（1889～1976）：海德格尔是现代诠释学的开创者。其代表作是《存在与时间》，通过对“此在”的分析达到对一般“存在”的理解，并把理解作为一种本体论的活动。在我国古代哲学中，本体论叫做“本根论”，指探究天地万物产生、存在、发展变化根本原因的学说。

2. 德国哲学家伽达默尔（1900～2002）：是哲学诠释学和解释美学的创始人，其学说和代表作《真理与方法》成为60年代以来欧美现代诠释学的主要理论基础。伽达默尔对哲学诠释学做出了巨大贡献：他提出了理解活动的三原则，即“理解的历史性”、理解是“视域融合”和“理解活动的语言性”。他的“效果历史意识”认为，理解是理解者和理解对象相互作用、相互融合的统一物，真实的理解乃是各种不同的主体"视界"相互"融合"的结果。伽达默尔将审美经验抬高到了哲学的高度，美学成为解释学的一个有机部分。

理解活动的终点是“视域融合”，“融合”的前提便是因间距化而形成的“视域”之差异，唯其是相异的，才需要融合。然而融合却不是两个相异的东西简单相加，事实上，在融合过程中我们对相异的东西总是有取有舍的，或取或舍，取决于间距的过滤作用；经融合而形成的新的“视域”，不仅包含了经由间距的过滤而存留的“真的前判断”，还包括在间距中生成的新的意义。伽达默尔把间距当作理解的基本的、积极的要素，是理解的必要前提和条件。

3. 法国哲学家利科（1913～2005）：他认为只有把本体论、认识论和方法论三者结合起来，才能对文本做出有效的解释。认为，作为本体论的诠释学必须经过方法论的研究、经过认识论的反思，才能得到合理的解释。利科代表作《诠释

学与人文科学》，他本人正是从方法论着手，把认识论的反思带到本体论的层次高度，从而踏上了一条综合之路。

利科是间距理论的代表。利科通过对间距四种形式之分析而得出一个重要结论：被理解的“文本”脱离作者而具有独立性。在利科的理论中，间距成了真正不可逾越的鸿沟，不过这一鸿沟并未横亘在理解者与文本之间，它隔断的是作者与作品。这一点，构成了利科诠释学的根本特征，即人们无须考虑作者想说什么，真正要理解的是作品本身向我们诉说着什么。因此，对于他来说，间距只是其理解理论之前提，一旦人们开始理解，间距便悄然退隐，不再发生作用，既不是理解的障碍，也不是理解的环节，就是说，它并不出现在理解过程中。

总之，自20世纪以来，诠释学在维持其神学、史学、法学、文学传统的同时，自哲学为中心迅速扩散到美学、文艺批评、政治学、社会学甚至科学史等领域，成为人文研究各个学科的一个世界性潮流。这个趋势至今在深刻地改变着人们的观念。

这里需要特别说明：以伽达默尔为代表的哲学诠释学成熟于20世纪60年代，80年代传入我国。作为中国人一定会问：中国为什么没有诠释学？有学者提出并解释了这个问题。西方解释经典原本为释义，是一种方法论。到哲学家海德格尔和伽达默尔，才将其提升为哲学本身，从而创立了哲学诠释学的思想体系。中国对经典有两千多年的诠释历史。但中国哲学家认为“经以载道”,“通经”并不是最终目的,“体道”才是最终目的。这种观念使诠释永远是手段、工具和过程，而并非“本体”。一直处于手段化、工具化，因此没有形成专门的学术，更没有成为哲学。

七、诠释取向定位的历史

从浪漫主义诠释学到哲学诠释学，诠释取向从“作者意图”，到“文本原意”，再到读者“前理解”与文本内容的视域融合。诠释取向不同，会产生大相径庭的阅读结果，生成不同的意义。因此，诠释取向是各种诠释学观点和派别必争的学术阵地。

在诠释学的发展历史中，从古典诠释学经普遍诠释学再到哲学诠释学，对诠释取向进行全面总结，有七种诠释取向定位，它们按出现时间的顺序是：

第一，最早的对《圣经》的解读，唯教廷和教会的权威解释为准，即“独断论”；从诠释模式来看，第一种诠释模式是在《荷马史诗》和《圣经》时期，一切神话作品和《圣经》唯教廷权威和教会的解释为准，这种诠释模式是蛮横的和独断的。

第二，“照原意理解”或“重构说”理解，即理解是重构作者原初的意图和“原意”，以求同作者的思想相互和谐一致；

第三，“较好地理解”或“比作者还更好地理解作者”，即理解不是对原作品简单的重复或复制，而是随时空语境的变化，理解者比作者更好的再创造；第二和第三两种诠释模式均是以作者和其创作的原初意向作为诠释取向的定位，这比第一种理解已经有了很大的进步，其意义是抗拒教会权威在注释教义上的长期垄断，是学术界普遍的理解模式，在诠释学史的很长时期处于统治地位；其问题是理解唯作者马首是瞻，逐步膨胀成为对诠释学发展的羁绊。

第四，“唯经文论”或“依经解经原则”，倡导要信赖每一个人自己透过阅读对经文本身的理解，获得“依经解经”的启迪；早在16世纪宗教改革运动之马丁路德至18世纪理性主义时代，在圣经诠释领域兴起了“唯经文论”或“依经解经原则”，这就是第四种诠释模式；这种解经不是唯作者而是依照经文或作品的意义，倡导要信赖每一个人自己透过自己的阅读对经文或作品意义的理解，从而获得“依经解经”的启迪和效果，这逐步发展成为一种新的解经潮流，可以讲这是对第一种独断解经的反叛，也是对唯作者论诠释取向的摒弃。

第五，“不同地”或“不一样地”理解，即每一个人都不可避免会带有种种以个人思想和文化为底蕴的判断，从而对文本得出自己的不一样的看法。

第六，“相互理解”，指阅读者同文本内容之间的相互沟通和理解。

第七，“多元论”的理解，这是哲学诠释学的主张，对同一文本能得到不同意义的多元的理解。后三种即第五、第六和第七种的诠释模式，其理解定位的共同点是，理解和诠释的对象不是作者也不是作品而是文本，理解的取向是文本内容所蕴含的真理，从而形成较高层次的所有后三种模式，这在诠释学历史上是革命性的发展。

作品和文本的外在形体是书籍，高尔基说过“书籍是人类进步的阶梯”，也就是说，书是人类“智慧”的载体，是文明的“结晶”；艾布拉姆斯讲书是显示客观世界的“镜”，整个物质世界和人类的精神世界都能被作品或文本这面“镜子”照出来。因此可以讲，对作品或文本的诠释，就是对人类的客观世界和精神世界进行理解和解释。再进一步是否可以讲，对作品或文本的理解，就是对整个世界的理解，对作品或文本的解释，就是对整个世界的解释。那么，在上述认识和结论的基础上，也可以这样讲，诠释水平的提高和进步，就是人类认识世界、解释世界水平的提高和进步。现在，诠释的取向定位从权威独断经作者和作品转向到文本，从“一元解读”发展到“多元解读”，这应该是诠释学的一个巨大的进步。

这是一个发展和进步的过程：诠释对象从口头传诵到作品再进展到文本，这种阶段式的发展符合社会文明的发展阶梯：渔猎文明—农业文明—工业文明，下一个阶梯是信息文明。相应，诠释学的诠释方法也在随之发展，从渔猎文明时期的专制、蛮横的独断解读，进步到农业文明时期的“一元解读”，进而随着进入工业社会，作品解放为文本，在破除了作者禁锢的基础上发展到读者参与的重复写作，意义不断增值，发展进步到“多元解读”。诠释学进展到如此的程度，不怪有的哲学家惊呼：诠释学已经发展成为了认识世界、解释世界的第二哲学。

第四篇

阅读的理论

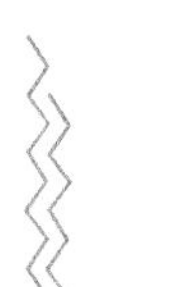

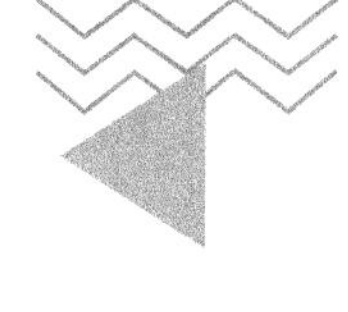

第十三章

前理解

一、“前理解”概念

1.“前理解”概念

（1）什么是“前理解”：“前理解”是指理解之前已经先进入头脑的观点、看法、见解等，也称为“先见”“前见”或“偏见”，又称为“前投射”“前判断”“前意识”“前识”“前结构”“前有”等。“前理解”是哲学诠释学中的一个非常重要的概念与理论。360百科对“前理解”的定义是：“所谓前理解，就是相对于某种理解以前的理解，或者是在具体的理解开始之前已有的某种观点、看法或信息，它主要表现为成见或偏见。”定义表明：第一，“前理解”是在对文本或事物的理解之前，对要理解东西的某些内容已经在读者的预先的见解中了，是读者原来已有的东西。第二，“前理解”往往表现为成见或偏见，旁观的人会持有这种看法。前理解是隐而不显的，它决定了世人的观点，但却不能为人们条理分明地、理智地加以把握。它就像宇宙间某些最隐秘的法则，始终在起作用、却永远也不会被人清楚地认知。然而，世人的理解却永不能摆脱它的制约，读者要解释的东西，总是为其前理解所规定了的。

认知是个体认识客观世界的信息加工活动，其功能包括数个认知域，如记忆、注意力、语言功能、视空间以及执行功能等。下面是一个很有意思的“前理解”的例子：有这样的一张图，相信90%的人眼中，都会看到一张凸出来的脸。然而，事实并非如此，若从侧面图就能够很明显地看出，这是一张凹进去的脸。认知学家解释：这是因为我们从来没有见过凹进去的脸，因此头脑中不能形成凹进去的脸谱。心理学上有个“个人构念论”。意思是一个人认知，是由过去的见识、经历、思维、期望、评价等等形成的观念。每次遇到相同或相似的场景时，我们习惯用以往的经验作出判断。当一个人的认知水平很低的时候，他脑海中的构念就会趋向单一，缺乏弹性，因而做出来的决策就很狭窄。当一个人的认知水平很高的时候，脑海中的构念就会更多元，因此决策会更灵活。

（2）“前理解”的形成：“前理解”是人处在当前的社会中形成的。人绝不会生活在真空中，人是在历史中存在的，任何人都脱离不了社会，因此人人都具有社会性，当前的社会给予了在其中生活的每个人以前理解。在他有自我意识之前，他已置身于这个世界，属于这个世界，他不是从虚无开始理解的。他的文化背景、社会出身、物质条件，他所从属的民族的心理结构等，这一切，从他一出生，这一切就存在于其所在的环境中并注定为他所拥有，再加上传统观念、风俗习惯，他那个时代的知识水平、精神和思想状况等，并影响他、形成他，这就是所谓的前理解。初生婴儿和一个完全失忆的人，因他们没有历史或完全忘却了历史，也就不可能有前理解。前理解是人与当前社会发生的最直接的存在上的联系，它产生于社会，又反映了人的社会存在，与社会文化是相辅相成的关系。“当前的社会”不是停滞的，而是向前发展的，则“当前的社会”也变成了历史，那是未来的历史。所以讲，人的“前理解”是当前社会和未来历史的产物。

举一个例子来说明前理解。某人理解一个事物A，以为看到过并亲自了解过的事物A就是真正实实在在的对事物A的理解，实则不然。因为在理解之前，某人头脑中已经有了一个可能他没有意识到的对事物A 的前理解，那是某人个人生活历史在他头脑中已经形成的对这个事物A的理解，这个在理解之前已经有的理解，就是“前理解”；那他今天对事物A的理解是怎么回事呢？是否是“真正实实在在”的理解，回答是：“否”，为什么是否定回答呢？因为某人这次对事物A的“理解”，是其对事物A新的理解同其以前已经有的“前理解”相互融合的结果，而并非是某人这次“真正实实在在”的理解，因为这个理解在进入他的头脑后，已经是同其“前理解”发生了视域融合后产生的新理解。也许这个“新”，某人本人也没有辨识出来，但确确实实是“新”了，是“变化”了。这个“新理解”往往是人们意识不到的，似乎是不合乎常理的，但真正的对一个事物的理解就是如此。

2. 为“偏见”正名

（1）什么是“偏见”：前已述，“前理解”又称为“偏见”。百度百科将“偏

见”定义为：“偏见是某一个人或团体所持有的一种不公平、不合理的消极否定的态度。是人们脱离客观事实而建立起来对人和事物的消极认识与态度。大多数情况下，偏见是仅仅根据某些社会群体的成员身份而对其成员形成的一种态度，并且往往是不正确的否定或怀有敌意的态度。”百度汉语则将“偏见”解释为：“偏于一方面的见解；成见。”

偏见释义说明，偏见是偏于一方面的见解，是一个很“刺眼”的、具有否定意义的名词。怀有“偏见”的人，就像戴着“有色眼镜”，看待人或事必定是有失偏颇的和不真实的。因而几乎所有人都认为“偏见”会干扰和阻碍我们获得正确的认识，所以是应该努力摈除和抛弃的东西，就像对待有色眼镜一样应该毫不犹豫地尽早摘掉。既然“偏见”是这样一种“为害匪浅”的东西，那么又何须为它辩护和正名以争取它存在的合法地位呢？又有谁“敢冒天下之大不韪”为“偏见”击鼓鸣冤呢？

确实，自欧洲文艺复兴以降，还没有一位哲学家声言，他的哲学是要为偏见辩护。直到20世纪60年代初，哲学诠释学创始人、德国哲学家汉斯·格奥尔格·伽达默尔推出了他的哲学诠释学开山之作《真理与方法》，书中提出“他的哲学解释学要从人的历史存在来为‘偏见’的合法性进行辩护，而整个启蒙运动以来的现代西方哲学应当重新反省它的致知取向，因为它一直在进行着一场从‘偏见’反对‘偏见’的战争，牺牲的却是人的历史性。”诠释学也称为解释学、阐释学或释义学，可以被简要地定义为“有关理解的理论”。传统诠释学关注的问题是“如何实现理解”“研究达到正确理解之方法的学问”，或“理解的艺术”“防止错误理解的方法”。而《真理与方法》并不像传统诠释学那样，志在提供解释的方法论或整个人文科学的方法论，而“首先要从哲学上澄清使理解可能发生的先决条件是什么”，或者说，“是伽达默尔在研究一个预备性的与更为根本的问题，不仅在人文科学中，而且在人类对世界经验的整体中，理解何以可能？”

（2）“偏见”的原意：伽达默尔在《真理与方法》中，详尽地追述了“偏见”一词在欧洲几种主要语言中的意义演变，尤其是在德语和德国哲学中的历史变化。偏见“原是与法律相关联的词语，指正式法律判决前的临时判决或初判。它可以被更改或撤销，但在正式的最后法律判决确定之前，它具有法律上的效力和合法性。它可以被视为在判决最后形成前所达到的对案情的理解或认识，也是进行法律裁决的依据。因而，‘Vorurteile’一词在这里指法官在作出最后判决前的

一种对案情的判断，并没有我们现在通常的‘先入的偏见’的意味。”

上述的判决，在法律领域没有人们公认的贬义意蕴，而只是案件判决程序的一个过程，一个比较中性的临时判断。因此，“偏见”的原意并非是否定的意义。

（3）哲学诠释学为“偏见”正名：在前述的同“前理解”意义相似的一堆概念中，伽达默尔唯一给出明确定义的名词是“前投射”：“就是说在我们阅读之前就有的对文本的理解”“这种前理解的作用方式就是理解存在着什么。”“前投射”和“前理解”“偏见”“前判断”等都具有相同的含义。在伽达默尔解释海德格尔有关循环的阐释时写道：“我们之所以必须认识到，当我们是阐释者的时候（我们在生活中的每一刻都是阐释者），我们总是带有前理解，即‘偏见’，这就是原因。”简单来说，“偏见”或“前理解”就是读者阅读之前对阅读对象拥有的假设、了解、看法或先入之见。按照诠释学的观点，读者是带着“偏见”或“前理解”进入阅读的，它是阅读者的存在状态，是一切理解的起点，也是阅读者的视角、视域、局限性、成见或“有色眼镜”。如果我们不承认偏见的存在，那我们就是抱持了对偏见的偏见。

无论我们阅读什么，或看到什么，从第一眼开始，我们就已经拥有了对于这个阅读对象或多或少、或深或浅、或正确或有失偏颇的概念、了解、认识、印象和理解，具有了某种解释结构。例如，看到一块写着“出口”的指示牌，不用多想，你就知道它是一块指示牌，指引着出口的方向。看到一首诗，你就自然能认出它是一首诗。反之，在我们明明对某种东西拥有了一定的偏见或前理解，即一定的理解和认识的前提下，很自然地将这种东西作为某类东西来把握和看待的情况下，却偏偏要把自己头脑中的所有记忆全部清空，回到初生婴儿的无知、无瑕的原初、清明状态，悬置或撇开我们的视域，不做任何理解。就好比对于一个具有独立思维能力的人来说，看到一块儿写着“出口”的指示牌，却不知其为何物，没有任何阐释，没有任何前投射，这才是不正常行为，是对思想进行极其艰难的扭曲后的结果。

二、“前理解”或“偏见”状态的构成

“前理解”状态意指在新的理解产生和发生之前，已经存在的一种理解，一种理解状态，它是“主体进行理解前的已理解的精神储备”。伽达默尔的老师、

德国伟大哲学家海德格尔认为“任何理解的先决条件都要由三方面的存在状态构成”。

“一是‘先有’(Vorhabe)。人必要存在于一个文化中，历史与文化先占有了我们，而不是我们先占有了历史与文化。这种存在上的‘先有’使我们有可能理解自己和文化。”比如说，一个中国人就降生于中国的历史与文化传统之中。我们从出生开始，就处于潜移默化地接受着中国的历史与文化传统的存在状态中。我们可以不假思索地说春节是中国一年中最喜庆、最令游子牵挂的节日，清明则是全年最令人伤感和悲凉的日子；我们对《三国演义》《红楼梦》《水浒传》的情节和人物有着或直接或间接、或丰富或稀薄的认识，《西游记》《聊斋》等故事早已家喻户晓、深入人心；我们对佛家和道家的了解一定胜过基督教和天主教。中国的历史与文化传统不由分说地熏陶和占有了我们，成为我们的“先有”。

“二是‘先见’(Vorsicht)。‘先见’是指我们思考任何问题所要利用的语言、观念及运用语言的方式。语言、观念自身会带给我们先入的理解，同时也要把这些先入的东西带给我们用语言思考的问题。”无论人出生在世界的哪个地域，都拥有自己的语言和观念。我们在从父母、家人、老师和社会习得语言的同时，也接受了由语言所保存和负载的历史、文化传统和观念。语言和观念对于我们来说好像是与生俱来的东西似的，我们每天沉浸其中而没有察觉，但它们却形成了我们理解问题时的“先见”。

“三是‘先知’(Vorgriff)是指我们在理解前已具有的观念、前提和假定等。在我们开始理解与解释之前，我们必要有已知的东西，作为推知未知的参照系，即使是一个错误的前提或假定，也是理解开始的必要条件。”先知是指我们在理解之前积累的知识和经验等，并因此而产生了对于被理解的东西的某种预期和期待。“一个人必须已在某种程度上了解被讨论的东西，这可称之为理解所必须的最低限度的前知识。”例如，面对书店橱窗里的一本新书，我们会根据以往的经验，大概将其分类，如科普、哲学、股票投资等，并随即产生了一个有关该书的前提和假定，即它大约会涉及什么背景下的内容。又比如，“在文学诠释中，一篇抒情诗歌文本之最‘无预设’的诠释都有一些预先的假设。甚至在他探讨一篇文本时，他就可能已经将它视为一种特定的文本——比如说一首抒情诗，并且使自己处于这种姿态：他将作出与这样一种文本相适应的诠释。”

“理解所处的这种作为人的存在的状态，也可称作理解的‘前理解’状态。

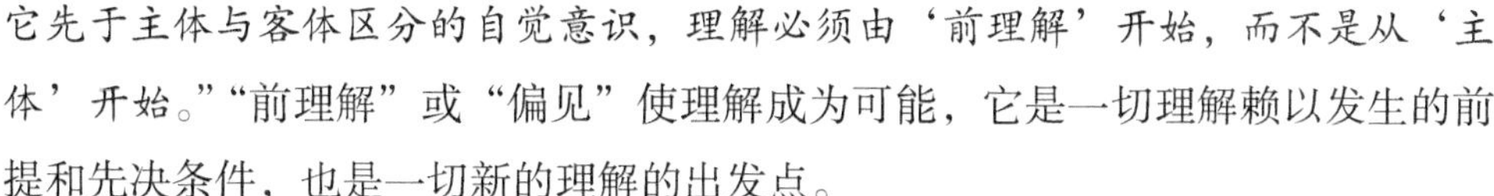

它先于主体与客体区分的自觉意识，理解必须由‘前理解’开始，而不是从‘主体’开始。”“前理解”或“偏见”使理解成为可能，它是一切理解赖以发生的前提和先决条件，也是一切新的理解的出发点。

三、“偏见”作为哲学观念的重要意义

伽达默尔在其《真理与方法》书中，“第一次以正面褒扬的态度，使用‘偏见’作为一个哲学观念，去说明‘偏见’是人的历史存在状态。”“海德格尔是以‘先有’‘先见’和‘先知’来作为人的‘前理解’存在状态的内容，也可称作‘前理解’的结构。伽达默尔把这三方面的内容溶为一体，统称它们为‘偏见’或‘先见’。”“偏见”作为哲学观念的具体意义有如下几个方面：

1.“偏见”是人的历史存在方式

人类在对语言的使用中存在着，人类在接受和理解语言的同时，也就接受了由语言所负载、储藏和传达的历史、文化传统和观念，并同时接受了历史传递给我们的“偏见”。对于我们来说，这是一个被动的接纳过程，人们无法选择，更无法摆脱。这也是人在历史中的存在状态。“人能够成为社会的人，思想的人，理解的人，赖于他接受并理解了语言中的文化。”“偏见”或“前理解”至少包含着下列几个关系到人的存在的因素：语言、经验、记忆、动机、意向，其中，语言是使“偏见”成为人的历史存在方式的最具决定性的因素。

2.“偏见”来自历史、立足现在、创造未来

伽达默尔又称“偏见”或“先见”为“视域”或“境界”，包含着三个时间段，即理解的历史性涉及的时间段：“始终依据过去、现在和未来观察世界的理解本身的内在时间性”：一是来自过去的历史、文化与传统赋予了一个人理解的背景和前提，“惟有通过从过去承传下来的意向、关照方式和前观念，才能洞察和理解现在。”；二是“偏见”或“先见”使他立足于现在或当下，能够从这个“视野”或“境界”出发展开理解的活动，这个“视域”或“境界”也同时决定了他理解的广度和深度，决定了他的立场和角度，“绝不存在与当前无关的对历史的纯粹观照和理解。恰恰相反，惟有并始终通过立足于当前的意识，才能洞察

与理解历史。"；三是人类从脚下起步，产生新的理解的同时，也在创造着新的历史、文化与传统，理解为未来可能的存在提供多种可能性。

3."偏见"在哲学上具有重大的转折性意义

海德格尔将理解定义为"一种把握自身存在可能性的能力"。或者说"理解是人存在的方式"。这一重新定义在哲学上具有重大的转折性的意义，因为它不再被视为人的理性认识的一种能力、致知的手段，也不再被当作人的"主体意识"。"它超越了以主体客体相区别的关系去进行解释和理解的传统思维方式。"也超越了所有基于主—客体模式的认识论和方法论的观念，使诠释学从认识论和方法论上升到本体论的高度，本体论是认识论的基石，"理解已被从本体论上进行了新的规定界说。"这种新的理解意识逐步成为伽达默尔的哲学诠释学的基础。

四、"前理解"是理解之必要的基础、前提和条件

1."前理解"是理解之必要的基础

"前理解"体现了每一代人与历史的存在上的联系，这种联系至少包含着下列几个关系到人的存在的因素：语言、记忆、动机、知识、经验、意向等，任何理解只能在这些因素的基础上才可能发生。这就是说，任何新的理解产生之前，已经存在着一种理解，新的理解必须由主体所处的如前述的某种前理解状态开始，才可能由此扩展开来，形成与先前的理解所不同的理解。所以，理解永远不可能是一张白纸似的意识状态，也不可能从没有某种理解的空虚的状态中产生出来。

意识到自己的前理解并敞开它们，对事物或文本进行"一种事实的探究"，这样诠释就获得了一个坚固的基础。伽达默尔说："我们必须认识我们自己的先入之见，这样文本可以表现自身在其他在性中，并因而可能去肯定它实际的真理以反对我们自己的前见解。"真理是前理解和事实之间的相互一致。因为我们所经验的一切将根据我们眼前已存在的东西或事实来衡量，没有前理解，也就不可能对一个新事物有所衡量或评判。这样，前理解告诉了我们历史所经验的事情，而现实和客观存在的事实，则可能产生对前理解的确认或修正，从中我们就比较容易获取真理。

2.“前理解”是理解的前提和条件

“前理解”构成了理解的前提和条件，理解始于“前理解”而发生和构成，它使人类的理解成为可能。伽达默尔将前理解和传统当作理解的必要条件，这是对理解过程的客观描述。因为这些前理解是从历史环境中产生、并非读者或解释者可以支配的。“占据解释者意识的前见和前理解，并不是解释者自身可以自由支配的。解释者不可能事先就把那些使理解得以可能的生产性的前见与那些阻碍理解并导致误解的前见区分开来。”前见也是理解的可能性条件，在理解的过程中，这些可能性条件相互渗透和相互作用着，上升为理解中的具体关系。

前理解还是理解得以实现的条件，理解总是处于被“预见”所指引的状态之中，这种预见可能是清晰的，也可能是自我耽迷于其中的非澄明状态；由于理解只能在“预见”的领悟之前提下成为可能，它使人们拥有了在本质上可以为理解加以勾连的东西。前理解就标志着最终的意义预见的结构要素，就理解的生存论意义而言，它们是理解的“指引状态”。

初生儿不具备**前理解，但随着其成长的经历必将增益其前理解；人类成长过程中的小学、中学和大学，从某种意义上讲，都是在培养和增强他们的前理解；**成年人的知识和经验对理解的影响和作用是显而易见的，知识和经验越丰富，对文本的理解相对也就越容易准确或正确。生活中经常会发生这样的事：对某一句话或某种思想，开始我们很难理解，但随着知识的增加或人生阅历与生活经验的不断丰富，原来不能理解的东西也就自然理解了。

伽达默尔认为理解者具有历史性，这决定了理解也具有历史性。理解的历史性使文本在不同时期呈现不同的内涵意义。对任何事物的理解都是建立在经验和传统所形成的“前理解”的基础上，历史或传统对我们的理解具有无法克服的制约力。在理解的过程中人们无法超越历史时空的限制去对所要理解的对象进行客观的理解，没有纯“客观的”的理解，任何理解都处于历史或传统的影响之下，从而带有偏见或成见。历史决定了我们知识的有限性和时间的单向度，我们永远也无法回到那时那地，但我们可以通过“前理解”，决定我们能理解什么，从而帮助我们理解的开展。人的意识因拥有一个前历史而被历史影响，并通过具有一个后历史而反过来影响历史；这导致人的认识无法绝对客观，进而必然出现偏见。

五、所有的阅读都是戴着“有色眼镜”和“先入之见”的阅读

1. 从阅读的定义看“有色眼镜”

阅读的定义多种多样，国外的一些学者将阅读定义为：“阅读乃是从篇章中提取意义的过程。”或者是“阅读是从书面材料中获取意义，并影响读者的非智力因素的过程。”百度汉语将阅读定义为：“看（书、报等）并领会其内容。”本书的第三章《阅读概念及其内在进程》则将阅读定义为：“阅读指大脑接受外界包括文字、符号、图表、公式等各种信息，同大脑已有的知识相互融合，通过消化（理解）、吸收这些信息所蕴含的意义，以及创造新意义的过程和方式。”由上述的定义来看，无论是“提取意义”，还是“解释”记号，抑或是“获取信息”，理解和“吸收这些信息所蕴含的意义”，就像百度百科对阅读进一步说明的：“阅读是一种理解、领悟、吸收、鉴赏、评价和探究文章的思维过程。”

人们在日常生活和工作中，时刻都在发生着阅读的行为，也同时在不停地理解和诠释，阅读、理解和诠释如影随形、相伴相生，并卷入了人生的各个层面。进而言之，阅读不仅是理解和诠释，它正是历史、文学和艺术作品等文化的传承方式。人们在阅读前不可避免地在头脑中饱含着“前理解”，抱持着“偏见”，开始并进入阅读，人的所有阅读都是戴着“有色眼镜”的阅读。每个人都戴着自己的个性化的“有色眼镜”，虽然绝大多数人可能还没有意识到这个“有色眼镜”的存在，甚至总是盲目自信地认为自己的阅读一向都是客观的、理性的、不带任何“偏见”的，殊不知这副“有色眼镜”一直都伴随着他的一生，无法摘下。

2. 摆脱“前见”和“偏见”是西方文艺复兴至19世纪的主要致知倾向

在西方，19世纪之前，“前见”“偏见”是认识论中被致力铲除和根绝的对象，是14—16世纪文艺复兴后逐渐形成的意识，17—18世纪启蒙运动以来也一直将它们作为否定性概念，当时和以后的浪漫主义诠释学家赫尔德和施莱尔马赫，也都认为正确的理解就是要摆脱“前见”“偏见”的影响。这样就形成了一种普遍性的认识，作为思想运动的一个标志就是倡导以理性代替传统的“前见”“偏见”。“偏见”被喻指传统中一切不符合理性的思想势力，它也意指一切不经过理性思考判断，而沿袭传统信念，并加以信奉遵从的思想习惯。“偏见”从此成为一个与理性相对立的“恶势力”，偏见与理解的关系，也被一刀两断。

理性地追求真理，被规定为以摆脱“偏见”为起点。这是西方近代以来的主要致知倾向。认识论几乎以全部精力投入到如何使阅读者摆脱“偏见”，每个人也都虔诚地相信这是真理。

与上述观点和做法相反，哲学诠释学家伽达默尔认为，这种看法恰恰是启蒙运动的前见，“如果认为全部的理解任务就是摈除前见，而不是依据前见，那么这只能说我们分享了启蒙运动的前见。”正如前述，“前见”一词的拉丁文原意是法律终审之前的一种预先判断，是中性词。伽达默尔认为前见具有在先性，“一个前见可能是正确的，这就使具有成见的人直接地达到理解，但一个前见也可能是错误的，它也同样使他间接地达到理解。”由此他得出结论：从启蒙时代理性主义观点来看似乎是理解障碍的前见，现在成了历史实在本身和理解的条件，因此“摈除前见，不管这是否成功，就是摈弃理解。”正如对历史学家，如果摆脱了历史要素，则如同摆脱了研究本身。进而，伽达默尔还强调说，哲学诠释学将“前见”“偏见”作为理解的必要条件，并不包含任何主观成分，而是客观地描述了理解的过程。

3. 朱子涤净“先入之见”的观点有违现代诠释学的“前理解”理论

在我国，南宋著名儒学大师，集理学家、教育家、诗人于一身的朱熹，他在阅读方面有许多真知灼见的主张，但对于“前理解”，他也同样陷入了偏颇。他认为，对于读者，即理解之主体来说，要想理解圣人原意（也包括理解文本），必须遵守一个规则，即涤净一切“先入之见”。他认为“先入之见”乃是理解的障碍：“某如今看来，唯是聪明人难读书，难理会道理。盖缘他先自有许多一副当，圣人意思自是难入。”因此他主张，排除了先入之见，读者或解释者就会具有一种客观、公正的态度，此乃正确理解的前提。所谓客观的态度是指：“读书且要虚心平气，随他文义体当，不可先立己意，作势硬说，只成杜撰，不见圣贤本意也。”若不能涤净“己意”，一味以自己的道理见识来理解圣贤之言，甚或与之争衡，“其为害反甚于向者之未知寻求道理”。

涤净一切“先入之见”是朱熹的诠释观点，同晚于他3—6个世纪的西方文艺复兴和启蒙运动时期的诠释学家们的排除“前见”“偏见”的观点惊人的一致。看来，这可能是世界阅读诠释发展的必犯之错、必经之路，朱熹又远远地走在了西方的前面。

朱子的“先入之见”是指理解之前先进入头脑的观点，也就是我们所说的“前理解”。一个涤净一切“先入之见”、人心若镜的比喻，这种期望本身不仅是不可能的，而且是一种历史的偏见，即人要求克服自身的历史局限性的非历史的幻想；除非人否定他自己存在于历史中，否则他始终不能摆脱他自身前见的存在。哲学致力的不是克服这种无法克服的前理解，而是认识其如何作用于人的理解。

第十四章

共通感

一、阅读理解何以可能

1. 万物皆可读

本书第三章的开头就介绍“人类阅读发展的三个阶段和两次飞跃”。人类的阅读发展，总括起来历经了三大阶段和两次飞跃。三大阶段是：“广义阅读”、书本阅读和电子阅读。两次飞跃是从广义阅读到书本阅读，从书本阅读到电子阅读。

人体阅读的器官不仅仅包括视觉器官，还包括触觉器官、嗅觉器官和听觉器官等几乎所有的感觉器官。阅读的对象囊括文字符号、图像、周边世界出现的所有人和事以及自身。旅途中的匆匆过客，每天醒来的第一件事就是下意识地阅读房间的模样和窗外的景象，以判断自己身处何地。无论是否第一次光临，美景总令人忍不住贪婪地阅读，仿佛永远是第一次游览。我们本能地阅读家里宠物们的行为，以捕捉它们所释放的欢喜、饥饿、玩耍、睡觉和排便等信号。反过来，万物皆有灵，动物们更擅长阅读我们人类或喜悦或懊恼的脸色和情绪，并为你的兴奋而真诚地兴奋不已。位于法国巴黎市中心塞纳河北岸的卢浮宫，位居世界四大博物馆之首，每年吸引了上千万游客，来去匆匆的疲惫游客情不自禁地调动全身的精气神，一边倾听来自耳机里的讲解，一边仔细地阅读和欣赏着一件件著名的绘画、雕塑和建筑。这一切就属于“广义阅读”。加拿大作家、阅读专家史阿尔维托·曼古埃尔在其著作《阅读史》中也写道：“我们每个人都阅读自身及周边的世界，俾以稍得了解自身与所处。我们阅读以求了解或是开窍。我们不得不阅读。阅读，几乎就如呼吸一般，是我们的基本功能。”阅读，始终伴随着人的一生，阅读、理解和解释的现象遍及人类的一切方面。

2. 阅读理解何以可能?

按照哲学诠释学创始人、当代德国哲学家汉斯·格奥尔格·伽达默尔有关“效果历史”的理论思想:“真正的历史对象根本就不是对象,而是自己和他者的统一体,是一种关系,在这种历史关系中同时存在着历史的实在和历史理解的实在。一种名副其实的诠释学将会在理解本身中展示这种特有的历史实在。我把这所要求的称为‘效果历史’。理解是一种效果历史事件。”由于每个人与阅读对象发生关系并相互影响后产生的“效果对象”是不同的,是因人而异的,因而每个人即使对于同一对象或事物的印象、理解和诠释肯定也会有所不同,甚至千差万别,就像世界上每时每刻都在发生的一次次充满偶然性和不确定性的事件,没有哪两次事件是一模一样的,所以就会有百“花”齐放的现象的出现。

根据伽达默尔有关视域融合的理论,对于书本这类文字传承物来说,“书本的阅读仍是一种使阅读的内容进入表现的事件。”是历代读者不断的阅读、理解和诠释,才使经典书籍和文著作品得以流芳百世。当阅读者的视域、文本的视域和当下情境的视域相融合,即视域融合时,阅读者才得以进一步向知识和真理趋近。视域融合呈现了通达真理的道路,是文本和各种流传物去蔽和去伪存真的标志。只有在这时才可以说:“在对传承物的理解中,不仅文本被理解了,而且见解也被获得了,真理也被认识了。”但是,我们却永远无法知道视域融合何时真正发生,所以我们也永远无法知道何时我们才算真正理解了文本,因而获得了见解、认识了真理。同样地,我们也永远无法判断什么样的理解可被判断为更好的理解或正确的理解。所以,伽达默尔总结道:“我们只消说,如果我们一般有所理解,那么我们总是以不同的方式在理解,这就够了。”

一位当下阅读者去阅读多少个世纪之前的历史传承文本,发生了视域融合,为什么在视域融合中能够产生理解呢?要知道,它们的时空距离要多大有多大,怎么能够相互理解呢?有什么东西能够将它们勾连在一起从而发生了视域融合呢?这个“将它们勾连在一起”的东西,使它们产生了理解。这个东西就是共通感。那么,什么又是共通感呢?

二、一切阅读理解的前提和必要条件:共通感

伽达默尔在他的哲学诠释学开山之作《真理与方法》的开头就探讨了方法论

问题。他从精神科学的起源入手，论证了自然科学的方法论并不能有效地帮助我们去衡量和把握精神科学的本质和真理。他认为，“精神科学的归纳程序就与独特的心理条件联在一起，它要求有一种机敏感（Taktgefühl，或译为‘分寸感’），并且又需要其他一些精神能力，如丰富的记忆和对权威的承认。”伽达默尔重新回到西方人文主义传统，希望能够从人文主义传统中学到对精神科学的认识方式有益的东西，也希望能够为诠释学找到立足的根基，并认定“当时上升为主导地位的教化概念（DerBegriff der Bildung）或许就是18世纪最伟大的观念，正是这一概念表现了19世纪精神科学赖以存在的要素”。

紧接着，伽达默尔对西方人文主义的四个基本概念逐一进行了详细的分析和论述。其中，“sensus communis”虽然在中文里被译成共通感，但它实际上却包含共通感和常识两个方面的含义。它和教化、判断力和趣味一起构成了精神科学乃至哲学诠释学的基础，并且共通感属于其中的一个有机组成部分，具有中介和桥梁的意义。

“共通感”这一概念源自古希腊哲学家亚里士多德的《论灵魂》，按照中世纪经院哲学家、神学家托马斯·阿奎那的注疏，“共通感是外在感觉的共同根源，或者说，是联结这些外在感觉，并对给予的东西进行判断的能力，一种人皆有之的能耐。”此后，西方众多哲学家对“共通感”这个概念都有过自己的规定和诠释。伽达默尔对于来自意大利的维柯、英国经验派、德国虔信派以及德国著名哲学家康德有关共通感的诸多内涵和思想兼收并蓄，并融入了自己的新的理念和思想。

1. 共通感是一种对于合理事物和公共福利的感觉

相对于物质科学或自然科学，精神科学又被某些学者称为人文科学。对于德国哲学家威廉·狄尔泰而言，精神科学指的是包含历史学、政治经济学、法学、政治学等的一组科学，包括关于宗教、文学、诗歌、造型艺术和音乐的研究，也包括关于哲学世界观与哲学体系的研究，以及心理学等等。精神科学与自然科学有着本质的不同，具体来说，精神科学的研究对象，为人类精神的表现与创造的文化之物或人文现象，例如人的道德和历史的存在，具有独一无二、不可重现的特点，更多的是类似于一种或然知识或实践知识，即“即phronēsis，是另外一类知识，它首先表示：它是针对具体情况的，因此它必须把握‘情况’的无限

多的变化。”这类知识，不是由一般原则而来的确定知识，而是由具体事物或或然性、偶然性事物引起的观知。所以，对于属精神科学的知识和真理的认知和把握，就不应当采取现代自然科学的方法论，如分析法，而应当采取直观的方式。

意大利伟大的哲学家、语文学家维柯，作为一名修辞学教师，自然而然地继承了尚未被中断的修辞学——人文主义传统。为了反对欧陆“理性主义”的先驱笛卡尔和试图用新科学为旧教会服务的詹孙教派，他援引了古罗马的共通感概念和人文主义的雄辩理想。修辞学或雄辩术是一门说服的技艺或运用语言以便说服或影响的技艺，但它不仅仅是一门讲话的艺术，一门怎样讲得妙的艺术，“它也意味着讲出正确的东西，即说出真理。”而雄辩或说服之所以能够“讲出正确的东西，即说出真理”。就在于这种雄辩口才是建立在“对真实东西和正确东西的共同感觉上”。这种共同感觉其实就是共通感。

具体来说，共通感首先表现为一个共同体的共同性的具体普遍性。“共通感在这里显然不仅是指那种存在于一切人之中的普遍能力，而且它同时是指那种导致共同性的感觉。维柯认为，那种给予人的意志以其方向的东西不是理性的抽象普遍性，而是表现一个集团、一个民族、一个国家或整个人类的共同性的具体普遍性。因此，造就这种共同感觉，对于生活来说就具有着决定性的意义。”

进一步地，共通感这种导致共同性的感觉，是一种对于合理事物和公共福利的感觉和意识。并且这种感觉和意识并不是天生就有的，例如一个婴儿就不会具备这样的感觉和意识。他（她）并不知道什么事物才算得上合理事物，公共福利应该是什么样的。任何一个人都是在出生后的漫长的成长过程中，经过与家人、与社会的接触和学习后，耳濡目染，才慢慢获得和培养出来的。所以“在维柯看来，共通感则是在所有人中存在的一种对于合理事物和公共福利的感觉，而且更多的还是一种通过生活的共同性而获得、并为这种共同性生活的规章制度和目的所限定的感觉。”

既然共通感是一种社会普遍存在的对于合理事物和公共福利的感觉和意识，那么人们的一切行为和活动都自然而然地会受到共通感的限制和规定。同样，精神科学的研究对象、人的道德和存在，也都要受共通感的限制和规定，这类东西的认知方式就不可能使用任何理性推论和证明这些显然并不能穷尽所有知识的方法。所以伽达默尔说：“这样，显然就有某种理由要把语文学—历史学的研究和精神科学的研究方式建立在这个共通感概念上。”

2. 共通感是一切真理的源泉

德国南部施瓦本地区的虔信派牧师、路德新教神学家厄廷格尔直接将共通感翻译成“心地”(Herz)：“共通感所涉及的……是这样一些众所周知的东西，这些东西一切人日常都能看得见，它们彼此组合成一个完整的集体，它们既关系到真理和陈述，又关系到把握陈述的方式和形式。”对于厄廷格尔来说，重要的不是这一概念的明确性，而是这一概念必须有“某种预感和意向”，或者说一种本能和直觉的东西。例如，父亲，当然也包括母亲，无须任何理性和论证就主动承担起照顾孩子的责任。同理，为人儿女者也无须多想，就自觉自愿地承担起赡养和孝顺父母的担子；出门在外遇到有需要的长者和孩童，人们也会不假思索地提供力所能及的帮助。

厄廷格尔反对笛卡尔主义和理性主义，反对用实验和计算强行地分割自然，强调精神和物质的相互关系以及生命的首要性，从而突出了共通感，支持沙夫茨伯里对共通感的维护。在厄廷格尔看来，共通感是以生命概念（sensus communis vitae gaudens使生命欢跃的共通感）vita为基础的，他将共通感定义为：“通过直接地接触和观看最简单的事物，而对明显展示给整个人类的对象所具有的一种富有生气而敏锐异常的感觉……”。从此定义中可以明显看出，厄廷格尔吸收了亚里士多德心灵学说中关于统一视觉和听说等的共同力的探究。他认为，在一切有生命东西中存在的“共同感觉”都是上帝的恩赐，是上帝存在的效应，而出于本能和直觉的共通感或共同感觉才是一切真理和知识的真正发现法。所以在厄廷格儿看来，在理解和解释《圣经》的时候，一种丰满的感觉是比任何诠释学规则都更重要的最高认识能力。在此基础上，厄廷格尔提出了“生成法”(generative methode)，即“培植性地解释《圣经》，以使正义能够像一株秧苗那样被培植出来”。在这样的培植性解释中，正义被培植出来了，真理也就被获得了。

3. 共通感是认识外在世界的基础

在英国哲学家托马斯·里德创建的苏格兰常识学派那里，共通感或共同感觉起着核心的重要作用。因为通过感觉而获得的对世界的认识摆脱了任何理论的困境，而且实际地可得到确认，因此，共通感被提升到公理的高度，成为我们认识外在世界的基础，正像笛卡尔主义的“我思”是我们认识意识世界的基础一样。

苏格兰哲学在日常感觉的原始而自然的判断基础上构造起来的新体系，深受亚里士多德-经院哲学传统的影响，与此同时，他们又把握了日常感觉与社会的联系，充分认识到日常感觉相较于推理能力的重要作用："它们（指日常感觉）有助于指导我们的日常生活，而在日常生活方面，我们的推理能力却使我们误入歧途。"在他们心目中，正常人类理智的哲学，即健全感觉（good sense）的哲学，不仅是一付医治形而上学夜游症的良药，而且也包含一种促成合理社会生活的道德哲学的基础。

在这里，共通感就是由法国哲学家亨利·柏格森定义的健全感觉："一种随时返回自身、排除既存观念代之以新兴思想的内在理智能力。"这种健全感觉不同于一般的、别的感觉，因为"其他感觉使我们与事物发生关系，而健全感觉则支配我们与人之间的关系"。这种健全感觉是一种实践生活的才干，是思想和意愿的共同源泉，是我们认识外界事物和真理的基础。

4. 共通感是同情这种精神的和社会的品性

对18世纪产生巨大影响的英格兰政治家、哲学家和作家安东尼·阿什利-柯柏，第三代沙夫茨伯里伯爵，是维柯哲学事业的重要同伴。沙夫茨伯里是滥觞于18世纪的情感主义思潮的先驱，情感主义"是一场针对工具理性主义的思想文化运动，它批驳人性自私论，倡导友爱与同情"[①]。与维柯一样，沙夫茨伯里对共通感的援引也是回到罗马古典作家对共通感的理解和解释。在《人、风俗、意见与时代之特征》一书中，沙夫茨伯里提出人类具有的一种共通感。按照沙夫茨伯里的看法，共通感不仅仅是对共同福利的感觉，"也是一种对共同体或社会、自然情感、人性、友善品质的爱。"

沙夫茨伯里把对于机智和幽默的社会意义的评价置于共通感这一概念之下，并把机智和幽默限制在朋友之间的社会交往上。"如果共通感在这里几乎像是一种社会交往品性一样，那么共通感中实际包含着一种道德的、也就是一种形而上学的根基。""这就是同情这种精神的和社会的品性，沙夫茨伯里看到了这种品性，而且众所周知，他在这种品性上不仅建立了道德学，而且建立了一种完全审美性的形而上学。"他的后继者哈奇森直接用同情来解释共通感。

① 李云霄：《礼仪、道德与情感——〈理智与情感〉的文化内涵》，载于《国外文学》2019年第4期，第155页。

沙夫茨伯里无疑是将道德学或伦理学与诠释学结合在了一起，但这并不稀奇。诠释学的近代开拓者施莱尔马赫的研究就已涉及解释学和伦理学之间的关系。“他将伦理学视为解释学的基础，解释学是伦理学的一个分支，与道德有关，他甚至认为‘如果说，同情是一切理解的基础，那么最高的理解要求爱’，从这个意义上讲，‘理解必然是伦理学的最高的形式。’”[1]

这样的一种说法令人不禁想起中国成语：爱屋及乌，意思是指因为爱一个人而连带他屋上的乌鸦都一起爱，比喻爱一个人而连带地关心到与他有关的人或物。为什么会有爱屋及乌这样一种现象呢？因为爱上一个人，就能比别人更能理解和同情他所爱的人或物，因此就比别人能够连带地喜爱上所有他所爱的人和物。因为同情，所以理解，所以爱。通俗地说，因为同情，才能和被理解的人和物同频共振和共鸣，才能拥有更多的共同语言，才能对所面对的人和物有所理解。所以，同情不仅仅只是涉及感情和感性，更涉及理智和理性。

尽管共通感或共同感觉这一人文主义的重要概念被不同的哲学家以不同的方式定义和描述着，它无疑都是人与人之间相互理解的前提和条件，是精神科学认识真理的唯一方式，也是诠释学理论的重要概念之一。

三、越同情，越理解——如何培养和造就我们的共通感或同情心？

德国古典哲学认为共通感或共同感觉是人类天生具有的一种判断能力，厄廷格尔把它理解为一种上帝的恩赐，但是，伽达默尔却认为教化可以培养和造就我们的共通感。

1. 唯有教化才能培养和造就我们的共通感

既然共通感对于我们的日常生活、学业和工作都如此必要和重要，那么如何培养和造就我们的共通感呢？伽达默尔说：“现在对教育来说重要的东西仍是某种别的东西，即造就共通感，这种共通感不是靠真实的东西，而是由或然的东西里培育起来的。”而“赫尔德曾从根本上把人类教育规定为‘达到人性的崇高教化’”。教育，不仅狭义地指学校的教师给予学生的教育，也包括家庭和社会给予一个人的教育和熏陶。“因此人需要教化，人类教化的本质就是使自己成为一

[1] 何卫平：《解释学与伦理学——关于伽达默尔实践哲学的核心》，载于《哲学研究》2000年第12期。

个普遍的精神存在，教化从而就作为个体向普遍性提升的一种内在的精神活动。”所以说，教育或者教化这种精神的造就和陶冶的方式，就能够逐渐培养和造就我们的共通感。

2. 阅读和经历是最好的教化

对于个人来说，阅读或经历能够使我们了解更多的人、事物和历史传承物，获取更多的感悟。一般地说，阅读和经历得越多，就越能理解更多的人、事物和经验，共通感、共同感觉、同情心也就越多，就愈加能够理解更多的人、事物和经验，达到一种良性循环的效果。其实，阅读也是一种经验和体验的方式，是对于别人的思想、经历的经验和体验。

举一个养小动物的例子。一个人小时候对小动物缺乏任何认识和经验，因此对小动物没有太多的了解，更谈不上什么同情心。可是，机缘巧合，第一次养上了一只小型雪纳瑞犬后，不仅对自己家的这只小型犬产生了深厚的感情，而且也对遇见的流浪猫狗都产生了浓厚的同情心，总希望自己能给这些小可怜们提供力所能及的帮助。养宠的经历帮助人们增进了对小动物的了解和认识，对小动物产生了更多的同情心，因此更加理解和同情小动物。

从尼采的“成为你自己”改造而来的“自我再描述”或“重新描述我们自己”，是美国哲学家理查德·罗蒂的教化哲学的核心。但与尼采不同的是，罗蒂用反讽主义者取代尼采的超人，“肯定平等、同情和团结的价值，同时把文学艺术尤其是小说阅读作为实践自我救赎的途径。”[①]在小说、戏剧、短故事和诗歌等各种文学艺术形式中，罗蒂尤其重视小说的力量。罗蒂认为小说阅读对于现代人具有一种积极的救赎和教化的力量，“使人更多地了解其他人如何看待他们自己，从而有助于人成为一个更有教养和道德的人”[②]，并且“尝试回答关于自身是谁的问题，帮助人重建统一性，从而实现艺术对于人生的救赎”[③]。

在我看来，对于所有文学艺术形式的作品的阅读，其实都和小说阅读具有相似的作用和功效。阅读都有助于我们体验和了解他人的人生和感情，完善自己的

①杨玉昌：《从自我创造到自我再描述——论罗蒂对尼采自我救赎思想的改造》，载于《学术研究》2021年第11期。

②同上。

③同上。

人格和道德，对于他人产生更多的同情心和同理心，实现个人的提升和教化。所以说，阅读和经历能够让人们更多地接触和了解世界上的人、事物和历史传承物，使人们对这些东西产生更多的感悟、同情心和共通感，是最好的教化方式，也帮助我们更多地理解所面对的一切。

第十五章

视域融合

一、“视域融合”概念

1. 什么是“视域融合”

伽达默尔是公认的20世纪伟大的哲学家之一。他持守着传统的人文理想，深入地考察了“人”的生存状态，于20世纪60年代对文本解读提出了一种崭新的见解——“视域融合”。同“效果历史意识”一样，“视域融合”是伽达默尔哲学诠释学的核心概念。因此，伽达默尔被认为是哲学诠释学和解释美学的创始人和主要代表之一。

那么，什么是“视域融合”呢？按360百科的解释：“所谓‘视域融合’，是指解释者在进行解释时，都是带着自己的‘前见’从自己的当下情景出发，去和文本的‘视域’相接触，去把握文本所揭示的意义，从而发生了解释者的视域、文本的视域和当下情景的视域的融合现象，‘视域融合’不仅是历史与现实的融合，也是解释者与被解释者之间的汇合。这种新旧视域的融合在产生新的理解的同时，这种新的理解又将随着时间的推移成为新的‘前见’。”伽达默尔以达成理解的“视域融合”为根本目标，理解的过程是两个视域相融合的过程，一方面读者的视域不断地进入文本的视域，另一方面文本的视域通过其自身的历史性去影响着读者的视域，而两者之间相互渗透、相互结合，从而产生了新的意义。

2.“视域”和“前见”

上面对“视域融合”的解释，提出了两个重要的概念：一是“视域”，一是“前见”；后一概念“前见”又称为“前理解”，本书第十一章已有专门论述。

所谓视域（Horizon），又称为“视野”，无非指的就是我们看到的地方或者我们看到的区域范围，它包括了从某个立足点出发所能看到的一切。在德文和英文中，视域和地平线（Horizont/Horizon）是同一个词，它所视的最大范围就是天地的交接之处。“视域”一词，最初是由奥地利著名哲学家、现象学创始人胡塞尔提出的，他将其提升为一个哲学概念。伽达默尔进而赋予“视域”更深的含义：“视域体现了有限性和无限性的统一，一个视域是有尽头的，但它在本质上是开放的，能够超越视域的局限性。”

无论任何人，因为他有历史性，有着他在所处的历史环境中形成的知识、经验和精神世界，他必定具有一定的视野，具有不同于他人的视域。个人理解的视域，始终保持着一种开放的状态，处在不断改变的状态中，作为理解向前运动的起点。对于阅读理解来讲，主要涉及两个方面的视域：一是读者视域，一是文本视域；二者涵盖了阅读方方面面的因素。

读者视域即是指理解者的“前见”又称为“前理解”，是理解者在理解之前存在的预先内容，是已经有的“视域”，由理解者从历史和传统中接受的知识和经验构成。每个人都从他的历史存在中，由语言和经验接纳了“前理解”。

文本视域是在一定历史环境中形成的，文本既包含其本身的各因素，也内涵了作者的各因素。其作者原意、语言、风格等构成了它特定的“视域”。文本总是显示作者的视域，它亦包含着决定理解得以可能的文化传统和背景，即其所产生时代的语境。文本的视域和不同时代的理解者的视域之间总是存在着历史的距离或差异，这一距离是不可能被消除的，而理解就是两种具有距离的视域相互融合的过程。因此有人说，理解就是“视域融合”。

两个视域，即读者视域和文本视域，能够实现“视域融合”，是因为它们都有实现融合的前提条件，即共同的感觉。此“共同的感觉”即第十四章所讲，两个视域是建立在“对真实东西和正确东西的共同感觉上”。此共同感觉就是一切阅读理解的前提和必要条件——共通感。

3. 理解的历史性

诠释学面对的永远是“意义的理解问题”，该问题根植于解释活动的需要，有理解才能有解释。但伽达默尔从人的本性的历史性出发，认为理解活动本身就是历史性的。读者视域来自于读者的历史，文本视域来自于文本的历史，且相关的理解活动，也都内在地隶属于历史，因而摆脱历史进行理解是不可能的，这形成了理解的一个根本特性——理解的历史性。

这一历史性的最集中的内涵就体现在“前理解”上：理解永远是个人的理解，知识可以是非个人的，是公共享有的思想财产，而理解却只有在个人的心境中才能出现；传统就是理解者在理解之前接受的知识和经验，每个人的历史传统形成了在很多时候令外人讨厌的个人“成见”。伽达默尔为“成见”正名，认为“成见”就是“前理解”。伽达默尔把理解活动理解为融入历史传统的过程，当下的理解以传统即以“前理解”作为前提，而理解的结果又会成为日后的传统，即新的“前理解”。历史性限制了我们的知识，但也通过决定我们能理解什么而帮助了我们理解的开展；理解因拥有一个前历史（pre-history）而被历史影响，并通过具有一个后历史（post-history）而反过来影响历史。这就是理解历史性的辩证法。

二、视域融合是怎么形成的

伽达默尔认为理解的前提是“前理解”，理解只能是建立在前理解的基础上。真正的理解活动是读者从当下出发，带着自己的“前理解”视域去和文本的视域相结合，以达到双方视域融合的目的。在理解过程中，读者需要置身于历史之中，在参与中理解文本的真正含义。每一次的视域融合都是从理解者的“前理解”发展而来，前理解促成了视域融合的实现。实际上，理解者在对文本进行理解之前就已经产生了一种期待，这种期待可以看做是读者的一个视域，它是对文本意义的一种预期。视域是开放的，无论是理解者还是文本，双方的视域都不是封闭的，如果想在理解中获取更多的意义，那么我们就要将自身的视域同文本的视域相融合。伽达默尔将视域作为一个敞开的、需要不断追问的、丰富的东西。当前的视域形成离不开历史传统，历史传统又不断融入当前的视域，使得新的视域不断产生。理解的过程实质上就是两种视域不断交融的过程。前理解是历史赋予理解者的生产性的积极因素，为之提供了特殊的“视域”，这种视域包括传统的观念并立足于当代某个境遇里。伽达默尔说：“当某个文本对解释者产生兴趣时，该文本的真实意义并不依赖于作者及其最初的读者所表现的偶然性。至少这种意义不是完全从这里得到的。因为这种意义总是同时由解释者的历史处境所规定的，因而也就是由整个客观的历史进程所规定的。”

视域融合形成的过程走向究竟是由理解者进入文本，还是文本的视域“主动”融入理解者的视域之中呢？显然，这是两种不同的诠释取向。哲学诠释学指出，理解的形成是历史的视域（文本）与解释者的视域的融合，而走向是解释者的视域首先进入文本的视域的运动。即：文本是一个视域，读者是一个视域；当读者视域进入文本视域时，发生了视域融合。

法国当代哲学诠释学家利科认为，在这两个视域的融合过程中，文本的世界依赖于解释者的精神世界。解释者有选择解释文本的主动权，并以他个人的“前理解”为解释的前沿，随时“侵入”文本。面对“入侵”，一方面文本的世界在它的语言、风格、内容的庇护下，抵抗外来的破坏力，防止解释破坏它的完整性；另一方面文本的世界却同时大开门户，放手让那些能扩展和丰富文本意义的解释进来。解释作品时“不是解释者在压倒一切地注入他个人的见解，而是文本的强制性力量，使得读者在文本自身中接受了一种新的存在方式，从而扩大了读者改变其精神世界的能力。”这一时刻即是读者理解文本的时刻，同时也是文本意义凸现的时刻。读者决定着“视域融合”后文本的内容与意义。

从心理活动上看，这种解释者的视域进入文本的视域的理解过程，同时发生着接纳和开放的意识活动。解释者的视域，在解释活动中，接触到他的“前理解”所不熟悉的文本境界，而“前理解”是朝着理解开放的，它使解释者一方面意识到他的视域接触到一个陌生的境界，另一方面它给了解释者向这个新境界开放的可能。解释和理解意味着接纳不熟悉的世界，它表现为解释者的视域接纳和消融它所不熟悉的文本境界的理解能力。它不可能在由“前理解”所开拓出的视域之外去接纳和消融历史的视域；因为在这个视域之外，理解者是盲人。

理解会产生新的成见和视域，作为下次理解的起点，因而理解是永远不会停止，始终开放的创新过程。如此推想下去，历史与理解这两个方面相互依赖，阐释永无终结；但这样讲似乎应该修正，更准确地说是“诠释学的螺旋模型”：“在这一螺旋中，理解不再回到出发点而是在更广阔的维度中展开，而且确实让两个方面都运动起来。对作者和读者的视域来说，这意味着从文本的过去中不断发现可能的潜在含义和启发，这些新的发现随着新的阅读视域的不同总会有所差异，也就是在阐释中发生变化。这一点在日常阅读经验中可以得到证实，对一本书的第一次和第二次阅读从不会以同样的认识告终。”

三、阅读专家在阅读实践中所感悟到的“视域融合”

美国女作家琳莎·施瓦茨，其实更应该称她为阅读专家，其著作《读书毁了我》，应该是书话作品中的经典。下面看看施瓦茨的阅读感想吧：“书也一样，它并不具有独立或者感官的存在，而必须被打开，必须让人往深处探寻，我们对它的存在是必须的……真正的书是躺在青蛙里面的王子。我们打开它，我们眼睛投下再生的一吻。这就是使人陶醉的力量。别人的思想并不干扰我们自己自由的思想，但会在灿烂夺目的复生中与我们的思想水乳交融。”“如果说我们让书展现生命，书也使我们展现自我。阅读教会我们接受事物……它教我们接纳，在静默中，带着专注接纳一个临时占有的声音，借来的声音。讲话的人将自身出借出来，我们也做同样的事情，这是双向的临时的交换……”

读完这两段话不能不令人感到吃惊，施瓦茨并不懂哲学诠释学，但她却准确地在为哲学诠释学的核心概念“视域融合”作注释。这两段话可归结为四种意思：（1）书并不能独立地再生，而必须被外力打开，这个外力就是阅读。读者通过阅读激活了书籍，让书向读者“展现生命”。（2）读者在阅读的过程中，书籍的内容和读者的思想，在相互渗透、融合，对读者“往生活里面灌输了一些内容”。（3）读者对书籍“渗透和灌输”的内容进行“吸收”“消解”和“接纳”，“如果说我们让书展现生命，书也使我们展现自我”，读者和书籍进行“双向的临时的交换”——“视域融合”。（4）读者的思想和书中的内容“会在灿烂夺目的复生中”水乳交融地成为一体，从而创造了一种新的思想。施瓦茨的话冥冥中给我一种感觉：我的灵魂进入了书的生命，书中的思想进入了我的头脑；我的灵魂和书中的思想融合形成了我的新思想，书塑造了我。

施瓦茨没有讲任何大道理，也并非想说服谁，但其逼真的形象、真切的体会、实在的比喻，将读书实践和阅读理论生动地融为一体，令人不能不信服，真可谓“不是真理，胜似真理”，比专业论文还有力量啊！她用读书实践的深刻感受，令人信服地诠释了阅读理解中两种视域相互交流、消融，创造意义、产生真理的“视域融合”过程和结果。

高尔基讲：“读书，这个我们习以为常的平凡过程，实际上是人们心灵和上下古今一切民族的伟大智慧相结合的过程。”国际创价学会长池田大作说：“读书不光能补充知识，还可以……使作者与读者在对话中，产生生命的共鸣，共同塑造人生。”

四、“视域融合”的意义

视域融合在人类历史上首次展现了阅读理解的机制和机理。人类自有文字的千百年来，面对僵死的文本，识字的人为什么投下认真地一“读”，文本就“活”了，其文字组合所蕴涵的内容、情感和意义，就奇迹般被阅读的人了解、领会。正如施瓦茨所说，读者让文本展现生命，文本也让读者展现自我；而且在每个读者面前所展现的文本意义各不相同，阅读能够增长知识、启迪情感、塑造人生。为什么白纸黑字竟然有这么大的魔力和魅力？我想，即使读了一辈子书的人，或没有想，或想不明白。此前，我阅读了整整70年，且是一个从事图书馆和阅读工作的人，坦白地承认，也确确实实真真正正在糊涂之中。现在初步明白了，阅读是我个人历史形成的前理解同文本视域相融合，我个人的视域进入文本的视域，文本的视域对我的阅读开放，两种视域碰撞、比较，相同相吸，相反相成，在融合中实现过去真理与现时视阈的融合，并创生出新的意义。这些破天荒地展现了读者和文本两方面内在运动的机制和机理。

视域融合实质是异质性因素的融合。前见和时间距离一起同在，就承认了视域的不一致性即异质性。伽达默尔认为，读者与文本实现了“视域融合”，这并不意味着我们能够完全摆脱自己的视域，或者完全同化文本的视域，而是各种异质性因素的融合，与中国先秦的“和而不同”思想有异曲同工之妙。即它“总是意味着向一种更高的普遍性的提升，这种普遍性不仅克服了我们自己的个别性，也克服了那个他者的个别性。”这样理解者可以获得一个更大的综合视域。在这一综合视域中来倾听文本，与其对话，去感受文本的真正意义，在理解文本意义的基础上融入自己的生命体验，追求自我理解。

视域融合突显了理解的创发性。只要人在理解，理解便会不同。要求理解达到众口一词的统一，是对人的理解提出的非历史的要求，除非政治和宗教方面的压力。人只要理解着、思想着，就会有不同的看法，讲出来，自然会形成“百家争鸣”。“百家争鸣”不是人为赐予的，而是人在理解时所必然要发生的现象和事实，理解总是多元的。强调人的理解总是不同的个人理解，这不是讲不讲民主的问题。民主是一回事，理解是另一回事；只要理解存在，多元理解结果所形成的“百花齐放，百家争鸣”的局面，就一定会出现。

伽达默尔提出的视域融合理论，将诠释学提升到了本体论的高度，强调了主体的存在性。视域融合的互动性和创造性使人们意识到，不仅仅在日常生活中的对话、阅读等行为需要视域融合，而且自然科学、学术研究、艺术创作等也需要视域融合。由此可见，视域融合包含着丰富的哲学内涵，是伽达默尔哲学诠释学的核心概念。伽达默尔的视域融合理论为我们提供了一个崭新的哲学视角，对今后的哲学研究和我们的生活都将产生深远的影响。

第十六章

效果历史意识

一、“效果历史”和“效果历史意识”的概念翻译和内涵

1.“效果历史意识”概念翻译

可以说，效果历史意识是一个典型的舶来词。洪汉鼎先生在其翻译的伽达默尔哲学诠释学传世之作《真理与方法》中，译成“效果历史意识”，成为哲学领域内基本上被大家一致接受的译名，但仍然有分歧。在美国诠释学家帕尔默《解释学》中，被翻译为“受历史作用的意识”或“受历史影响的意识”。还有人觉得“效果历史意识”这一译法意义并不丰富，因而将之译为“历史总是在发挥作用的意识”。

虽然如此，但中国读者对之仍然难免一头雾水，不像翻译的许多日常用语那样，很容易掌握和理解它们的几乎全部含义。那么，“效果历史意识”或“受历史作用的意识”“受历史影响的意识”到底是什么意识呢？如果单纯根据译名的中文词语的字面意思，很难揣摩出它的准确含义。确切地说，该词的德语原初词翻译为中文、英文或其它语言，都不免令译者为难。因为在使用其它语言的国度里，可能并不存在与这一术语对等的词汇。

从上面的多种翻译可见，效果指由某种因素造成的结果，那么效果历史可能是指由“历史的实在以及历史理解的实在”共同作用产生的、诠释学在理解本身中所显示的历史的实在性。实际上，人们根本无法了解到真正的历史，任何书中的历史都是通过解释而变了样的历史，真正的历史已成过去，我们接触的所有历史都是两个“实在”的结合物。

效果历史意识是由哲学诠释学创始人、当代德国哲学家伽达默尔首先提出的。这是他的重要思想之一，也是哲学诠释学的核心概念之一。在伽达默尔的哲学诠释学中，效果历史意识是一个极为重要的观念，可以毫不夸张地说，这个概念表达的思想代表着伽达默尔哲学诠释学的精神，牵动着整个哲学诠释学的体系，它也可以被称作哲学诠释学的历史意识。从字面上看，这个概念既平淡无奇但又颇让人费解。以德文译为中文时，也感到难以表达，且难以尽意，理解体会这一哲学概念，不仅需要对伽达默尔的整个哲学，尤其是他对传统的理解有全面的了解；而且这一概念自身也包含有几层相互联系的意思，它不仅指历史和传统影响作用于意识，也指这种受到历史影响而形成的意识自身；同时，还指我们意识到这一历史事实。伽达默尔在《真理与方法》中，分别对“效果历史”和“效果历史意识”做了定义。

2 “效果历史”：“历史理解的实在”

效果历史是指历史通过制约我们的历史理解力而产生效果，提出者是伽达默尔。

伽达默尔对“效果历史”的定义是：“真正的历史对象根本就不是对象，而是自己和他者的统一体，是一种关系，在这种历史关系中同时存在着历史的实在和历史理解的实在。一种名副其实的诠释学将会在理解本身中展示这种特有的历史实在。我把这所要求的称为“效果历史”(Wirkungegeschichte)。理解是一种效果历史事件。”伽达默尔关于“效果历史”的上述定义，首先突破了解释者或读者与被探究对象之间的主客体关系。无论是解释者或读者，还是被研究的对象，都不可能各自生存于真空中。他们都不是独立存在的，而总是与周遭的世界发生着各种各样的联系，所以无所谓“主”“客”，或者说因为“你中有我、我中有你”，所以难分彼此、难分主客。

因此，所谓的“历史对象”更像一个“自己和他者的统一体”，或者是自我和周围与自己发生关系的一切事物或他者的无限延伸的关系网络，包括历史上所有解释者或读者以及他们给予它的理解和诠释。它不是固定的和僵死不变的，而是处于不断变化和不断更新中的常存常新的历史实在。所以说，“理解从来不是对于某个被给定的“对象”的主观行为，而是指向效果历史的”。真正的诠释学就要求理解能够揭示这种特殊的历史实在。一旦理解者与被理解者的视域产生了视域融合，理解达成了，一个效果历史事件就发生了。换句话说，也就是“视域

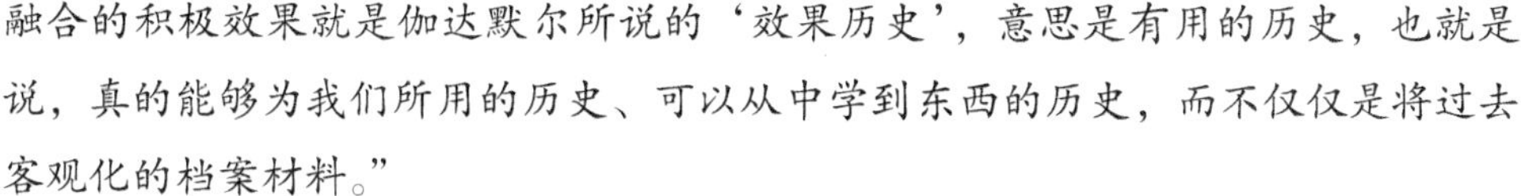
融合的积极效果就是伽达默尔所说的‘效果历史’，意思是有用的历史，也就是说，真的能够为我们所用的历史、可以从中学到东西的历史，而不仅仅是将过去客观化的档案材料。”

3 “效果历史意识”：历史永远在其中起作用的意识

伽达默尔在提出“效果历史意识”这个术语之前，首先定义了另外一个术语“发生”：“如果我们在传承物中遇到某些可以理解的东西，那么这种行为本身就是发生。”历史传承物或历史流传物就是“流传于历史进程中而进入了理解事件的‘文本’”，世界上的历史传承物必定有许多许多，但是只有那些进入了人们的视野的有待理解的东西，并且人们对这一东西的“理解”确实实现了，才能称作一次“发生”，我们也可以使用我们更加熟悉的词汇对之加以理解：“相遇”“遭遇”。

在术语效果历史意识这里，关键词是前面论述过的“效果历史”，而“效果历史”是指，“一旦理解者与被理解者的视域产生了视域融合，理解达成了，一个效果历史事件就发生了。”这是前面文中的一句话，请抓住话中“理解”“发生”两个词。其中的“理解”是指“理解者与被理解者的视域产生了视域融合”，其中的“发生”是指“产生了视域融合”。一言以蔽之，什么是“效果历史”？就是理解者的视域与被理解物的视域发生了视域融合，产生了新的理解，这一新的理解就是“效果历史”。从这里就明白了，为什么伽达默尔强调“发生”这一术语。这一新的理解在理解者的头脑中形成一种意识，即“效果历史意识”。

因为我们和“发生”之间存在着千丝万缕的关联，所以难以分离，更难以与之对立，不能将之置于对立面、当作客体或对象来研究。我们本身就是历史长河中的一分子，就像“环环相扣的长链中的一环”，谁也不可能将自己置身于这个历史和世界之外，而对历史或“发生”进行“客观”地和“理性”地考察。也就是说，“这里不存在研究者面对丰富研究对象的那种抽身旁观。”我们总是在对历史流传物的理解中理解着我们自身。所以说，效果历史意识就是历史永远在其中起作用的意识。效果历史意识的形成过程是不受控制和把握的，没有人能够将自己的效果历史意识造就成自己希望的某种样子。效果历史意识和我们的经验密切相关，它始终保持开放的姿态，而语言总是它的媒介。虽然效果历史意识的存在不被我们察觉，但却在我们阅读和产生理解和诠释的时候发生实实在在的效果和

作用。因此，在历史长河面前，我们实际上是看不到真实的历史实在的，但是，我们却能够看到在人们的阅读和理解过程中，正在发挥作用、起效果的历史。

4.“效果历史意识”没有主客体之分：方法论之殇

（1）理解不是一种主客体行为：这个问题前面的两个定义都提及了。理解不是一个主体的行为，而是效果历史的一个方面。根本不存在纯“客观的”、无任何特殊视角的理解。历史限制了我们的知识，但也通过决定我们能理解什么而帮助了我们的理解的开展。

历史的主体（历史学家）不是自在主体，不是一种纯粹的意识，因为它是带有历史的前见；但历史的对象也不是自在客体，因为它是由真前见所认识的东西，是前一次视域融合的结果。历史就是一个与另一个的统一，因为历史存在于它的历史之中，而且只存在于真的历史之中。历史的实在性是历史与对历史的理解的统一。

伽达默尔分析了康德的理解何以可能的问题之后，提出理解不是一种对历史流传物的主观行为，而是有生命的个人本身的存在方式，是有生命的个人本身为了得以存在而向未来进行筹划的运动方式，这种根本运动性使得有生命的个人存在具有了有限性、历史性和不断生成性，而这是属于效果历史的。

他认为人的存在局限于传统之中，其认识会有不可避免的“偏见”。人类历史由传统的各种力量积累而成，他称之为“效果史”。在“效果史”中，过去与现在相互作用，当前的认识受制于过去的传统因素。他认为真实的理解乃是各种不同的主体“视界”相互“溶合”的结果。既不是随心所欲，也不是片面夸大，而是事情的本性使得理解运动成为无所不包和无所不在。

但在海德格尔对此在进行生存论分析的基础本体论里，“诠释学的对象不再单纯是文本或人的其他精神客观化物，而是人的此在本身，理解不再是对文本的外在解释，而是对人的存在方式的揭示，诠释学不再被认为是对深藏于文本里的作者心理意向的探究，而是规定为对文本所展示的存在世界的阐释。”这是诠释学中方法论的终结和转向，完成此转向的则是伽达默尔的哲学诠释学。他写道：“理解从来就不是一种对于某个所与对象的主观行为，而是属于效果历史，这就是说，理解属于被理解东西的存在。”按伽达默尔的看法，诠释学一旦从科学的客观性概念的本体论障碍中解脱出来，就已经走上理解本体论了。

（2）“效果历史意识”不是一个方法论概念：它不是从历史研究的方法论中产生的，它的产生得益于对历史研究方法论的反思，因此它超越了方法论而成为方法论的基础。作为基础，效果历史意识所指向的不是“我们所从事的东西，也不是我们应从事的东西，而是超越了我们的意愿和行为对我们所发生的东西”。在这种意识中，历史不再是可供我们研究的客观化对象，不是那种所谓不依赖于认识主体而自在的存在着的“自在之物”，而是一种“效果历史”，它是过去和当代相互作用的历史。

实践证明，这种效果历史的影响不管意识到与否总是在起着作用：凡是效果历史被天真的方法论所代替，其结果只能是一种事实上歪曲变形的认识；历史主义的所谓的历史性理解乃是丢弃我们本身历史性的非历史性的理解，成为一种虚假的观点，并未达到真理。

二、“效果历史意识”的意义和重要性

1.“效果历史意识”的意义

（1）“效果历史意识”理论达到了“最高成就”：作为哲学诠释学，其任务就是理解和解释，而效果历史意识就是“理解”的哲学理论，正如前面的许多论述所说，该理论“标志着伽达默尔对‘精神科学’基础进行思考的最高成就”。

（2）效果历史概念是伽达默尔诠释学的核心：效果历史原本是指文学的辅助学科，这种学科关注于文本在历史上的作用。这种研究分支包括许多现象：一部作品的评价史、影响史和声誉史等。效果历史这种仍然可见的前哲学根源，伽达默尔相当注意地以之为出发点。他把文本范式扩大到每一种理解行为，这一做法表明它的诠释学的哲学源泉：理解经常与陌生的、历史上被传介的和被抛弃的意义内容打交道，这种意义内容像文本一样必须解释，某物总是通过历史与我们对话。

所谓哲学诠释学，即将古典的普遍诠释学或方法论诠释学上升为一种哲学理论。普遍诠释学最重要的特点是其方法性，而哲学诠释学关注的决不是一种方法，而是理解的本质，这是一种真正的哲学的兴趣。这样，当代哲学诠释学抛弃了那种把自身限制于更基本层次的规范的和技术的计划，它不再教导我们如何解释，而是告诉我们在解释中什么东西发生，正如伽达默尔所说：“我本人的真正

主张过去是、现在仍然是一种哲学的主张：问题不是我们做什么，也不是我们应当做什么，而是什么东西超越我们的愿望和行动而与我们一起发生。”诠释学从单纯作为方法和认识的理解和解释上升为一种存在方式，“在人类有限性的历史存在中发现人类与世界的根本关系”，因此，这是一种哲学，“这里哲学诠释学已经成为一门诠释学哲学”。

（3）“效果历史”揭示了诠释学的应用功能：浪漫主义诠释学无视了诠释学的应用功能。伽达默尔根据古代诠释学，特别是法学和神学诠释学的实践，强调了应用在诠释学中的根本作用。他认为：我们要对任何文本有正确的理解，就一定要在某个特定的时刻和某个具体的境况里对它进行理解，理解在任何时候都包含一种旨在过去和现在进行沟通的具体应用。对于视域融合，他写道：“我们把这种融合的被控制的过程称之为效果历史意识的任务。虽然这一任务曾经被由浪漫主义诠释学所产生的美学—历史学实证主义所掩盖，但它实际上却是一般诠释学的中心问题。这个就是存在于一切理解中的应用问题。”应该注意伽达默尔对“应用”的理解，应用并非将其工具化为某种一成不变的原则或规则，可以放之四海而皆准的运用，而是相反，对具体情况的应用乃是对一般原理或规则的修正和补充。他特别援引亚里士多德关于纯粹科学和实践智慧的重要区分，认为诠释学不是那种脱离任何特殊存在的纯粹理论，其本身就是一门现实的实践的学问，或者说，理解本身就是“一种效果，并知道自己是这样一种效果”。伽达默尔写道：“我们已经证明了应用不是了解现象的一个随后的和偶然的成分，而是从一开始就整个地规定了理解活动。所以应用在这里不是某个预先给出的普遍东西对某个特殊情况的关系。研讨某个传承物的解释者就是试图把这个传承物应用于自身。”

2.“效果历史意识”的重要性

（1）“效果历史意识”代表着伽达默尔哲学诠释学的精神，是哲学诠释学的历史意识：在伽达默尔的哲学解释学中，“受历史作用的意识”是一个极为重要的观念，可以毫不夸张地说，这个概念表达的思想代表着伽达默尔哲学诠释学的精神，它也可以被称作哲学诠释学的历史意识。从字面上看，这个概念既平淡无奇但又颇让人费解，且难以尽意，因为它牵动着整个哲学解释学的体系，而又画龙点睛地道出了哲学解释学的精神。

（2）效果历史原则是理解的一个普遍的结构要素，是强调理解的历史性条件的规则：效果历史原则是理解的一个普遍的结构要素，这是一条强调理解的历史性条件的规则，其规则本身是否包含历史的条件性呢？伽达默尔认为，毫无疑问，效果历史原则是绝对有效的，因为效果历史意识这一概念包含两方面意义：一方面它用来指在历史过程中获得并被历史所规定的意识，即，任何理解都具有历史的条件性；另一方面它又用来指对这种获得和规定本身的意识，即，释者自觉地知道他自己的意识状态本身是效果历史意识。因此，在伽达默尔看来，效果历史意识是这样具有普遍有效性，以致于不仅任何现代的、历史的和科学的意识都受效果历史原则的支配，而且任何对这种支配的认识也是效果历史性的，他写道："显然，我的论证的意义是：效果历史的规定性也仍然支配着现代的、历史的和科学的意识——并且超出了对这种支配活动的任何一种可能的认识。"

（3）诠释学的历史发展，最后落脚到效果历史原则：这表明，诠释学已从一种客观性的研究转入一种历史性的研究，或称为"理解的历史性上升为诠释学原则"伽达默尔自认为这是他对诠释学的最大贡献，也是他区别于海德格尔重要的一点。

（4）"效果历史意识"最重要的一点是，我们认识到传承物或文本的意义的真正充满是在它们不断理解的变迁之中：伽达默尔写道："历史传承物只有在我们考虑到它由于事物的继续发展而得到进一步基本规定时才能被理解，……对于诠释学经验来说，同样是确凿无疑的，即对于同一部作品，其意义的充满正是在理解的变迁之中得以表现，正如对于同一个历史事件，其意义是在发展过程中继续得以规定一样。"按伽氏的看法，任何事物一旦存在，必存在于一种特定的效果历史之中，因此对任何事物的理解都必须具有效果历史意识。且效果历史的实现，是依靠不止一次的视域融合，在多次的"历史的实在和历史理解的实在的融合"过程中，即"理解的变迁之中"，表现了"意义的充满"。在伽达默尔看来，效果历史这一诠释学原则是这样彻底和根本，以致我们在自己一生中所获得的存在，从本质上说也超越了这种存在对其自身的认识。

（5）"效果历史意识"是直接影响读者理解的"核心因素"：之所以特别强调"效果历史意识"的重要性，还有一个原因是因为在阅读家族（作者、读者、文本、语境）中读者是最为重要的一员。读者是阅读的发起者，没有读者就激活不了处在僵死状态的文本，没有读者就没有文本内容的再现和活跃，没有读者就没有阅读的创造性以及相关的人类文化的传承。而“效果历史意识”正是直接影响读者理解的“核心因素”。

三、“效果历史意识”的本质是视域融合

1.“效果历史意识”受到“效果历史”的规定

伽达默尔在提出上述有关“效果历史意识”的定义后，紧接着就做了一个简短的说明：“因为我想用这个概念一方面说明，我们的意识受到效果历史的规定，受到现实事件的规定，这种事件不可能像与过去遥相对峙那样与我们的意识相分离。”不难推理，伽达默尔在这里所说的“受到效果历史的规定”的这种意识，就是“历史永远在其中起作用的意识”或“效果历史意识”。根据上述有关“效果历史”或“效果历史意识”的定义，我们可以得知，我们每个人也都有自己各不相同的“效果历史”，因此由“效果历史”所规定和限制的“效果历史意识”也就各不相同，甚至差异很大。

不同的人“接触”到或“看”到的历史各不相同。例如，对于同一段历史，如我国清朝的历史这个历史“对象”，因为现代人不可能穿越时空，亲身回到已经逝去了的年代，所以我们只能通过阅读史籍等文字传承物的方式去了解和认识当时的人类社会历史。由于各种机缘巧合，每个人读到的文字传承物肯定不尽相同，如《中国大历史：清史讲义》《哈佛中国史：最后的中华帝国——大清》等。我相信，每本书为我们展现和描述的清朝历史一定各有各的视角、各有各的理解，所以我们每个人所“接触”到或“看”到的那段历史，只是那些文字传承物告诉我们的“清朝历史”，或者说是清朝历史的某个版本、某种样子。因此，不同的人“接触”到或“看”到的历史各不相同，甚至可能差异很大。

2. 真正理解了的“历史”才是“效果历史”

人们“接触”到或“看”到的多种多样的历史还不能算各自的“效果历史”。只有当“发生”的行为产生了，即“如果我们在传承物中遇到某些可能理解的东西”，也就是说只有当这些文字传承物的视域与我们自己的视域产生了视域融合，这段“清朝历史”中的那些被我们理解和消化了的东西，即我们眼中的“清朝历史”，才能成为我们的“效果历史”，成为真的从中学到东西并能够为我们所利用

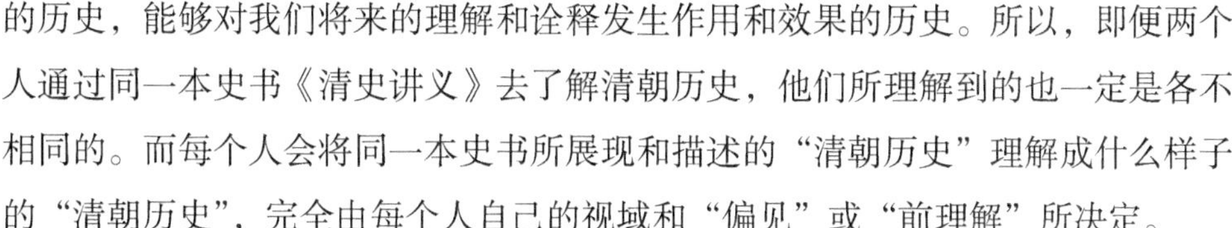

的历史，能够对我们将来的理解和诠释发生作用和效果的历史。所以，即便两个人通过同一本史书《清史讲义》去了解清朝历史，他们所理解到的也一定是各不相同的。而每个人会将同一本史书所展现和描述的“清朝历史”理解成什么样子的“清朝历史”，完全由每个人自己的视域和“偏见”或“前理解”所决定。

3.“效果历史”就是历史的实在和历史理解的实在的融合

所谓的历史“对象”，如我们上述的清朝历史的这种历史的实在，实际上根本不是真正意义上的可以与我们相分离或对置的对象，而总是我们个人与它的统一体。在我们阅读有关清朝历史的正式书籍之前，我们可能早已通过对有关清朝历史的各种文章、小说、诗词歌赋等各种文字传承物的理解和消化吸收，对之具有或多或少的了解和认识，并且与之成为不可分割的统一体，所以我们早就难以真正客观地或理性地看待清朝历史了。我们最后所形成的“清朝历史”是完全个性化的、参杂了我们个人的理解和认识之后的“清朝历史”，成为我们每个人的“效果历史”。这种“效果历史”实际上就是历史的实在和历史理解的实在的融合，但是很难区分历史的实在和历史理解的实在，它们已经彼此水乳交融在了一处。

4.“效果历史”促进了历史的发展

伽达默尔认为，“历史之所以能够成为历史，依赖于它所产生的“效果”，而这种效果始终是我们所理解的历史之效果。”历史之所以能够成为被称作历史的这样一种存在，是因为它被人们理解和消化吸收后，成了将会在人们未来的理解和诠释过程中发挥作用、产生效果的“效果历史”，它因此才能存续下来，成为能够被我们“接触”到和“看”到的历史。“由于我们在理解历史中事实上重新规定着历史，我们因此对历史也产生着某种作用，即效果。”因为我们每个人所理解的历史各不相同，即“效果历史”各不相同，所以我们反过来又会对历史的发展发挥作用、产生效果，即重新规定和创造了历史。“真实的历史就是构成历史的诸种要素相互作用的历史，这就是效果历史。”真正的历史正是由构成历史的多种因素，包括每个人所理解的历史，相互作用的结果和产物，也是相互作用的历史。

四、"效果历史意识"同历史的关系

历史是一条看不到边界的时间长河，作为一个历史中的人，一个读者，在阅读历史的时候，受到相当大的局限：第一，我们只能身处历史长河中的一时和一点，"一时"是指一个人的一生只能是历史的短暂瞬间，"一点"是指所处地点之小之局限；第二，我们无法直接看到过去的历史，更无法看到未来的历史；第三，由于所处时空的局限也无法看到我们所处时代（即将成为历史）全貌，而只能透过历史传承物尤其是文本，看到有限的历史资料。因此，在历史长河面前，我们实际上是看不到真实的历史实在的，但是却能看到在人们的阅读和理解过程中正在发挥作用、起效果的历史。既然如此，那么我们所看到、所谈论的历史又是什么呢？历史又是如何能够在人们的阅读和理解中发挥作用、起效果的呢？

1. 哲学诠释学的历史观

人们常以为所谓"客观"地理解历史就是基于过去的历史本身来看待历史，即根据已成为过去的历史视界所呈现的历史来考察历史，而不是根据我们现时代的标准和前判断来勾画历史，这乃是对历史的误解，也是不可能的；我们永远是在自己的视界中理解着，不是把历史当做纯粹的、已发生过的"事件"之链条，而是揭示其向我们这个时代所开启的意义，历史因此表明了与我们的一种意义关联，它乃是效果历史。但这是否意味着我们就完全否定了在过去的历史视界中所呈现出来的历史呢？否认它的存在呢？诠释学并没有走的这么远。据伽达默尔所说，历史理解任务也包括获得特定的历史视界。把特定的历史视界首先当做一个确定的视界，继而把自己投入其中，以使完成理解，这种理解观点即是诠释学的。

从本源上说，究竟什么是"历史"呢？对此不能回避伽达默尔的"效果历史"所理解的内容。哲学家海德格尔给历史广泛的定义："历史是生存着的此在在时间里发生的特有的历事，而且在强调的意义上被当作为历史的则是，在相互共在中'过去了的'同时'传承下来的'以及继续起作用的历事。"由诠释学纯事实地把此在理解为在生死之间延伸的历事，都属于历史的基本范畴。他赋予历史现象四个主要意义：（1）首先指过去发生的事，且又是对后影响的事；（2）不是指在时间上过去的事这一意义上的过去，而是指出自过去的渊源，作为现在存

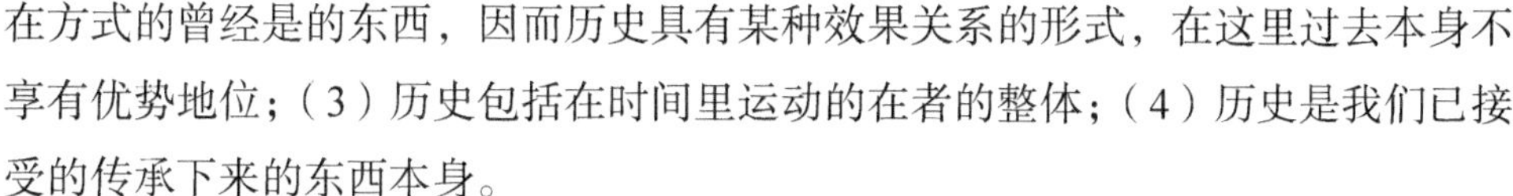

在方式的曾经是的东西，因而历史具有某种效果关系的形式，在这里过去本身不享有优势地位；（3）历史包括在时间里运动的在者的整体；（4）历史是我们已接受的传承下来的东西本身。

2. 人的历史性

理解者是不同时代的不同人，每个人都具有具有历史性。这决定了理解也具有历史性。对任何事物的理解都是建立在经验和传统的基础上，任何理解都处于历史的影响之下从而带有偏见。没有纯“客观的”的理解。历史形成了传统，人生下来就是在传统之中，总是传统先决定我们，在传统属于我们之前，我们已经属于传统，我们始终已经被“抛入”传统，我们只能在传统中进行理解。传统具有一种决定我们在生成的过程中是什么的力量，不管我们是否认识到，传统总是影响并形成我们。“诠释学哲学就是这样一门关于人的历史性的学说：人作为‘在世存在’总是已经处于某种理解境遇之中，”

3. 理解的历史性

理解的历史性是理解的普遍性原则。我们能够获得这种普遍性的根据就在于，当我们进入历史时，我们的视界或历史视界并不因之而被取消，相反地，而是构成了一个更为广阔的视界，它乃是包容了历史和现代的整体视界，伽达默尔将此称之为“视界融合”。毫无疑问，在历史和现代的整体视界中所获得的理解更具普遍性意义，一切特殊的东西都在整体中被重新审视，特殊视界中所包含的不真的前判断将根据这种更全面的视界被修正，从而达到历史视界与我们的视界之一致性，这种一致性就是普遍性的根本保证。理解的历史性使文本在不同时期呈现不同的内涵意义。通过效果历史我们看到历史对我们的理解力的制约。历史决定了我们知识的有限性和时间的单向度，我们永远也无法回到那时那地，但我们可以通过决定我们能理解什么而帮助我们理解的开展。意识因拥有一个前历史而被历史影响，并通过具有一个后历史而反过来影响历史；这样一种意识就被称作效果历史意识。实际上人们无法了解到真正的历史，书中的历史都是通过解释而变了样的历史，真正的历史已成过去，我们接触的所有历史都是两个“实在”的结合物。

伽达默尔认为人的存在局限于传统之中，其认识会有不可避免的“偏见”。

人类历史由传统的各种力量积累而成，他称之为“效果史”。在“效果史”中，过去与现在相互作用，当前的认识受制于过去的传统因素。他认为真实的理解乃是各种不同的主体"视界"相互"溶合"的结果。按伽达默尔的看法，任何事物一旦存在，必存在于一种特定的效果历史之中，因此对任何事物的理解都必须具有效果历史意识。他写道：“理解甚至根本不能被认为是一种主观性的行为，而要被认为是一种置自身于传统事件中的行动，在这行动中，过去和现在经常地得以被中介。”即，历史属于效果历史。在伽达默尔看来，效果历史这一诠释学要素是彻底的和根本的。

五、“效果历史意识”与哲学和历史科学

1.“效果历史意识”的三个哲学意义

（1）把文本范式扩大到每一种理解行为表明它的诠释学的哲学源泉：效果历史首先指历史本身的作用，并因而表现了这一事实，即我们是历史的产物。这样我们自我理解的界限被划出，以及大部分无意识的并常常被低估的传统作用在理解里被指明了。这种意识很少是那样一种对历史怎样与何处起作用的方式的意识（当然它能够是这样），它更多的是这样的意识，即效果历史不停止地并以一种不可抛弃的方式规定我们。因此伽达默尔运用了有名的话，按此话，效果历史意识“与其说是意识，不如说是存在”，这就是说，“与其说意识到他的被作用性和被规定性，不如说他历史地被作用和被规定”。历史制约性的力量如此致命，以至它们必然超越我们对它们的意识。历史似乎是在支配我们：“其实历史不隶属于我们，而是我们隶属于历史”。用这种颇为挑衅的话，主要是强调人的历史性，而不是主张一种错误的历史本体化，许多批评家曾为此谴责了伽达默尔。伽达默尔的存在论倾向并非赋予历史独立自主性，它只是强调我们历史的条件性。被伽达默尔提出的效果历史的另两种意义从这种历史性引出两个普遍的哲学后果。

（2）历史在我们身上起作用这一被意识的事实构成效果历史意识这一要素：说效果历史意识与其是意识，不如是存在，并不意指仓促的本体化，而是指出自我意识的不可怀疑的限制，指出“我们自我理解的限制经验”。意识永不会对其起源完全清楚。不过，这仍是一种意识经验：如果效果历史突出了历史的力量，那么它就直接涉及意识。主题、研究者是自己在活动，但不是由于他的理性或想

像力的绝对自主性。在主题、研究者里总是历史在起作用。我们的理性在一种不可误解的意义上可以与历史的理性等同。效果历史意识不仅指一种第二格的客观物（我们的效果历史意识），而且它也表明是一种第二格的主观物：具有效果历史的意识或理性。历史听从我们知性所依据的那种不断形成的逻辑，它使共同体和主体间性的理解有可能。效果历史的可变的而不是绝对的理性在根本上是与我们的理性——传统碰撞我们的理性且我们的理性按传统衡量自身——同一的。这就是作为每一理解前提的一致意见的深刻的意义。我们面对的不是作为陌生东西的传统，而是如我们自己的东西即自有物的传统。我们被传统吞并，我们既不能统治传统又不能拆毁传统。伽达默尔跟随黑格尔的论点，当意识能与那种包含一切真理的历史的历史意识相统一，意识就提升自己成为理性。

（3）效果历史突出了历史的力量而直接涉及意识：我们处于历史中，正如海德格尔所说，我们存在于“世界”之内。在世存在，它的实现方式就是理解，和效果历史是相关的概念并在本质上一致。在世存在依赖于某种起了指认路的、开启可能性的和不只是限制的定向作用的关系。因此在世存在描绘了理解的事实结构、共时性度向，而效果历史把这种共时性度向移到历时性视角，即隶属于传统的视角。我们的在世存在是一个历史上被生成的东西，因为理解的视域每一次都是一个由传统传承下来的视域。没有理解的零点，理解的依据点不是任意的，而是某种历史的必然性的承载着。制约性依赖于这种必然性，理解的真理要求也依赖于这种必然性。但这究竟怎样发生，将在理解实践中被指明。

2. 历史科学根源于“此在”

此在（dasein）概念，亦译“亲在”“纯在”“限有”等，是德国哲学家海德格尔的用语。指基本本体论意义上的人的存在，即人在某一有限时间内的个人存在，亦即指活生生的有喜怒哀乐的人的“客观存在”，是“支撑着意识”的“现实存在”。

为了展示历史科学的存在论根源，海德格尔从根于此在的展开状态出发：“对历史这门科学的生存论解释唯一旨在证明它在存在论上源出于此在的历史性。”这里“存在论上”意味着“不再追问：我们从哪里来以及怎样知道如此这般，而是追问什么是那个只能在理解中存在着的在者的存在方式”。尽管海德格尔的研究正是“大致的”，伽达默尔的探究比较彻底并详尽描述了从狄尔泰经约

尔克伯爵和海德格尔，直到他自己的哲学史进程的连续性，但都开创于海德格尔指出的“历史学在什么程度上表现此在的可能性”。即使对于历史科学来说，效果历史的反思也是历史描述和历史研究的基础，如果想让历史描述和历史研究完全避开效果历史的反思的判断权限，那么这就等于取消了历史描述和历史研究。

我们在进行历史研究中，历史研究的真正对象不是一种纯粹独立的客观存在的对象，而是自己与他者的关系，理解者的所处时代与本源性历史存在的所处时代的一种关系，现代与传统的关系。在这种关系中，同时并存着传统历史和现代理解的两种实在，而诠释学则是在理解本身中映现历史的实在性。效果历史在如此的关系中体现为永恒的不确定性、运动性、没有终结性，持续的解构性、超越性、重构性，向传统和向未来的不断开放性，不断的筹划性、生成性等特征，这也就决定了效果历史不存在完美无缺性，因而我们也不会有完美无缺的效果历史意识反思。

即使对于历史科学来说，效果历史的反思也是历史描述和历史研究的基础，如果想让历史描述和历史研究完全避开效果历史的反思的判断权限，那么这就等于取消了历史描述和历史研究。在这里怎么产生出历史的科学这一观念呢？加拿大皇家学会艺术人文学院院士、国际著名诠释学家——让·格朗丹写道：“历经过去之路必须为历史地返回到过去开放”。一种源始的开启属于此在的历史性：此在由于开启历史，所以它根据一种生存可能性理解自身。“因为理解指向真理，这种观点因而包含有历史可能是真理源泉，即可能提供意义和开放视域。历史显现此在在其中保持和停止的全部可能性。可能的东西因而构成历史学的对象。”对此在曾生存在此可能性的回忆，服务于诠释学的自我理解，是否意味着历史的主观性质呢？绝不，因为历史的重复与共在此在的共同命运相关，而共在此在包括同一事实境遇里的所有研究者。“这种不可深入追问的集体被抛状态总是已经碰到这样一种选择：什么可以在意愿和‘主观性’进入之前成为历史学的对象。这种本身是由历史所规定的前理解决定了研究的空间并赋予研究以‘客观性’。”海德格尔认为一门科学的客观性取决于：“它是否能把隶属于它的课题中的在者无所遮蔽地在其存在的源始性中迎面带向理解”，即带入前理解，不能偏离产生理解的前理解的有来源的观察里。而且海德格尔将历史学的真正对象与它的实际任务区别开来。“历史学应当成为它现在还不是的东西”。伽达默尔说的很简朴：“我们必须说历史学是什么，在历史学里经常产生什么，而不是说历史学应当是什么。”精神科学从来就必须与人的生存可能性打交道。精神科学正是通过这种生存关系的“人的”特征而标志自己。布尔特曼写道：“因为并不是通过反省，人的本性才被把握，而是说，只有历史才说人是什么，因为历史在一串历史形式里阐明人的存在的可能性。”我们可以这样说：“自然科学通过消除观察者的立场而获得它们的客观性要求，而精神科学只有当它们知觉到和思考到它们与研究者的事实关系才具有这种特质。”

因此，我们可以理解精神科学为什么提出真理要求，且比自然科学更强调，《真理与方法》这一书名，以极端的形式表现了这种关系。历史学绝不应致力于发展那种使其不依赖于观察者而达到‘事实’的方法概论，否则历史学就忽视了它的主要的人的任务。但是，这绝不意味着避开事实，完全相反，“只是因为历史学的中心课题从来就是曾在此的生存的可能性，并且这种曾在此的生存事实上一直是以世界历史的方式存在着，所以历史学才可能要求自己不为所动地依据于‘事实’而制定方向。”不过，为了正确对待这一任务，培养和造就自身的诠释学境遇就必须被承认是历史研究的主要部分；因为诠释学境遇作出了，才能衡量科学工作的客观性。

六、“效果历史意识”与真理

1. 任何真理都具有社会历史性

真理是人们对客观事物及其规律的正确认识。认识随社会实践的发展而不断发展，认识具有无限性、上升性、反复性。真理是社会历史的产物，任何真理都有社会历史性。俄国十月革命夺取城市政策于中国行不通，需开辟农村包围城市道路。这说明在世界性的社会主义革命中，革命道路随各国社会的不同而异，清楚地表明了真理的社会历史性。

真理来源于社会实践，在实践中任何真理都有自己适用的条件和范围，如果超出了这个条件和范围，只要再多走一小步，哪怕是向同一方向迈出的一小步，真理就会变成谬误。真理是人们对客观事物及其规律的正确认识，任何真理都有社会历史性。而认识随着社会实践的发展而不断发展，认识具有无限性、上升性、反复性。

2. 文本是社会历史的产物

一种结构性的多元价值落在过去的文本上，每一文本只有当它进入某种特定的境遇中才是重要的。每一时代都有它的真理。每一时代观察文本的视域提出问题，而文本正是对此问题的回答。文本的真理内容不能在自在意义领域内被假设。真理概念的地点规定已经改变。真理不再可以在最终有效和超时间里找寻，而是在永不完全由自身反思出的历史性里寻找。真理成为一种历史性的产物。

效果历史概念不仅包括了这总的事实，即历史决定理解，它也意味着某些文本和意义内容在一定的时代特别强烈地起作用，即经验它的内容某些方面突出。文本的原始意义并不坚持贯彻于其整个的基本不封闭的接受历史中。改变和增加其意义的无数不同的解释落到其身上。每一文本在不同时代和不同文化里被不同地加以解释。这些解释的“真理”并不在于文本的原始意义、作者的意见。真理真正产生只有当文本与某个当时的另一类的境遇加以联系，从这另一类境遇的问题出发谈真理并重新对其加以表达，“如果文本和书籍不以其他人可以理解的语言说话，那么他们就不可能说话”。诠释学任务只有当某种意义内容以最深的意义被转换到另一个“世界”时才成功。在陌生性与熟悉性两极中有其位置的诠释学总是进行一种翻译工作。陌生的语词应对一个新的世界递交它的事情，因为它被应用于某个一定的境遇。不可能有一种唯一的超时代的真的解释。诠释学正确性不在于原始意义和这个意义在一个陌生世界的精确复述之间，而是在文本讲述的事情和该事情对之提供答案的当时问题之间。由于境遇、语言和问题永不会是同样的，所以文本的真理要求不断改变。这样陷于不断运动的文本就处于与一个时代的自我认识的关系之中：“每一时代将必须按照它自己的方式去理解某个传承下来的文本，因为文本属于整个传统，而每一时代对此传统取一个实际的兴趣，并试图在传统中理解自己”。对一个解释是重要的事情，在于一个实际的真理对我们讲话。理解的成功，即与某事情来到谈话，是自我满足的，而从不会被一个更正确的理解所代替。“如果我们一般有所理解，那么我们总是以不同的方式在理解，这就够了”。在不同理解里就已经包含真理，而不是在以后对这种理解的方法检验里。文本的真理并不是一开始就固定的，它是历史的产物，其中没有多一些或少一些真理。创造性本身就是真理要素，这个要素应在哲学诠释学里加以证明。

3. 人的“前理解”是当前社会和未来历史的产物

“前理解”是指理解之前已经进入头脑的观点、看法、见解等，也称为“先见”“偏见”等。“前理解”的定义是“所谓前理解，就是相对于某种理解以前的理解，或者是在具体的理解开始之前已有的某种观点、看法或信息，它主要表现为成见或偏见。”

“前理解”是人处在当前的社会历史中形成的。人绝不会生活在真空中，人是在历史中存在的，任何人都脱离不了社会，因此人人都具有社会性，当前的社会给予了在其中生活的每个人以前理解。在他有自我意识之前，他已置身于这个世界，属于这个世界，他不是从虚无开始理解的。他的文化背景、社会出身、物质条件，他所从属的民族的心理结构等，从他一出生，这一切就存在于其所在的环境中并注定为他所拥有，并影响他、形成他，这就是所谓的前理解。初生婴儿和一个完全失忆的人，不可能有前理解，因他们没有历史或完全忘却了历史，也就不可能有前理解。前理解是人与当前社会发生的最直接的存在上的联系，它产生于社会，又反映了人的社会存在，是个人与社会文化相辅相成的关系。“当前的社会”不是停滞的，而是向前发展的，则“当前的社会”也变成了历史，那是未来的历史。所以讲，人的“前理解”当前社会和未来历史的产物。

4. 真理是“效果历史的创造”，只有通过效果历史才能居间传达

效果历史在精神科学里包含一个双重的作用：一方面，它沟通时间距离，向我们居间传达了（中介作用）远方的陌生的真理；另一方面，它与原始的内容分离。例如我们不能通过历史返回到文本的原始意义或文本作者的意见。我们只得到一种由于对它的历史解释而丰富了的并成为别样的意义内容。但因为当时的意义只间接地对我们有兴趣，所以重点仍在效果历史的居间传达作用上。由于效果历史，意义才能达到我们并成为我们的问题。关键是这一事实，即它在当代视域中怎样招呼我们，任何真理都有社会历史性。

因为对某个传承下来的文本要提出新的意义，所以历史理解阐明了真理的创造性特征。这种理解的核心标志是双重的。它首先意味着新的真理在历史过程中不断涌现出来，新的真理要素出现的过程是不可封闭的。其次，在一种达到实用主义界限但并不融化为实用主义的意义上，它意味着新的意义内容的给出就构成

真理。一方面它涉及新的真理的开启，另一方面又涉及真理本身。哲学诠释学必须反思那种在新事物产生时执行管辖的真理要素。把这种创造性事件称之为“真理”，这是为什么？至今的各种解释都不断重复地使这一事实有效，即真理在诠释学上被理解为意义开启。在诠释学过程里的意义扩大和意义丰富经常开启了新的视角，而这新视角使新的问题和问题视域有可能。创造性的理解过程发现新的不断丰富的意义可能性，并这样指明真理。某种新的东西产生出来，这就告知了真理的在场，这种真理在场是伽达默尔依据海德格尔艺术作品论文在真理生发事件里发现的。与海德格尔把艺术定义为创作相联系，伽达默尔写道：“因此他将说，并不是对以前已有的存在着的模仿构成艺术的本质，构成艺术本质的是筹划(Entwurf)，通过筹划，某种新的东西作为真实的东西涌现出来：‘打开一个开放的位置’，这就构成艺术作品中的真理生发事件的本质”。艺术的这种真理特征现在被扩大到整个诠释学经验。

5. 以“古典型”为例说明在什么范围内真理是通过效果历史的权威被居间传达的

伽达默尔认为，真理并不像实用主义哲学所认为的仅在有用性里出现，因为富有成果性意指“人与世界的关系得以形成的那种生命力的提升”。理解的创造性真理，乃指向一种超越我们控制的生发事件，效果历史实际是处于这种生发事件之后。现在作出的效果历史范畴明确地说明，在理解的循环中，理解者和传统彼此一起处于运动，即进入对话：“循环不具有形式的性质，它既不是主观的，又不是客观的，而是把理解描述为传承物运动与解释者运动的相互一起游戏。”效果历史是理解的真正的真理承载者，而理解我们上面已经定义为“置自身于传承物事件中的行动”。

现在可以更好地理解真理的定义“效果历史的创造”。诠释学真理概念在于使新的和创造性的东西的真理要素发挥作用，因为权威从不能被建立在自身之上，而只能被建立在承载它和照亮它的境遇上。诠释学真理概念的价值论并不指向一种确定的存在，而是指向一种“价值”。伽达默尔以“古典型”(经典型）作为权威的价值论意味的例子，说明在什么范围内真理是通过效果历史的权威被居间传达的。古典型展开了真理问题，因为它表现自己是一种在历史性中的真理显现方式。古典型的真理在于它超出时间向我们说出某种有价值的东西。但古典型并不存在于无时间的“超历史的”世界之中，而只是在于它经常地被不同地理解，即重新地被应用。在古典型与境遇的相遇中所发生的真理生发事件是如此对准这种境遇，以致它表现为好像为它说某种自己的东西。前已说过，真理唯有在与某种境遇相联系之中才产生，只有在被遮盖的意义上才能被理解为一种历史的自我解释。但是不存在有超时间的共时性，因为古典型的“无时间性”是一种历史存在的方式，而不是超历史的价值思想。它的“无时间性”只是意味着一种讲述着的意义内容，似乎是通过时期而坚持自身，虽然它总是被不同地理解。这种自我坚持的内容，总是一而再地提供它的在历史上被中介的真理，这种真理没有效果历史将是不完备的。所以效果历史创造了真理：一个文本由于时间并通过一系列解释而成为古典型，它产生这些解释，或更正确说，与它融合的效果历史产生这些解释。如果没有那种它在其中曾起作用和可能起作用的历史，它就不对我们讲述什么，它这样做是由于它的效果历史和接受历史。这样古典型就指明了：任何真理都是一种历史上被中介的东西，它以历史的作用为前提。但古典型的存在方式绝不是历史理解的正常情况；只有历史的中介这一事实才推出普遍性要求，诠释学经验的语言性的证据将提供这种普遍性要求。

第十七章

阅读的创造性

一、“真正的阅读”必然引发“创造性”的结果

1. 释义真正的阅读和创造性

（1）什么是“真正的阅读”：阅读有许多称谓，如深阅读、浅阅读、精读、略读、通读、选读等等，不一而足。对这个问题，看看权威人士、被誉为“智力魔法师”和“世界大脑先生”、英国脑阅读方面的世界超级专家东尼·博赞是怎么讲的，他在《启动大脑》一书中写道：“阅读是个人与符号信息之间发生的全部关系联；它通常是指学习的视觉方面，并包含下述7个阶段。”他说的7个阶段是：辨识、吸收、领悟、理解、记忆、回忆和交流。其中有3个阶段的含义与我们平常理解有一定的差别，具体是：领悟是针对书本知识内部各个部分之间的相互联系；理解是针对领悟的信息与外部世界整合，即把书本知识与外部世界联系起来；交流是阅读、记忆的目的，应用所学的知识——对其进行思考、创新、再学习和终身学习。“领悟的信息与外部世界整合”道出了理解的诠释学视域融合原理。

细分析之，这7个阶段无一不同思维密切相关，几乎用“思维”一个词就可以将它们全部概括起来。因此，真正的阅读，也就是有思维的阅读；在这里，阅读与思维是相生相伴，如影随形。新西兰学者费希尔在《阅读的历史》中说：“阅读其实已经接近思考本身了。”

（2）什么是“创造性”或“创新”：翻开报纸，一组关键词——创造、创新、创意、创客、创业——同创造性相关的同义词或近义词，频频出现，异常耀眼。与此同时，对这些概念的释义，众说纷纭，使一般人莫衷一是。下面我们再看看东尼·博赞对创造性或创新是怎么论述的，他写道："创新，是利用想象和联想在现有思想的基础上发展出新的思想、观念和解决方案。创新背后的驱动力是想象力。"其实，创新并不是非常复杂的事情，东尼·博赞讲："许多人逐渐相信，为了不同而不同正是创造性的本质。"可以这样认为，"同原来不一样"就是创新；关键在于创新的价值，我们需要的是能够生发正能量、有意义的创新。他还进一步论述道："创新需要经历想象的历程，把大脑带入之前所未经过的新领域。这些新的联想会生发新的意识，即人们所说的'创造性突破'。"这一论述非常精辟，它既解释了创造生发的诠释学原理——视域融合，又概括了阅读与创造性之间的内在联系和必然性。因此，这段话构成了本文论述的主线。

2. 阅读是创造性地再现文本的意义

（1）"读者"一词同创造性密不可分：教育心理学家对"读者"的涵义做了这样的诠释："读者是通过文字转换和创造性来再现文本的意义。"在这个诠释中，直接将读者的阅读同创造性的结果密切地联系在了一起；而且，读者"再现"文本的意义，不是原样复制，而是经过读者的前理解与文本内容发生了视域融合，从而同之前的文本不一样的"创造性"地再现。这个诠释，几乎是一语道破了读者阅读的诠释学机理。

（2）阅读引领读者进入一个前所未知的新领域：辩证唯物主义认识论讲的很清楚，一个人的知识，包括直接经验和间接经验两部分，间接经验是指从书本或别人那里得来的知识。德国作家、诺贝尔文学奖得主黑塞说："在诸多人类凭借自己的精神、而非与生俱来的天赋所创造的世界中，书本世界是最了不起的一处……没有人的生命长到足以完全了解、完美运用这世界运行的法则。没有文字，没有书写，没有书本，就没有历史，也就不可能产生人之所以为人的观念。"前4世纪希腊诗人米南德曾对阅读发出这样的感慨："喜欢阅读的人，就像拥有两个人生。"由于"书本"具有如此大的作用，使它成为了人类间接经验的主要源泉。为此，在论述阅读的创造性这个主题时，对东尼·博赞的这句话"创新需要经历想象的历程，把大脑带入之前所未经过的新领域"完全可以理解为阅读"把大脑带入之前所未经过的新领域"，这个新领域就是通过视域融合之后，读者和文本所创造的世界——精神世界。

阅读，使读者进入了一个"之前所未经过的新领域"，这是一个读者从未踏

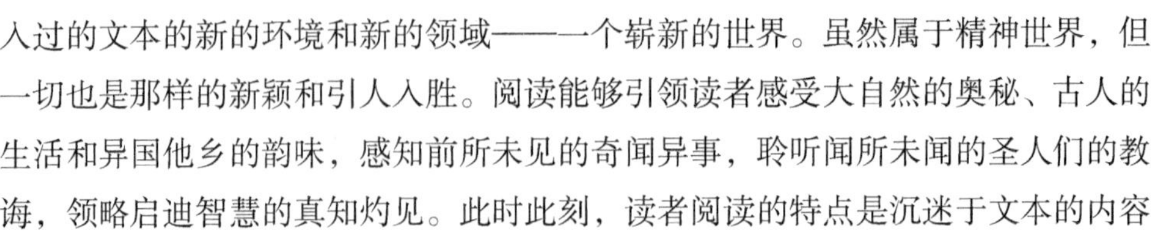

入过的文本的新的环境和新的领域——一个崭新的世界。虽然属于精神世界，但一切也是那样的新颖和引人入胜。阅读能够引领读者感受大自然的奥秘、古人的生活和异国他乡的韵味，感知前所未见的奇闻异事，聆听闻所未闻的圣人们的教诲，领略启迪智慧的真知灼见。此时此刻，读者阅读的特点是沉迷于文本的内容而不能自拔。

（3）新的想象和联想会生发新的意识：继而我们来理解东尼·博赞的下一句话：“这些新的联想会生发新的意识，即人们所说的‘创造性突破’。”沉迷文本中的读者受到内容的刺激和启发，有意识或无意识地会生出许多新的联想和想象。

第一步，读者在阅读中辨识、吸收、领悟、理解和记忆文本的内容，并生成前所未有的想象。第二步，读者大脑不仅对原文进行复印，而且独立对原文中的信息进行加工处理，读者将把个人知识和经历与文本中的句、段、篇章融合在一起，并以此产生多种多样的联想。第三步，读者更深层次地将个人感情融入阅读，在迷醉状态下进入文本的情节之中，抒发爱憎，进行情感交流。第四步，读者通过阅读的理解，将作者的思想与读者自己的思想相结合，经过思维的理性沉淀，以及其它许多复杂的大脑活动，产生了新的思想和意识。最后一步，“阅读不仅反映了大脑超越原有设计结构的潜能，同时也反映了读者超越文本或作者所赋予内容的潜能。”读者对阅读的诠释往往会超越作者的思想，生出各种发散性联想，向新的方向思考，产生了超越作者思想的新的意识。

这些就是阅读的创造性成果。这正如教育心理学家对“读者”的诠释，读者是通过对书本进行“二次加工”和再现书本意义的创新者。

这五步更是形象、生动地诠释了哲学诠释学视域融合理论的全过程，视域融合的结果即是“百花齐放、百家争鸣”，一言以蔽之，也就是生发创造性。

二、阅读的“迂回”原理

1. 进入读者大脑的文本的内容通过“思维加工，迂回出来”

在这个创新过程中，阅读的“迂回”原理在发挥着巨大的作用。阅读不是一种像感光纸那样捕获书本内容的直接过程，而是一种令人眼花缭乱、迷宫般地曲折变化，但又具有个人特色的演绎过程。文本中的语言是恒久不变的，在任何时间和地点都是同样的，“再现”依赖的是读者——“诠释者”。这些新的思想和新的意识的产生，是通过诠释者，对原作者来讲是间接的，是拐了弯的，也可以讲是“迂回”的。进入读者大脑的是文本的内容，即作者的思想、情感和意识，就像原材料，经过加工，出来的是创新了的思想、情感和意识。读者的大脑有如精神产品的加工场，“阅读进去，思维加工，迂回出来”。这新的思想、情感和意识，是通过读者大脑曲折迂回而生成的，明显地打上了诠释者的烙印，颇具诠释者的色彩又略带原作者的影子。正如《普鲁斯特与乌贼》作者、美国塔夫茨大学阅读与语言研究中心主任玛丽安娜·沃尔夫教授所讲：“阅读正是一种神经上和智能上的迂回行为，文字所提供的直接信息与读者产生的间接且不可预测的思绪，都大大地丰富了阅读活动。”“迂回”这个词来自于英国伟大作家狄更斯的颇有名气的诗句：“以迂回的方式道出全部真理”，其不仅符合韵味而且又恰巧契合了阅读生理学。

2. 精神食粮同物质食粮一样也要通过消化和吸收转化为人类的精神

可以设想：食物等物质食粮，进入人体，经过胃肠的消化，转化为多种营养而被人体吸收，促成我们身体的发育和成长；那么，作品等精神食粮，通过阅读进入大脑，经过辨识、吸收、交流、领悟、融合、理解等的思维过程，融入我们的思想，促成我们知识、修养的提高和成熟。这两方面，从人生的大道理来讲，都是同等重要的；而且对外界的物质和精神要素，同样都不是直接接受，而是通过自己的消化、吸收，也都以“迂回”的方式，使其转化为人类的肉体和精神，促成人类世代的传承和发展。

生产精神产品的伟大的阅读奇迹，随着科学的发展，现在已经可以由认知神经科学进行解释：“阅读时生成新思想的能力与大脑神经回路的可塑性相辅相成，两者共同辅助我们超越文本内容的限制。由此能力生成的丰富的联想力、推理力、领悟力启发人类超越所读，形成新的思维。”科学已确认，大脑神经回路的可塑性逐步形成了阅读脑，在这个过程中，想象、联想、推理等多种思维能力与阅读同生共长。这就是“真正的阅读必然是创造性的”这一论断的生理学基础。因此，在这个意义上讲，阅读不仅反映而且重演了大脑认知能力发展历程中的重大突破。阅读创造性水平的高低，依赖于千差万别的每一位读者，依赖于每一位读者的智商、情商和阅读时的环境等诸多因素。

三、阅读的创造性特质

对前面论述的结论，是否也可以进一步这样地体会：阅读使文本的内容进入读者的大脑，经过读者的思考，通过视域融合，产生了新的想法——读者大脑创造的想法；否则，没有新想法的阅读就等于是"白读"，即书的内容没有读进大脑中去。

文本的内容并非只是字词，而还潜藏着躁动于文本中字里行间的作者的灵魂。阅读的时候，读者沉迷于文本中，进入了另外一个世界——文本的世界。因此，阅读是读者心灵与文本灵魂的交流、碰撞与融合。这正如美国阅读专家琳莎·施瓦茨所讲："如果说我们让书展现生命，书也使我们展现自我。阅读教会我们接受事物……它教我们接纳，在静默中，带着专注接纳一个临时占有的声音，借来的声音。讲话的人将自身出借出来，我们也做同样的事情，这是双向的临时的交换，跟爱一样。"如果说人世间男女结合孕育了新的生命，那么在精神世界也可以讲，读者和作者思维的融合萌动了新的思想，读者和作者心灵的融合化作了新的灵魂。因此阅读是作者的灵魂融入了读者心灵后的再生。

20世纪世界上伟大的小说家之一、《似水流年》作者普鲁斯特曾讲："当我们渴望作者能够给予我们答案时，他能给的却只是更多的渴望……规则可能意味着我们无法由任何人那里获得真相，我们只能创造真相……"这里所说的"真相"，我个人体会是指读者阅读后的所思所得。当我们希望作者能够给予我们阅读的答案时，他能给的却只是更多的渴望，而且作者的艺术水平越高，作品越是崇高和美好，越是在读者身上挑起更急切的渴望。不过，阅读的诠释学原理告诉我们，阅读无法由作者和任何人那里满足渴望，获得"真相"，只能靠读者自己获取自己的阅读成果——"创造真相"。

无独有偶，几十年后，心理学专家玛丽安娜·沃尔夫在总结阅读发展的自然史时，说出了同样的阅读"创造真相"的话："阅读的发展永不结束，阅读这个永无止境的故事将永远继续下去，将眼睛、舌头、文字和作者带往一个新的世界，在那里鲜活的真相无时无刻不在改变大脑与读者。"啊，讲的多么令人不可思议！持续的阅读将在读者面前展现"一个新的世界"——阅读创造的世界。在那里，新的阅读成果，即"鲜活的真相"还时时刻刻在改变着读者的大脑以及相应改变着读者本人。

“阅读不仅反映了大脑超越原有设计结构的潜能，同时也反映了读者超越文本或作者所赋予内容的潜能。”当我们读到一段感兴趣的文字时，大脑系统会整合所有的视觉、听觉、语义、句型等信息，而读者则自动将那段文字与其个人的思想及生活体验融合起来，从而产生各种联想，意识到与那段文字相关的许许多多的情景与内容。进一步，读者对阅读的诠释往往会超越作者的思想，向新的方向思考，产生了超越作者思想的新的想法——作者不曾有的新思想。如果这位读者能够写出自己的新感受，在交流网络无所不在的今天，又会流传并影响更多的人，从而促进了人类知识、思想和意识的发展。

依据阅读水平的高低，最高一级的是专家级阅读者。对专家级阅读者的要求是：能够整合、运用先前的信息和知识，自我检测和修正理解，从阅读中得出创造性的见解。如果仅仅用两个字来概括专家级阅读者的特点，那就是“创见”。新西兰学者费希尔认为阅读“本身就是一种创造活动。读者在阅读过程中让自己的心灵挖掘、塑造白纸或电子屏幕上的超感世界，不但对体验作出反应，而且重新塑造体验。”

阅读的创造性非常具体地体现在阅读极其鲜明的个性化特点上。阅读因人、因时、因地而异。这是不言而喻的，因为所有的阅读成果都是在特定的时空环境下经由一个个具体的人的头脑而“迂回”创造出来的。因此，英国小说家弗吉尼亚·伍尔芙说：“如果将一个人阅读《哈姆雷特》的感受逐年记录下来，将最终汇成一部自传。”费希尔说：“书面文本……它一次次被重新发现或重新认识，因为社会在变化，个人在变化，人们对同一文本的解读不会一成不变。”君不见，同样一部文本，在一个社会被誉为经典，而在另一个社会却被打为禁书。不同的地域、不同的民族，对同一文本的解读，会差别很大；即使抛开社会性，生活习俗也会影响对同一文本的阅读理解。这些情况，俯拾皆是。

阅读是文本从一个大脑传递到另一个大脑，经受时间的磨砺和空间的摧残，那位已经逝去千百年的“作家”灵魂，透过由文字实现的迂回的神经传递，找到了能够深刻体察“作家”所思所想的后来人——读者，实现了伟大的“再生”。这是人类智慧得以生生不息的伟大的生命信息的传递。

当前，电子革命首先是一场阅读领域的革命。如今人类传递信息早已超越了发音语言本身，超越了时空，而这一切都要归功于人类不同寻常的超感觉——阅读。“现在我们认识到，这种特殊的阅读实际上要求大脑进入紧张状态……这本身就是一种创造活动。读者在阅读过程中让自己的心灵挖掘、塑造白纸或电子屏幕上的超感世界，不但对体验作出反应，而且重新塑造体验。”

四、阅读的创造性机理

1. 人类语言的特质——阅读创造性的机理之一

作为象形文字，汉语言的特质之一是“一字多义”和“一义多字”，字组成词，“一词多义”现象，就会出现很多很多，是国人习以为常的事情。这样，由词组成句子，句子再组成文章，读者阅读文章或书籍，每个人会产生不同的理解。这就是阅读的创造性，“一千个哈姆雷特”都是通过阅读创造的，都是“新”的。

一部完全无法读懂的书，或令人毫无兴趣而舍弃掉的文章，过了一段时间，在快要遗忘之时突然又想起而再挑战一次，结果先前仿佛在雾中一直看不清楚的风景豁然开朗。这让我们思考阅读的不可思议的力量，为何原来读不懂的事物，能进一步读懂？这其中有“时间间性”的作用。另外，也如日本语言学家外山滋比古所说：“跟人类学会使用语言有关。”语言里既有理解，也有创造。“语言的另一种活动就是创造。”真正的阅读是以语言创造机能为基础，运用有限的知识去对应无限的、各式各样的词语。发挥阅读者的分辨力、洞察力、想象力，如古人用“目光贯穿过纸背”和“阅读字里行间”来形容。真正的阅读能够读出来“言外之意，弦外之音”，这种阅读潜藏着能变成“发现”的可能。由此去理解文章的真实含义或进一步发现作者没有想到的新意义。“读者是有别于作者的创作者”“通过一个又一个读者的笔，古典诞生了。”对于阅读的创造性，外山先生给出了精辟的结论：“作者生出作品，读者创造古典。”阅读具有创造力，通过真正的阅读，凡是不能晋升为经典的作品，就会在历史的长河中被逐步地淹没。

2. 读者和作者各自不同的语境——阅读创造性的机理之二

语境即言语环境，它包括语言因素，也包括非语言因素。上下文、时间、空间、情景、对象、话语前提以及书籍的物质形态等与语词使用有关的都是语境因素。

作者写作的意图与读者读到的意思，经常是不一致的，这也是读者具有创造力的表征，在不一致中产生经典的特质。“阅读未知的读者，不断在误解和理解之间穿梭前行，如果没有可以仰仗的语境，就只能依靠自己的语境。因此，阅读未知，有时会变成在阅读自己。这个自己并非小小的自我，而是在加强本身伟大的人格时，能让万人承认的‘发现’。古典就是这些发现的结晶。”

正确的意思靠“发现”。“长期以来，我们都迷信所谓‘正解’的神话，即指文章只有一个正确的意思。再者，这个正确也是作者、笔者放在文章里的意思。如果同时有很多解释，也会优先采纳作者的想法，采取唯作者是对的思考方式。”这就是现代教育在不自觉中培养出来的思考方法，使我们的阅读走上扭曲之路。其实正确的导读和解读是不存在的，读者错误地相信它们，养成固定的思考方式、轻松愉快地阅读，将会走上阅读的斜路。

唯作者的想法才是正确？回答是否定的：（1）所谓正确的意思，并非原来就存在，而是在阅读中“发现”的。（2）某个时间点是正确的，但换个时间点就不再是正确的了。（3）作者的解释并非是绝对的或唯一的意思，有时候读者也可以发现更好的解释，由此“可以获得不少以前不曾留意到的文义”，这是《荒原》作者大诗人艾略特晚年对读者见解引发的新思考。（4）作者绝对不是万能的，“对作者而言，自己的作品也还有未知存在”。

作者与读者对文章的解释，经常是不一致的，事实也应该是如此。因为每个人都生活在各自的世界里，因文章产生联系，如有两个人完全一样，那就不成其为人了。各自的世界拥有各自的语境：“如果语境不一样，那么针对同样的文章，当然就会产生不同的解释，因为解释意思时，不能离开个人的脉络。”

作者推敲是针对自己作品的行为。“刚完成的初稿，可能具有强烈特殊性，推敲的动作就是让语境更具普遍性，是一种修饰的动作。”海明威每完成作品后，将其锁在银行，过相当长时间才拿出来，用不同的心情和角度重新阅读反复修改才定稿。托尔斯泰写其第二部里程碑式巨著《安娜·卡列尼娜》，用了5年时间，经过12次修改才定稿，使小说的艺术水平达到了炉火纯青的地步。海明威和托尔斯泰都是世界级伟大作家，每位都拥有多部经典作品。可见，作者遵循不同语境的创作规律，通过时间的推移，用自己的手让文章变成经典。

3. 阅读个性化——阅读创造性的机理之三

出生于美国后居英国的著名诗人托马斯·艾略特，其诗作《荒原》获得1948

年诺贝尔文学奖，被认为是现代英美诗歌的里程碑。但广泛流传的《荒原》并非作者的初稿，而是由美国诗人奇才庞德（1885-1972年）大幅度删改之后的成果。删改的做法是：庞德进行符合自己想法和语境的阅读，无意识地边读边改，就在不断重复这种阅读方式的过程中，一点一滴将作品的特殊性变成普遍性，使作品逐步趋向经典化。“所谓古典化其实就是摆脱作者意图传达的意思；无论任何作品，如果只能传达作者所想的内容，很难变成古典，而能改变内容意思的唯读者。”这是一个经由读者删改而产生更优异作品的实例。

真正的阅读，十个阅读者会得到十种解说，这是正常现象；如果众人一致，才是异常。由此导出结论：如果说作家是原始的、第一的创造者，阅读者就是第二次的创造者。

无论写得多详细的文章，对第三者（读者）来说，还是潜藏着许多不清楚、无法理解的地方。这些不理解的地方就是读者的未知。因为阅读的个性化，这些未知除了靠读者自行解读，别无他法。“读者的解读，有时会发展成新的发现，不用说也知道这些发现和作者并没有关联。这种具有创造力的阅读，往往可以补充不清楚的部分，让读者的理解丰富起来。结果也会让作者感到讶异，甚至喜悦。”

4. 作者和读者超越时空的心灵传递——阅读创造性的机理之四

美国阅读专家施瓦茨的伟大作品《读书毁了我》，给予我第三个最深刻的体会和印象是她用自己的阅读实践诠释了一个令人信服的阅读机理。施瓦茨认为，阅读是从作家至读者的传递，那是作家的思想与心灵超越古今和地域的一种壮丽的传递。通过阅读，作家的思想与心灵在毫无知觉的情况下渗透给了读者，读者在沉迷中“消解”和“接纳”了这些内容，从而使作家的思想和读者的思想水乳交融地成为一体；最后，这种交融使读者生成了一种新的思想，这也是作家的思想在新环境中的再生，是一种创新，是人精神领域的一次小小的飞跃。

这种创新是生生不息的，阅读，在人类的精神领域，它就是接力棒，一代又一代地传递，每传递一代就是人类思想一次新的升华。书籍是人类进步和文明的使者！施瓦茨有关阅读的这些观点，许多知名人士也有同感。高尔基讲：“读书，这个我们习以为常的平凡过程，实际上是人们心灵和上下古今一切民族的伟大智慧相结合的过程。”讲的多么深刻啊！

五、哲学诠释学的核心理论“视域融合”视角下的阅读创造性

前一章我们学习了哲学诠释学的核心理论之一的“视域融合”，再向前推，在第十二章我们学习了哲学诠释学的另一核心理论“前理解”。这两章内容已经诠释了阅读的创造性。

视域融合是指读者的当下视域同文本的历史视域的相互融合。读者视域即是指理解者的“前见”，又称为“前理解”。文本视域是作者的思想在一定历史语境中经作者创作而形成的。读者的“前理解”，是理解者在阅读之前存在的预先见解，是已经有的“视域”，由理解者从历史和传统中接受的知识和经验构成。每个人的经历、经验铸就的思想，即每个人的“前理解”，就如同人的面貌，千人千样。文本是在一定历史环境中形成的，文本既涵盖了作者的各因素，也包含文本本身的各因素，更包含着文本形成时的文化传统和背景，即其所产生的时代语境。这样复杂背景下所形成的文本，那亦是万本万态。

读者的“前理解”形成了读者视域，文本所包揽的一切形成了文本视域。哲学诠释学家伽达默尔认为，阅读应该以达成理解的“视域融合”为根本目标，理解的过程是两个视域相融合的过程，即千人千样的读者视域同万本万态的文本视域相互融合。阅读的过程是指，一方面读者的视域不断地进入文本的视域，另一方面文本的视域通过其自身的历史性去接纳和影响读者的视域。两种视域碰撞、比较，相同相吸，相反相成，在融合中实现历史的视域与现时视域的融合，并创生出新的意义。伽达默尔说：“当某个文本对解释者产生兴趣时，该文本的真实意义并不依赖于作者及其最初的读者所表现的偶然性。至少这种意义不是完全从这里得到的。因为这种意义总是同时由解释者的历史处境所规定的，因而也就是由整个客观的历史进程所规定的。”这破天荒地展现了阅读过程中读者视域和文本视域两方面内在运动的机制和机理。试想，千人千样的读者视域同万本万态的文本视域相互融合的结果，一定是千万朵花一齐奔放的局面。

视域融合突显了理解的创发性。只要人在理解，理解便会不同。要求理解达到众口一词的统一，是对人的理解提出的非历史的要求，除非政治和宗教方面的压力。人只要理解着、思想着，就会有不同的看法，讲出来，自然会形成“百花齐放、百家争鸣”。这“百花和百家”不是人为赐予的，而是人在理解时所必然要发生的现象和事实，理解总是多元的。强调人的理解总是不同的个人理解，只要理解存在，多元理解结果所形成的“百花齐放、百家争鸣”的局面，就一定会出现。

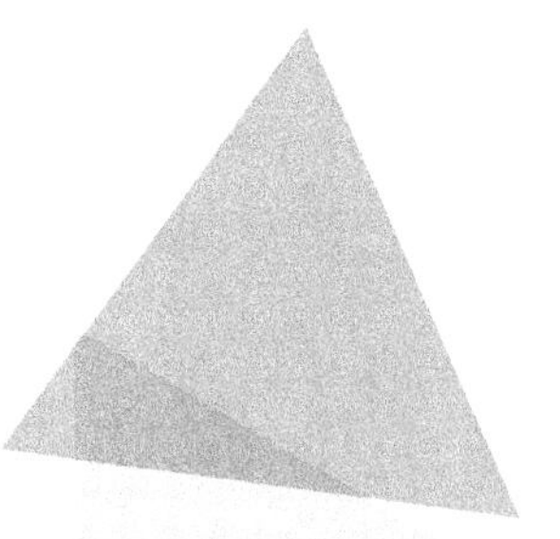

第五篇

诠释学理论指导下的阅读实践

第十八章

阅读若干奇葩现象的理论诠释

一、奇葩现象之一：文本中寓有灵魂和生命

1. 文本中寓有自己的灵魂和生命

文本（Text）是书面语言的表现形式。作者撰写出的直接产品是文本而不是书。书籍是编辑、出版后的文本，是文本的物质载体，是文本的外在形态。

作者写出的文本一经出版，就难于更改，除非修订再版；如果作者去世，那其文本就将永远是一成不变了。所以，世界意识流文学大师、《似水流年》作者马塞尔·普鲁斯特就曾讲，文本是“作者智慧展现的终点”。

作者智慧是通过文本中的一个个文字来展现的，而且是唯一的展现。切不可小看了我们天天接触、习以为常的文字，文字中蕴藏和隐含着无限的魅力。《淮南子·本经训》中有对文字威力和魅力的深刻描写：“昔者仓颉作书而天雨粟，鬼夜哭。”意思是说有了文字，人类的思想即可透过文字而流传，老天不能藏其密，灵怪不能遁其形，故“天雨粟，鬼夜哭”了。更令人惊异的是，这些墨迹会生成情绪，富有情感。一位日本女作家的作品、被誉为日本文学的一颗瑰宝《枕草子》中有赞赏书信的微妙细腻的描写：“一人远在异乡，一人心神难定。偶得书信一封，犹如人在眼前。信已寄出，即使尚未收悉，心中却同样快慰。”寥寥数行字，倾诉感念，乃令人释怀，来自作者心灵的文字具有多么大的魅力啊！

人类所创造的文本就是由这样一些既涵意义又富情感的如精灵般的文字所构成。作者的智商和情商所表现出来的智力和情感，倾注入文字之中，这些文字构成了文本。文本中凝聚着作者的智慧、灵感、情绪和期许，是作者心血的结晶；外在形体是一本本没有生气的书，内容实质是躁动于书中的作者的灵魂。正如德国哲学家、诗人、思想家弗里德里希·威廉·尼采（1844—1900）所说："读书，是在别人的知识与心灵中散步。"

《风之影》是西班牙作家卡洛斯·萨丰的名著，在全球五十余国出版，畅销1500万册，刮起了文坛飓风。作品描写一段追索书中潜藏的灵魂而展开的传奇旅程。年幼的男主角丹尼尔被父亲带入一座神秘的图书馆，使他第一次对书本有了深刻的体会。父亲要他找出"自己的书"："欢迎光临遗忘之书墓园，丹尼尔！这是个神秘之地，就像一座神殿。你看到的每一本书，都是有灵魂的。"一个个灵魂在文本中寓居，跳动的生命在书中潜藏。这里清楚地表达了隐藏在文本中的那份神奇特质：文本拥有自己的生命和灵魂。

2. 惟阅读能够激活文本的生命和灵魂

文本所寓有的生命和灵魂是隐藏着的，是没有外力的触动的，是恒久不变的。那么，文本中游移着的生命和灵魂靠什么力量来激活和再现呢？这个力量来自读者，而且唯有读者。对此，美国女作家琳莎·施瓦茨有非常深刻的见解，她说书籍"并不具有独立或者感官的存在，而必须被打开，必须让人往深处探寻，我们对它的存在是必须的，这样一种无坚不摧的力量也正是我们所喜欢的。真正的书是躺在青蛙里面的王子。我们打开它，我们眼睛投下再生的一吻。这就是使人陶醉的力量。"施瓦茨讲的"眼睛投下再生的一吻"指的就是读者的阅读。只有阅读才具有这样一种"使人陶醉的力量"，不管时间多么长久，地域多么遥远，这种"无坚不摧的力量"都能够使文本中的生命"再生"。

为什么阅读有如此大的起死回生的作用呢？原来阅读时大脑不仅对原文进行摄取，而且读者还把个人情感和经历与文本融合在一起，并以此生出新的同读者情感相通的共通感。进而对信息进行对照、推理、想象，发生许多复杂的大脑活动。阅读生理学的研究认为，阅读可能是同思考一样复杂的活动，新西兰学者费希尔写道："阅读其实已经接近思考本身了。"因此，文本"也是读者智慧展现的起点"。

文本与读者的生活经验是互动的：阅读改变读者生活，生活经验也在改变着阅读。这是专家级阅读的特点，反映了一种阅读水平。面对文本，读者会联系生活经验，经验会改变阅读时对文字的理解。阅读者的喜爱、痛苦、高兴、遗憾以及成功与失败都会左右其阅读生涯。

阅读依靠视觉，但又不单纯依赖视觉，而是超越视觉，从而形成了除视觉、听觉、嗅觉、触觉、味觉之外的另一种感觉，人们称为“第六感觉”，即一种心理感觉，如：快乐、悲伤、恐惧、痛苦，等等。费希尔说：“因此，阅读是我们真正的‘第六感觉’。”这在读小说时尤为明显，每位读者都有切身的体会，自己怎样深深地沉醉于小说情节的喜怒哀乐之中，而不能自拔，有时甚至激之于行动。

阅读过程中，文本与读者之间进行着双向交换：智慧交流、感情互通、思想水乳交融，读者让文本展现生命，文本也使读者展现智慧、展现自我。读者在接受文本的同时也接受文本中的世界，阅读展现了阅读者如何彻底地进入“文本中的生命”。文本给予读者的是心的迷醉，在静默和专注中接受终生难忘的文本的同时，其人生也因此在潜移默化地改变着。“别人的思想并不干扰我们自己自由的思想，但会在灿烂夺目的复生中与我们的思想水乳交融。”这是两种思想水乳交融后生成的一种创造性的新思想。

二、奇葩现象之二：你永远不能两次浏览同一本书

“人不能两次踏进同一条河流”这是古希腊哲学家赫拉克利特的一句名言。因为无论是这条河还是这个人都已经不同，人与河都发生了变化。世界万物都在不断变化，这条河流和读者本人都已经发生了变化，“万物皆动”“万物皆流”啊！

曾经出版《夜晚的书斋》《阅读史》《解读图集》等著作的世界知名书话家阿尔贝托·曼古埃尔，于1998年出版了《恋爱中的博尔赫斯》一书。他在该书前言的第二段，对“阅读”做了非常精辟的论述，他写道：“将文字与经验搭配，身为读者的我们细查那些与我们经历相似的故事，或者那些除了在炽热的纸上之外永远不会发生在我们身上的故事（对于这点我们十分明了）。相应的，我们对书本的认识在每一次阅读中再次塑造书本本身。多年以来，我的经验、口味和偏见有所改变：

随着时光流逝，我的记忆重置、分类、抛弃我的图书馆里的一些藏书；我的文字和我的世界从来不是一成不变的—— 除了少数恒久的里程碑。赫拉克利特关于时间的名言对我的阅读完全适用：你永远不能两次浏览同一本书。”

赫拉克利特是距今2500年前的一位古希腊哲学家。他的生活时间大约公元前540年到前480年，享年仅60岁，但他对世界的影响可是延续到2000多年后的今天。他是一位极富传奇色彩的学者，出生在古希腊的一个王族家庭，却将王位让给了他的兄弟，自己隐居起来。在古希腊，赫拉克利特最早用朴素的语言讲出了辩证法的要点，被称为辩证法的奠基人之一。同时，他也是世界上第一个提出认识论的哲学家。“人不能两次走进同一条河流”，赫拉克利特这句话的意思是说，河里的水是不断流动的，你这次踏进河，水流走了，你下次踏进同一条河时，又流来的是新水。河水川流不息，所以你不能踏进同一条河流。赫拉克利特认为“万物皆动”“万物皆流”，这使他成为当时具有朴素辩证法思想的“流动派”的卓越代表。

赫拉克利特还认为，事物都是相互转化的。冷变热，热变冷，湿变干，干变湿。他明确断言：“我们走下而又没有走下同一条河流。”阐述了客观事物是永恒地运动、变化和发展着的这一个真理。恩格斯曾评价说：“这个原始的、朴素的但实质上正确的世界观是古希腊哲学的世界观，而且是由赫拉克利特第一次明白地表述出来的：一切都存在，同对又不存在，因为一切都在流动，都在不断地变化，不断地产生和消失。”

前述的曼古埃尔引用《恋爱中的博尔赫斯》书中一段几百字的话，有两句完全可以称为阅读名言。一句是将赫拉克利特的名言引入阅读：“你永远不能两次浏览同一本书”，另一句是“我们对书本的认识在每一次阅读中再次塑造书本本身”。两句话深刻地指出了阅读的机理：阅读中读者和书本都在发生着变化。有助于人们理解阅读的真谛和主动掌握阅读，这对人类阅读活动无疑是一个创举。

为了证明这一命题的正确性，曼古埃尔首先讲述了自己的阅读经历和体会。他一生喜爱《爱丽丝漫游奇境记》，“多年以来，我的经验、口味和偏见有所改变。”“每一次读一本书，这本书都会变个模样。”他八九岁时第一次读爱丽丝，许多地方不懂，只是一味追随故事情节；青年时期读爱丽丝，则懂得了书中三月兔或者大青虫的象征意义；后来二十多岁时，再读爱丽丝，十分明显爱丽丝是这些超现实主义者的姐妹；再后来读爱丽丝，立刻注意到白骑士作为众多政府官僚之一在我们国家每个公共建筑的走廊里疾走。

是的，随着阅读者年龄的增长和阅历、经验的积累，他在重读同一本书的时候，感受和体会是不同的。美国作家施瓦茨在其《读书毁了我》一书中，做了同样的表述。她回忆道："《一个小公主》——是我童年的精神指南。""每隔几年，我还会读这本书，它吸引我，就如同一段美好的音乐，或者一片美好的风景经常会让人回顾一样。每次它都赠给我一些东西。"是的，因为阅读者的改变，才能够进一步体会和感受到书籍每次的赠予。

读什么书是有一定时机的。世界上不会有什么书是随时随地必须读的，因为我们对知识的兴趣是像一棵树一样的生长，像一条河一样的流动。只有在某时某地，某个环境或某个年龄中，才有一个人所必读的书。我颇以为读书，也正像婚姻一样，也是决定于命运或"姻缘"的。甚至有的书是每个人必读的，如《圣经》，也要到一定的时候才能够读好。当一个人的思想与阅历还够不到阅读一部杰作时，那杰作或根本读不进脑或在他的嘴里如同嚼蜡。孔子说，"五十而可以学易矣"，这便是说一个人在45岁时还不是读《易经》的时机。孔子在《论语》中所说极有醇味的话，一个人在自己年龄未到成熟阶段时是不能体味到的。

中国现代著名作家林语堂在其《读书的艺术》中，也讲述了自己读书的同样感受。同一读者在不同时期中读同一本书，他会得到一种不同的滋味。譬如说，我们读一本书，在和那书的作者作了一次当面的谈话之后，或从一张照片上看见了他的脸容之后，更多了解一点，甚至在与那作者本人绝交之后，看起他的书都会另有一种不同的味道；一个人在40岁上读《易经》有一种味道，到了50岁，在他看见了更多的人生变易之后，读起《易经》来则又有另一种味道。所以，一切好的书都可能在读第二遍的时候获得益处与温故知新的喜悦。在大学里读书的时候曾被指定着读过《西行记》及《亨利·爱斯蒙》二书，但当我在十几岁时能够领略《西行记》时，那《亨利·爱斯蒙》的真正味道却完全觉不到，直到我以后回忆起来，才觉得在那本书中有更多的动人处是我那时候所不能领略的。

香港名人梁文道的一次讲话："不同时代赋予泰坦尼克号不同意义。"没有想到，评论界认为，这篇讲稿因为这一段话将流传千古，真是应了那句名言："文本离开作者，就会自己生长。"之所以一段文字能称为文学，就在于它能有多种解读。

三、奇葩现象之三：一个人读书就是在读自己

1. 书是镜子，人只能在书里看到自己的内心

欧美现当代文学理论大师、美国艾布拉姆斯教授于1953年出版了《镜与灯——浪漫主义文论及批评传统》，这是一部现代文学理论的扛鼎之作。该书的书名把两个常见而相对的用来形容心灵的隐喻放到了一起，即“镜与灯”：“镜”把心灵比做外界事物的反映者；“灯”把心灵比做一种发光体，认为心灵也是它所感知的事物的一部分。前者概括了从柏拉图到18世纪的主要思维特征；后者则代表了浪漫主义关于诗人心灵的主导观念。这是两个形容心灵的隐喻，前者可以用于读者，后者可以用于作者。书是镜子，读者能够在书里看到自己的内心，且只能够在书里看到自己的内心。在其它地方能够看到吗？似乎至今还没有发现。

美国塔夫茨大学心理学教授、阅读与语言研究中心主任玛丽安娜·沃尔夫在其《普鲁斯特与乌贼》中写道：“阅读是一种经验。任何一个文人的传记，都必须有相当的篇幅来描述他们的读物及其阅读年代，因为就某种层面来说，我们所阅读的成就了我们自身。”

2. 读者隔多时再读同一本书，读到的是自己的变化

奇葩现象之二中介绍的曼古埃尔一生喜爱《爱丽丝漫游奇境记》，“多年以来，我的经验、口味和偏见有所改变”“每一次读一本书，这本书都会变个模样。”这内中的变化，主要不是书的变化，而是人在成长了。是的，随着阅读者年龄的增长和阅历、经验的积累，他在重读同一本书的时候，感受和体会是不同的。前述的美国作家施瓦茨在其《读书毁了我》一书中，对阅读《一个小公主》的回忆，也是同一个道理：“《一个小公主》——是我童年的精神指南”“每隔几年，我还会读这本书，它吸引我，就如同一段美好的音乐，或者一片美好的风景经常会让人回顾一样。每次它都赠给我一些东西。”是的，因为阅读者的改变，才能够进一步体会和感受到书籍的每次赠予；而从读书的每次赠予中，如同镜子一样，映照出了阅读者每次的变化。

3. 诠释学认为，所有的阅读都是读者的“前理解”在起作用

“前理解”是指理解之前已经先进入读者头脑中的对事物的看法、见解等，

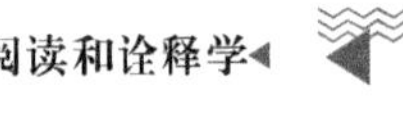

也称为“先见”“前见”或“偏见”。“前理解”是哲学诠释学中的一个非常重要的理论。360百科对“前理解”的定义是：“所谓前理解，就是相对于某种理解以前的理解，或者是在具体的理解开始之前已有的某种观点、看法或信息，它主要表现为成见或偏见。”可见“前理解”是在对文本的阅读和理解之前，对要理解事物已经在读者的预先的见解中了，是读者原来已有的东西。这就如读者阅读前戴了有色眼镜，所有未来的阅读内容，全都要通过有色眼镜。

“前理解”体现了每一代人与历史的存在上的联系，这种联系至少包含着下列几个关系到人的存在的因素：语言、记忆、动机、知识、经验、意向等，任何理解只能在这些因素的基础上才可能发生。这就是说，任何新的理解产生之前，已经存在着一种理解，新的理解必须由主体所处的如前述的某种前理解状态开始，才可能由此扩展开来，形成与先前的理解所不同的理解。因此，每一次理解都印有读者思想和看法的烙印；读者在不间断地阅读，如果将每次阅读的“烙印”汇集起来，积累多年，则将可以成为读者的传记。

四、奇葩现象之四：“读者是文本的生产者”

2016年3月3日《深圳特区报》的一篇文章“读者是文本的生产者”，引起了我的特别注意：文本的生产者是作者，读者怎么能够成为文本的生产者？文章中提及的几部诠释学著作《解释和理解——诠释学经典文选》《诠释学和人文科学》《诠释学导论》，我开始阅读，继之在这几本书引导下，又读了十几本国内外的诠释学著作。啊，真是视野远扩，脑洞大开，我在欢乎自己——终于找到了指导阅读的理论。

书面文学的前身是说唱文学，如西方的《荷马史诗》。应该说，说唱文学没有作者，要说有作者其实就是广大听众。说唱文学最早的源头是群众中流传的故事，说唱者将其收集、汇总，再返回说唱给听众，其中说唱者当然有相当大的功劳；说唱过程中，听众不断提出修改意见、增加新情节，改进说唱内容；这样，说唱的内容越来越丰富、越来越符合听众的口味，不断发展壮大。所以可以说，“听众是说唱文学的生产者”。

读文本不是读构成文本的文字，是读文本的文字中蕴含的意义。诠释学的核心理论“视域融合”告诉我们，读者的“前理解”同文本意义相互融合，决定了阅读后的新意义，而读者的前理解是千人千样的。这就是阅读界名言“一千个人读《王子复仇记》，就会出现一千个哈姆雷特”产生的机理，即阅读的多义性原理。由此可以导出一个道理：一本书不仅蕴含有作者原来的意义，经众多的读者阅读，会产生出来众多的新意义。而这众多的新意义是读者创造出来的，在这个意义上完全可以讲，“文本的众多新意义是读者生产的”。在作者仍然在世的时候，作者可以广泛听取读者的意见，对文本进行修改。这可以说，读者参与了文本的修改，也就是参加了文本的修改和再创作。当作者逝世之后，文本已无法修改，只能够任广大读者评说。通过历代千百万读者的阅读，如大浪淘沙，会使更多的著作被淹没在阅读历史的洪流中，默默无闻，被淘汰；与此同时，大浪淘沙也会淘出金子，那就是“经典”。从这个意义上完全可以讲，是广大读者生产了经典，也是他们淘汰了平庸之作。

巴特文本理论中的文本，大致是这样一种新模式，它要求读者主动地合作，共同完善作品。这是一个巨大的变革：每个读者既是读者，又是作者。对于作品理论，创作过程和阅读过程是截然分开的，作者和读者的作用也是截然不同的；而对文本理论，阅读与创作完全是一个过程。文本如同音乐总谱，需要听者进行联合创作式的演奏，它需要演奏者将其具体化为活生生流动着的乐音。演奏不是解释，而是工作、生产、活动——创造。每一次阅读就是对文本的一次演奏、一次生产。这样，阅读（包括批评）就同写作合一了，阅读即写作、批评即写作，也是创造。巴特废除作者与文本之间的父子关系，目的是解放文本的意义，提倡一种解除权威控制的“写作性”文本，即形成了读者与文本相互结合继续作者写作的复合形式：在复合写作中，在每个关节点，每个层面上，写作不停地固定意义。这样，一个统一的作者瓦解了，每个读者既是读者，又是作者，通过阅读与文本共同创造新的意义。而且，这种创造，不是通过将读者的思想强化到文本中，而是文本与读者两者一起联系在同一表达过程中。阅读者变成文本的生产者。每一次读者的阅读都是一次新的创作。文本的意义是在不断的阅读和创作活动中生成的，而不是由作者一个人的意图确定的。

由此可以导出一个道理：一本书不仅蕴含有作者原来的意义，经众多的读者阅读，会产生出来众多的新意义，“文本的众多意义是读者生产的”。

五、奇葩现象之五：没有最好的导读和解读

对读者阅读进行引领和指导，对文本进行体会、理解、分析和解释，前者是导读，后者是解读。在国内外阅读的历史长河中，出现了许多令人惊叹的导读和解读的大师级人物，也产生了不少知名的书籍。

哈佛大学的经典导读是举世闻名的，并对人才培养取得了辉煌的业绩。《哈佛百年经典》丛书精选了400多位人类史上最伟大思想家的136部专著，旨在囊括人类有史以来至19世纪最优秀的社会和自然科学文献，称为世界文明的经典。该丛书是由哈佛大学第二任校长查尔斯·爱略特任主编，联合全美100多位享誉全球的教授历时4年完成，共50卷。自1901年问世至今，畅销100多年。《哈佛百年经典》是哈佛大学所有学生的必修课，并成为西方家庭的必备藏书。哈佛大学之所以能取得人类文化教育史上的“经典”地位，原因之一应归功于将哈佛魅力承载起来、拥有取之不尽用之不竭的智慧和力量源泉的《哈佛百年经典》。

《哈佛经典讲座》作为《哈佛百年经典》的导读卷，每一讲的教授都是哈佛大学相关专业的著名学者，他们不但有着深厚的学术功底，更能融会贯通，将学科的知识精髓深入浅出地讲解出来。《哈佛百年经典》及其导读影响着世界。我国伟大思想家胡适先生称《哈佛百年经典》为“奇书”，该书是引领他进入西方文明殿堂的第一块敲门砖。不过《哈佛百年经典》及其导读卷虽然是伟大的，但并不是最好的。举一个例子，《哈佛百年经典》收录的136部专著中，代表东方文明博大精深的中国典籍仅在第44卷中收录了一部《孔子》，整部经典残缺了东方文明。之所以说《哈佛百年经典》及其导读卷是伟大的，但不是最好的，还不仅仅在于其个别的或局部性的缺点和问题，而是根之于阅读原理：根本就不可能存在最好的导读和解读。

国内外有许多知名的导读和解读的大师级人物。如被誉为20世纪文学批评领军人物，耶鲁学派主要代表的哈罗德·布鲁姆，1973年推出《影响的焦虑》，在美国和国际批评界引起巨大反响，“用一本小书敲了一下所有人的神经”。布鲁姆的代表作还有《西方正典》《如何读，为什么读》《天才：创造性心灵的一百位典范》等。对布鲁姆更为生动的评价是西方传统中最有天赋和原创性、也最具有煽动性的文学批评家。我国清代评注大师金圣叹，将《庄子》《离骚》《史记》《杜甫诗》《水浒传》《西厢记》逐一点评，称之“六才子书”。郑振铎说，三百年来“《水浒》与金圣叹评注的七十回本，几乎结成了一个名词”。胡适说：“读金圣叹所评《西厢记》，能令千古才人心死。”

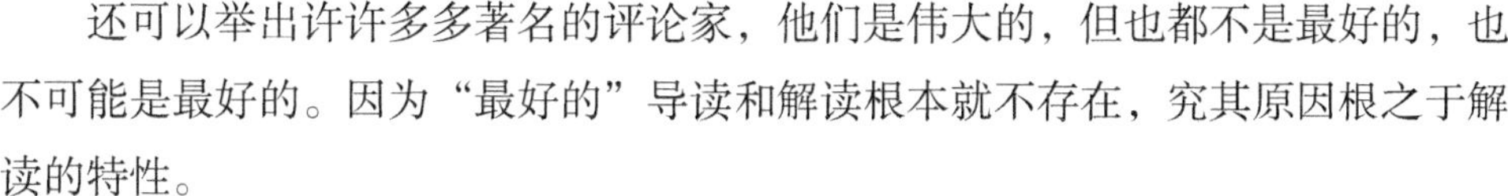

还可以举出许许多多著名的评论家，他们是伟大的，但也都不是最好的，也不可能是最好的。因为“最好的”导读和解读根本就不存在，究其原因根之于解读的特性。

（1）解读的个性化：阅读的一个极其突出的特点就是“个人行为”。读者的阅读完全出自个人意向，阅读的所思所得存储在个人的头脑中，任何权威和任何压力都是无法改变的。阅读随读者之间的差异，哪怕微小的差异而大相径庭。费希尔说：“正如思维一样，阅读是一个仁者见仁、智者见智的过程。”法国文化史研究专家罗杰·夏蒂埃在其《书籍的秩序》中有句名言：“文本在阅读中产生意义。”文本自身不能够产生意义，文本的意义只能来自读者的阅读。并且同一个文本，不同读者的阅读会产生不同的意义；同样一个文本，同样一位读者不同时间的阅读，也会产生不同的意义。因此，根本不具有普遍意义的解读。

（2）解读的多变性：阅读因人因地因时而异。心理学家、巴黎弗洛伊德学派的创始人之一塞尔托写的这段文字非常精彩，他对比阅读与书写：“后者存储，凝定经久，前者过眼，转瞬即逝。阅读活动，少有留痕。它离散为无穷的独特行为，而且比较任意，不守清规。”阅读的主宰是读者，其按自己的所思所想阐释作品，并表述出来。即使对同一本书的感受也是在不断变化，心情好的时候读和心情不好的时候读，体会大不一样，好像是书的内容变了一样。英国小说家弗吉尼亚·伍尔芙说：“如果将一个人阅读《哈姆雷特》的感受逐年记录下来，将最终汇成一部自传。”费希尔则更进一步说：“文学作品不是经书，而是依托语境实时反映生活，指引生活。没有任何文本可以对读者发号施令，重要的宗教经文也不例外。读者自己选择如何去反应，如何去思考。阅读的奇迹就在于作者永远不是主宰。在阅读中，读者扮演上帝的角色。”

（3）解读的社会性和空间性：世界在改变，社会在不断更迭，这些变化也在改变着每一个社会中的人，即改变着每一个读者。读者变化意味着解读也将发生相应的变化。解读具有极其明显的社会性，这是不言而喻的道理。正如费希尔所说：“书面文本自行其是，几百年来、几千年来一直如此。它一次次被重新发现或重新认识，因为社会在变化，个人在变化，人们对同一文本的解读不会一成不变。”君不见，在一个社会被赞誉为经典，而在另外一个社会却成为了禁书。阅读也具有空间性，在不同地域、不同的民族，对同一文本的解读，会差别很大，即使抛开社会性，生活习俗也会影响对同一文本的阅读理解。

（4）解读的累加性和历史性：在人类历史的长河中，逐步形成了许多经典著作，这是解读累加性和历史性最经典的体现。经典著作既不是作者自封的，也不是哪位权威赐予的。经典著作是作品中的金子，历经风雨的摧残，人为的迫害，大浪淘沙，是金子总会发光的。解读的累加性和历史性成就了经典著作。文化要素和生理要素的交互作用，使阅读者对文本进行着多方面的和反复的累加认知，其理解力和思维相应会受到所有这些认知的影响。书本中的人物不会改变，但读者对他们的理解却与日俱增，随时随地在变化。在37岁、57岁或77岁时读到的同一本书，一定要比在17岁时读到时体会多得多。《阅读史》作者曼古埃尔对此也写出了自身的感受：所有的书籍都在"等着我们的批评和意见"，书籍本身是永久存在的，加上后来读者不间断地批评，"意味着无限的阅读是可能的，彼此相加下去。"寓于书籍中的灵魂，也在静悄悄地发生着变化，在不断地茁壮成长。"这个灵魂，不但是作者的灵魂，也是曾经读过这本书，与它一起生活、一起做梦的人留下来的灵魂。一本书，每经过一次换手接受新的目光凝视它的每一页，它的灵魂就成长一次，茁壮一次。"这个道理看起来有些难于理解，其实这同经典著作形成的历史过程，是一个道理。

结语：没有一种阅读是终极的，没有一种解读是"正确的"和"权威的"。

对于解读我们首先需要清楚：解读者也都是读者。《阅读史》作者曼古埃尔写出了自身对解读的感受：解读没有完全所谓"正确的"的东西，也不可能有"最后的话"。《阅读的历史》作者费希尔也有同样的看法："我们尊重苏格拉底这样的伟大哲人，但是所谓'正确的'或'权威的'解读并不存在。……没有一种阅读是终极的，读者在每一次阅读中都会重塑自我。""正确的"或"权威的"解读并不存在——这是人类历经数千年阅读史总结出的至理名言。

我国学者对此也有论述。距今两千多年前的西汉大儒董仲舒在其《春秋繁露》卷五《精华》中就提出："《诗》无达诂，《易》无达占，《春秋》无达辞。"很明显，该论述是将《诗》《易》《春秋》等作为文本来阅读和解释，从而出现了多元化理解。这种理解也符合文学艺术鉴赏的审美差异性：同一部作品，鉴赏者可以仁者见仁，智者见智，各以其情而自得，这在艺术鉴赏中，是常见的事实。这也就是法国诗人瓦勒利所说的"诗中章句并无正解真旨，作者本人亦无权定夺"，"吾诗中之意，惟人所寓。吾所寓意，只为己设；他人异解，并行不悖。"当然，承认阅读理解的多元性和审美鉴赏中的差异性，并非否认客观标准的存在。不能

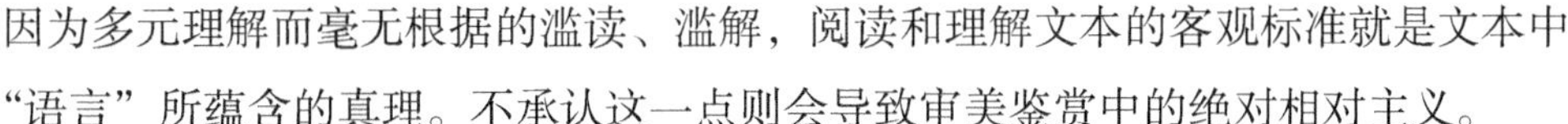

因为多元理解而毫无根据的滥读、滥解，阅读和理解文本的客观标准就是文本中“语言”所蕴含的真理。不承认这一点则会导致审美鉴赏中的绝对相对主义。

六、奇葩现象之六：隔一段时间再读同一个文本则文本意义发生了变化

日本语言大师外山滋比古先生著了一本书《阅读整理学》，对时间问题有专门的解释。

（1）读者需要花费时间理解：外山先生说：“想得到正确的解释、解决之道，就要充分重视时间的影响力。……当下无法理解的事物，就可能需要时间。时间可以增加力量，读不懂的文章就一直读，在这当中时间就会产生作用。随着时间改变，未知的对象与想理解的人都会一点一滴地改变，最后就可能达到彼此能沟通的境界。”这段话充分说明了领悟过程中时间的必要性：随着时间不间断地推移，问题、公案、疑问等会有所变化，即是说，“未知的对象”在改变；与此同时，读者的视野和思考的深度也会在一点一滴地改变。当这两种改变在某一点或几点上发生了交汇、碰撞、沟通的时候，给人的感觉如电光石火一般，存在许久的问题会在人豁然开悟之后得到解决。

（2）作者需要花费时间等待：即使作者本身，也不了解自己作品出版后的情况。如果作者为满足读者和出版社的要求而写出的是时髦的作品，可能会风行一时，过后即灰飞烟灭；如果作者写出的不是为迎合时下读者的需求，而是深入生活的千锤百炼之作，则会经过时间的考验。“所谓‘等候百年之后的知己’，是指作者最期待的，并不是当下那些用常识判断、抱着想在古物堆里发掘宝物心情的读者读到自己的文章，而是让……‘用崭新的目光找到新发现的人’阅读自己的文章。要做到这样，就需要时间，不等待是行不通的。”而且，并非靠一个读者，而是期待由社会大多数读者不断重复阅读，经过无数岁月才能等得到知己。且这些读者还应该是阅读未知信息读者，因为只有这些读者才肯花费时间；经许多读者不间断地阅读，再经过相当长的时间，才能达到读懂未知的效果。

（3）作品需要花费时间或成为经典或被风化：一部作品能否成为经典，必须经过时间的考验，这是天经地义的、历史的结论。时间的洗礼，有如自然界的风化作用。假如风化的作用胜过经典化，一部作品最后就会消失；相反地，如果这部作品变成经典的作用力较强，胜过风化，则变成经典作品。作品的命运如何，

来自广大读者的阅读，外山先生写道："如果在你从事读书百遍的行动时，风化的作用比变成典型的作用强，你就会逐渐失去兴趣，无法有耐心地反复阅读。如果能耐心地读，书中精华的部分就会不断崭露出来，成为一本好书。换句话说，这本书对你而言，就逐渐蜕变成一本古典书籍了。"其实阅读的强大力量，就是让作品朝经典迈进，但需花费长久时间等待。"通过时间的积淀，有价值的东西就变成古典。没有价值的东西，自然被忘却而走向毁灭。"

中国有句古话"读书百遍，其义自见"。经典非常难懂，"古典的东西当然不可能一读就懂，必须重复阅读好多次，过程中不理解的东西自然就能理解，这就是所谓的读书百遍。"但是欲达到这样的读书境地，并非靠一个人，而是期待由社会上大多数读者不断重复阅读，经过无数岁月才有可能实现。中国成语"韦编三绝"是讲孔子晚年读《易经》的故事：因重复读无数次，竹简书的缝线断了三次。中国古人选取原版经典作为素读（指不懂的书反复读、甚至背诵）的材料，真是智慧之举。国外有识之士也非常重视重复阅读。19世纪英国思想家、艺术家约翰·拉斯金的母亲，从拉斯金3岁起每天给他读一小段《圣经》，一年后旧约和新约读完一次，读到15岁，拉斯金记住了半部《圣经》。可见，欧洲也有素读，不断重复读，自然就能背诵。素读是旧的读书方法，但它经历过时间的考验，并非陈腐；新事物没有经历过时间的考验，以后也会变成旧事物，但旧的东西就没有变旧之虞了。

七、奇葩现象之七：阅读的结果呈现出"百花齐放，百家争鸣"

1. 一千个读者读《王子复仇记》就会出现一千个哈姆雷特

这个小标题，几乎成为了阅读界的一句谚语。《王子复仇记》是莎士比亚的名著，哈姆雷特是《王子复仇记》中的主人公。意思是说，一千个人读这同一本书，会产生一千种结果；同样，一个人一千次读《王子复仇记》，也会产生"一千个哈姆雷特"。归根结底，阅读是主观的感受，任何一个读者也无法获得莎士比亚个人思想的真相。因为作者的主观意念隐藏在千万个文字中，且在传播过程中还不断变化，无法保持其纯正；而作为读者，也无法逃离阅读前已经存在于个人头脑中的"先入之见"，以及阅读过程中形成的主观意象，每个读者每次阅读都将创造出自己心目中的哈姆雷特。阅读的关键和最根本的性质在于它并不倾向

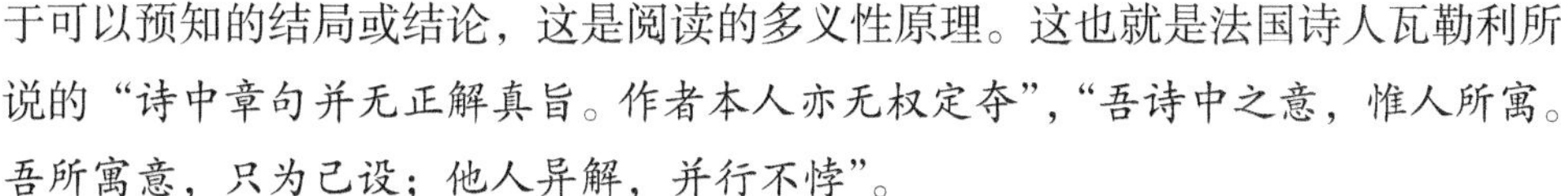

于可以预知的结局或结论，这是阅读的多义性原理。这也就是法国诗人瓦勒利所说的“诗中章句并无正解真旨。作者本人亦无权定夺”，“吾诗中之意，惟人所寓。吾所寓意，只为己设；他人异解，并行不悖”。

2. 我国古哲人早已掌握了阅读的多义性

两千多年前的西汉大儒董仲舒在其《春秋繁露》卷五《精华》中说：“《诗》无达诂，《易》无达占，《春秋》无达辞。”这句话的意思是：“达”，明白晓畅之意；“诂”、“占”、“辞”指解释、说明等意思；总的意思大致是：对同一文本的理解，不存在通达、一致的解释，不同的读者有不同的阐释。很明显，该论述是将《诗》《易》《春秋》等作为文本来阅读和解释，从而出现了多元化理解。这种理解也符合文学艺术鉴赏的审美差异性：同一部作品，鉴赏者可以仁者见仁，智者见智，各以其情而自得，这在艺术鉴赏中是常见的。

3. 读者的“前理解”千差万别，读出来的结果必然万紫千红“百花齐放”

哲学诠释学的“前理解”和“视域融合”理论诠释了阅读的多义性现象。每位读者在阅读之前，对所要读的文本已经具有了“前理解”，也可以称之为“先入之见”。“前理解”是由读者个人的历史、生活经历、知识水平等所决定了的，读者个人无法改变，外人更无从干涉。读者的“前理解”在阅读中同文本内容的“对话”，形成视域融合；阅读让文本展现生命，文本让读者展现自我，读者迷醉于文本之中，使读者与文本双向心灵碰撞、交流与结合，形成了读者“前理解”与文本内容的水乳交融，产生了新的意义。“前理解”是历史的视域或境界，它决定了阅读理解的角度、广度和深度。同一个文本但读者“前理解”不同，决定了阅读结果的大相径庭。这就是“一千个读者阅读就会出现一千个哈姆雷特”的原因，也是“《诗》无达诂，《易》无达占，《春秋》无达辞”的理论根据。

阅读本质就是“百花齐放”的，阅读结果没有最好，只有不同。如果哪位“大师”认为他的理解是最好的，那么这一阅读就到头了，这是永远不可能的。对一个文本的阅读和理解，只要人类存在就没有尽头。正是这种辩证关系在促进着理解的进步，但永不能穷尽理解。

4. 阅读结果的千差万别，论说起来必然“百家争鸣”

这是一种阅读的自然的、必然的现象，怎么对待这种现象？是如“春秋战

国”那样引导争论，从中获得治国理政之道，还是作为“引蛇出洞”的阴谋，而“罢黜百家、独尊儒术”？

不同读者的阅读会获得与作者无关的不同的体验，阅读是对文本的一种再创作；不仅如此，通过读者在阅读过程中与文本的共同创作，使文本产生很多新的意义。因此，对文本意义的阐释，必将导致不止一种解释，并发展成具有哲学诠释学性质的多元化理解。

此外，每次阅读的环境、读者心情等许多因素也在影响着阅读：“每一种酒都有它自己的机会，每一本书也都有它自己的时机。”“时机不对，伟大的作品也可以看上去味同品毒，正如清晨二点隔壁放出莫扎特音乐一样。”阅读给人一种体验的情境，阅读者所处的环境和读者的情感、心情等，都将形成一种体验的氛围，并将决定体验的结果。因此，阅读的结果必然千差万别，读者群体论说起来就必然形成“百家争鸣”的局面。

八、奇葩现象之八：阅读改变了文本体裁

乔纳森·斯威夫特是18世纪英国著名文学家、讽刺作家、政治家，被高尔基誉为“世界伟大文学创造者”，他的代表作品是寓言小说《格列佛游记》，其他作品有《桶的故事》《书的战争》，另有大量的政论和讽刺诗以抨击英国殖民主义政策，受到读者热烈欢迎。

一个例子可以说明阅读对一部作品的巨大影响。《格列佛游记》本来是一部杰出的游记体讽刺小说，作者借格列佛之口，逼真地描述了四次航海中的奇遇，以丰富奇妙的讽刺手法和虚构的幻想写出了荒诞而离奇的情节，是一部奇书。1726年在英国出版后几个世纪以来，被翻译成几十种语言，在世界各国广为流传。经几代人的不间断的阅读，作者斯威夫特失去了权威和控制，《格列佛游记》由于其广泛地受到全世界儿童的喜爱，发挥了童书的作用，从而由“辛辣的讽刺小说”摇身一变，成为了“儿童文学”，确立了自己世界经典儿童文学的地位。这就铸就了一种阅读的奇特现象——读者阅读的威力改变了一部作品的体裁。

第十九章

诠释学理论指导下的阅读方法

理论指导实践，在学习了诠释学理论之后，一个重要的阅读实践问题——阅读方法，摆在了我们面前，那就是如何应用诠释学理论来指导我们的阅读方法。读书有多种，分学生学习之教科书、工作需要之专业书、业余以及退休后之修身养性书。这里指的是最后一种。

一、为什么读？

1. 读书为何

学者王俊著的一本书，很有见地，全书22章，在最后一章，他专门写了“读书为何”，依照人们对读书看法和目的的不同，分为四种：

（1）天地境界。有崇高使命感，以天下为己任的读书，即北宋思想家、教育家、理学创始人之一张载所谓“为天地立心，为生民立命，为往圣继绝学，为万世开太平”。

（2）社会境界。有社会关怀的读书，即德国著名社会学家和哲学家马克斯·韦伯所谓的“以学术为志业”，就是将学术作为天下之公器，为学术而献身的读书。

（3）生命境界。有个人趣味的读书，即把读书作为个人的兴趣爱好，浸淫其中而孜孜不倦，典型为陶渊明描述的五柳先生：“好读书不求甚解，每有得，必欣然忘食。”

（4）工匠境界。将读书作为谋生的手段或职业的敲门砖，或者为饭碗而读书。

“不同的读书境界造就不同的人。天地境界造就有使命感的人，社会境界造就有志向的人，生命境界造就有情趣的人，工匠境界造就平庸的人。前三种读书出自读书者自己的志愿，读书都是作为目的，其区别在于目的的不同与高低。唯有第四种读书不是出自读书者自己的志愿，读书只是不得已而为之的手段。这种读书是一种工具化和异化了的读书，是与读书的本性不相符的。读书的本性是要造就人，可是第四种读书只能造就工具。”从读书的本性上看，前三者合乎，可取。第四种读书虽然有悖读书的本性，但对社会还是有益的，读书能使本行业务知识和技能提高，对社会也将会做出更大的贡献。

人生活在世上，总希望自己贡献大一些，生活好一些，但怎么样才能实现这个希望呢？仅仅依靠从小学到大学的读书学习是远远不够的，还必须依靠业余时间的读书学习。大家计算一下，人一生按活到80岁计，那累计会达到20年以上的业余休息时间，为什么不可以挤出来一部分，用于读书，提升自己的修养呢？一个人在世上生活得如何，决定因素在其业余时间的利用。这涉及一个人如何活的大问题。

美国作家、哲学家梭罗为了实践他的导师和好友爱默生《论自然》的精神，为了读书、体验和思考，还不到30岁的他住进了自己盖起来的位于瓦尔登湖边的木屋，长达两年，并在此期间将其感受总结为一本书《瓦尔登湖》。

2. 为了追求真理和认识世界而读书——梭罗的阅读观

梭罗的阅读观，特别强调“驰骋在精神世界的领域内”的读书。所以，读书要从书中体会人生哲理，学习作家们提炼出来的振聋发聩的思想，从而对照自己，改变自己。梭罗认为，阅读是“一种崇高的智力活动”。作为智力活动的阅读，从根本上讲就是为了增长知识，了解真理，追求真理，认识世界。“就其高级的意义来说，只有这样才叫阅读。”梭罗认为，古老的埃及哲学家、中国哲学家和印度哲学家开创了对真理的追求，而真理是永恒的。

梭罗不仅提出了自己的阅读观，而且总结出读书对人生的指导作用：“多少人在读了一本书之后，开始了他生活的新纪元！一本书，能解释我们的奇迹，又能启发新的奇迹，这本书就为我们而存在了……”梭罗在150年前能将读书对人生的指导作用做出深刻的总结，这确实是难能可贵的。

3. 为功利目的而读书

还有一种阅读观是功利性的，梭罗说：“为我们自己和后代积累财富，成家或建国，甚或沽名钓誉，在这些方面我们都是凡夫俗子。”实际上，我国古代的科举，对许多读书人来讲，就是为了升官发财，也即功利目的。

梭罗并不完全否定功利目的的阅读。他体察人情，大家都是凡人，都要为生计、为发展、为前途而阅读，这是可以理解的。但是，他也毫不客气地指出了功利目的阅读的问题：“许多人学会了阅读，为的是他们的可怜的便利，好像他们学算术是为了记账，做起生意来不至于受骗；可是，阅读作为一种崇高的智力活动，他们仅仅是浅涉略知，或一无所知。”“我们真是一些小人物，在我们的智力的飞跃中，可怜我们只飞到比报章新闻稍高一些的地方。”这两段话再清楚不过地指出了功利阅读的核心和本质，功利阅读的问题不在阅读的出发点，而在于阅读的落脚点，在于阅读的终点。功利阅读者“浅涉略知”就停止了，小知即足，目光短浅，踏步不前，半途而废；他们为短小的目标而一叶障目，看不见、也不理解阅读之“崇高”，阅读之作用于智力和大脑，阅读之作用于每个人的“司令部”，是“智力的飞跃”。如果将阅读比喻为人的头脑革命，那么功利目的的阅读仅能作为阅读的第一步，后面还有很长的路要走，最终目标是要改变人的精神世界。功利目的的阅读有相当大的局限性，需要树立更远大的阅读目标。

二、读什么？

读什么？这是阅读实践首先碰到的第一个大问题。在诠释学理论的指导之下，从读过的国内外近百册的“书话”作品中，得出了结论：第一，读什么？“读兴趣”，跟着自己的感觉和兴趣走；第二，读什么？读经典，一定要读国内外的经典著作，且需要反复读。

1. 读什么？“读兴趣”

（1）兴趣使你阅读的智慧顿开、欲罢不能：“读什么，如何读？”这是阅读的一个根本问题。施瓦茨告诉我们，一定要坚持“兴趣”二字；兴趣是一种动力，它使你智慧顿开，它使你欲罢不能，它会自动引导你探索出相关领域的知识网络，找到这一主题的关键所在。许多名人的话更加鼓励我们确信这一想法。我国著名作家、学者林语堂在《读书的艺术》写道：“兴味到时，拿起书本来就读，这才叫做真正的读书，这才不失读书的本意。”他还进一步总结出：兴趣引导读书——深入阅读——关联书触类旁通——广征博引。他认为这才是成才的“自动的读书方法”。

不仅这两位读书家强调兴趣对阅读的重要性，其实许多名人也强调这一点。英国著名作家毛姆一生留下了许多论述文学和阅读的随笔。他在其中反复强调，读书的出发点在于得到乐趣。他的一本书的书名就叫做《为乐趣而读书》，而且认为，不应该为功利而读书，“读书是一种享受”。无独有偶，《阅读的乐趣》作者艾伦，有人问他“赞成什么样的阅读价值观”时，他斩钉截铁地回答：“答案就是：我赞成遵从读者自己的喜好标准。”

此类同名的书似乎见过多个，就在网上查，没有想到，查出来好几本：美国著名出版家、美国最大出版社兰登书屋的创建人贝内特·塞尔夫，他在《出版视野》中写道：“阅读是一种心灵的享受，一旦爱上阅读，你将一生不能停止下来，从而享受一生阅读的乐趣，受益一生阅读的果实，并影响着你的子孙。”罗伯特·奥尔特著《阅读的乐趣》，约翰·卢保克著《读书的乐趣》，还有国内学者的《阅读的乐趣》演讲稿五篇，认为“书，是人类文明的长生果，书是贮存知识的宝库，书是人类进步的阶梯，书是带你领略人世真谛的老师”。

（2）兴趣是对欲望的认知：“兴趣”为什么对阅读这么重要呢？诠释学理论告诉我们，阅读的主导方面是读者的前理解，“兴趣”来自于读者的前理解，读者的前理解当然深知自己的兴趣，并在阅读中追寻自己的兴趣。施瓦茨在阅读实践中也深深地体会到了这一点，并认识到了兴趣是“对欲望的认知”，是阅读的真谛。在《读书毁了我》书中她写道："大脑一旦为阅读这种快速眩目的行动而松驰，对欲望的认知——揭穿假面具，露出真谛——就可以再次成为自然而然的自发行为……整个人体从心脏处开始向外散射光芒，它极适合于感觉，召唤我们前进，或者像信号灯一样警告我们远离。"这段话告诉我们，阅读的真谛是"对欲望的认知"。欲望是什么？欲望是由人的本性产生的想达到某种目的的要求，是人最基本的一种本能，其外在的表现就是"兴趣"，兴趣就是人的一种大的需求，即欲望—兴趣—需求。兴趣引导人们认知自己的需求，那就是抓住了人的根本之根本！多大的作用啊！至于阅读，施瓦茨认为，读书的欲望—兴趣—需求，是全身心而非仅大脑的感觉，正如人在饥饿的时候是全身的而非单纯胃的感觉一样。

有生理学家指出了按兴趣选择书、跟着感觉走的生理学机理：这种读书的自然选择、随机原则，会产生出高度有序的结构，最后会产生比读书计划还要有用的阅读网络图。

2. 读什么？读经典

（1）从《哈佛百年经典》所受到的启迪：全世界都知道哈佛大学，而成就哈佛大学的重要原因之一是《哈佛百年经典》。《哈佛百年经典》是举世闻名的，并对人才培养取得了辉煌的业绩。《哈佛百年经典》丛书精选了400多位人类史上最伟大思想家的136部专著，旨在囊括人类有史以来至19世纪最优秀的社会和自然科学文献，称为世界文明的经典。该丛书是由哈佛大学第二任校长查尔斯·爱略特任主编，联合全美100多位享誉全球的教授历时4年完成，共50卷，自1901年问世至今，畅销100多年。《哈佛百年经典》是哈佛大学所有学生的必修课，并成为西方家庭的必备藏书。哈佛大学所以能取得人类文化教育史上的"经典"地位，原因之一应归功于将哈佛魅力承载起来、拥有取之不尽用之不竭的智慧和力量源泉的《哈佛百年经典》。从《哈佛百年经典》的作用，可以讲：经典造就了世界上一座"经典"大学。

阅读经典能够造就出来"经典"大学，"经典"大学是由"经典"人才组成的；那么就更可以说，阅读经典能够造就出来"经典"人才。这应该是一句结论性的经典话语。据此，可以进一步讲，一个社会，一个家庭，欲培养人才，那就应该从阅读经典开始。

"经典"人才值多少钱？人文学科的教学不是为了赚钱，而是要出思想，传

承和创造出民族和人类文明与精神；如果出了一位大思想家，投入多少都是值得的。哈佛就这么认为。

（2）读经典，这是梭罗在其阅读观中一再强调的：那么书籍中哪些是经典？梭罗也作出了经典性的说明："古典作品如果不是最崇高的人类思想的记录，那又是什么呢？它们是唯一的，不朽的神示卜辞。""古代最聪明的智者说出来的话，它们的价值是历代的聪明人向我们保证过的。"什么是经典？按照诠释学理论，并得到了梭罗阅读实践的证实，可以归结为三点：一是它们是人类崇高思想的记录；二是它们的价值是历代的聪明人向我们保证过的，或说是经过历史考验过的；三是它们是流通和影响世界的书本。将这三点概括起来，可否认为：经典是经过历史考验的、流通和影响世界的人类崇高思想的记录。

梭罗特别赞赏经典中的古典遗产作品，即"称为古典作品的圣物——古典遗产"。他认为这些古典遗产作品是这样优雅，这样严肃，美若晨曦。同时认为后来的作者，尽管不乏才气，也极少能够比得上这些古代作家的精美、完整与永生的智力劳动。他说："有了这样一大堆古典遗产作品，我们才能有终于攀登天堂的希望。"这些古典遗产作品指的是哪一些?《瓦尔登湖》中，随意谈到的就有《荷马史诗》《圣经》、古希腊诗人埃斯库罗斯和维吉尔的作品、但丁和莎士比亚的作品、吠陀经典和波斯古经、柏拉图的《对话录》等。当然，绝对不只这些，梭罗只是举例而已。

经典以古时候的书为多，经典会不会过时？梭罗也回答了这个问题。"有些人说过，古典作品的研究最后好像会让位给一些更现代化、更实用的研究；但是，有进取心的学生还是会时常去研究古典作品的，不管它们是用什么文字写的，也不管它们如何地古老。"经典是经过长期历史考验的人类崇高思想的记录，没有过时的问题。相反，越是现代化，越要研究历史，研究经典。

梭罗深感人们对经典的不认识，不知道什么是真正的宝贝。他惋惜："任何一个人都为了拣一块银币而费尽了心机，可是这里有黄金般的文字，古代最聪明的智者说出来的话，它们的价值是历代的聪明人向我们保证过的。"这种普遍存在的不读经典的社会现象，对整个社会，对社会的文化，都必将造成恶果。什么恶果呢？梭罗一针见血指出："于是，我们的读物，我们的谈话和我们的思想，水平都极低，只配得上小人国和侏儒。"他鼓励人们，通过读经典而使我们的智力飞得高些，越来越高，以达到"像古代的圣贤一样地美好"。

三、怎么读？如何读？

1. 跟着兴趣和感觉走

读者对书籍的选择，是读书欲望—兴趣—需求的一种外在的表达。所以施瓦茨告诉我们：“随意读书，跟着感觉走，给人的印象就是最忠实的读法。”这样“顺流而下”的阅读，经验会指导我们找到书籍的主题网络，从中可以碰到或查到任何你想要的书。

2. 经典应该反复读

诠释学有一重要理论——“诠释学循环”，在实践中又称为“诠释学的螺旋模型”，德国诠释学家耶辛和拉尔夫在他们的著作中写道：“在这一螺旋中，理解不再回到出发点而是在更广阔的维度中展开，而且确实让两个方面都运动起来。对作者和读者的视野来说，这意味着从文本的过去中不断发现可能的潜在含义和启发，这些新的发现随着新的阅读视野的不同总会有所差异，也就是在阐释中发生变化。这一点在日常阅读经验中可以得到证实，对一本书的第一次和第二次阅读从不会以同样的认识告终。”这一理论，在阅读实践中得到广泛应用，尤其是在阅读经典著作的时候。

二十世纪意大利作家卡尔维诺，在《为什么读经典》一书中特别强调了对经典的重读。他在书中对经典作出了十四个定义，其中之一是：经典是那些你经常听人家说“我正在重读……的书”而不是“我正在读……的书”。之四是“一部经典作品是一本每次重读都像初读那样带来发现的书”。之五是“一部经典作品是一本即使我们初读也好像是在重温的书”。所有十四个定义，都是根之于“重读”而非“读”，其中三个定义直接论述“重读”。“重读”是经典著作成立的前提，没有这个必要的带有重复劳作色彩的动作，谈论经典的定义以及其他种种，便无任何一丁点的意义。是的，经典就是需要我们常常重读的书。在反反复复中，思想的升华从浅薄走向深邃，最后到通达。

3. 主动、孤独、思考和安静

（1）阅读的个人性特点必然要求孤独：读书是主动的，总是同孤独相伴，这是读书的常识，也是真正读书者的必然。试想，不独处怎么能够读得了书。在

《瓦尔登湖》一书中，梭罗向我们倾诉了他的读书情况和感受："我从微明的早起就进入了漫长的黄昏，其间有许多思想扎下了根，并发展了它们自己。"可见，他经常是从微明到黄昏，一整天都在独处、都在"孤独"地读书。梭罗一个人用了两年多的时间单独生活在瓦尔登湖滨，获得了许多宝贵的人生体验，由十七个章节构成的《瓦尔登湖》一书，就是这些体验的结晶；阅读是他要体验的人生必须的生活内容之一，本章所引用的许多经典的话，都是出在第三章《阅读》，就是他体验的成果。阅读需要孤独，应该是他的体验的结论之一。

好的阅读，即主动的阅读，不只是对阅读本身有用，也不只是对我们的工作或事业有帮助，更能帮助我们的心智保持活力与成长；而心智的活力与成长，就意味着寿命的延长。

（2）独立思考、开动脑筋：读书又总是与思考为伍，不思考又怎么能够使书上的内容进入你的"精神领域"。梭罗在进行独立思考中，如同"驰骋在精神世界的领域内"，其结果是"有许多思想扎下了根，并发展了它们自己"。

让读者独立思考、开动脑筋的办法之一是写读后感。且不要小看了这个"写"字，每读完一本书，如果心绪和情感不平静，总在想那本书，似乎有话想说，那就好好想想，到底想说什么。如果把想说的内容记下来，那就可以称为"读后感"。如果写的过程中，一些事情记不清，还需要再读原书，有时候可能再读多次，那你对这本书的认识就会深入多了，甚至会发现第一次阅读没有读到的东西，那是说明这本书有内容、深邃。每写完一篇读后感，你就会提高一次，如果养成习惯，那你的提高可想而知。在这方面，图书馆应该做一些实际而有用的工作，如组织读书心得交流会，还可以在一个团体里，大家共同读三二本书，不能多，读后组织读后感交流会，互相启发，那一定受益匪浅。还有，进行某一翻译本的专题讨论会等。图书馆不要尽搞些声势浩大而没有实际意义的读书活动。

胡适先生讲，无论是读书获得的或上课听来的知识，都不能算是自己的，都只是模糊零碎的；读者必须"用自己的语言记述过，那种知识思想方才可算是你自己的了"。写读后感应该是"用自己的语言记述过"的最好的方法之一。

（3）要安安静静、不要轰轰烈烈：阅读必须要有一个好的环境，使读者能够安下心来，每个人能够专心致志地读书，别无他顾。阅读环境有大环境和小环境。家中的书房和图书馆的阅览室，是专门供读书用的小环境，别看阅览室那么多人，但读起书来感觉只有我一个人，非常好。一个社会或城市或居民区，是读书的大环境，一个倡导读书的社会，为阅读创造了许多条件，这就形成了非常好的大环境。

阅读不仅需要安静的环境，还需要平静的心情。对此，我们看看梭罗的意见，他写道："作家，更平静的生活是他们的本分，那些给演讲家以灵感的社会活动以及成群的听众只会分散他们的心智。作家的演说对象是人类的智力和心灵，是任何时代都能理解他的人。"安静和平静同智力和心灵相关。如果说作家写作需要这样的环境，那么同作家一样需要孤独和思考的阅读，就同样也需要这样的环境，以启迪个人的"智力和心灵"。

4. 阅读态度

（1）刻苦研读、终身努力： 读书首先要有一种精神，我国古代讲"头悬梁，锥刺股"，梭罗也提倡刻苦研读、终身努力的读书精神。他讲："读好书，也就是说，读真正意义上的好书，是一种崇高的运动，读者要殚思竭虑，其中的甘苦不亚于世所推崇的任何运动。"

他讲的"运动"，就是指智力劳动，《瓦尔登湖》书中其它地方也提到过"智力活动"，其需要刻苦的程度，不亚于世上所推崇的任何体力运动或劳动。为此，需要学习怎样读书，并且这种读书的努力，不是一时一事，而是一生一世，需要矢志不渝，需要终身努力。

（2）谨慎、严肃、兢兢业业： 梭罗提出，读书要有谨慎和严肃的阅读态度："书本是谨慎地，含蓄地写作的，也应该谨慎地，含蓄地阅读。""我的木屋，比起一个大学来，不仅更宜于思想，还更宜于严肃地阅读。"我们所读的书，尤其是经典著作，都是经过作者仔细推敲，深思熟虑，字斟句酌写出来的。对待这样的智力和智慧成果，读者也应该向作者学习，要有相应的阅读态度。读书要兢兢业业，要像梭罗在书中指出的那样："我们应该踮起脚尖，将我们最敏捷最清醒的时光奉献给阅读。"对于读书人来讲，把最好的时光用来读书，这是常理。书中所提"踮起脚尖"形象地比喻了读书要有毕恭毕敬、小心谨慎、聚精会神的态度。

（3）不满足、不贪多： 梭罗毫不留情地批评了两种读书现象，那就是"满足"和"贪多"。梭罗批评的是读书过程中一个问题的两个方面。前一种是浅尝辄止，患的是读书的"营养缺乏症"；后一种是来者不拒的"阅读机器"，患的是读书的“消化不良症”。对一个人来讲，这两种病都同样影响健康；对读书来讲，这两种病也都会极大地影响阅读效果。

5. 阅读是否需要专家列出“推荐书目”

阅读是否需要专家列出“推荐书目”并遵照其阅读？英国意识流文学女作家伍尔夫在《普通读者续集》最后一篇《应该怎样读书？》中解答了此问题，她说：“关于阅读，一个人能给别人唯一的建议就是，不要听取任何建议，跟着自己的感觉，运用自己的推理能力，来得出自己的见解。”她强调独立性是读者最重要的品质，不要让推荐书目束缚住你的独立性。“把重裘长袍的权威引入到我们的图书馆里，让他们告诉我们怎样阅读，阅读什么，为我们阅读的内容打上什么样的观点，这样就毁掉了自由的灵魂。自由是图书馆圣地里的气息。”

哈罗德·布鲁姆同意伍尔夫的意见，不过在《如何读，为什么读》中他补充认为：对于初读者，为了不无知地浪费其力量以获得阅读乐趣，“似乎在我们完全变成自己之前，听一些关于读书的建议是有益的”，两位的意见结合在一起就是：初读者应该听取建议但不需要推荐书目的束缚，个人的兴趣和感觉一定会帮你找到阅读之路。文献主题的网络化和文本的“互文性”，都从理论和实践上证明了这一论述的正确性。

四、北京大学学者谈怎样读书

肖东发教授著《北大学者谈读书》，总结了58位学者读书成功的经验，都有相同的一点，即离不开“勤奋努力、好学深思”这八个字。他进一步解释说，每个人先天禀赋不同，人与人智商各异。然而凡是在学术方面有所成就的专家学者都有一个共同点，那就是两个字“勤”和“思”。古人说“勤能补拙”，勤奋努力，不惜下笨功夫，所谓“人一之，己百之”。古人又说：“思之思之，思之不得，鬼神通之。”实际上使之“通”者并非“鬼神”，而是在不断思考中提高智商。“勤”和“思”互动，形成良性循环，最终必将臻于彼岸。

1. 蔡元培谈怎样读书

大家知道，蔡元培是革命家、政治家和教育家，中华民国首任教育总长，1916年至1927年任北京大学校长。他革新北大，开“学术”与“自由”的一代

新风，世世代代的北大人都会记着他对北大做出的丰功伟绩。翻开《我的读书经验》，这哪里是讲经验，完完全全是在讲他自己的读书教训。啊，令人震惊，一位北大校长、教育总长，却公开而主动地介绍自己那不为人知的、更被许多人认为是见不得人的事情，这需要多么宽阔的心胸和高尚的情怀啊。在我所涉猎过的不算少的国内外阅读方面的书和文章中，像蔡元培这样全篇仅讲自己读书教训者，似绝无仅有，更可能是空前绝后。

蔡元培校长讲自己，“十余岁起”就开始读书，已经读了六十年。然而没有什么成就，原因是“读书不得法”，所以“我把不得法的概略写出来，可以为前车之鉴”。蔡校长讲的不得法之一是“不能专心”，从训诂到散文，从算学到医学，后来又学习过德文和法文，留学德国时有关哲学、文学、文明史、心理学、美学、美术史、民族学等课程统统听，直到回国也没有学成一项专门。不得法之二是“不能动笔”，读起书来就忙于速读，没有做笔记或摘抄，到需要的时候就记不起来了。文章最后，蔡校长总结道：“我的读书的短处，我已经经历了许多的不方便，特地写出来，望读者鉴于我的短处，第一能专心，第二能动笔，这一定有许多成效。”多么率真诚恳的一位前辈学者啊，读之令人肃然起敬。

2. 胡适谈怎样读书

胡适先生是我国“五四”新文化运动和文学革命的重要代表人物。1946年曾任北京大学校长。他早年留学美国，获哲学博士学位，1917年回国后在北大担任教授。他读书广博，各个领域无不涉及，在文史哲方面尤为突出，有重要著作传世。他曾先后几次向青年做过关于读书的演讲，也写过有关的文章。

1925年10月，胡适先生曾在上海中华职业学校做过一次演讲，题目是《怎样读书》。1930年11月，上海青年会选定三个题目：为什么要读书、怎样读书和读什么书，分别请几位专家学者演讲。胡适先生应邀参加演讲，他的讲题是《为什么要读书》。胡适先生谈读书还有一篇文章也是很重要的，就是他于1935年写的《读书的习惯重于方法》。上面介绍的胡适先生谈读书的三篇演讲和文章，其时间恰恰各相距五年。《北大学者谈读书》收录的文章名为《读书》，从内容看似

乎囊括了上述三篇的观点，主要围绕两个大问题：为什么读书和怎样读书，说的即是读书方法问题。胡适先生谈及三点：精和博，“手到”，养成读书习惯。

（1）关于读书的精与博：“读书的方法，据我个人的经验，有两个条件：一精，二博。”在精的基础上，胡适先生用较多的语言，特别论述了容易被忽视的博。为什么读书要博呢？他说，一是“为预备参考资料计”，二是“为做一个有用的人计”，都不可不博。博就是“开卷有益”，什么书都读。

为了说明读书需要博，胡适先生特别引用了唐宋八大家之一的宋代王安石的话：“读经而已，则不足以知经。”他解释说：“我们要推开去说：读一书而已，则不足以知其书。”他举出读《墨子》的例子。《墨子》中国人已经读了两千多年，但清朝学者真正懂得此书的人也不多；到了近年，有了光学、几何学、力学、工程学等知识，再读《墨子》，才知道其中有许多部分是必须用这些科学知识才能读懂的。后来有人知道了伦理学、心理学等知识，懂得《墨子》的内容就更多了。读别种书越多，《墨子》越懂得多。到此，胡适又给我们引出了一个读书的道理：“读一书而已则不足以知一书。多读书，然后可以专读一书。”他又举达尔文研究生物进化的例子：前后研究近三十多年，历时五年的环球航行，资料无数，却找不出一个简单贯穿的道理来说明。一天，达尔文无意中读马尔萨斯的《人口论》，忽然大悟生存竞争的法则，于是得出了“物竞天择”的道理，遂成就了一部破天荒的名著《物种起源》。恩格斯将达尔文的“进化论”列为十九世纪自然科学的三大发现之一，《物种起源》开辟了思想界的新纪元。胡适先生进一步解释说，这就是王安石“致其知而后读”的道理。关于读书需要博，胡适先生旁征博引，把问题讲得很清楚，令人信服。

先生讲，需要博的第二个原因是“为做一个有用的人计”。他说：“理想中的学者，既能博大，又能精深。精深的方面，是他的专门学问。博大的方面，是他的旁搜博览。博大要几乎无所不知，精深要几乎唯他独尊，无人能及。”胡适先生进一步指出，做学问有如埃及的金字塔。塔的高度代表最精深的专门学问，塔底的面积代表博大的范围，也代表一个人博大的胸怀和同情心，“要能广大要能高。”为了获得更广泛的知识，就要多读书，往往在一本极平常的书中埋伏着一个很大的暗示。书读得多，则参考资料多，就会得到许多启迪，帮助我们更好地理解某一本书或者是书中的某些问题。为了做人，我们也应该多读书。他说：“我们理想中的读书人是又精又博，像金字塔那样，又大、又高、又尖。”

（2）胡适先生讲读书方法的第二点是“手到”：什么是“手到”？南宋著名的理学家、思想家、教育家朱熹曾经讲过读书法有“三到”：眼到、口到、心到。在此基础上，胡适先生增加了“手到”，所以称为“四到”。他说：“从前有‘读书三到’的读书法，实在是很好的；不过我以为读书三到是不够的，须有四到，是‘眼到、口到、心到、手到’。”他对其所补充的“手到”，做了精辟的说明：标点分段、查字典和参考书、做读书札记等必须动手。札记又分为四类：抄录备忘、提要、心得和写融会贯通的文章。他认为，写文章发表“是吸收知识和思想的绝妙方法”。无论是读书获得的或上课听来的知识，都不能算是自己的东西，都只是模糊零碎。“自己必须做一番手脚，或做提要，或做说明，或做讨论，自己重新组织过，申叙过，用自己的语言记述过，那种知识思想方才可算是你自己的了。”他举理解“进化论”的例子，只有翻书、查资料，然后动手写一篇《我为什么相信进化论》的读书札记，有诸多方面的证据：生物学、比较解剖学、比较胚胎学、地质学和古生物学、考古学、社会学和人类学等，这样有关进化论的知识，经过你自己的思考加工、组织安排和取舍叙述，这时候这些知识方才可算是你自己的了。他做了斩钉截铁的总结：“我们可以说，没有动手不勤快而能读书的，没有手不到而能成学者的。”做学问要动手、要写，这是从古至今的无数学者的实践所证明了的真理。

为什么“手到”对阅读这么重要呢？前面提到一项重要的诠释学理论“诠释学循环”，在阅读实践中多体现在“重读”上。凡是在阅读过程中习惯于记笔记、写心得或读后感的读者，都一定会有切身的体会，即“写”或“手到”必须要有一个先决条件，那就是“重读”，写心得或读后感，往往需要的不仅是一次重读，而是两三次或更多次地重读，否则你的“心得”或“感想”从哪里来？只有在一次次“重读”中，才能够打中你的“心”，也才能够让你有所“感”，你也才能够动手将你的所得和所感写出来。

（3）胡适先生讲读书方法的第三点是养成好读书的习惯：先生于1935年发表的一篇文章《读书的习惯重于方法》指出：“读书的方法我已经讲了十多年，不过在目前我觉到读书全凭先养成好读书的习惯。”“读书的习惯可分为三点：一是勤，二是慎，三是谦。”他说勤是勤苦耐劳，慎是谨慎小心，遇事不肯轻易放过，能够看出别人没有看出的，谦是态度谦虚，要不分地域门户虚心加以考察后再决定取舍。胡适先生把要养成好读书的习惯放在第一位，所言极是，启人思考。

好读书的习惯同读书的方法比较起来，习惯更重要。对此，胡适先生做了进一步地阐述：有了好读书的习惯，在读书的反复实践中自然会总结、吸取和运用各种好的读书方法；否则，即使知道有好的读书方法，因为没有好读书的习惯，那些方法也只是纸上谈兵，不能运用。所以胡适先生说："青年人要读书，不必先谈方法，要紧的是先养成好读书、好买书的习惯。"当然，我们今天的条件要好得多，可以随时随地用手机阅读。

第二十章

指导全民阅读的理论是诠释学

一、关于全民阅读

1. 世界读书日

“世界读书日”的全称是“世界图书与版权日”，最初创意来自国际出版商协会。1972年联合国教科文组织向世界发出了“走向阅读社会”的召唤，要求社会成员人人读书，使图书成为生活的必需品、成为每个人日常生活不可或缺的一部分。二十多年后，1995年联合国教科文组织正式确定每年4月23日为“世界图书与版权日”，目的是推动更多的人致力于阅读和写作。世界读书日的主旨宣言为：“希望散居在全球各地的人们，无论你是年老还是年轻，无论你是贫穷还是富有，无论你是患病还是健康，都能享受阅读带来的乐趣，都能尊重和感谢为人类文明作出巨大贡献的文学、文化、科学思想大师们，都能保护知识产权。”

之所以选择4月23日，是因为其有众多值得纪念的意义。1616年4月23日是西班牙文豪塞万提斯的忌日，也是世界级大文豪莎士比亚出生和去世的纪念日，这个日期又是美国作家纳博科夫、法国作家莫里斯·德吕翁、冰岛诺贝尔文学奖得主拉克斯内斯等多位文学家的生日。所以，将这一天定为全球性图书日看来是“名正言顺”。与之相适应，每年的4月23日，世界100多个国家都会举办各种各样的庆祝和图书宣传活动。

2. 我国的全民阅读

1997年1月，中央宣传部、文化部、国家教委、国家科委、广播影视部、新闻出版社、全国总工会、共青团中央、全国妇联九个部委共同发出了《关于在全国组织实施“知识工程”的通知》。2004年，中国图书馆学会为了实施“倡导全民读书，建设阅读社会”为宗旨的知识工程，在全国范围内举办大型活动，让全国公众都知道"世界读书日"。

2012年十八大提出“开展全民阅读活动”，在2014、2015年两会的《政府工作报告》中都提出“倡导全民阅读”。纵观人类阅读史，历史上从未有过倡导全民阅读，更不要说开展全国性的全民阅读活动，可以说，全民阅读是人类阅读史上的一大进步。阅读从来就是个人的事情，从未有过覆盖全民的阅读活动。因而，全民阅读有着特殊的历史意义。

数字技术正在大规模地扩展人类阅读，而全民阅读将使阅读气氛前所未有地高涨起来。这二者之间看起来完全是历史的巧合，实则却有某些内在的规律值得关注。我国政府在1997年提出建设以全民阅读为主要内容的知识工程，正是对联合国教科文组织宣言的一种响应。全民阅读的崇高目的，则是为了改善全民的精神生活，涵养全民的精神气质，弘扬社会主流价值观，铸就国家的文化根基。正如阅读史专家费希尔名言，阅读“永远是文明之声”。

二、全民阅读呼唤理论指导

1. 全民阅读——提高全民综合素质的伟大举措

（1）深圳读书月盛况空前：2015年的深圳读书月，以“互联网+读书”为主题。作为深圳标志性文化品牌活动，读书月已经进展到十年以上，从热情发动、广泛参与过渡到了科学把握、系统部署的阶段。深圳作为“全球全民阅读典范城市”，读书月不仅使阅读的价值理念深入人心，而且增进智识、开阔视野、滋养灵魂。

这届读书月亮点纷呈，将举办主题活动943项，在去年718项的基础上增加了225项。参与人次从首届170多万上升到第十五届1100万，举办的活动一年比一年丰富多彩，与之相应的是遍及城市的文化绿洲悄然崛起。这一切，都离不开阅读的滋养，城市中如繁星闪耀的阅读场馆设施和爱阅读的市民一道，诠释着阅读典范城市的魅力。

（2）《研究报告》更是令人振奋：深圳市阅读联合会和深圳大学课题组发布的《2015年深圳阅读指数研究报告》指出，2015年深圳居民阅读的时长有显著增加，日均读书（包括纸质和电子书）62.53分钟，比2014年增加了32.81分钟，比全国平均值多43.77分钟。2015年深圳居民家庭藏书明显增多，有藏书的家庭增加到88.20%，平均藏书量为75.53本，较去年增加11.86本。居民参与阅读活动的比例大幅提高，对深圳城市的阅读条件（包括阅读资源、阅读设施和环境）的满意度进一步提升。此外，今年新增的数字媒体阅读调查情况显示，2015年深圳居民平均阅读电子图书10.42本，远远超过3.22本的全国平均值。“历届读书月可谓一届比一届辉煌。以读书月成绩的主要指标——各种阅读活动数量为例，2014年全年共举办了各类阅读活动10066场次，比2013年度翻了三番。”真可谓盛况空前啊！

2. 全民阅读彰显理论指导的必要性和重要性

上述有关深圳读书月的报道，确实是“盛况空前”，还可以再加两个字“辉煌”；但是，看到此报道的人，可能会提出来问题，如：(1)“科学把握、系统部署的阶段”是如何体现的？(2)“日均读书62.53分钟，比2014年增加了32.81分钟，比全国平均值多43.77分钟。”报道中的时间是怎么统计出来的，是否科学？什么原因比2014年增加了近一倍（62.53分钟与32.81分钟之比)？(3)“读书月成绩主要指标——以各种阅读活动数量为例”，这个“主要指标”是否科学，是否符合阅读规律？许许多多有关阅读的书都讲，阅读是个人行为，需要安静专注和独立思考，一个月组织上万次活动，每天就要组织300多次，如以每次涉及50人计（组织者和参加者)，300次共涉及15000人，则1个月涉及45万人次。这种情况下，还有时间阅读吗？能够安静下来吗？

梭罗在《瓦尔登湖》中写道：“作家，更平静的生活是他们的本份，那些给演讲家以灵感的社会活动以及成群的听众只会分散他们的心智；作家的演说对象是人类的智力和心灵，是任何时代都能理解他的人。”阅读同样应该也需要这样的大环境。梭罗的思考告诉我们：应该怎样开展阅读活动才有利于全民阅读，是否各个城市开展的阅读活动次数越多，就标志着全民阅读的阅读效果最好，“阅读活动次数”怎么能够成为一个城市全民阅读效果好坏的标准？阅读是“个人王国”，最需要的是专注、安静和思考；而“阅读活动”，那是众人闹哄哄的环节，如何能够阅读！

我们也应该清醒地认识到一个不争的事实，阅读专家艾伦·雅各布斯指出：

“在近现代西方社会，哪个方面受到的威胁更大？是我们生活中社交的方面，还是独处的方面？哪个方面受到的培养和训练不足？哪一个正在被另一个压倒？”这个问题问得太好了，不仅西方社会，在我们东方的中国也同样存在这一问题：“独处和沉默”的方面几乎被压倒。雅各布斯后面的话证实了这一回答“如果我在本书中过度强调了独处的沉默式阅读，那可能是因为我比一般人更重视独处和沉默的价值，但是同时也是因为它们是面临威胁的一种精神体验，还因为真正的阅读是根本不可能离开这两个因素的。”出现这种状况的原因之一，或者讲最重要的原因是，“独处和沉默”没有受到足够地培养和训练；再进一步问为什么？因为阅读者和组织者都不知道“独处和沉默”对于阅读是那么重要，是决定阅读成败的关键因素。出现这种情况的深层次原因在于大家都缺乏阅读知识，更没有阅读理论的武装，在阅读方面是在做着“愚蠢的傻事”。这里没有丝毫怪罪，而是感叹我们的无知啊！

欲建构阅读的个人王国，唯一的办法就是个人独自阅读。每个人集中专注力，安静地读与思，这才是实实在在的阅读，其他林林总总的群体的阅读活动都不能够算做是纯粹的阅读。艾伦·雅各布斯在《阅读的乐趣》书中特别强调：“这些跟其他人一起阅读的各种方式并不算是正确的阅读，而只能算是阅读的伴随物。它们并不能替代独自阅读。”因此，读书月成绩的主要指标应该是深圳人实实在在的个人阅读数量，以及阅读后的收获。

艾伦·雅各布斯这段精辟的话，引起了我的一个记忆：深圳，这个“全球全民阅读典范城市”，好像有“代读”的事情。查阅自己的数据库：去年8月11日的《深圳特区报》人文天地栏目还真有一篇记者的报导《阅读可以被“代读”吗?》，副标题是《深圳文艺青年创办“代你读书”引发关注和争议》。“代读”的具体做法是：按页数收费，每页1元钱。这个名为“代读”的微信公众号，还真有一些响应者，运营一个月下来，发起者觉得“代读”最受益的还是代读者自己，因为这件事催人勤奋。深圳，作为全世界的全民阅读典范城市，却在阅读方面发生这样的怪事，不可思议，令人费解。要知道，食物是人类的物质食粮，书籍是人类的精神食粮；在精神食粮方面的“代读”，就等于在物质食粮方面的“代吃”。全世界无论什么地方有“代吃”吗？这是天大的笑话啊！这无论如何是同“全球全民阅读典范城市”的称号不相符啊！后续情况如何，不得而知，更不知道深圳文艺青年是否还在继续办“代你读书”？不能够批评深圳文艺青年，因为他们对阅读知识知道的甚少。

上述事例可见，读书月组织者们的工作热情是多么弥足珍贵啊，他们冥思苦想，采取各种各样办法组织阅读活动。但问题出在应该怎么样组织，如何组织才是正确和科学的？不是仅凭热情就能够办好的。这就必然碰到一个阅读的科学问题，即指导阅读的理论问题。关于阅读活动，阅读理论是怎么样论述的呢？问专家，不太清楚；问领导者和组织者，更不清楚。难道至今没有指导阅读的理论！

三、指导我们阅读的理论是诠释学

1. 决定全民阅读成败有两大因素：指导思想和组织领导

全民阅读的指导思想和组织领导是决定其成败的两大关键因素。毛主席在开国大典上讲的经典名言："领导我们事业的核心力量是中国共产党，指导我们思想的理论基础是马克思列宁主义。"这对今天的全民阅读也是适用的。曾亲听到过一位出版界的朋友问："全民阅读还需要指导思想？"看来，对全民阅读的认识还普遍需要提高。革命运动需要指导思想，文化运动也是一场文化战线上的革命，毫无疑问，也同样需要正确的指导思想。

本书的主题就是"阅读和诠释学"，已着重阐述：诠释学源起于阅读，发展于阅读，成就于阅读。诠释学从平凡的阅读源起，"诠释学"这一学科名称从17世纪中叶踏入学术界，至今不足400年的历史，却在人文科学，不，是在整个学术界，立地顶天，不仅影响而且在改变着人类的学术之巅——哲学。这不能不使我们这些终生或专职从事阅读的人们为之骄傲，但也不能不由自主地反问自己，我对诠释学知之多少？从而激发我们学习诠释学的自觉。没有理论指导的活动是盲目的行动，将诠释学引入全民阅读，将全民阅读置于诠释学的指导之下，以提高全社会的阅读水平。诠释学内容中有许多是直接和专门指导阅读的理论，如我们已经讨论过的"前理解"、效果历史意识、共通感、视域融合和阅读的创造性等诠释学核心理论。对此，我们为何不让诠释学"从阅读中来，再到阅读中去"，指导我们的全民阅读呢？因此，应该大声疾呼：指导我们全民阅读的理论是诠释学。

2. 确认阅读的指导理论后应该跟进的措施

如果我们确认了这一论断：指导全民阅读的理论是诠释学，那么，则应该积极地跟进相应的措施：

（1）阅读及其指导理论诠释学，应该是承担阅读服务职责的图书馆全体馆员的必修课，应该对全体馆员开设诠释学课程并进一步应用诠释学指导全民阅读的实践。

（2）在全民阅读过程中，向广大读者普及阅读和诠释学知识，编写和发放普及性课本并组织讲授。各地图书馆应该联合起来，请大学教授向全民讲授诠释学，讲授如何阅读，如何能够做到阅读圣殿的三个关键词："注意力或专注力、安静和思考"等。

（3）大学信息管理系或图书馆学系，应该全面开设深度的诠释学课程。

（4）鉴于全民阅读不是短期行为，而是要一代一代人永远坚持下去的。为了实现全民阅读伟大而崇高的目标，应该在中学和大学开设阅读和诠释学课程，这对全民阅读将会产生长远而持久的影响，将会提高全民的精神素质，造福永世。

3. 在全民阅读实践中应用诠释学理论

在诠释学理论指导下，改革和改进全民阅读的组织管理，坚决取消那些不科学的管理办法和评价标准，相应建立科学的管理办法和评价标准，如要求写读后感，开读后感宣讲活动等。所有的措施以促进"专注、安静和独立思考"为原则，以实现真正的全民阅读。

四、全民阅读应该有专职的负责机构

1."全民阅读月"和平时的全民阅读都应该有专职的机构负责

据现在全民阅读的实际情况，提出两个问题：第一，是不是仅在"全民阅读月"才开展全民阅读，而全年其它11个月份都不进行全民阅读，那样的话，怎么能够实现全民阅读的目标呢？那全民阅读不就成了一场空话，"全民阅读月"就变成了走形式。欲成为"书香城市"，欲发展"书香国家"，就必须全年开展全民阅读，每个月都不能够放松，而"全民阅读月"仅是榜样、仅是每年的高潮。

第二，"全民阅读月"有专门的组委会，有市级领导和出版社领导负责（深圳是这样），轰轰烈烈开展活动。印象中，"组委会"是临时的，"全民阅读月"过后也就自动解散了。如此情况下，"全民阅读月"之外的那11个月，全民阅读就

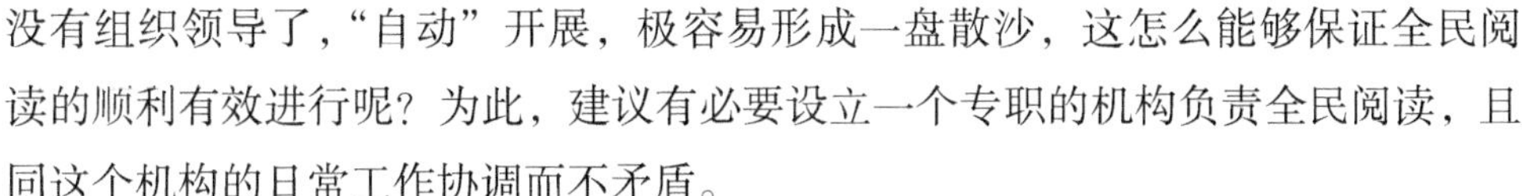

没有组织领导了，“自动”开展，极容易形成一盘散沙，这怎么能够保证全民阅读的顺利有效进行呢？为此，建议有必要设立一个专职的机构负责全民阅读，且同这个机构的日常工作协调而不矛盾。

2. 图书馆应该成为全民阅读的专职负责机构

图书馆是世界上各个国家、各个地区、各个城市甚至农村都正式设有的一个机构，其职责不外乎两点，一是藏书建设，一是阅读服务，且藏书建设的目的就是为了阅读服务。因此，图书馆就是一个从事阅读服务的机构，而且是世界上各国都有的唯一的正式阅读服务机构。还有其它“阅读服务”机构吗？没有了。书店？那是推广和销售图书的机构，也兼有些许阅读功能，但，并非专职。出版社？那是选择书稿和出版图书的机构，也兼具图书推广功能，但，也非专职。有人会说，图书馆是藏书的机构，要知道，藏书的目的是为了阅读，何况国家还专门设有专职藏书的保存本书库。这样，是否可以说“图书馆是世界上唯一的专职阅读服务的机构”，这应该是没有什么问题，是能够得到广泛认可的一种说法和观点。

如果确认了上述这一论断，那么，全民阅读的专职负责机构就应该是图书馆。“全民阅读月”组委会由党政领导全面负责，具体工作由图书馆负责；平时的全民阅读则由图书馆全权负责。这样的安排，同图书馆的日常工作紧密结合，执行起来非常便捷，名正言顺。且国家有国家图书馆，地方有地方图书馆，各个单位也几乎都有图书馆，这样开展“全民阅读月”和组织全年日常的全民阅读活动就顺理成章了。